L'obligation constitutionnelle de rendre compte en Finances Publiques

Approche comparée France/Mexique

Le droit aujourd'hui

La collection « Le droit aujourd'hui » regroupe des études juridiques concernant des problèmes d'actualité nationale et internationale, dans divers domaines (éthique, politique, questions de société…).

Déjà parus

Thomas LARDEUX, *La sécurité juridique et le contentieux international des investissements*, 2021.
Coffi Dieudonné ASSOUVI, *L'influence du droit international des changements climatiques sur le droit de l'environnement de l'Union européenne*, 2021
Zohra Aziadé ZEMIRLI, *Le statut juridique des non-musulmans en Algérie. L'exemple des évangéliques et des ahmadis,* 2020.
Moustapha KAMARA, Jean Baptiste BERTRAND, avec la collaboration de Samba Thiam et Isabel Falconer, *Le contentieux international du transfert des joueurs, Football et autres sports collectifs, Nouvelle édition revue et augmentée,* 2020.
Béatrice Blohorn-Brenneur (dir.), *Médiation, cultures et religions*, 2020.
Marion Brosset Briand, Antonin Crinon, Élodie Delacoure et Émilie Delcher (dir.), *Le nombre et le droit*, 2020.
Mickaël Le Borloch, *L'application du droit d'auteur aux hyperliens, Analyse de droit français et de droit américain*, 2019.
Romain Feydel, *La société de libre partenariat. Régime juridique et fiscal*, 2019.
Arafat Abi, *La protection des droits des migrants, Interactions entre la protection des droits de l'homme et la protection diplomatique et consulaire*, 2019.
Georges Labrecque, *Les cours d'eau internationaux. Étude jurisprudentielle*, 2019.
Fabien Bottini, *Droits fondamentaux et crise(s) des solidarités*, 2019.
Hadi Azari, *La demande reconventionnelle devant la Cour internationale de Justice,* 2018.

Magdalena MARIN

L'obligation constitutionnelle de rendre compte en Finances Publiques

Approche comparée France Mexique

Préface de Eleonora Bottini

L'Harmattan

5-7, rue de l'Ecole-Polytechnique, 75005 Paris

www.editions-harmattan.fr

ISBN : 978-2-343-23874-6
EAN : 9782343238746

Avertissement

Cet ouvrage est issu d'un mémoire soutenu en juillet 2020 et à jour des informations connues à la date de la soutenance.

L'université Paris I Panthéon Sorbonne n'entend donner aucune approbation ni improbation aux opinions émises dans ce mémoire. Celles-ci doivent être considérées comme propres à leur auteur.

J'arrête que ce mémoire est le résultat de mon travail personnel et qu'il référence toutes les sources utilisées.

Remerciements

La réalisation de cette recherche a été possible grâce à plusieurs personnes à qui je voudrais témoigner ma reconnaissance.

Je voudrais d'abord remercier le Professeur Matthieu Conan pour sa disponibilité, son encadrement et son accompagnement à travers de nombreux conseils et retours.

Je voudrais également remercier Mme Sadowsky pour ses conseils de méthode de recherches et de rédaction, ainsi que pour ses conseils sur l'approche comparée. Sur ce dernier point, je voudrais pareillement remercier M. Kallergis.

Un remerciement également à la Professeure Eleonora Bottini, pour avoir accepté de faire la préface de cet ouvrage.

Un remerciement chaleureux à mon oncle, le Docteur Ramón Hernández Reyes, pour ses conseils ainsi que son aide pour l'accès à des ressources mexicaines.

Mes remerciements s'adressent également à l'équipe enseignante du Master 1 Droit Public de l'Université Grenoble Alpes qui m'a permis de mener mes toutes premières recherches sur le sujet.

Enfin, une pensée à ma famille et mes amis relecteurs.

À Maria Elena
et Emmanuel,
mes parents,
À mon frère,
Esteban,
À ma famille,
À mes amis.

Préface

Par Eleonora Bottini,
professeure de droit public à l'Université de Caen Normandie

Le constitutionnalisme est par définition une idéologie globale. Si l'on peut en retracer les origines historiques dans les deux grandes révolutions française et américaine ainsi que dans l'œuvre d'auteurs de la même époque, un regard transnational est nécessaire pour le comprendre en profondeur. La comparaison juridique est le principal outil méthodologique pour en déceler les tenants et aboutissants.

L'ouvrage de Magdalena Marin relève le défi de la comparaison en droit. En choisissant d'analyser les influences de la Déclaration des droits de l'homme et du citoyen de 1789 sur le modèle constitutionnel mexicain, ce travail fait preuve d'un véritable esprit comparatiste. En effet, le droit comparé n'est pas simplement la juxtaposition de règles de droit positif dans deux ou plusieurs systèmes juridiques, afin d'en déduire les ressemblances et dissemblances. La recherche comparée doit s'atteler à construire le cadre de son analyse, en examinant le contexte dans lequel évoluent les diverses règles de droit et les raisons d'une telle évolution. Dans cet ouvrage, l'auteure choisit de se concentrer sur le thème précis de l'obligation constitutionnelle de rendre compte, contenue dans l'article 15 de la Déclaration des droits de l'homme et du citoyen, qui affirme solennellement que « *La Société a le droit de demander compte à tout Agent public de son administration* ». Ce principe, au cœur de la question, vitale pour le constitutionnalisme, de la responsabilité au sens de l'anglais « *accountability* »[1], est appliqué aux finances publiques afin d'étudier les mécanismes de contrôle des comptes publics.

C'est par un véritable travail de généalogie juridique que Magdalena Marin étudie les influences de la Déclaration française sur le droit mexicain, en mettant en perspective l'histoire constitutionnelle du

[1] Dreyfus, F., « Rendre des comptes – rendre compte : des notions ambigües », *Revue française d'administration publique,* 2016/4, n° 160, p. 999-1010, p. 999.

Mexique, marquée par le contexte colonial et la quête d'indépendance politique. Ainsi, c'est lors de périodes similaires en termes d'instabilité politique et économique que se mettent en place à la fois la Cour des comptes française et le *Tribunal de Revisiòn de Cuentas* au Mexique. Ce dernier est alors d'inspiration napoléonienne, ce qui est particulièrement intéressant à remarquer dans un système juridique comme celui du Mexique, plutôt marqué par l'inspiration du modèle de Westminster.

Mais l'auteure ne se limite pas à expliquer les influences du modèle français sur le contrôle des finances publiques mexicaines ; elle utilise également le droit comparé dans une perspective critique. En montrant que dans les deux pays ce contrôle s'effectue essentiellement par le Parlement et le juge, l'ouvrage propose une analyse de l'article 15 de la Déclaration de 1789. Par une interprétation restrictive du terme « société », les deux systèmes ont dirigé ce contrôle envers la représentation nationale, en mettant les citoyens à l'écart de ces procédures. Or, au Mexique, un nouveau mécanisme s'est développé au début des années 2000, la *Contraloría Social*, que l'auteure s'attache à expliquer. Ce mécanisme, qui organise une forme de consultation populaire sur les questions budgétaires, cherche à intégrer une forme de participation citoyenne dans une matière traditionnellement éloignée du citoyen. Dans une période de crise de la représentation, que la France traverse actuellement et qui trouve l'une de ses manifestations les plus complexes dans un mouvement comme celui des Gilets Jaunes, la comparaison avec le Mexique prend toute son importance. En montrant que ce mécanisme trouve ses fondements théoriques dans des principes bien connus du constitutionnalisme français, Magdalena Marin invite à réfléchir à la possibilité d'introduire un mécanisme similaire dans l'ordre juridique français, ou tout du moins à renforcer les quelques mécanismes participatifs déjà existant, peu développés et considérés comme largement insuffisants.

Ainsi, le pari de la comparaison est relevé et tout à fait réussi. La lecture de l'ouvrage, tant par les constitutionnalistes que par les spécialistes de finances publiques, ne manquera pas d'en convaincre. L'on ne peut que souhaiter de lire à l'avenir les suites de cette importante recherche.

Eleonora Bottini,
Professeure de droit public

Liste des abréviations

ADP : Aéroports de Paris
ASF : Auditoría Superior de la Federación
CESE : Conseil Economique Social et Environnemental
CGCT : Code Général des Collectivités Territoriales
CJF : Code des Juridictions Financières
CMH : Contaduría Mayor de Hacienda
DDHC : Déclaration des Droits de l'Homme et du Citoyen
ISC : Institution Supérieure de Contrôle
LOLF : Loi Organique relative aux Lois de Finances
RIP : Référendum d'initiative partagée
TSA : Trouble du Spectre de l'Autisme
QPC : Question Prioritaire de Constitutionnalité

Sommaire

Avertissement 5

Remerciements 7

Préface 11

Liste des abréviations 13

Sommaire 15

Introduction 17

TITRE Ier
L'origine commune de la formation de l'obligation constitutionnelle de rendre compte en Finances Publiques et ses modalités

CHAPITRE 1er
La garantie sociale du droit de propriété, fondement de la responsabilité financière commun à la philosophie constitutionnelle française et mexicaine **51**

CHAPITRE 2.
Des modalités communes de traitement de la responsabilité des agents publics **77**

TITRE II
La pertinence des apports du droit Mexicain en matière de participation citoyenne au contrôle des comptes

CHAPITRE 1er
La concrétisation en France du risque de mise à l'écart du citoyen dans le contrôle des comptes impliquée par l'origine historique commune de contrôle parlementaire des comptes **113**

CHAPITRE 2.
L'enseignement potentiel de la Contraloría Social mexicaine pour le modèle français **147**

Conclusion 181

Bibliographie 185

Table des annexes 201

Introduction

> « *Ce qui est bien connu est en général, pour cette raison qu'il est bien connu, non connu* »[2].

Le principe de la démocratie est bien connu de tous. Il est aujourd'hui inimaginable en France d'abandonner cette idée de base qu'est celle d'un gouvernement du peuple, pour le peuple et par le peuple au travers de ses représentants.

Cependant, les différentes modalités de ce gouvernement représentatif, qui garantissent à ceux qui ont délégué leur souveraineté que celle-ci sera exercée conformément à leur intérêt sont-elles toutes bien connues ? La participation à la loi qui doit être l'expression de la volonté générale, la séparation des pouvoirs, le principe électoral sont des principes aujourd'hui bien acquis et connus de tous qui, protégés par la Constitution, sont facilement revendiqués par les citoyens. La démocratie et son fonctionnement ainsi que ses principes de base ont pour objectif de mettre en place un gouvernement qui doit permettre de réaliser le bien commun. D'ailleurs, le mot « administration » trouve ses racines étymologiques dans le terme latin « *administratio* ». Dans l'antiquité, ce terme évoquait une forme de justice qui devait assurer le bien commun. En effet, il n'existe, à ce moment-là, pas encore de séparation institutionnelle entre justice et administration ni de séparation des pouvoirs entre législatif, exécutif et judiciaire. Dès lors, la justice étant une notion universelle, l'administration était une forme de justice devant mener au bien commun, qui lui, est une notion visant à définir, dans une société donnée, les intérêts communs d'un groupe d'individus formant cette société.

---

[2] Fiedrich Hegel, G-W. « *Das Bekannte überhaupt ist darum, weil es* bekannt *ist, nicht erkannt* », *Phénoménologie de l'esprit,* Préface, §31, tr. fr. B. Bourgeois, Vrin, 2006, p. 79.

Or, Lafayette, dans son dernier projet de déclaration le défend, « *tout gouvernement a pour but l'intérêt commun. Cet intérêt exige [...] la responsabilité des agens*[3] »[4]. La responsabilisation des « *agens* » délégataires du pouvoir est donc indispensable. Seulement, pour qu'ils puissent être responsables, ceux-ci doivent pouvoir rendre compte de l'exercice du pouvoir qui leur a été délégué. L'idée est donc, non pas de leur permettre de rendre compte de leur administration, mais de les y obliger. La procédure de reddition de comptes est donc un fondement de la démocratie. Il s'agit finalement de considérer que la démocratie représentative comprend la démocratie administrative qui ne se définit pas uniquement de façon normativiste, mais également par les procédures qu'elle contient, ce qui conduit à accorder une place importante aux formes de participation[5]. Ainsi, une démocratie aboutie est une « *démocratie continue* »[6], qui, dans une tentative de définition, renvoie à une forme de démocratie qui comporte un volet administratif s'appuyant sur des éléments procéduraux, dont la reddition de comptes des agents publics envers la société.

Ce concept de démocratie administrative, par son caractère récent rentre en corrélation avec l'importance nouvelle qu'est en train d'acquérir l'article 15 DDHC.

En effet, l'article 15 de la Déclaration des Droits de l'Homme et du Citoyen du 26 août 1789[7] dispose que « *la société a droit de demander compte à tout agent public de son administration* ».

Il est possible de voir des portes ouvertes par la jurisprudence et le législateur sur son contenu en termes d'obligations depuis quelques décennies, à travers, notamment, la notion de bon emploi du denier public, ce qui concrétise son volet financier. Mais surtout, quelques pistes semblent avoir été dégagées par la jurisprudence constitutionnelle quant à ses acteurs, et notamment les titulaires du droit de demander compte. En ce sens, la décision 471 QPC[8] semble

[3] A titre de précision, l'orthographe du mot « *agens* » est celle utilisée dans les débats parlementaires.

[4] Rials, S., « *La déclaration des droits de l'Homme et du citoyen* », Hachette, 1988, p.590-591.

[5] Testard, C., « *Pouvoir de décision unilatérale de l'administration et démocratie administrative* », Thèse de Droit Public, sous la direction de Sylvie Caudal, Lyon, Université Jean Moulin, soutenue en 2016, LGDJ, 2018, p. 192.

[6] Voir *infra*.

[7] Ci-après : « *DDHC* ».

[8] Cons. Const, Déc. n°2015-471 QPC, 29 mai 2015, « *Mme. Nathalie K-M* ».

constituer un premier progrès. Cependant, les précisions qu'elle apporte restent trop justes et les conditions de l'article 15 DDHC restent largement mystérieuses[9]. Pourtant, au vu de son importance démocratique, « *Il serait [...] trop simple de revenir à une position attentiste, voire une patience obstinée, d'ici à ce que le juge, au fil des décisions, explique ce que l'article 15 de la Déclaration veut dire selon lui. Au contraire, c'est bien parce que cette disposition semble ouvrir un droit aussi général qu'absolu qu'il convient de s'y intéresser, sans attendre que des plaideurs l'invoquent au petit bonheur la chance.* »[10]

D'autant plus que l'importance de la reddition de comptes ne se limite pas à l'aspect démocratique. Un volet économique est également important. En effet, il existe plusieurs formes d'évaluation d'une politique publique, dont l'évaluation *ex-ante* et l'évaluation *ex-post*. La reddition de comptes participe de l'évaluation *ex-post*, qui consiste à voir si le programme, ou plus généralement la politique publique a bien été mise en place tel qu'il avait été prévu originellement, et est parvenue à remplir les objectifs qui lui étaient assignés. C'est alors le travail du parlement d'une part et de la Cour des comptes, qui dispose, d'autre part, depuis 2008[11], d'une compétence d'évaluation, à travers des formes d'audit et la production de rapports. Plus particulièrement, en matière de finances publiques, il s'agit d'évaluer la gestion du denier public en fonction des objectifs qui avaient été fixés initialement dans la loi de finances, et ce, dans une nouvelle logique de performance et de prospective mise en place par la nouvelle gouvernance financière issue de la LOLF. Il s'agit là, encore une fois, du travail de la Cour des comptes et du parlement. D'un point de vue économique, cette évaluation est nécessaire, « *moins pour évaluer la politique maintenant, tout de suite, que pour informer la décision future* »[12], c'est-à-dire améliorer la gestion du denier public, et c'est la logique suivie par la mise en place du chainage vertueux.

---

[9] Voir *infra*.

[10] Griffaton Sonnet, L., « Quelle portée pour l'article 15 de la déclaration des droits de l'Homme et du citoyen ? », *RFDC*, 2017, n°112, p. 899.

[11] Loi constitutionnelle n°2008-724 *de modernisation des institutions de la Ve république*.

[12] D'après les propos introductifs d'Esther Duflot, Professeur de sciences économiques au Massachussetts Institute of Economics, lors du colloque organisé à l'initiative du groupe de travail sur les moyens de contrôle et d'évaluation de l'assemblée nationale, « *Le printemps de l'évaluation* », qui s'est tenu le 28 juin 2018, accessible sur : http://printempsdelevaluation.fr/ .

Se dessinent alors deux intérêts de la reddition de comptes disposés par l'article 15 DDHC que sont un objectif démocratique de transparence, et un objectif économique de performance. Or, le caractère vague des termes de l'article est tout aussi flagrant que le potentiel de l'obligation qu'il impose.

Aussi, fallait-il se demander, partant du principe que la reddition de comptes est finalement l'essence même du fonctionnement de la démocratie représentative, et au regard de son importance d'un point de vue économique, pourquoi l'article qui la dispose se trouve ainsi placé à la fin de la déclaration entre une disposition relative au consentement à l'impôt et la disposition qui assure la séparation des pouvoirs. Cette notion apparait alors comme comportant des termes vastes aux potentialités nombreuses qui pourrait en plus paraître perdue dans la déclaration, disposée comme « *un cheveu sur la soupe* ».

Cependant, il convient de répondre à cette interrogation par le fait que cet article 15 DDHC est finalement intrinsèquement lié à l'article 14 DDHC et plus largement à la gestion des finances publiques.

L'adoption de trois articles distincts ce 26 août 1789 rend difficile d'affirmer que la responsabilité en cause serait propre à la gestion des deniers publics ou aux agents de l'exécutif, tel que le propose le député Rewbell[13]. Cependant, l'article 14 DDHC dispose « *tous les citoyens ont le droit de constater, par eux-mêmes ou par leur représentant, la nécessité de la contribution publique, de la consentir librement, d'en suivre l'emploi, d'en déterminer la quotité, l'assiette, le recouvrement et la durée* ». Ainsi, tel qu'il est habituellement enseigné aux étudiants en droit, cet article dispose le principe du consentement à l'impôt. Mais se limiter à une telle conclusion serait oublier que cet article donne également la possibilité au citoyen de suivre l'emploi de la contribution qu'il a consenti à la puissance publique. En effet « *tous les citoyens ont le droit [...] [de] suivre l'emploi [de la contribution publique]* ».

De ce fait, il est possible de considérer que si les membres de l'assemblée constituante de 1789 ont choisi d'intégrer cette obligation de rendre compte dans l'article suivant l'article 14 de la DDHC, c'est pour que celle-ci fasse suite au droit donné aux citoyens de suivre l'emploi des deniers publics constitué par leur contribution. Ainsi le député Charles-François Bouche proposait, lors des débats autour de la

---

[13] Griffaton Sonnet, L., « Quelle portée pour l'article 15 de la déclaration des droits de l'Homme et du citoyen ? », *RFDC*, 2017, n°112, p. 912.

rédaction de la déclaration que « *Le paiement de l'impôt étant le prix de la protection et de la sûreté, la société a le droit de contraindre tout citoyen à la contribution, comme elle a celui de faire rendre compte à tout agent public de son administration* »[14].

Cet article 15 DDHC viendrait donc en modalité d'application des droits dont disposent les citoyens en vertu de l'article 14 le précédant : l'article 15 met en place un régime commun de reddition de comptes alors que l'article 14 met en place un régime spécial lié à la contribution publique[15].

Dès lors, il peut être affirmé que malgré la possibilité de voir dans l'article 15 DDHC un potentiel important touchant tous les aspects de la démocratie représentative et même, dernièrement, la démocratie administrative[16], cette obligation de rendre comptes est fortement liée aux finances publiques, à l'emploi du denier public. En effet, en laissant au seul article 14 de la DDHC la charge de disposer du droit au suivi de l'emploi du denier public, peut-être « *la mule* » a-t-elle été « *un peu chargée* »[17].

Lorsque cette dernière idée est établie, il convient de faire un rapide tour d'horizon concernant ce qu'implique concrètement cette obligation instituée par l'article 15 DDHC.

Par sa position dans la déclaration, ledit article dispose une obligation de rendre compte de l'emploi des deniers publics. Or, cela amène la notion du bon emploi du denier public.

Cette notion est une création jurisprudentielle puisqu'elle connait une utilisation limitée par le droit écrit[18], mais s'est vu accorder une valeur constitutionnelle par les sages en 2006[19]. Le conseil intègre alors cette dernière notion dans celle de bonne administration en les fondant toutes deux sur les articles 15 et 14 de la DDHC. C'est la première fois que le Conseil Constitutionnel fonde de manière effective le bon emploi

---

[14] Mavidal, Laurent Clavel, Archives parlementaires de 1787 à 1860, Tome VIII (du 5 mai 1789 au 15 septembre 1789), Librairie administrative de Paul Dupont, 1875, Paris. Séance du 26 août 1789, p. 486.

[15] Griffaton Sonnet, L., *Op. cit.*, p.912.

[16] Testard, C., *Op. cit.*, p.242.

[17] Griffaton Sonnet, L., *Op.cit*, p.912.

[18] Boiteux, D., « Le bon usage des deniers publics », *RDP*, 2011, n°5, p.1099.

[19] Cons. Const., Déc. n°2006-545 DC, du 28 décembre 2006, *Loi pour le développement de la participation et de l'actionnariat salarié portant diverses dispositions d'ordre économique et social.*

du denier public[20], mais la notion reste intégrée au sein de la bonne administration, ce qui s'explique par le fait que de jurisprudence constante, le Conseil fonde sur l'article 15 DDHC l'objectif de valeur constitutionnelle de bon emploi du denier public[21]. En 2008[22], les sages consacrent cette fois la notion de bon emploi du denier public de façon indépendante de la notion de bonne administration. Elle devient, de cette façon, autonome. Cependant, le fondement reste le même, il s'agit toujours des articles précités. En revanche, il est intéressant de relever que de façon sous-jacente aux faits de l'espèce[23], il ne s'agit non plus d'une consécration de la notion de bon emploi du denier public, mais, de façon plus précise, de l'obligation de rendre compte de l'emploi du denier public[24]. Dans les faits, le Conseil Constitutionnel est venu compléter le principe de transparence auquel sont soumis tous les contrats administratifs.

Ainsi, la conjonction des deux jurisprudences de 2006 et 2008 permet d'établir qu'à l'intérieur de la notion de bonne administration, qui implique un ensemble d'autres notions de droits et de devoirs hétérogènes[25], se trouve celle de bon emploi du denier public et qu'il incombe à l'administration d'en rendre compte.

Autrement dit, l'article 15 de la DDHC, son contenu, et, peut-être son emplacement dans la déclaration, impose à tout agent public de rendre compte du bon emploi du denier public.

---

[20] Boiteux, D., *Loc. cit.*

[21] Voir en ce sens : Cons. Const, Déc. n°2012-235, du 20 avril 2012, *Association Cercle de réflexion et de proposition d'actions sur la psychiatrie (Dispositions relatives aux soins psychiatriques sans consentement).*

[22] Cons. Const., Déc. n°2008-567, du 24 juillet 2008, *Loi relative aux contrats de partenariat.*

[23] Dans les faits, il s'agit de la loi relative aux contrats de partenariat qui a été déférée au Conseil Constitutionnel. Notamment elle ajoutait un nouveau cas de recours à ce type de contrat. En plus de la complexité et de l'urgence, la personne publique peut recourir à un contrat de partenariat lorsqu'elle présente un bilan « cout avantage » démontrant que la passation d'un contrat de partenariat est la plus avantageuse (par rapport aux autres possibilités de contrat). Il s'agit là d'un impératif de préservation des principes d'égalité, de propriété de la personne publique, et de bon emploi du denier public.

[24] Richer, L., *Droit des contrats administratifs,* LGDJ, 2012 (8e ed.), pp.34-35.

[25] Azoulai, L., « *Le principe de bonne administration* », dans J -Bernard Auby, *A propos de la notion de droit administratif européen*, coordonné par Dutheuil de la Rochère, J., *RFAP*, 2007, n° 123, p.373-386.

Il pourrait donc s'agir de savoir quel est le bon emploi du denier public. Mais avant de connaitre, ou tenter de définir avec précision cette notion, il est essentiel – et cela devrait par ailleurs participer de la définition en question – d'établir comment en rendre compte. Or, une définition concrète des voies par lesquelles, les gouvernants usent des deniers publics issus des contributions des gouvernés trouve encore mal sa place dans le droit français actuel. Les textes, notamment la Loi Organique relative aux Lois de Finances[26], par la philosophie de transparence qui la transcende – entre autres – ou la réforme constitutionnelle du 23 juillet 2008 avec les nouvelles attributions du parlement ou de la Cour des Comptes, permettent de déduire les voies par lesquelles il est rendu compte à la société de ce qui est fait du denier public. Cependant, le renvoi concret à une base juridique que serait l'article 15 DDHC reste rare. Il aurait donc été possible pour cela de se référer au juge constitutionnel : celui-ci s'appuyant sur l'article 15 DDHC aurait pu donner une définition tant quant aux obligations desquelles les agents publics doivent rendre compte, mais également quant à l'obligation de rendre compte en elle-même. C'est-à-dire qu'au-delà du standard par rapport auquel il doit être rendu compte, il est nécessaire de définir à qui il est rendu compte, par qui, sous quelles échéances, et par quelles voies. Or les décisions du Conseil Constitutionnel faisant mention de l'article 15 DDHC sont actuellement au nombre de douze, dont celles précitées, la dernière étant la n° 2020-834 QPC du 3 avril 2020, à propos de Parcoursup[27], et toutes, à l'image de cette dernière, ne sont pas relatives aux finances publiques. Il n'est donc pas possible de s'appuyer uniquement sur le juge constitutionnel pour connaitre d'une définition plus approfondie de l'obligation constitutionnelle de rendre compte.

Et pourtant, cela est nécessaire du fait de l'intérêt dont relève l'obligation constitutionnelle de rendre compte en finances publiques. Historiquement, l'intérêt de l'obligation de rendre compte trouve ses premiers fondements théoriques dans la garantie sociale des droits et libertés, et, dans le cadre du denier public, dans la garantie sociale du droit de propriété. Actuellement, l'intérêt de l'obligation de rendre compte se trouve dans ce qui a été mentionné plus tôt : le développement d'une démocratie administrative, ou d'une démocratie continue qui décrit la démocratie comme quelque chose qui s'exerce

---

[26] Ci- après : « LOLF ».

[27] Et plus généralement aux archives publiques.

sur la durée, c'est-à-dire autant par la participation *ex ante*, via la formation de la loi, que par des procédures *ex post* telles la reddition de comptes[28]. L'impôt et sa gestion peuvent, de ce cadre, être considérés comme un indicateur de démocratie[29].

Ainsi, afin de pouvoir remédier au « *flou relatif à sa formulation* »[30], la définition de l'article 15 DDHC nécessite un aperçu historique, mais il est également intéressant d'aborder la question d'un point de vue comparé.

En effet, « *les phénomènes, considérés dans l'histoire politique d'un pays comme strictement nationaux, ne sont souvent que les variantes, les diverses expressions d'un type politique commun* »[31]. Et, c'est ainsi que les révolutions tendant à ériger la nation comme unique souveraine et les Hommes comme titulaires de droits naturels contre le pouvoir absolu et parfois qualifié d'arbitraire, ont connu une exportation. Ceux-ci sont des phénomènes qui ont émergé dès le XVIIe et XVIIIe en Angleterre et en France et ont trouvé à s'exporter à travers l'Europe et outre océan.

Justement, outre océan, le Mexique est un exemple de l'importation de ces idées jusnaturalistes anglaises et révolutionnaires françaises.

Émergeant en 1814 dans la Constitution dite d'Apatzingan - qui va servir de base à tous les textes constitutionnels mexicains suivants -, le droit institutionnel mexicain connait une double influence : une influence du modèle nord-américain ainsi qu'une influence du modèle révolutionnaire français. En effet, « *la première décade du XIXe fût, dans les colonies espagnoles d'Amérique, la période de gestation de leur indépendance qui eut pour générateur l'émancipation des colonies anglaises du Nord et les principes de liberté proclamés par la Révolution française et propagés par les guerres napoléoniennes*[32] ». Les guerres napoléoniennes ont donc favorisé l'exportation des idées révolutionnaires françaises, notamment par la voie de l'insurrection

---

[28] Notion développée par D. Rousseau : Rousseau, D., « *La démocratie continue : acte du colloque de Montpellier,264 avril 1992* », LGDJ, Bruylant, 1995.

[29] Blairon, K., « Démocratie directe et finances publiques, une tentative de réconciliation », *RFFP*, n°132, 2015, p.163.

[30] Griffaton Sonnet, L., « Quelle portée pour l'article 15 de la déclaration des droits de l'Homme et du citoyen ? », *RFDC*, 2017, n°112, p. 912.

[31] Mirkine-Guetzévitch, B., « La Constitution de Cadix », *Revue d'Histoire politique et constitutionnelle*, n°1, 1939, p. 49.

[32] Rabasa, E., « *L'évolution historique du Mexique* », Paris, Librairie Felix Alcan, 1924, p.32.

espagnole. Or, cette exportation était déjà en germe dans les sociétés littéraires mexicaines depuis le tout début du siècle. Mais, en plus des inspirations françaises, les travaux constitutionnels qui ont eu lieu au Mexique tout au long du XIXe ont été pénétrés par les déclarations américaines qui sont venues s'ajouter aux livres des philosophes et penseurs mexicains pour alimenter les réflexions de leurs disciples[33]. Cependant, l'influence exercée par les déclarations nord-américaines ne fut que guère considérable[34], comparée à celle des idées révolutionnaires françaises. En effet, la « *lutte du Nord* » avait ses propres caractéristiques, difficiles à modéliser d'une part et peu communiquées d'autre part. Les métis et les créoles qui ont alors porté la gestion de la révolution mexicaine étaient peu à même d'imiter et reproduire ces idées. La seule suggestion que leur apportait la révolution nord-américaine était la volonté des peuples à gagner leur indépendance. Par ailleurs, les populations latines, catholiques, avaient de fait une répugnance pour les idéaux de ceux qu'elles considèrent comme des hérétiques[35]. Enfin, l'exemple américain fait moins d'adeptes que la prédication de principes généraux et simples à comprendre que sont ceux des révolutionnaires français[36], facilement transposables à une autre insurrection populaire contre le pouvoir.

L'influence nord-américaine est d'autant moins importante qu'elle va essentiellement concerner les constitutions rédigées après le 28 septembre 1821, date à laquelle est signé l'acte d'indépendance mexicain. À cette époque effectivement, tels les Américains face aux colons anglais, les Mexicains veulent se défaire de l'emprise espagnole : les droits naturels émergent alors une nouvelle fois[37], le droit institutionnel mexicain s'inspire du modèle fédéral étasunien.

Mais « *si la fédération, dit M. Léon Bourgeois, en modelant sa constitution sur celle des États-Unis, a emprunté à celle-ci le mécanisme de ses principaux organes, on peut, à bien des traits, reconnaitre, dans les institutions mexicaines l'influence de la législation française. Il y a dans l'ensemble de la législation du Mexique, une tentative de codification du droit naturel, évidemment*

[33] Weymuller, F. « *Histoire Du Mexique* ». 2e édition, Paris : Presses Universitaires De France, 1964. Que Sais-je ?, p.68.
[34] Rabasa, E., *Op. cit*, p.32.
[35] *Ibidem.*
[36] Rabasa, E., *Op. cit*, p.33.
[37] *Ibidem.*

inspirée par les travaux de nos assemblées révolutionnaires et cette influence est hautement déclarée par les jurisconsultes nationaux »[38]. L'influence des idées révolutionnaires est donc certaine, bien qu'il soit difficile d'en trouver des preuves concrètes, au sens où il est plus évident de soutenir une telle filiation en ayant à disposition des documents explicitant clairement une telle volonté de s'inspirer des travaux français. Mais cette difficulté à trouver des preuves concrètes s'explique. En effet, « *tant dans l'Espagne des Cours de Cadix que dans le Mexique nouvellement né, les excès de la terreur et les invasions napoléoniennes à laquelle la France était associée provoquèrent un rejet et la condamnation de tout ce qui venait de France* »[39]. Il était donc plus sage d'exprimer les dogmes libéraux sans faire référence à leur origine, car il était difficile de faire la différence entre ces dogmes et les excès de la convention notamment et c'est ainsi que tout ce qui provenait de France fût reçu comme un bloc commun et considéré comme un patrimoine universel[40].

Le premier exemple de cette tentative de codification du droit naturel se retrouve dans la Constitution d'Apatzingan promulguée le 22 octobre 1814[41] qui fut le produit des travaux de l'assemblée constituante de Chilpancingo.

Or, ce texte constitutionnel fut le produit de plusieurs facteurs tous rattachés directement ou indirectement à la tradition révolutionnaire française. En effet, il contient dans son Titre Ier une déclaration des droits, qui, par sa formulation, son contenu et son histoire, est indéniablement inspirée à la fois des idées de John Lock ainsi que de Jean Jacques Rousseau et Denis Diderot[42]. Sa rédaction est d'abord le produit des évènements qui ont lieu en Espagne au début du XIXe. Elle connait ainsi l'influence de la Constitution de Cadix de 1812, elle-même fortement influencée par la première constitution française du 3 septembre 1791. Mais ce texte constitutionnel d'Apatzingan est également le fruit d'une influence française directe puisque les idées des lumières circulent déjà dès le début du siècle au Mexique et

---

[38] Mercier, L., « *Le Mexique d'hier et d'aujourd'hui. De 1810 à fin nov. 1913.* » Thèse pour le doctorat en sciences politiques et économiques, Montpelier, imprimerie Firmin et Montane, 1913, p.20.

[39] Pantoja Moran, D., « Sieyès et la Constitution mexicaine de 1836 », *Revue française d'histoire des idées politiques,* n°33, 2011, p.103-116.

[40] *Ibidem.*

[41] Voir annexe I.

[42] Rabasa, E., *Op. cit,.*

d'ailleurs, les principaux auteurs dudit texte s'affirment eux-mêmes comme de fervents adeptes des idées françaises. Le choix ici n'a pas été de faire une présentation chronologique des évènements menant à la rédaction de la constitution d'Apatzingan, mais bien de démontrer d'une part une influence française indirecte, par la voie de l'histoire constitutionnelle espagnole (I) et d'autre part une influence française directe par les sociétés littéraires et les auteurs de ladite constitution (II), afin de justifier le choix du Mexique comme pays de comparaison pour compléter la recherche à propos de l'article 15 DDHC français.

La Constitution de 1917 actuellement en vigueur au Mexique n'a pas de déclaration des droits telle que connue dans le modèle français, mais un Titre Ier qui reprend celui de 1857 qui lui-même reprend celui de 1814. Titre Ier, qui fait office de déclaration des droits naturels.

Section 1ère.
L'influence de l'histoire espagnole sur le modèle constitutionnel mexicain au début du XIXe siècle

L'influence française indirecte s'exerce à la fois par l'exportation du modèle de Cadix (§1) et l'importance de l'épisode de Bayonne (§2).

§1. L'influence de la Constitution de Cadix, Constitution imposée au Mexique

Il est intéressant d'étudier le contenu, ou au moins la philosophie suivie par la Constitution de Cadix du 19 mars 1812 parce que celle-ci a eu une influence sur le Droit Constitutionnel mexicain. Or, cette Constitution de Cadix, bien que rédigée en opposition au régime impérial Français, est non seulement inspirée de la philosophie révolutionnaire française, mais, en plus, se sert de la constitution du 3 septembre 1791 comme modèle (1).

Et, d'une part cette constitution a été une constitution imposée au Mexique de 1812 à 1814. D'autre part, des notables et penseurs mexicains ont participé à sa rédaction et ont donc importé les idées ainsi que le modèle au Mexique. Notamment, des fonctionnaires espagnols y participent, mêmes fonctionnaires qui vont ensuite mener les mouvements insurrectionnels au Mexique : il s'agit du Général Morelos (2).

1. L'influence française sur la Constitution espagnole de 1812

Ce sont « *las Cortes des Cadiz* »[43] qui se sont chargées de rédiger la constitution qui sera promulguée le 18 septembre 1812. Ces *Cortes* ont commencé à se former dès 1808 dans les provinces espagnoles qui sont parvenues à échapper à l'autorité napoléonienne en refusant de reconnaitre l'avènement du roi Joseph Bonaparte[44].

---

[43] Littéralement traduit : « Cours de Cadix ».

[44] Voir *infra*.

Les *Cortes* ont alors la charge de rédiger une nouvelle constitution qui réforme intégralement l'ordonnancement juridique du pouvoir en se détachant notamment des idées françaises, par opposition au régime bonapartiste. Il s'agissait par-dessus tout d'éviter toute influence bonapartiste ou jacobine ; mais ces *Cortes* véhiculaient déjà des idées libérales[45].

Or, avant la constitution de Cadix, et l'invasion napoléonienne, une monarchie parlementaire était déjà en place en Espagne depuis l'époque Wisigothe[46], avec des notions jusnaturalistes[47]. Mais, petit à petit, cette philosophie fut remplacée par une vision absolutiste de la monarchie, notamment avec l'arrivée sur le trône des Bourbons en 1700 – remplaçant la dynastie des Habsbourg d'Autriche -, qui importent alors le modèle de monarchie absolue français. La nouvelle constitution de Cadix fera alors référence au modèle historique constitutionnel de l'ancienne monarchie donnant ainsi un fondement aux Cortes et permettant, surtout, d'évincer complètement le modèle absolutiste français[48].

Il est aussi intéressant de constater que les idées libérales ne sont, donc, non seulement pas complètement nouvelles, mais pas si anciennes non plus. En effet, il convient de noter que sous le règne de Carlos III, qui s'étend de 1759 à 1788, une « *légère, mais perceptible liberté d'expression* »[49] a été inaugurée par des réformes qu'il mena. Grâce à cette légère ouverture libérale, des penseurs ont pu s'exprimer, ce qui a posé les bases d'une future évolution politique du pays. Notamment, lorsque le roi nomma Pedro Ródriguez de Campomanes procureur du Conseil de Castille, cela lui a permis de publier des écrits politiques et économiques, dans lesquels quelques idées libérales étaient perceptibles[50]. Ainsi, la liberté d'expression semblait se dessiner discrètement et laissait, en plus, place à l'expression d'autres idées libérales.

---

45 Serrano Migallon, F., "Historia minima de las constituciones en México", México D.F : El collegio de México, 2012, p.52.
46 *Ibidem,* p.33-34.
47 *Ibidem.*
48 *Bis in idem.*
49 Peralta, R., « *Las Cortes Españolas De 1810, Democracia, Ciudadanía Y Nación* », Cizur Menor, Navarra: Aranzadi, 2013, p.15.
50 *Ibidem.*

Ainsi, la nation, représentée par les Cortes, devait observer une volonté éminemment libérale, dans la logique moderne de l'individualisme, mais, curieusement, pas uniquement dans une logique de reproduction des idées des lumières françaises, et encore moins jacobines, mais avant tout dans une volonté de « revisite » des plus anciennes et profondes traditions juridico politiques des monarchies espagnoles depuis l'époque wisigothe[51]. Dès lors, les postulats libéraux notables dans la Constitution de Cadix ne sont pas seulement issus des idées révolutionnaires françaises et du jusnaturalisme anglais : elles sont aussi largement inspirées de la propre tradition espagnole.

Cependant, face à l'invasion napoléonienne, c'est bien la réunion des *Cortes* constituantes qui consacra la rupture. En effet, dès leur première séance, le 24 septembre 1810, celles-ci proclament :

> « *(Décret I) : Les députés qui composent ce Congrès, et qui représentent la Nation espagnole, se déclarent légitimement constitués en Cortes generales et extraordinaires (...) et qu'en celles-ci résident la souveraineté nationale* ».

Bien que le contexte soit différent, le processus est en tout point analogue à celui des Etats-Généraux du Royaume de France qui, le 17 juin 1789, s'étaient proclamés Assemblée nationale puis, le 20 juin, constituante par le Serment du Jeu de Paume[52]. En effet, la nation s'exprime quand elle se donne une constitution. Elle devient, de ce fait, un postulat de base nécessaire à l'existence de la constitution, elle est un donné et non pas un construit. La constitution est alors l'instrument de la liberté politique du peuple[53]. L'idée étant de mettre en place une constitution pour s'affranchir de l'autoritarisme[54]- en l'espèce napoléonien -, le cheminement dans les idées résulte être le même que celui qui a poussé à la rédaction de la constitution française de 1791.

Le constituant espagnol entend donc tout à la fois suivre le constituant français, sur l'idée qu'un peuple doit être libre, notamment

---

[51] Serrano Migallon, F., *Op. cit.*, p.46.

[52] Pierre-Caps, S., « La constitution de Cadix et le droit constitutionnel européen », *Civitas Europa*, 2012, p.5-21.

[53] *Ibidem.*

[54] À savoir qu'il est possible de parler d'autoritarisme napoléonien puisque dans les archives des discussions parlementaires, il est désigné par le terme « *Tirano frances de turno* » voir en ce sens : Legajo 2881, Archivo Historico Nacional 28 julio 1805.

au moyen de l'élaboration d'une Constitution sur la base de la souveraineté nationale, et s'affranchir de l'occupant français, en imprimant à cette Constitution les marques de sa propre identité[55] en faisant revivre d'anciens principes libéraux existants déjà sous les anciennes monarchies espagnoles.

Ainsi, bien que les *Cortes* espagnoles soient d'apparence hostiles aux idéaux français, lorsqu'elles adoptent la Constitution de Cadix le 18 mars 1812 et la promulguent le lendemain, celle-ci est fortement inspirée des principes français[56]. Et, cette ambivalence est elle-même constitutive du premier paradoxe de la Constitution de Cadix : celle-ci est issue de la lutte contre l'envahisseur français, mais lui emprunte pour retourner contre lui le fondement même du premier constitutionnalisme français[57].

Mais au-delà des principes et du processus précédemment cités, la constitution de Cadix emprunte également le modèle technique de la Constitution française du 3 septembre 1791. En effet, les différents projets de constitution qui sont proposés font preuve « *d'apparentes lacunes techniques* » qui seraient propres à la culture constitutionnelle espagnole[58]. Il est effectivement notable que les articles répondaient plus à une volonté de remédier radicalement au défaut de gouvernement, en passant par un programme libéral qu'elle ne prévoyait de mécanismes nécessaires à la complétude de la constitution comme norme fondamentale[59]. Ainsi, les différents projets de constitution manquaient de précisions techniques notamment du point de vue procédural[60]. À titre d'exemple, le projet de Florez Estrada ignorait l'organisation de la justice civile et de la justice pénale. Ces lacunes s'expliquent par le fait que les constituants voulaient rédiger une constitution qui ne soit pas totalement en rupture avec l'ancienne

---

[55] Vervin, M., *La question démotique dans le constitutionnalisme espagnol*, Thèse Droit Public, Nancy, 2006, p. 37.

[56]Aymes, J.-R., « *Le débat idéologico-historiographique autour des origines françaises du libéralisme espagnol : Cortes de Cadix et Constitution de 1812* », Allicante : Biblioteca Virtual Miguel de Cervantes, 2015, p.78&s.

[57] Pierré-Caps, Stéphane, *Loc. cit.*

[58] Busaall, J. -B., « La réception du libéralisme français dans la formation du premier libéralisme espagnol (1808-1820), Thèse en Histoire du Droit Public, sous la direction de Michel Granzin et Gregorio Monreal Zia, Aix Marseille III, soutenue en 2006, p.458.

[59] *Idem.*

[60] *Ibidem*

monarchie en place avant l'arrivée de Napoléon Bonaparte. Ainsi, les institutions ne sont pas redéfinies, ce qui explique des silences relatifs aux procédures électorales locales ou encore aux procédures parlementaires[61]. Cela rejoint l'idée selon laquelle il s'agissait de revenir vers les anciens principes des monarchies espagnoles. Les constituants étant plus occupés par la volonté de s'affranchir de l'autoritarisme français, des lacunes techniques dans les projets de constitution les ont poussés à s'inspirer du modèle français de 1791 d'un point vu technique et procédural. Il est alors possible de retrouver un certain nombre de similitudes textuelles, ce qui suscite d'ailleurs les critiques de quelques réactionnaires tel le Père Rafael Velez qui relève cent-deux articles similaires, voire copiés[62].

La constitution espagnole de 1812 va donc connaitre une forte influence française. Elle va servir de modèle à d'autres nations alors que précisément, celle-ci ne semblait avoir aucune visée dans ce sens ; entendant au contraire se situer dans une sphère strictement nationale[63].

En effet, la Constitution de Cadix va en partie inspirer la première constitution mexicaine qu'est la Constitution d'Apatzingan de 1814.

2. L'exportation du modèle de Cadix au Mexique

La constitution de Cadix est une constitution imposée au Mexique entre 1812 et 1814. Ainsi, elle restera en vigueur durant deux ans, mais de façon autoritaire. Par ailleurs, dans un objectif politique de maintien de l'unité des colonies espagnoles et de répression des insurrections, des représentants de la Nouvelle Espagne[64] ont participé aux *Cortes*, ce qui mène à une exportation du modèle par le biais de ces représentants. Et justement, un aspect important de l'origine de cette constitution est la participation des représentants des Vices-Royautés d'Amérique aux *Cortes*[65].

En effet, réunis en un *Conseil Suprême Central du Gouvernement du Royaume* – en Espagne – qui fût reconnu comme l'autorité suprême, tous les députés de tous les territoires de l'empire espagnol sont convoqués sur le fondement du principe selon lequel les territoires américains n'étaient pas des « *colonies* », mais faisaient partie

---

[61] *Bis in idem.*
[62] Busaal, J. -B., *Op. cit.*, p.462.
[63] Vervin, M., *Op. cit., Eod. Loc.*
[64] La Nouvelle Espagne désigne l'actuel Mexique, avant son indépendance.
[65] Serrano Migallon, F. *Op. cit.*, p.43.

intégrante de la monarchie espagnole[66]. C'est ainsi que le Conseil réuni avec « *los Consejos de castilla, Indias, Ordenes y hacienda* », ont considéré le 16 août 1809 qu'il était « *juste et nécessaire que dans ces corps nationaux [que représentent les Cortes], prennent une grande part [nos] Amériques, celles-ci étant dignes de notre considération pour leur fidélité, leurs loyaux services, leurs dons, amour au roi, leur conscience patriote et leur importance* ». Il n'existe pas de décret officiel indiquant la participation des représentants des Amériques au conseil, mais il est possible d'établir qu'avant le 24 mai, un accord fût trouvé pour octroyer le droit de représentation à des natifs d'Amérique, nommés parmi des personnes qui résidaient à ce moment-là en Espagne, et sans utiliser le tirage au sort[67]. Ainsi, cela offrait la possibilité de considérer que les Amériques soient à l'égal de la métropole dans tout ce qui concerne les droits fondamentaux et les prérogatives constitutionnelles[68].

Or, des velléités indépendantistes existent déjà outre océan. Dès lors, intégrer les pays américains dans la rédaction de la Constitution de Cadix sous prétexte qu'il s'agissait d'assurer des droits égaux pour tous les citoyens de la péninsule espagnole était une forme d'acte politique pour calmer les volontés d'indépendance mexicaines. C'est de cette façon que le premier article du Titre I de ladite constitution dispose « *la Nación española es la reunion de todos los españoles de ambos hemisferios* », soit « *la Nation espagnole est la réunion de tous les Espagnols des deux hémisphères* ». Ainsi, sont reconnus comme espagnols « *tous les hommes libres nés et résidents dans les territoires des Espagnes, ainsi que leurs enfants, puisque tous ceux-ci composaient alors la Nation* »[69].

Cependant, ce geste politique n'a pas été la solution pour maitriser les velléités existant déjà dans les territoires de la Nouvelle Espagne. Sur ce point, une intervention intéressante à mentionner est celle de José Miguel Guridi y Alcocer, né dans le village de San Felipe Itzacuixtla, qui représente alors Tlaxcla. Il explique :

---

[66]Voir en ce sens : http://museodelasconstituciones.unam.mx/nuevaweb/historia-constitucional-de-mexico/

[67] Serfin Castro, A., « Représentation politique et usage du tirage au sort au Mexique 1808-1857. », *Participations*, Hors-série, 2019, pp.283-301.

[68] Serrano Migallon, F. *Op. cit.*, p.34.

[69] *Ibidem,* p.43.

« Derrière cette proposition, soit le premier article de la Constitution, la définition de la Nation espagnole ne parait pas exacte. Je comprends qu'il ne s'agit pas là de la Nation au sens physique du terme, mais bien politique. En effet, dans ce sens, comme le prouvent les termes eux-mêmes, seuls importent la naissance et l'origine. Or, la Nation espagnole n'est ni plus ni moins qu'une collection de natifs et originaires de la péninsule, laquelle se prénomme Espagne »[70].

Autrement dit, le député mexicain explique que les personnes nées dans les provinces américaines ne sont pas des Espagnols, mais font partie d'une relation politique entre les Amériques et l'Espagne, ils n'ont donc aucune appartenance politique.

Il s'agit donc bien, à travers la participation des représentants de la Nouvelle Espagne, d'un acte politique visant à assurer l'unité de l'empire colonial espagnol. Cette nécessité s'explique par une agitation dans la colonie à la fois liée à des idées révolutionnaires qui circulent et se trouvent nourries par les incertitudes internes à l'Espagne suite à l'épisode de Bayonne.

§2. L'importance de l'épisode de Bayonne

L'épisode de Bayonne fait référence à l'invasion de Napoléon Bonaparte en Espagne, provoquant un soulèvement contre le pouvoir français (1) ce qui va donner lieu à un exercice direct de la souveraineté par le gouvernement de Mexico (2).

1. Invasion de Napoléon Bonaparte et soulèvement contre le pouvoir français

« L'invasion de la péninsule Ibérique par Napoléon en 1807-1808 bouleversa les rapports entre les rois du Portugal et d'Espagne et leurs sujets des deux côtés de l'océan Atlantique »[71]. En effet, l'épisode de Bayonne renvoie à l'année 1808 et aux abdications successives des rois

---

[70] *Bis in idem*, p.44.

[71] Hekg, A., « *Chapitre 8 - Les guerres d'indépendance de l'Amérique ibérique : de nouvelles opportunités de libération* », dans *Plus jamais esclaves : De l'insoumission à la révolte, le grand récit d'une émancipation (1492-1838),* coordonné par A. Helg, Paris: La Découverte, pp. 261-290.

Carlos IV et Fernando VII, suite à l'arrivée sur le territoire espagnol de Napoléon Bonaparte. Or cet épisode va semer trouble et inquiétude en Espagne, mais également dans la Nouvelle Espagne ce qui va nourrir des velléités indépendantistes en germes outre Atlantique.

Historiquement, le 19 mars 1808 Carlos IV abdique en faveur de son fils Fernando VII. Cette abdication est alors le résultat de diverses conspirations menées par ce dernier à l'encontre de son père qu'il réussit finalement à détrôner. Or cette abdication se produit simultanément à l'arrivée des troupes de Napoléon Bonaparte sur les terres espagnoles. En effet, alors que les troupes de Napoléon menées par le Général Junot sont entrées sur le territoire Espagnol depuis le 29 novembre 1807, le Maréchal Murat entre à Madrid le 23 mars 1808 avec plus de 100 000 soldats. Napoléon prenant l'ancien couple royal, dont Carlos IV, sous sa protection, il se trouve donc placé sous la protection des troupes du Maréchal Murat. Tombant dans un piège tendu par l'empereur et son Maréchal, Fernando VII est fait prisonnier par ces derniers le 20 avril 1808 à la frontière française de l'Espagne. En mai 1808 a alors lieu ce qui est communément appelé « *l'abdication de Bayonne* ». Alors que Carlos IV cède ses droits au trône à Napoléon en échange d'un asile en France et d'une pension de 3millions de réaux, l'empereur force Ferdinand VII à abdiquer en faveur de son père en échange d'un château et d'une pension annuelle de 4millions de réaux. Il accepte le 6 mai 1808. Carlos IV ayant cédé ses droits à Napoléon, ce dernier récupère alors le droit au trône, qu'il transmet à son frère, Joseph Bonaparte. Ainsi est adoptée le 8 juillet 1808 la Constitution de Bayonne, commandée par Bonaparte, elle devient la première constitution espagnole.

Mais la condition de prisonnier de Fernando VII le fait devenir roi « *désiré* ». Ainsi le 11 août 1808, le Conseil de Castille invalide l'abdication de Fernando VII au profit de Napoléon, donnant à l'ancien roi le titre de « *roi in absentia* » puisque la cession de droits au profit de Napoléon et par conséquent son frère n'est ni reconnue ni acceptée et encore moins valide[72]. Dès lors, les territoires Ibériques et ceux de la Nouvelle Espagne, Mexique actuel, ne reconnaissent pas le roi Joseph et ne sont pas soumis au pouvoir de l'empereur français. Notamment, pour les « *patriotes Espagnols* »[73] des territoires Ibériques, fidèles à la

---

[72] Serrano-Migallon, F., *Op. cit*, p.52.
[73] *Ibidem.*

maison des Bourbons, si Carlos IV et Fernando VII ont renoncé légalement à leurs droits en faveur de l'empereur, un tel acte n'était pas libre ni volontaire, mais imposé par la force et les menaces[74]. Ainsi, le roi Fernando VII restait le seul roi légitime. C'est dans ces territoires, les territoires ibériques, qu'un conseil de régence ainsi que les Cortes de Cadix se formèrent pour y rédiger entre 1810 et 1812 une nouvelle constitution, celle qui sera ladite Constitution de Cadix promulguée le 19 mars 1812. Malgré tout, un paradoxe persiste. En effet, le roi *in absentia* est absolutiste alors que les *Cortes* véhiculent des idées libérales qui se retrouveront, d'ailleurs, dans le texte de 1812.

Cependant, suivant le modèle des « *Cortes de Cadiz* », des « *Juntes* » continuent de se former progressivement en Amérique Latine. En effet, en 1810 ont lieu les premiers mouvements indépendantistes, insurrections et conspirations au Mexique. C'est d'ailleurs cette année-là qu'a lieu la première insurrection menée par le prêtre Miguel Hidalgo, dans le village de Dolores. Or ces mouvements sont nourris par les inquiétudes entraînées par les incertitudes concernant le souverain espagnol ; ce climat d'inquiétude est national, mais s'étend également outre-mer[75].

Les colonies espagnoles refusant de reconnaitre l'avènement de Joseph Bonaparte à Madrid après l'abdication des Bourbons en 1808, comme l'Espagne, elles se soulevèrent contre la domination française et proclamèrent leur fidélité à Fernando VII[76]. Seulement, l'idée étant de se protéger contre la domination française, le roi étant absent et l'empereur répudié, c'est le peuple qui a réassumé la souveraineté[77]. Le peuple de la Nouvelle Espagne assume donc le pouvoir seul pour la première fois, et c'est ainsi que « *l'entrée des troupes de Napoléon Bonaparte en Espagne fut le choc décisif qui provoqua l'écroulement de la domination espagnole au Mexique* »[78].

2. L'exercice direct de la souveraineté par le gouvernement de Mexico

Le 19 juillet 1808, face à la situation en Espagne, la municipalité de Mexico – « *ayuntamiento* » –, capitale de la Vice-royauté d'Espagne –

---

[74] *Bis in idem.*
[75] Serrano-Migallon, F., *Op. cit*, p.53
[76] Weymuller, F., *Op. cit.*, p.71.
[77] Serrano-Migallon, F., *Op. cit*, p.53
[78] Weymuller, F., *Op. cit.*, p.71.

donc définie comme une colonie espagnole – se réunit en conseil extraordinaire. Il y est décrété que ne serait pas reconnue l'abdication de Carlos IV et Fernando VII en faveur de Napoléon, et que tout fonctionnaire nommé par le gouvernement impérial espagnol ne serait pas reconnu non plus[79]. Dans le procès-verbal d'assemblée, il est alors souhaité « *beaucoup de bonheur à la famille royale d'Espagne* » et demandé au président dudit *ayuntamiento*, s'adressant au Vice-Roi qu'il « *lui assure [à la famille royale] la fidélité de la ville de Mexico et de ses habitants ; qu'il lui exige de ne pas permettre l'entrée à des fonctionnaires de l'envahisseur et de ne pas recevoir de lui ni ordre ni disposition et que durant que les monarques se libèrent, lui, le Vice-Roi, demeure à son poste* »[80].

Le gouvernement de la Nouvelle Espagne s'est alors vu attribuer, par ce conseil, les pouvoirs nécessaires pour assurer le maintien du régime, le gouvernement, et même la compétence pour signer des alliances avec d'autres nations[81]. De cette manière, en rejetant l'autorité impériale, la nation mexicaine réassume pour la première fois la souveraineté[82], et le gouvernement de la colonie exerce le pouvoir de manière presque autonome de l'Espagne. C'est ainsi qu'à la suite de tous ces évènements, Camilo Torres explique que cela prédit « *la séparation éternelle des deux nations* »[83].

Pourtant, cet exercice autonome du pouvoir prend appui sur la volonté de défendre la monarchie espagnole, de défendre son maintien ; le mouvement n'était pas antimonarchique, il s'agissait de former un gouvernement mexicain au nom de Fernando VII[84]. L'idée était surtout de maintenir la Vice-Royauté en dehors de l'atteinte et de l'influence française.

En effet, « *lorsqu'on apprit au Mexique les abdications de Charles IV en faveur de son fils Ferdinand VII et celle de celui-ci en faveur de Napoléon, et la création de juntes civiques de résistance pour revendiquer le pouvoir, expulser d'abord Murat et ensuite Joseph*

[79] Serrano-Migallon, *Op. cit.*, p.53.
[80] *Ibidem.*
[81]Serrano-Migallon, F., *Op. cit*, p.53.
[82] *Ibidem.*
[83] Restero Canal, C., « Causas de la independencia de los paises hispano americanos e ideas de sus libertadores », *Revista de las Indias*, Enero-Junio 1968, Madrid, p. 144.
[84] Weymuller, F., *Op. cit.*, p.72.

Bonaparte, il y eut une agitation politique et l'on préféra maintenir la vice-royauté en dehors de l'atteinte et de l'influence française »[85].

Or, ces évènements, soit le gouvernement par *l'ayuntamiento* de Mexico, au nom de Fernando VII, firent éclater au grand jour les divisions entre Créoles et *Gachupines*[86], car les premiers y virent « *une bonne occasion de jouer un rôle qu'on leur avait jusqu'alors refusé : ainsi commença la lutte qui devait aboutir à l'indépendance* »[87]. Effectivement, dès 1808, au sein du combat contre le pouvoir napoléonien, les *Gachupines* sont accusés de vouloir avant tout maintenir l'unité de la monarchie espagnole et donc le Mexique sous l'autorité de cette dernière, alors que les créoles, dans leur discours, ont simplement pour but de maintenir l'unité de la dynastie face au pouvoir napoléonien. Ainsi, dans l'opposition des deux groupes, les premiers, approuvent un gouvernement espagnol et répriment les dissidents en attendant le retour du monarque espagnol[88], alors que les seconds se limitent à repousser le pouvoir napoléonien. Or ce soutien et ces répressions seront qualifiés de « *conspirations* » et se trouveront à l'origine de l'insurrection menée par le prêtre Miguel Hidalgo et Ignacio Allende en septembre 1810 à Dolores[89].

Le clivage entre les deux groupes qui gouvernent la Nouvelle Espagne se retrouve alors dans les deux propositions de constitution pour le Mexique, proposées à deux années d'intervalle, par le Général Lopez Rayón en 1812 puis le Général José Morelos en 1813. En effet, tel qu'il sera étudié plus tard dans la démonstration, les deux généraux qui se sont illustrés dans la direction des insurrections mexicaines dès 1810, convoqueront l'un après l'autre une assemblée constituante et proposeront un texte constitutionnel. Or, c'est la proposition du Général Rayón, qui implique la reconnaissance de Fernando VII comme monarque absolu qui finit de marquer le clivage entre les leaders des insurrections - Général Lopez Rayón, le Général José Mariá Morelos, Jose Sixto Verduzco et Jose Maria Liceaga - ce qui pousse le Général

---

[85] Venegas Trejo, F., *Op. cit.*, p.84.

[86] Le terme « *Créole* » ou « *Criollo* » renvoie à l'individu d'origine Espagnole mais né au Mexique, alors que le terme « *Gachupin* » est un terme péjoratif qui renvoie aux Espagnols nés en Espagne, mais vivant au Mexique.

[87] Weymuller, F., *Op. cit.*, p.71.

[88] Voir en ce sens : http://museodelasconstituciones.unam.mx/nuevaweb/historia-constitucional-de-mexico/

[89] *Ibidem.*

Morelos, à partir de sa proposition, à convoquer une nouvelle assemblée constituante en 1813 à Chilpancingo.

Ainsi, en 1808, les évènements concernant les souverains Espagnols, aboutissent à des idées d'indépendance, nourries par de nouvelles possibilités d'exercer le pouvoir dans la province de Nouvelle Espagne. C'est donc l'épisode de Bayonne, permettant au peuple mexicain d'exercer pour la première fois le pouvoir de manière autonome de la monarchie espagnole qui a véritablement donné pied à la révolution mexicaine pour son indépendance.

Seulement, en parallèle de ces évènements, des idées indépendantistes se dessinaient déjà discrètement au Mexique à cause d'une exportation directe des idées révolutionnaires de la France vers le Mexique dès le début du XIXe siècle. Ainsi, l'épisode des abdications de Bayonne ne fait que nourrir des idées déjà en germes. En effet, l'invasion napoléonienne en Espagne et les évènements qu'elle implique ont été « *une des raisons employées par ceux qui allumèrent la mèche des mouvements de l'indépendance* »[90].

---

[90] Weymuller, F., *Op. cit*, p.68.

Section 2.
L'influence directe des idées révolutionnaires françaises au Mexique

Il convient de voir dans un premier temps que les idées révolutionnaires circulaient déjà au Mexique au sein des sociétés littéraires appelées « *Juntes* » (A), puis d'étudier le résultat des différentes influences démontrées dans la constitution d'Apatzingan, qui en fait la synthèse (B) et sera la première constitution Mexicaine qui, bien qu'elle n'entre jamais en vigueur, servira de base à toutes les constituions suivantes.

§1. La circulation d'idées révolutionnaires sur le territoire mexicain dès la fin du XVIIIe

Les *Juntes* ont contribué de manière importante à la promotion et exportation des idées révolutionnaires (1) qui ont participé de l'émergence de mouvements insurrectionnels (2).

1. L'importance des « *Juntes* » dans la promotion des idées révolutionnaires

La constitution de Cadix de 1812 est donc une constitution imposée au Mexique, qui y reste en vigueur de 1812 à 1814. Cependant, son application rencontre des difficultés puisque celle-ci, ainsi que les travaux relatifs à sa rédaction, ont lieu en même temps que des idées révolutionnaires d'origine européenne circulent au Mexique et que les premières velléités indépendantistes ont lieu. Ainsi, ces velléités s'étaient déjà progressivement installées depuis la fin de la première dizaine du XIXe siècle, et ont été nourries par les évènements concernant les souverains espagnols. En effet, face aux abdications et absences de rois en Espagne, le Mexique refuse de reconnaitre les fonctionnaires espagnols sur son territoire dès 1808, les créoles sont pourchassés.

Cette situation crée une inquiétude non seulement en Espagne, mais aussi outre-Atlantique, ce qui nourrit un certain nombre de mouvements.

Or bien que le tribunal – espagnol – de l'Inquisition agisse avec énergie et un poing d'acier en infligeant des tortures et des lourdes peines à ceux qui faisaient courir des *« idées extravagantes »*, et qu'un contrôle douanier donne des peines judiciaires, les idées des lumières arrivent à passer la frontière mexicaine. En effet, arrivent, circulent et sont lus avec avidité sur le territoire mexicain les écrits de Rousseau, de Voltaire, de Diderot et de tous les philosophes du XVIIIe siècle, qui seraient aujourd'hui appelés écrivains de sciences politiques[91]. La Révolution française, aux yeux des nouveaux Espagnols, « *fut l'irruption du peuple dans la scène politique, la transformation d'un régime, l'effondrement de l'ancien établissement au profit d'un autre* »[92].

Image d'un modèle à suivre, les principes des philosophes français qui se sont matérialisés à travers les évènements de la Révolution française font naitre chez les élites mexicaines une conscience plus précise des buts à atteindre[93].

Or, il s'agit bien de parler des élites puisque ces idées importées sont d'abord débattues au sein de sociétés littéraires, alors appelées les « *juntes* ». Ainsi, à l'instar des *juntes* espagnoles ainsi que les *Cortes,* qui se réunissent pour se soulever contre l'emprise napoléonienne ; mais à l'instar également, des sociétés littéraires françaises où les premières idées des lumières émergent contre l'obscurantisme de l'église d'abord, puis contre la monarchie absolue à travers les droits naturels ensuite, les *juntes* mexicaines donnent un socle aux réflexions en faveur de l'indépendance.

En effet, entre 1808 et 1810, un attachement inébranlable aux monarques de Madrid fût démontré, puisqu'il était question, essentiellement, de se protéger contre l'emprise bonapartiste et donc de reconnaitre comme roi légitime Fernando VII. « *Mais les esprits étaient inquiets et s'identifiaient secrètement ; les livres interdits circulaient et les juntes littéraires firent leur apparition. Au cours de celles-ci, sous le prétexte de veillées littéraires pour discuter les nouveaux styles, lire les nouveaux poèmes, connaitre les derniers romans et par cela même acquérir une culture plus solide, on discutait en réalité des nouvelles politiques, on analysait les moyens du pays, on voyait les faits de la*

---

[91] Venegas Trejo, F., *Op. cit.,* p.38

[92] *Ibidem.*

[93] Weymuller, F., *Op. cit.,* p.69.

France et des États-Unis, on discutait sur l'appui des autres colonies et des autres pays ; en un seul mot, ces juntes conspiraient contre le pouvoir européen et les idées d'indépendance s'affermissaient »[94]. Ainsi, ces juntes conspiraient et réfléchissaient déjà à un nouveau modèle politique.

Or, dans ces *juntes*, se trouve notamment le prêtre Miguel Hidalgo y Castilla qui faisait partie des membres du cercle formé par la *junte* de Querétaro. Il projetait alors « *d'initier un mouvement d'indépendance* », mouvement qu'il initiera en décembre 1810[95], dans le village de Dolores. Il s'agissait initialement de s'insurger contre Bonaparte, au profit du roi Fernando VII. Seulement, progressivement ce mouvement aboutira à un processus qui donnera lieu à l'indépendance du Mexique en 1821.

2. L'exportation directe des idées révolutionnaires pour fonder les mouvements insurrectionnels

Miguel Hidalgo « *était pénétré des nouvelles idées* » ; il est profondément convaincu par les idées révolutionnaires françaises[96]. Notamment, « *épris des idées françaises, accusé d'hérésie, il a eu plusieurs démêlés avec la justice* »[97]. Participant aux *juntes*, il nourrit donc le mouvement d'importation de ces idées, et en imprègne l'insurrection qu'il mène. Miguel Hidalgo est en effet à l'initiative du soulèvement préparé pour le mois de décembre 1810, soulèvement organisé sous le couvert de la *junte* de Querétaro, soit sous le couvert d'une société littéraire. La révolte va donc partir du village de Dolores, et s'étendre à Celaya, Guanajuato, Guadalajara et Valladollid. Le soulèvement prend une tournure très violente et au-delà d'une velléité indépendante, elle devient une guerre des races, guerre des classes[98]. Elle s'étend encore à Saltillo, au nouveau Léon, au Texas tandis que Morelos, alors son élève, initie un soulèvement à Acapulco, et l'état actuel de Guerrero.

Ainsi, dès 1809, les premiers évènements annonçant le futur conflit entre le Mexique et l'Espagne ont lieu. Par exemple, « *en 1809, un*

---

94 Venegas Trejo, F., *Op. cit,* p.46.
95 *Ibidem. Eod. Loc.*
96 *Bis in idem.*
97 Weymuller, F., *Op. cit.,* p.73.
98 *Ibidem.*

complot séparatiste a été étouffé dans l'œuf à Valladolid – aujourd'hui Morelia – par l'intendant de Guanajuato »[99].

D'autres exemples montrent l'exportation directe au Mexique des évènements révolutionnaires français dès la toute fin du XVIIIe. Notamment, en 1794, des éloges de la Révolution française étaient affichés sur les murs de la capitale, Mexico. En 1798, un complot contre le Vice-Roi est préparé par un petit fonctionnaire, Juan Guerrero. Ou encore, en 1799, d'autres conspirateurs ont projeté d'armer de coutelas la « populace » de Mexico. « *Ces conspirations ne mirent pas sérieusement en danger la domination espagnole. Elles montraient cependant qu'au moment où de grandes puissances projetaient le démembrement de l'empire espagnol, le mécontentement de quelques individus était assez vif pour aller jusqu'à la rébellion* »[100].

Ainsi, les guerres d'Europe, qu'il s'agisse de la Révolution française ou de l'épisode napoléonien en Espagne, « *conduites par une dictature énergique et solide, échauffaient des colonies latines du Nouveau Monde par leur littérature ardente, par les idées de libertés salutaires pleines de gloire, telle une panacée qui devait, à jamais, guérir tous les maux des peuples, toutes leurs misères* »[101].

§2. La Constitution du 22 octobre 1814, synthèse des influences

Les textes préconstitutionnels revêtent leur importance (1) dans l'analyse qui permet d'établir une pénétration visible des idées révolutionnaires (2) dans la première constitution mexicaine.

1. L'importance des textes pré constitutionnels

La constitution d'Apatzingan du 22 octobre 1814 est un texte qui fait la synthèse des influences directes et indirectes – telles que démontrées précédemment – des idées révolutionnaires françaises. Notamment, les textes pré constitutionnels illustrent cette influence.

Deux textes pré constitutionnels ont été rédigés en 1812 et 1813 par le Général Rayón et le Général Morelos, qui sont respectivement « *Elementos de nuestra Consitucion* » et « *Sentimientos de la Nación* ».

---

[99] *Bis in idem.*
[100] Weymuller, F., *Op. cit*, p.68
[101] Rabasa. E. *Op. cit.*, p.33

Après les insurrections qui ont dévoilé les conflits entre les *Gachupines* et les *Créoles*, les projets de constitution ainsi que des assemblées constituantes se mettent en place, matérialisant justement ces conflits. En effet, les Créoles, au-delà de vouloir se protéger contre l'empire français veulent aller plus loin et provoquer l'indépendance du Mexique. De là émergent plusieurs projets de constitutions, rédigés par des militaires qui mènent les insurrections.

En effet, Miguel Hidalgo lance une guérilla mexicaine en 1810 avec l'insurrection de Dolores. Deux chefs militaires vont alors se démarquer – dits *Los Caudillos* –, Le Général Morelos et le Général López Rayón. López Rayón est le premier à convoquer un congrès, le 19 août 1811, qui se déclare souverain en ce sens qu'il pourra exercer les pouvoirs exécutif, législatif et judiciaire[102], en attendant la rédaction d'une nouvelle constitution par ce même congrès. Il s'agit de *la Junte de Zitacuaro*. Cette assemblée constituante devait travailler sur la base du projet de constitution proposé par López Rayón, « *Elementos de nuestra consitucion* ». Soutenu par les autres Généraux ayant dirigé les insurrections, Jose Sixto Verduzco et Jose Maria Liceaga, il est accusé de soutenir la monarchie espagnole aux dépens du Mexique, car il propose de reconnaitre au sein de sa constitution Fernando VII comme seul monarque. En désaccord avec Rayón et les *Gachupines*, et soutenu par les créoles, le Général José Mariá Morelos forme un autre congrès à Chilpancingo, également appelé le Congrès d'Anahuac, le 13 septembre 1813. Ce congrès doit alors travailler sur la base de son projet de Constitution, « *Sentimientos de la Nación* », présenté le 14 septembre. Ce projet déclare l'indépendance de l'Amérique septentrionale, et aboutit le 22 octobre 1814 au décret Constitutionnel pour la liberté de l'Amérique Latine, connu sous le nom de constitution d'Apatzingan.

Il est donc intéressant d'étudier, ou au moins de connaitre la philosophie que transcende le texte du projet de constitution du Général Morelos.

Il convient d'abord de noter que José Mariá Morelos a eu pour maitre le prêtre Miguel Hidalgo, tout comme Rayón[103]. Et, d'ailleurs les deux projets reflètent les concertations que tous deux ont eu avec leur maitre. En effet, Miguel Hidalgo avait lui aussi des projets de constitution pour

---

[102] Hernandez Jaimes, J., « Sentimientos de la Nacion », *Relatos e historias en mexico*, n°61, 2013, accessible sur : relatosehistorias.mx.

[103] Weymuller, F., *Op. cit.*, p.75

le Mexique, mais il n'a pas le temps de les matérialiser puisqu'il sera exécuté le 30 juillet 1811 à Chihuahua[104]. Ainsi, les deux généraux étaient instruits par un maitre épris des idées françaises, ce qu'ils ont retranscrit dans leurs projets respectifs de Constitution.

Notamment, le projet intitulé « *Sentimientos de la Nación* » proposé en 1813 par Morelos et qui inspire la constitution d'Apatzingan[105], a été précédé d'une autre œuvre du même auteur, « *Reglamento de la Nación* », du 11 septembre 1813. Les deux textes présentent son idéal politique, son idéal en matière d'organisation et d'exercice du pouvoir, idéal inspiré des déclarations françaises[106]. « *La Révolution française représente pour les Mexicains un mouvement social, un changement dans les structures politiques de la France, une invitation à la lutte, pour, dans un mimétisme passionné, transformer leur organisation politico sociale* », et tout cela à l'aide du droit[107]. Or, « *Los ''Sentimientos de la Nación'' s'orientait finalement vers une définition dans laquelle le droit n'est pas uniquement une valeur supérieure dans son orientation générale [ce] que le droit français appelle l'état de droit[108], qui se veut facteur d'homogénéité et universalité. Le droit est également défini comme une volonté, typiquement illustrée, un facteur de progrès, de transformation sociale, de changement historique* »[109]. Le droit permet donc de se protéger contre l'arbitraire selon Morelos, idée qu'il reprend de la philosophie révolutionnaire qui voulait une constitution limitant les pouvoirs du roi et protégeant ainsi les citoyens de l'arbitraire.

2. Une pénétration visible des idées révolutionnaires françaises

Le Titre Ier de ladite constitution de 1814 dispose les « *Principios o elementos constitucionales* », soient les « *Principes ou éléments constitutionnels* ». Or, si l'article 2 de la DDHC dispose que « *le but de toute association politique est la conservation des droits naturels et imprescriptibles de l'homme. Ces droits sont la liberté, la propriété, la sûreté, et la résistance à l'oppression* », l'article 24 de la constitution

---

104 Hernandez Jaimes, J., *Loc. cit.*
105 Venegas Trejo, F., *Op. cit.*, p.51
106 Hernandez Jaimes, J., *Loc. cit.*
107 Venegas Trejo., *Op. cit.*, p.39.
108 Il est nécessaire ici de préciser, certains éléments, la traduction littérale ne rendant pas automatiquement compte des termes juridiques exacts.
109 Serrano Migallon, F., *Op. cit*, p.80.

mexicaine du 22 octobre 1814 dispose « *le bonheur du peuple et de chacun des citoyens consiste en la jouissance de l'égalité, la sécurité, la propriété, et la liberté. L'assurance intégrale de ces droits est l'objet de l'institution d'un gouvernement et l'unique but des associations politiques* ». L'influence est en l'espèce espagnole également, à travers la Constitution de Cadix de 1812, puisque l'article 4 de cette dernière dispose « *La nation demeure obligée de conserver et de protéger par des lois sages et justes la liberté civile, la propriété et les autres droits légitimes de tous les individus qui la composent* »[110].

Un autre exemple prégnant est celui de la définition de la loi. Si l'article 6 de la DDHC dispose, selon les idées Rousseauistes, « *La loi est l'expression de la volonté générale. Tous les citoyens ont droit de concourir personnellement, ou par leurs représentants, à sa formation. Elle doit être la même pour tous, soit qu'elle protège, soit qu'elle punisse [...]* », l'article 18 de la première constitution mexicaine dispose « *La loi est l'expression de la volonté générale [exprimée] dans le but du bonheur commun : cette expression est énoncée par les actes qui émanent de la représentation nationale* » et l'article 19 dispose « *La loi doit être la même pour tous, son objet n'est autre que de dicter la manière dont les citoyens doivent se comporter [...]* ».

Ainsi, la Constitution d'Apatzingan, qui reprend *Los sentimientos de la Nación* est un code politique qui « *représente la plus belle expression de la philosophie juridique française* »[111]. Du point de vue de la forme également, cette première constitution étant divisée en deux titres et 242 articles, le premier titre, contenant 41 articles, traite des principes et éléments constitutionnels qui sont finalement la garantie des droits naturels, des libertés individuelles, la définition de la nation, de la loi et de la souveraineté. Ainsi, sur le fond d'inspiration française, l'idée est toujours celle de précéder la Constitution et l'énonciation des règles disposant le fonctionnement des institutions nationales de principes assurant la protection contre l'arbitraire[112]. Il s'agit donc,

---

110 D'après la traduction : Constitution politique de la Monarchie espagnole, promulguée à Cadix le 19 mars 1792 [1812], traduit de l'espagnol au français par E. Nunez de Taborda, 1814, Impr. De F.Didot, BNF, disponible : http://catalogue.bnf.fr/ark:/12148/cb33324432d

111 Venegas Trejo, F., *Op. cit.*, p.51.

112 Serrano Migallon, F., *Op. cit*, p.86.

« précisément, d'établir dès le commencement du texte les principes sur lesquels se basait l'ordonnancement juridico- politique »[113].

Cependant, la filiation doctrinale entre les articles de la déclaration française et la constitution d'Apatzingan est certes certaine, mais il est difficile d'en trouver de réelles preuves écrites étant donné que celle-ci est rédigée dans un contexte révolutionnaire durant lequel de nombreux travaux écrits ont eu lieu partout et pour beaucoup disparus[114].

Toujours dans l'inspiration française, le « *Supremo Gobierno de Apatzingan* » mis en place en 1814, qui représente l'exécutif, se calque sur le modèle du consulat alors en place en France en 1799 avec le *Trium Vira*[115]. Mais cette constitution ne pouvait rester en vigueur longtemps simplement par ce que ne ressortait pas explicitement une figure d'autorité parmi les trois consuls qui revête les mêmes qualités que Napoléon Bonaparte et qui puisse maintenir en place le régime[116]. Cette constitution ne sera donc pas appliquée dans tous les états du Mexique, et ne restera pas en vigueur longtemps, mais servira de base à la rédaction de la Constitution du 4 octobre 1824[117].

C'est en effet la constitution du 4 octobre 1824[118] qui sera la première constitution écrite du Mexique indépendant, l'acte d'indépendance du Mexique ayant été signé le 28 septembre 1821 – bien que l'Espagne ne reconnaisse le Mexique comme État indépendant que le 28 décembre 1836. La Constitution de 1824 ne reprendra pas l'idée d'un chapeau énonçant les droits et principes constitutionnels de celle de 1814, mais en garde pourtant la philosophie tout au long de son texte[119].

Est ensuite rédigée la Constitution du 30 décembre 1836[120] dans une logique centralisatrice similaire à la constitution de l'an VIII en France. Cette Constitution est écrite dans un contexte d'échec du modèle fédéral au Mexique. Le but est alors de remettre en place un modèle centraliste, afin de rétablir l'ordre au sein de la Nation. Cette dernière est remplacée

---

[113] *Ibidem.*
[114] *Bis in idem,* p.93.
[115] Serrano Migallon, F., *Op. cit*, p.98
[116] *Ibidem.*
[117] Voir ce sens : https://www.gob.mx/sedena/documentos/22-de-octubre-de-1814-promulgacion-de-la-constitucion-de-apatzingan
[118] Voir Annexe II.
[119] Voir *infra.*
[120] Voir Annexe III.

enfin par la Constitution du 5 février 1857[121], qui reprendra la logique de 1814 et se retrouvera dans sa philosophie dans la Constitution de 1917[122], qui ne fait qu'y ajouter des principes sociaux. Face à un échec du modèle fédéral au Mexique, institué justement en 1824, est adoptée le 30 décembre 1836 une nouvelle constitution, centraliste, qui doit ramener l'ordre dans la nation.

La filiation constitutionnelle entre le modèle français et le modèle mexicain est donc certaine. Il s'agit dès lors d'établir la même filiation sur le point plus précis de l'obligation constitutionnelle de rendre compte en finances publiques, afin d'élargir les perspectives de définition du dispositif français.

Ainsi, c'est cette origine commune dans la formation de l'obligation constitutionnelle de rendre compte et ses modalités qui sera étudiée (titre 1er) avant de relever la pertinence d'une inspiration du modèle mexicain en matière de participation citoyenne dans le contrôle des comptes notamment (titre second).

---

121 Voir Annexe IV.

122 Voir Annexe V.

TITRE Ier

L'origine commune de la formation de l'obligation constitutionnelle de rendre compte en Finances Publiques et ses modalités

Il s'agit là de constater une origine théorique commune, exportée de la France vers le Mexique par les mécanismes susmentionnés, qu'est la garantie sociale du droit de propriété (chapitre 1er). Ce fondement commun explique les modalités communes de traitement de la responsabilité des agents publics (chapitre 2).

CHAPITRE 1er

La garantie sociale du droit de propriété, fondement de la responsabilité financière commun à la philosophie constitutionnelle française et mexicaine

Tel qu'il a déjà été expliqué auparavant, il existe bien une filiation entre l'histoire constitutionnelle française et l'histoire constitutionnelle mexicaine, qu'elle soit directe ou à travers l'influence de l'histoire espagnole.

Il s'agit maintenant d'identifier au sein de cette filiation constitutionnelle, de façon plus précise une filiation concernant la responsabilité des agents publics disposée à l'article 15 de la Déclaration des Droits de l'Homme et du Citoyen du 26 août 1789.

En effet, l'article 15 DDHC est classiquement interprété comme étant le fondement de la responsabilité des administrateurs[123]. Cependant, tel qu'il a déjà été expliqué plus tôt, il doit être admis que ledit article est intimement lié, de façon plus précise, aux finances publiques, à travers le suivi de l'emploi du denier public[124]. L'article 15 DDHC et l'obligation de rendre compte ont été placés à la suite de l'article 14 DDHC afin qu'ils lui fassent suite : il s'agit de faire suite au droit donné aux citoyens de suivre l'emploi des deniers publics constitué par leur contribution[125].

Du côté mexicain, la notion de responsabilité existe également dès les débuts de l'histoire constitutionnelle propre au Mexique – il s'agit là d'exclure les constituions imposées, espagnoles, précédant celle de 1814 -. En effet, dans la Constitution du 22 octobre 1814, la notion apparait au sein du Chapitre V, à l'article 27 qui dispose « *La sûreté des citoyens consiste en la garantie sociale : celle-ci ne peut exister sans que la loi fixe les limites des pouvoirs et la responsabilité des*

[123] Voir *infra.*
[124] Voir *supra.*
[125] Voir *supra, Eod. loc.*

fonctionnaires publics ». Cet article fait suite à l'article 26 qui dispose « *Les employés publics doivent fonctionner temporairement, et le peuple [ou la société, terminologie restant à déterminer] dispose du droit de les faire revenir à la vie privée, en s'assurant de leur remplacement par la voie des élections et nominations, conformément à la Constitution* ». Ces deux articles disposent donc la responsabilité de ces « *employés publics* », mais la rattachent visiblement à la notion de « *garantie sociale* ». Or, cette notion se retrouve, dans les mêmes termes, dans la Déclaration des Droits de l'Homme et du Citoyen qui précède la Constitution du 24 juin 1793, et cela s'explique par le fait que la rédaction de la Constitution d'Apatzingan s'est fortement inspirée du contenu de la Déclaration de 1793[126]. Mais L. Jaume – politologue – explique que cette garantie sociale était déjà présente dans son principe dans la déclaration de 1789[127]. La notion de garantie sociale semble donc matérialiser le lien de filiation entre l'histoire constitutionnelle des droits de l'Homme française et mexicaine du point de vue de la responsabilité.

Or, la garantie sociale, qui apparait déjà dans les projets de Déclaration de l'abbé Sieyès présenté les 20 et 21 juillet 1789[128], se rattache à la notion d'état social du même auteur. Il s'agit de l'état dans lequel vivent les Hommes, qui leur permet de subvenir à leurs besoins, soit les besoins de liberté. Ainsi, l'ordre social se fonde par des besoins réciproques de liberté et l'engagement de chacun d'assurer la liberté de l'autre grâce à des droits sociaux, sans lesquels les droits naturels seraient imparfaits[129]. Ces droits imparfaits sont ceux pour lesquels il n'y a pas de garantie[130] : cette garantie, c'est la garantie sociale, c'est-à-dire la possibilité pour les Hommes de faire valoir leurs droits, entre eux et pour eux comme pour les autres. Or la garantie sociale, soit la possibilité pour les hommes de revendiquer leurs droits naturels, est un

---

[126] Toledo Guitierrez, M.-A., Exposé des motifs de la Ley reglamentaria del articulo 8o de la Constitución Política de los Estados Unidos Mexicanos, *Gaceta Parlamentaria*, N° 3417-II, 21 décembre de 2011.

[127] Jaume, L., « *Les Déclarations Des Droits De L'homme, Débat 1789-1793 Au Préambule De 1946.* » Paris: Flammarion, 1989., p. 222.

[128] *Ibidem.*

[129] Tyrsenko, A., « L'ordre politique chez Sieyès en l'an III », *Annales historiques de la révolution française,* n°319, 2000, pp.27-45.

[130] *Ibidem.*

droit social qui implique la garantie politique, garantie politique qui en est la caution[131], soit la responsabilité.

Il s'agit donc, à travers la définition de ce qu'est la garantie sociale, de démontrer que celle-ci est assurée par la responsabilité des agents publics (Section 1ère), mécanisme clairement matérialisé dans la Déclaration des Droits de l'Homme et du Citoyen du 24 juin 1793, sur la base de la logique suivie dans la déclaration du 26 août 1789. Or, par cette responsabilité, ce principe de garantie sociale s'applique également à l'emploi de la contribution publique afin de protéger la propriété (Section 2) qui est l'un des premiers droits de l'Homme.

Dès lors, le lien entre les déclarations françaises et les déclarations mexicaines, en ce qui concerne la reddition de comptes en finances publiques pourra être établi.

---

[131] *Bis in idem.*

Section 1ère.
Le caractère fondamental de la responsabilité des agents publics pour la garantie sociale

Il s'agit là de définir ce qu'est le concept de garantie sociale en 1793 (A) afin d'établir ensuite le lien avec la responsabilité telle que définie en 1789 (B).

§1. L'apparition concrète de la notion de garantie sociale en 1793

L'article 33 de la déclaration du 24 juin 1793 dispose « *La garantie sociale consiste dans l'action de tous, pour assurer à chacun la jouissance et la conservation de ses droits ; cette garantie repose sur la souveraineté nationale* ».

L'article 34 dispose quant à lui : « *Elle ne peut exister si les limites des fonctions publiques ne sont pas clairement déterminées par la loi, et si la responsabilité de tous les fonctionnaires n'est pas assurée* ». Ainsi, à l'instar de ce qui a été expliqué plus tôt, la formule est la même que dans la Constitution d'Apatzingan.

Il s'agit donc de définir le concept de garantie sociale. Or, pour cela, tel qu'il a été précisé plus tôt, il est nécessaire de se référer aux notions d'« *état social* » et de « *droits sociaux* », que Sieyès s'est attaché à définir dès 1789.

Ainsi, selon Sieyès[132], l'état social désigne l'état des Hommes en société, état qui leur est nécessaire pour satisfaire leurs besoins en termes de libertés puisque ceux-ci sont utiles les uns aux autres pour garantir leurs droits. La garantie sociale consiste en la possibilité pour les Hommes de se servir de leurs droits sociaux pour faire respecter leurs droits et libertés et, par la même, celle des autres. Les droits sociaux sont, selon Condorcet, les droits politiques[133], les compléments

[132] Tyrsenko, A., *Loc. cit.*

[133] Selon son projet de déclaration du 15 février 1793 ; Rebérioux, M., De Baecque, A., Godineau, D., « Ils ont pensé les droits de l'Homme, textes et débats (1789-

des droits primaires – afin de les protéger - que sont les droits naturels selon Sieyès[134], « *la part qui revient à chacun dans la mise commune* » selon Romme[135]. L'idée étant *in fine* que les droits sociaux permettent l'exercice de la souveraineté, afin de protéger les droits naturels.

Or, visiblement, d'un point de vue juridique, en 1793, il n'est pas possible d'assurer la garantie sociale, soit de mettre en œuvre les droits sociaux, sans que la responsabilité des agents existe et soit définie par rapport à une loi qui délimite leurs pouvoirs.

C'est le projet de Condorcet, présenté le 15 février 1793, et non ceux que Romme et Harmand avaient tous deux présentés le 17 avril 1793 à titre d'alternatives, qui va servir de base aux réflexions autour de la rédaction de la déclaration de 1793.

Condorcet se fait auteur de « *La théorie de la loi injuste* » ou « *despotisme légal* »[136]. Il s'agit de considérer que la loi violerait les droit naturels et civiques alors que celle-ci est censée les protéger. Cela serait à l'origine de mécontentements populaires qui se dessinent déjà en 1792 et 1793. Or selon lui, il est possible d'éviter ce danger – de mécontentement populaire – avec la légalité justement, par le biais de l'exercice de la souveraineté reconnue aux citoyens[137].

En effet, lors des débats autour de la rédaction de la déclaration de 1793, bien que la souveraineté soit reprise selon la même définition donnée dans la déclaration de 1789, de nouvelles réflexions ont lieu à son propos. Notamment des « *droits politiques* » apparaissent et sont mis au même rang que les droits naturels et civils à l'article 1er du projet de Condorcet.

Or ce sont ces droits politiques qui vont permettre l'exercice de la souveraineté. En effet ceux-ci sont « *fort étendus puisque, pour la première fois dans la révolution, chaque citoyen a un droit égal à concourir à l'exercice de la souveraineté (article 27 du projet de Condorcet). Alors que jusqu'à présent, le peuple des citoyens « possédait » la souveraineté, mais ne l'exerçait pas* »[138]. À travers de

1793) », Paris : La Ligue des Droits de l'Homme Étude et documentation internationale, 1989, p.141.

134 Tyrsenko, A., *Loc. cit.*

135 Selon son projet de déclaration présenté le 17 avril 1793 ; Rebérioux, M., De Baecque, A., Godineau, D., *Op. cit.*, p.141.

136 Jaume, L., *Op. cit.*, p. 240.

137 *Ibidem.*

138 *Bis in idem*, p. 221.

tels droits, Condorcet envisage un échange permanent entre gouvernants et gouvernés, de manière que jamais ni la volonté des représentants du peuple, ni celle d'une partie des citoyens, ne puisse se soustraire à l'empire de la volonté générale[139].

Donc une nouvelle réflexion a lieu en 1793 à propos de la souveraineté, non pas en ce qui relève de sa définition, mais de son exercice, qui d'après ce qui vient d'être cité n'existait pas, ou peu en 1789.

Cela amène alors des réflexions plus approfondies à propos de la garantie sociale. Plus approfondies, car l'idée est déjà présente chez Sieyès et en 1789[140]. Selon L. Jaume, la garantie sociale peut alors être définie comme « *le devoir de toute la société envers le citoyen, mais tant qu'elle découle de la séparation des pouvoirs et de leur limitation* »[141].

Afin de mieux appréhender la notion, il convient de se référer aux débats parlementaires à propos de la rédaction de ladite déclaration. Avant d'entrer dans le détail du concept, il est nécessaire de rappeler que la garantie sociale est une notion différente de la sûreté, la dernière étant un droit, alors que la première peut être perçue comme un devoir à la fois des individus entre eux et des gouvernants envers les individus à travers la réalisation des droits sociaux. Il est d'ailleurs possible de considérer que c'est selon ce prisme que Romme, dans son projet de déclaration en voulant moraliser l'exercice des droits, tente d'intégrer la notion tel quelque chose qui se trouve entre le devoir et la vertu.

Ainsi, lors des débats, Barrère le rappelle, « *Ducos et le préopinant ont affirmé que tout ce qui avait été dit de la sureté pouvait s'appliquer à la garantie sociale ; ce n'est pas exact [...]* »[142].

Également, la garantie sociale ne repose pas sur la nature. En effet, selon Barrère, toujours, « *dire que la garantie sociale repose sur la nature est encore une erreur, prise dans le sens précis où nous nous trouvons. Quand nous parlons de garantie sociale, en effet, nous n'en*

---

[139] V. en ce sens : Jaume, L., « Le discours jacobin et la démocratie », Paris : Fayard, 1989, p. 305 &s., citant Ferry, L., Renaut, A., « Des droits de l'Homme à l'idée républicaine », in « *Philosophie politique* », Tome 3, PUF, 1985.

[140] Jaume, L., *Op.cit.*, p. 222

[141] *Ibidem.*

[142] Allocution du député Barrère, archives parlementaires, 22 avril 1793, Mavidal, L.-C, « *Archives parlementaires de 1787 à 1860* », Tome LXIII (du 20 avril 1793 au 1er mai 1793), Paris: Librairie administrative de Paul Dupont, 1875, Paris. Séance du 26 août 1789, p. 112.

parlons pas d'une manière générale ; nous ne voulons pas indiquer par là le droit d'insurrection, qui lui, est naturel, car c'est le droit de tous de s'insurger contre la tyrannie ; quand nous parlons de garantie sociale, nous voulons avant tout parler de la garantie des droits sociaux, c'est là un droit tout à fait distinct et bien différent du premier »[143].

Une fois cette définition négative de la garantie sociale faite, il est possible d'entrer dans une définition positive de la notion.

Dans son projet de déclaration, Condorcet semble considérer la garantie sociale comme un droit. En effet, l'article 1er dispose « *Les droits naturels, civils et politiques des hommes, sont la liberté, l'égalité, la sûreté, la propriété, la garantie sociale et la résistance à l'oppression* ». Or, lors des débats, Barrère revient sur ce point en précisant que « *la garantie sociale est un devoir de la société qui doit assurer à chacun par le concours de tous le libre exercice de ses droits sociaux* »[144]. La définition s'inverse, puisque la garantie sociale n'est plus un droit, mais un devoir, et se transforme puisqu'il ne s'agit plus de l'individu, mais de « *la société* ». Deux remarques semblent alors intéressantes. D'abord, le terme société ne parait pas anodin puisque le même terme est utilisé dans l'article 15 de la déclaration du 26 août 1789 pour disposer la responsabilité des agents. D'autre part, il est possible de retrouver dans cette définition de Barrère la volonté de Romme – soit la volonté montagnarde – de concilier au sein de la déclaration des droits une conception individuelle, collective et matérialiste des droits[145].

> « *En effet, les premiers droits de l'homme sont la liberté, l'égalité, la sureté de la propriété. Là, commence le devoir de la société ; elle doit garantir à l'homme ces premiers droits naturels. [...] lorsque la souveraineté est insuffisante pour la garantie de chacun, [intervient] l'action de tous pour assurer à chacun la jouissance des quatre premiers droits. C'est ce devoir de la société qui forme ce que nous appelons la garantie sociale* » termine de définir Barrère[146].

---

143 Allocution du député Barrère, *Op.cit.*, p.112

144 *Ibidem.*

145 Jaume, L., *Op.cit.*, p.225.

146 Allocution du député Barrère, *Op. cit.*, p.35

La garantie sociale est donc le fait pour la société d'assurer les droits et libertés de chaque individu, individuelles. À nouveau cela reflète, dans la progression des débats depuis le projet de Condorcet, l'introduction d'une vision collective de la garantie des droits. Or, en termes de remarques, il convient d'observer que le terme société étant déjà utilisé dans l'article 15 DDHC, cette vision collective n'est donc pas entièrement nouvelle.

> « *Maintenant sur quoi repose-t-elle ? Ici il y a encore des erreurs à combattre. J'estime, avec votre comité, que la garantie vraie des Droits de l'homme repose sur la souveraineté du peuple. C'est une grave erreur, à mon sens, que d'affirmer qu'elle repose sur les lois et sur le gouvernement. Remarquez, en effet, que les tyrans ont aussi des lois et une force publique ; qu'ils reconnaissent les droits des peuples et disent « Nous vous garantissons ». Or nous savons tous que ce qu'ils garantissent, c'est la tyrannie et non les droits du peuple qui vit sous leur domination* »[147].

La garantie sociale repose donc sur la souveraineté du peuple, et plus précisément, à partir de ce qui vient d'être expliqué précédemment, sur l'exercice de la souveraineté par ce dernier. En effet, la seule existence de lois et d'une constitution, sensées limiter le pouvoir et éviter la tyrannie ne suffit pas à assurer les droits naturels des individus. Autrement dit, la délégation de souveraineté et la participation à la fabrication de la loi ne suffisent pas à la sûreté des droits naturels.

Ainsi, alors que Robespierre demande que l'article concernant la garantie sociale soit retranché, car serait inutile dans un gouvernement démocratique, Salle répond « *Mais le gouvernement purement démocratique est une chimère et Rousseau vous a prouvé qu'il ne convenait qu'à des dieux* »[148].

Dès lors Barrère peut affirmer, répondant à Génissieu que l'article qu'il propose – « *art 28. La garantie sociale ne peut pas exister là où les limites des fonctions publiques ne sont pas clairement déterminées*

---

[147] Allocution du député Barrère, *Op. cit.*

[148] Allocution du député Salle, archives parlementaires, 22 avril 1793, Mavidal, L.-C, « *Archives parlementaires de 1787 à 1860* », Tome LXIII (du 20 avril 1793 au 1er mai 1793), Paris: Librairie administrative de Paul Dupont, 1875, Paris. Séance du 26 août 1789, p. 113.

par la loi, et où la responsabilité de tous les fonctionnaires publics n'est pas assurée » – qui veut que les pouvoirs soient limités et les agents responsables, est le garant de la liberté[149].

Il semble donc que conformément à ce qu'entendit Condorcet par cette notion, la garantie sociale est « *l'action en retour que l'ordre constitutionnel exerce sur le droit naturel qui en est le fondement* ». « *C'est le légicentrisme mais débarrassé de ses potentialités despotiques (et c'est le rôle du Titre Ier de la Constitution de 1791)* »[150]. Les potentialités despotiques existaient donc en l'absence de possibilité pour le peuple d'exercer directement la souveraineté puisqu'il ne faisait que la posséder et la déléguer à travers la représentation.

Dans l'offensive montagnarde lors des débats sur la déclaration, il était également fait grief d'une potentialité despotique à la déclaration telle qu'écrite en 1789. En effet, Romme va reprocher à la déclaration d'omettre une définition positive des droits et libertés[151]. Une telle définition consiste en l'usage de ses facultés – entendues par le député comme les droits dont dispose l'individu – pour satisfaire ses besoins, mais aussi, dans le cadre des droits sociaux, pour prendre en compte le bien d'autrui. Il préconise donc une conciliation entre une conception individuelle des droits et libertés et une conception matérialiste avec une dimension morale et collective[152]. Il faut donc pouvoir garantir ses droits et ceux d'autrui afin de se garantir contre le risque d'un régime despotique.

La garantie sociale, qui repose sur la responsabilité des agents est donc clairement mentionnée dans la déclaration de 1793 et a pour objectif d'assurer l'exercice de la souveraineté afin de mieux garantir les droits naturels. La Déclaration de 1793 serait, en ce sens, plus développée que celle de 1789.

Cependant, l'idée de garantie sociale se dessinait déjà en 1789, grâce notamment à l'influence de Sieyès, mais c'est seulement le projet de Condorcet présenté le 15 février 1793 qui en prononce le nom avec insistance.

---

[149] Allocution du député Barrère, *Op. cit.,*

[150] Jaume, L., *Op. cit.*, p. 222.

[151] Jaume, L., *Op. cit.,* p. 224

[152] Jaume, L., *Op. cit.*, p. 225.

§2. L'existence de la garantie sociale dans la philosophie de la déclaration du 26 août 1789

Le concept de garantie sociale se dessine déjà derrière la lettre de la Déclaration des Droits de l'Homme et du citoyen du 26 août 1789 ainsi que du Titre Ier de la Constitution du 3 septembre 1791 qui lui fait suite. En effet, c'est à travers l'article 15 de ladite déclaration qui dispose que « *la société a le droit de demander compte à tout agent public de son administration* » qu'il faut retrouver le concept de garantie sociale, et à travers les droits que dispose la Constitution de 1791 en son Titre Ier qu'il faut voir les modalités de sa mise en œuvre.

Cependant, les principes disposés par la déclaration étant considérés comme trop vastes et généraux, la rédaction de la déclaration de 1793 avait pour objectif de les disposer de façon plus claire et détaillée.

En effet, lors des débats du 17 avril 1793, le député Salle propose d'adopter l'ancienne déclaration, soit celle de 1789, car l'état du pays et les évènements et soulèvements qui ont lieu demandent à ce qu'une constitution nouvelle soit rédigée rapidement afin de maintenir l'ordre. En réponse à cela, le député Ducos demande que les discussions à propos d'une nouvelle déclaration soient continuées, car il considère que l'ancienne déclaration est une « *chimère* ». Notamment, pour lui les législateurs qui considèrent « *qu'il n'y a de gouvernement libre que celui fondé sur la distinction des pouvoirs* » sont « *des imposteurs* »[153]. Et à ce propos, Cambon observe justement « *que le projet de déclaration présenté par le comité de constitution est plus étendu, plus expliqué. Je demande la priorité pour ce projet* »[154], et Barrère le confirme :

> « *L'ancienne déclaration des droits a le mérite bien reconnu d'être concise ; mais aussi elle a le vice également reconnu d'être incohérente. Nous n'avions fait que la révolution de la liberté ; nous avons fait celle de l'égalité, que nous avons retrouvée sous les débris du trône. Si donc il est vrai que nous ayons fait des découvertes nouvelles dans les droits des Hommes, il faut*

---

[153]Reberioux, M, De Baecques, A., Godineau, D., « *Ils Ont Pensé Les Droits De L'homme Textes Et Débats (1789-1793)* », Paris : Ligue Des Droits De L'homme Études Et Documentations Internationales, 1989, p.145.

[154] *Ibidem.*

les consacrer dans une nouvelle déclaration. Le projet présenté par votre comité de constitution, contient des principes cohérents, la distinction des droits naturels, politiques et civils, et leur développement, nécessaires encore au peuple français. [...] »[155].

Ainsi, il est décidé de rédiger une nouvelle déclaration, et cela se fera sur la base du projet de Condorcet. Or le nom de la « *garantie sociale* » y apparait quatre fois, et, selon L. Jaume, l'idée est déjà présente chez Sieyès, dans la déclaration de 1789 et la constitution de 1791. Cette notion fait donc partie des préoccupations des Girondins lors de la rédaction de la nouvelle déclaration[156] et il est possible de considérer qu'elle fait partie des notions qui méritent un plus ample développement au sens des citations précédentes.

En ce qui concerne le projet de déclaration de l'abbé Sieyès en juillet 1789, le plus grand « *ennemi* » auquel doit faire face la liberté individuelle est l'exercice de la souveraineté par des officiers publics.

« *La liberté individuelle a beaucoup plus à redouter des entreprises des officiers chargés d'exercer quelques-unes des parties du pouvoir public. De simples mandataires isolés, des corps entiers, le gouvernement lui-même en totalité, peuvent cesser des respecter les droits du citoyen. Une longue expérience prouve que les nations ne sont pas assez précautionneuses contre cette sorte de danger. Quel spectacle que celui d'un mandataire qui tourne contre ses concitoyens les armes ou le pouvoir qu'il a reçu pour les défendre, et qui, criminel envers lui-même, envers la patrie, ose changer en instrument d'oppression les moyens qui lui ont été confiés pour la protection commune* »[157].

Or, selon lui, l'état social permet d'augmenter la liberté puisqu'il assure l'usage de cette dernière en l'écartant de ces dangers « *sous la*

[155] *Bis in idem.*
[156] Jaume, L., *Op. cit.*, p. 222.
[157] Projet lu au comité de la Constitution par M. l'abbé Sieyès, les 20 et 21 juillet 1789 « reconnaissance et exposition raisonnée des droits de l'Homme et du Citoyen », Reberioux, M, De Baecques, A., Godineau, D., *Op. cit.*, p.10.

seule garantie d'une force privée » et « *il la confie à la garde toute puissante de l'association entière* »[158], soit la garantie sociale. Celle-ci « *garantit à tous la plénitude de leurs droits* »[159]. C'est ainsi que l'article 9 de son projet dispose « *la liberté, la propriété et la sécurité des citoyens doivent reposer sur une garantie sociale supérieure à toutes les atteintes* ».

Il convient donc de remarquer que la préoccupation principale tournait autour de ceux qui avaient l'habilitation pour exercer la souveraineté.

Également, dans son dernier projet de déclaration, une dizaine de jours plus tôt, le 11 juillet 1789, Lafayette propose d'inscrire dans la déclaration l'idée selon laquelle « *Tout gouvernement a pour but unique le bien commun. Cet intérêt exige [...] la responsabilité des agens* »[160]. Or, E-J. Sieyès, proposait également : « *Les officiers publics, dans tous les genres de pouvoirs sont responsables de leurs prévarications, et comptables de leur conduite* »[161].

Dès lors, le suffrage désignant des représentants du peuple devait permettre sa participation à l'élaboration de la loi qui allait s'imposer à lui. Mais il fallait accompagner cela d'une garantie, celle de la responsabilité du représentant. Ainsi, dans les débats autour de la rédaction de la déclaration il était question de mettre en place une responsabilité de ceux qui exercent le pouvoir.

Le 26 août 1789 sont adoptés les articles 14 à 17 de la DDHC. L'article 15 est adopté sous sa forme actuelle. Mais ce qui sera ensuite appelé « *droit d'inspection sur les autorités constituées* » fournira – sans que les constituants s'en doutent – matière à bien des revendications et des contestations d'esprit démocratique[162]. Les articles 6 et 14 de la déclaration donnent un caractère trop représentatif à l'exercice du pouvoir, et la responsabilité de l'article 15 vient combler la « lacune ». En effet, « *La citoyenneté conçue comme participation ou association à l'exercice de la souveraineté, ou encore comme son contrôle, entrera ainsi en conflit avec des exigences du régime représentatif* »[163].

---

158 *Ibidem.*

159 *Bis in idem.*

160 Rials, S., *Op. cit.*, p.591.

161 Projet lu au comité de la Constitution par M. l'abbé Sieyès, les 20 et 21 juillet 1789, *Op. cit.*, p.11.

162 Jaume, L., *Op. cit.* , p.105.

163 *Ibidem.*

C'est d'ailleurs pour cela, qu'alors que la tendance est à dire qu'il faut lire l'article 15 DDHC à la lumière de l'article 14, peut-être faut-il le lire conjointement à l'article 16 qui dispose la séparation des pouvoirs. En effet, selon la définition de la garantie sociale, celle-ci repose sur la souveraineté, la responsabilité des agents et la séparation des pouvoirs. Dans cet article 16, réapparaît l'idée de « garantie des droits », qui présuppose l'autolimitation de la souveraineté, tenue pour point d'équilibre implicite de la déclaration[164].

Et justement, lors des débats, M. le chevalier de Lameth explique que *« sans la séparation des pouvoirs, il n'y a que despotisme »* et qu'il est « *essentiel de poser ce principe* » en se référant à l'actuel article 15 DDHC alors proposé. Il propose : « *Aucun peuple ne peut jouir de la liberté, si les pouvoirs publics ne sont distincts et séparés, et si les agents du pouvoir exécutif ne sont responsables de leur administration* [165] ». D'ailleurs, il est intéressant de remarquer que cela rappelle la formule de 1793 selon laquelle la sûreté repose sur la garantie sociale, laquelle n'est pas possible sans la responsabilité des agents.

Dans le même ordre d'idées, le député Rewbell propose « *Les droits de l'Homme en société ne seront assurés autant que les pouvoirs seront divisés et les agents publics responsables de leur administration* »[166].

Ainsi, l'article 15 DDHC peut être lu, à la lumière de l'article 16, comme posant un principe général de responsabilité assurant la garantie sociale des droits en accompagnant la garantie offerte par la séparation des pouvoirs. D'ailleurs, le député Duport avait trouvé une formule instituant clairement un principe général de responsabilité à travers la reddition de comptes en proposant « *Tout agent du pouvoir exécutif est responsable de son administration, et la nation a le droit de lui demander compte* »[167].

---

164 *Bis in idem.*

165 Allocution M. le chevalier de Lameth, 26 août 1789, Mavidal, L.-C, « *Archives parlementaires de 1787 à 1860* », Tome VIII (du 5 mai 1789 au 1[5] septembre 1789), Paris : Librairie administrative de Paul Dupont, 1875, Paris. Séance du 26 août 1789, p. 488.

166 Allocution du député Rewbell, 26 août 1789, Mavidal, L.-C, « *Archives parlementaires de 1787 à 1860* », Tome VIII (du 5 mai 1789 au 15 septembre 1789), Paris: Librairie administrative de Paul Dupont, 1875, Paris. Séance du 26 août 1789, p. 488.

167 *Ibidem.*

Par ailleurs, « *Un membre propose de mettre, au lieu du mot nation, celui de société, attendu que chaque membre de la société a le droit d'exiger la responsabilité de l'administrateur* »[168]. Le mot choisi *in fine* n'étant donc pas « *nation* », ni un mot qui permette d'individualiser - comme cela a pu être le cas dans d'autres articles, avec le terme « *citoyen* » notamment - non plus, il est possible de voir là une volonté de concilier une vision individuelle et collective de l'exercice de la souveraineté, rappelant, sans anachronisme, la vision de Romme citée plus tôt.

Enfin, le député De Boisgelin explique qu'il « *faut distinguer tout ce qui appartient aux principes de la Constitution, des moyens qu'il faut prendre pour s'assurer ces mêmes principes. Les uns doivent rentrer dans la déclaration des droits, les autres appartiennent à la Constitution. Certes la responsabilité des agents du pouvoir exécutif est un droit acquis du citoyen. Chaque citoyen a le droit de leur demander compte : il faut donc encore énoncer ce droit dans la déclaration. Mais quel degré, dans quelle forme, par quel moyen s'effectuera-t-telle ? Ce n'est pas ce que nous avons à examiner actuellement de ces objets. Nous les traiterons dans la Constitution, mais avant tout consacrons le principe* »[169]. Cela explique pourquoi L. Jaume soutient que le Titre 1er de la Constitution de 1791 vient en complément de la Déclaration de 1789. Cela explique également pourquoi il considère que la garantie sociale peut également se lire à travers ce Titre Ier qui dispose en effet des moyens de participer à la démocratie tels la liberté d'expression et le droit de pétition.

« *Or de tous les articles que nous avons consentis, jamais il n'y en eut de plus relatif aux droits des citoyens. Tout citoyen a le droit d'exiger la responsabilité ; tout citoyen a le droit d'exiger la garantie de sa propriété, de sa liberté, de sa vie* »[170]. Donc la responsabilité des agents est certes une responsabilité financière, car donne lieu au suivi de l'emploi des deniers publics. Mais de façon plus générale, il s'agit finalement d'assurer la garantie de la vie, de la liberté, de la propriété.

---

[168] *Bis in idem.*

[169] Archives parlementaires, 26 août 1789, Mavidal, L.-C, « *Archives parlementaires de 1787 à 1860* », Tome VIII (du 5 mai 1789 au 15 septembre 1789), Paris: Librairie administrative de Paul Dupont, 1875, Paris. Séance du 26 août 1789, p. 488.

[170] Allocution du Comte de Montmoreney, 26 août 1789, Mavidal, L.-C, « *Archives parlementaires de 1787 à 1860* », Tome LXIII (du 20 avril 1793 au 1er mai 1793), Paris: Librairie administrative de Paul Dupont, 1875, Paris. Séance du 26 août 1789, p.488.

Il est donc question de garantir la sureté, et notamment la sureté de la propriété, d'où le rattachement à l'article 14 DDHC puisque l'impôt peut être considéré comme une aliénation d'une part de la propriété. Le consentement à l'impôt fait alors partie de la protection de la propriété.

Section 2. La protection du droit de propriété par l'application de la garantie sociale à l'emploi de la contribution publique

Une fois qu'il a été établi que la garantie sociale vise à assurer la sureté, il s'agit de démontrer qu'elle vise, entre autres, à assurer la sureté de la propriété (A), ce qui fonde son volet financier. Cette même logique ressort dans la Déclaration des droits de la Constitution d'Apatzingan (B), dans sa structure.

§1. La garantie de la sureté de la propriété

Par la définition de la propriété telle qu'elle est faite dans la philosophie révolutionnaire, le consentement à l'impôt comme le suivi de son emploi visent finalement à protéger la sureté de la propriété, et ce, dès 1789.

« *La propriété des objets extérieurs, ou la propriété réelle, n'est pareillement qu'une suite et comme une extension de la propriété personnelle* »[171]. Cela explique la vision de l'Abbé Sieyès selon laquelle il n'existe pas une seule sûreté, mais bien la sureté de soi, soit la sureté de la liberté et sureté de la propriété. Or, par ce qui vient d'être démontré, la sureté de la propriété doit être assurée par la garantie sociale.

Pour Sieyès, « *la propriété de soi est le premier droit de l'Homme, et en même temps, la catégorie générale des droits* »[172]. En effet, « *la propriété de sa personne est le premier des droits. De ce droit primitif découlent la propriété des actions et celle du travail, car le travail n'est que l'usage utile de ses facultés ; il émane évidemment de la propriété de la personne et des actions* »[173]. Il explique ainsi :

---

[171] Projet lu au comité de la Constitution par M. l'abbé Sieyès, les 20 et 21 juillet 1789, *Op.cit.*, p.11.

[172] Jaume, L., *Op. cit.*, p. 105.

[173] Projet lu au comité de la Constitution par M. l'abbé Sieyès, les 20 et 21 juillet 1789, *op.cit. p.11.*

« L'air que nous respirons, l'eau que nous buvons, le fruit que nous mangeons, se transforment en notre propre substance, par l'effet d'un travail involontaire ou volontaire de notre corps »[174].

Ici Sieyès s'inspire de John Locke[175] :

« Le travail de son corps et l'ouvrage de ses mains, nous le pouvons dire, sont son bien propre. Tout ce qu'il a tiré de l'état de nature, par sa peine et son industrie, appartient à lui seul : car cette peine et cette industrie étant sa peine et son industrie propre et seule, personne ne saurait avoir droit sur ce qui a été acquis par cette peine et cette industrie, surtout, s'il reste aux autres assez de semblables et d'aussi bonnes choses communes [...] Son travail distingue et sépare alors ces fruits des autres biens qui sont communs ; il y ajoute quelque chose de plus que la nature, la mère commune de tous, n'y a mis ; et, par ce moyen, ils deviennent son bien particulier »[176].

Dès lors, la propriété des choses découlant de la propriété de soi, cela explique pourquoi il existe une sûreté de la personne et une sûreté de la propriété, la seconde découlant de la première.

Ce double aspect de la sureté se retrouve également et selon les mêmes termes dans le premier projet de déclaration présenté par le Marquis de Condorcet, à Versailles en 1789[177]. Notamment, le préambule dispose :

« Le but essentiel de la société est d'assurer à tous ceux qui la composent la jouissance entière et paisible des droits mutuels qui dérivent de leur nature et de leurs rapports entre eux. [Parmi ces droits]

---

[174] Allocution de l'abbé Sieyès, 21 juillet 1789, Mavidal, L.-C, « *Archives parlementaires de 1787 à 1860* », Tome VIII (du 5 mai 1789 au 15 septembre 1789), Paris: Librairie administrative de Paul Dupont, 1875, Paris. Séance du 26 août 1789, p. 258.

[175] Jaume, L., *Op. cit.*, p. 105.

[176] Lock, J, « *Traité du gouvernement civil 1690* », chap. V De la propriété des choses, traduction française de D.Mazel, 1795 réalisée à partir de la 5e édition de Londres publiée en 1728, édition électronique du 9 mars 2002, institut des libertés.

[177] Jaume, L., *Op. cit.*, p. 111

Les droits de l'Homme peuvent se réduire :
À la sureté de la personne
À la liberté de la personne
À la sureté de la propriété
À la liberté de la propriété […] »

Donc selon Condorcet, la sureté n'implique pas uniquement la sureté de la personne – ce qui est en rapport avec tous les principes de droit pénal connus dans la déclaration – mais également la sureté de la propriété.

Et justement, dans ce même projet, il consacre un titre : « *La sureté de la propriété* », dans lequel l'article 2 dispose :

> « *II. Aucun Homme ne pourra être soumis à payer aucun autre impôt que ceux qui sont nécessaires à la sûreté, à la tranquillité et à la prospérité commune, et qui ont été établis selon la forme prescrite de la Constitution* »[178].

Condorcet propose donc un article concernant l'impôt, mais sur la base de la sureté de la propriété. Il s'agit donc, en traitant de l'impôt, de garantir le droit de propriété. Il est d'ailleurs intéressant de remarquer que cette formulation de Condorcet, ainsi que cette logique seront suivies en ce qui concerne l'impôt dans la Constitution mexicaine de 1814[179].

Or, cette volonté de garantir la propriété se retrouve dans les débats parlementaires à propos du consentement à l'impôt. En effet, ce dernier doit être institué afin de garantir la sureté de la propriété, et doit être complété par le principe de responsabilité institué par l'actuel article 15 DDHC qui lui fera suite.

Il convient d'abord de rappeler la proposition sur la base de laquelle sont lancées les discussions à propos de l'actuel article 14 DDHC disposant le consentement à l'impôt.

> « *La contribution publique étant une portion retranchée de la propriété de chaque citoyen, il a le droit d'en constater la nécessité, de la consentir librement, d'en suivre l'emploi, et*

---

178 *Ibidem.*
179 Voir *infra.*

d'en déterminer la quotité, l'assiette, le recouvrement et la durée »[180].

Le lien entre le consentement à l'impôt et la propriété est donc bien visible ; permettre le consentement à l'impôt, revient à garantir la sûreté de la propriété, sûreté de la propriété telle qu'elle était proposée par l'Abbé Sieyès dans son projet.

Seulement, dans la suite des discussions parlementaires, le débat porte justement sur le terme « *portion retranchée de la propriété* », que certains souhaitent remplacer ou simplement supprimer. Ainsi, le député Périsse du Luc parle de payer une « *dette, remboursement ou échange de services* », dette « *envers la république* », selon la logique de Condorcet donc, soit celle qui veut que l'impôt serve à payer la sureté, la tranquillité et la prospérité commune. Mais visiblement, il n'est pas question, à travers cette remarque terminologique, de réfuter l'idée selon laquelle c'est bien une portion de la propriété qui sert à payer, mais surtout d'éviter que des citoyens « *déguisent leurs revenus* » et échappent ainsi au paiement de l'impôt[181]. En effet, selon le député, « *en présentant cette idée de retranchement, ils y verront le moyen d'éluder la contribution* »[182]. L'idée selon laquelle l'impôt est une portion retranchée de la propriété, et qu'il nécessite un certain nombre de garanties afin de garantir la sureté de la propriété semble donc rester l'idée de fond de l'institution du principe de consentement à l'impôt.

Et justement, « *dans la dernière séance, il s'était élevé des orateurs pour établir la thèse attaquée par les préopinants : pour démontrer que l'impôt est une portion retranchée de la propriété. Cependant, l'assemblée, sans avoir égard aux projets d'arrêté, s'est contentée de rejeter la phrase qui porte que tout impôt est une portion retranchée de la propriété* »[183] et a adopté l'article 14 actuel. Donc la terminologie choisie s'explique surtout par la volonté d'éviter les déguisements de revenus, pour faire en sorte que tout le monde paie l'impôt, tout le monde étant, selon la démonstration, propriétaire de quelque chose.

---

[180] Archives parlementaires, 26 août 1789, Mavidal, L.-C, « *Archives parlementaires de 1787 à 1860* », Tome VIII (du 5 mai 1789 au 15 septembre 1789), Paris: Librairie administrative de Paul Dupont, 1875, Paris. Séance du 26 août 1789, p. 487.

[181] *Idem.*

[182] *Ibidem.*

[183] *Bis in idem.*

Tout de même, après l'adoption de l'article, le député Laville-Leroux « *fait sentir la différence* »[184] entre ce que paie le citoyen et ce que paie la nation entière. Ce que paie la nation entière, rejoignant donc l'idée de Robespierre, selon laquelle il s'agit de retrancher la propriété. « *Cette observation est trouvée judicieuse* », mais pour autant, l'article ayant déjà été voté, le débat passe directement à l'article suivant.

Mais il convient de retenir l'allocution de du député Robespierre à propos du consentement à l'impôt :

> « *Je soutiens, au contraire, que c'est une portion de la propriété mise en commun dans les mains de l'administrateur public. Je développe cette idée. Qu'est-ce en effet qu'un administrateur, si ce n'est le dépositaire de toutes les contributions ? Or, admettons le principe contraire. Si c'est une portion retranchée de la propriété, elle n'appartient plus à la nation ; la nation n'a plus le droit de lui en faire rendre compte* »[185]

Cette allocution démontre bien le raisonnement suivi par le consentement à l'impôt disposé à l'article 14 DDHC et la reddition de comptes disposée à l'article 15 DDHC. En effet, c'est par ce qu'il s'agit encore de la propriété des citoyens que la nation a le droit de demander de compte de son emploi. Par le terme nation, il s'agit de rappeler la théorie de la souveraineté qui veut que celle-ci a appartiennent à la nation et soit garantie par la séparation des pouvoirs, dont la garantie même repose sur la responsabilité des agents publics, soit des administrateurs auxquels fait référence Robespierre.

D'ailleurs la structure est parlante : une fois qu'a été établi le consentement à l'impôt, qui doit permettre de protéger la propriété de chacun, est établi le principe de reddition de comptes et de responsabilité à l'article 15 DDHC. Puis à l'article 16, la séparation des pouvoirs. Le premier prenant appui sur le deuxième, il est possible de considérer qu'il s'agit là, après avoir énoncé chacun des droits

---

[184] Archives parlementaires, 26 août 1789, Mavidal, L.-C, « *Archives parlementaires de 1787 à 1860* », Tome VIII (du 5 mai 1789 au 15 septembre 1789), Paris: Librairie administrative de Paul Dupont, 1875, Paris. Séance du 26 août 1789, p. 487.

[185] Allocution de Robespierre, archives parlementaires 26 août 1789, p.487 Mavidal, L.-C, « *Archives parlementaires de 1787 à 1860* », Tome VIII (du 5 mai 1789 au 15 septembre 1789), Paris: Librairie administrative de Paul Dupont, 1875, Paris. Séance du 26 août 1789, p. 486.

fondamentaux de l'Homme, de mettre en place les mécanismes visant à les garantir.

Il est intéressant d'ajouter que d'un point de vue contemporain, quelques membres de la doctrine, tels que Emilie Bokdam-Tognetti, maître des requêtes au Conseil d'État, considèrent que l'impôt porte par essence atteinte au droit de propriété, et, c'est notamment la raison pour laquelle après l'institution de la question prioritaire de constitutionnalité[186], ce droit de propriété est peu mobilisé à l'appui de QPC fiscales[187]. Également, c'est bien parce que le consentement à l'impôt est considéré comme une « *garantie collective* » que le Conseil Constitutionnel a considéré que l'article 14 DDHC n'institue pas un droit ou liberté invocable en QPC[188].

Or telle est la logique suivie également dans la Constitution d'Apatzingan, qui elle-même refait la synthèse de ce qui vient d'être démontré.

§2. La garantie de la sûreté de la propriété dans la Déclaration des droits d'Apatzingan

Visiblement, le Chapitre V de la Constitution d'Apatzingan de 1814, intitulé « *De l'égalité, sureté, propriété et liberté des citoyens* », suit la même logique dans sa structure. En effet les premiers articles, soient les articles 24, 25, 26 et 27 posent, respectivement, le principe selon lequel le « *but de toute association politique est la conservation des droits naturels* »[189], le principe d'égalité, le principe de responsabilité et le principe de sureté des droits qui s'appuie sur la garantie sociale. Ensuite, sont disposés les droits à la sureté en ce qui concerne la matière pénale – soient les principes de légalité des peines, de proportionnalité, la présomption d'innocence. Également, sont disposés dans les articles suivants tous les droits relatifs à la propriété. Il s'agit du droit à la propriété, de l'inviolabilité du domicile ainsi que l'obligation de compensation en cas de privation d'une part de la propriété. Et justement, dans ces articles relatifs à la propriété, alors que l'article 35

---

186 Ci-après : « QPC ».

187 Bokdam-Tognetti, E., « QPC et Contentieux Fiscal : bientôt quatre années d'enrichissement mutuel et d'évolution sans révolution », *RJF*, chroniques, 2013, pp.979-988.

188 Cons. const. 18 juin 2010 n° 2010-5 QPC, SNC Kimberly Clark. Bokdam-Tognetti, E., *Loc. cit.*

189 Qui, dans ledit article sont l'égalité, la sureté, la propriété et la liberté.

dispose « *personne ne peut être privé de la moindre part de ce qu'il possède, si ce n'est lorsque la nécessité publique l'exige ; auquel cas il aura droit à une juste indemnité* », l'article 36 dispose quant à lui « *Les contributions publiques ne sont pas des extorsions de la société, mais des dons des citoyens pour la sécurité et la défense* ». Ainsi, cette formulation rejoint la position de Robespierre selon laquelle il convient de considérer l'impôt comme un don, de la nation chez le député français, de la société dans la constitution mexicaine. Or cela ne dispose pas, comme dans le cas français, un principe de consentement à l'impôt. Par ailleurs la logique suit celle que Condorcet avait proposée dans son projet de déclaration précité.

Mais l'article 37 suivant, dispose « *aucun citoyen ne pourra se voir refuser la liberté d'opposer ses droits aux fonctionnaires de l'autorité publique* ». Dès lors il faut comprendre que les premiers articles disposent les principes qui permettront de garantir les droits énoncés ensuite, dont le droit de propriété, propriété dont une part doit faire l'objet d'un don pour la sécurité publique ainsi que la défense, et que cet article 37 rappelle que tous les citoyens peuvent jouir de cette garantie ainsi que de ces droits.

Il convient donc d'observer une volonté de garantir les droits au sein des constituants de 1813[190]. Il est clair qu'il existait déjà un réel intérêt pour les principes d'égalité et de liberté durant la lutte pour l'indépendance du Mexique ; et d'ailleurs, les insurgés croyaient fortement en l'idée que l'indépendance aboutirait à une société libre et dans laquelle tous les individus sont égaux. Mais les constituants avaient conscience de la nécessité de doter cette société d'un outil juridique qui permette de protéger les droits de l'Homme consacrés dans la norme constitutionnelle[191]. Il s'agissait donc d'établir des garanties pour assurer ces droits de l'Homme, et assurer le respect des normes constitutionnelles[192].

Ainsi, selon Marco Antonio García Peréz, professeur à l'Université Nationale Autonome de Mexico (UNAM), il convient de lire dans cette première constitution mexicaine une classification des droits, entre ceux qui relèvent des droits à proprement parler et ceux qui relèvent des droits qui peuvent être exercés pour garantir les premiers droits. Or, afin

---

[190] Garcia Perez, M.-A., « Los derechos humanos en la Constitución de Apatzingan », *Revista de la facultad de derecho de mexico*, UNAM, vol. 65, n°263, 2015, pp.439-471.

[191] *Ibidem.*

[192] *Bis in idem.*

de définir cette classification des droits, il convient de revenir à la définition de « *garanties individuelles* » donnée dans le Dictionnaire Juridique mexicain. Ce dernier dispose qu'alors que les droits de l'Homme sont des idées générales et abstraites, les garanties, quant à elles, qui en sont les corolaires, sont individualisées et concrètes. Il complète cette définition en y ajoutant l'idée selon laquelle il n'existe aucune garantie sans que lui soit associée une obligation[193].

Ainsi, selon lui, les articles du Chapitre V, et notamment l'article 27 qui dispose « *la sureté des citoyens consiste en la garantie sociale ; celle-ci ne peut exister sans que la loi fixe les limites des pouvoirs et la responsabilité des fonctionnaires publics* », sont à l'image d'une « *soif d'égalité* » et d'une recherche d'une constitution qui la garantisse. Or la Constitution d'Apatzingan, à travers ces articles « *garantissait qu'en consommant l'indépendance du Mexique, l'égalité ne serait plus seulement un désir, mais une réalité* [194]». Il s'agissait donc bien de donner aux droits de l'Homme un aspect concret en mettant en place les outils juridiques qui permettent de les garantir. Cela n'est pas sans rappeler la logique de la distinction entre les droits primaires et les droits sociaux qui a été précédemment décrite. Il faut donc reconnaitre là, et précisément dans cet article 27, cette influence française de la déclaration de 1793 avec la notion concrète de garantie sociale, qui tient elle-même de la philosophie de 1789. Par ailleurs, il convient de remarquer que cette notion est moins appuyée dans les constitutions mexicaines suivantes, notamment celle de 1824. Cela s'explique par ce que la rédaction de la Constitution de 1814 a été réalisée dans un contexte de lutte contre le pouvoir espagnol, lutte qui passait par la revendication des libertés, ce qui n'est pas le cas de la Constitution de 1824.

Ainsi, sur la base du modèle français, cet article 27 consacre le principe de sureté qui consiste en la garantie sociale qui s'appuie sur la limitation des pouvoirs et la responsabilité des fonctionnaires publics et cela forme un mécanisme de contrôle et une éventuelle prévention contre l'action arbitraire de l'État[195].

Il est possible d'affirmer que ce mécanisme a été mis en place sur la base du modèle français, d'une part par ce qu'il a été établi que cette première constitution mexicaine s'est inspirée de la Déclaration des

---

193 Garcia Perez, M.-A., *Loc. cit.*

194 *Ibidem.*

195 *Bis in idem.*

Droits de l'Homme et du Citoyen française du 24 juin 1793, mais également par ce que ce mécanisme se trouvait déjà dans le « *Reglamento* » de José Maria Morelos. En effet, ce dernier propose déjà l'idée d'une responsabilité qui doit limiter le pouvoir et assurer la séparation des pouvoirs. Notamment, il établit que lorsque l'assemblée constituante sera instituée, « *elle procédera en premier lieu à la distribution des pouvoirs en ne gardant que celui qui relève du législatif* »[196]. Ainsi, le « *Reglamento* » définit clairement un principe de séparation des pouvoirs[197], il se trouve à l'article 39, « *chacun des trois pouvoirs aura pour limite sa sphère, sans en sortir, si ce n'est en cas exceptionnel* »[198].

Également, ce texte de José Maria Morelos préparait le régime de responsabilité des fonctionnaires publics de chacun des trois pouvoirs[199].

Ainsi, ce mécanisme de garantie sociale alliant la séparation des pouvoirs et la responsabilité des fonctionnaires se retrouvant dans les prémisses de la Constitution d'Apatzingan que sont les textes du Général Morelos, cela conforte l'affirmation selon laquelle ce mécanisme s'inspire de la philosophie révolutionnaire française.

Après avoir identifié ces mécanismes, à travers une forme de classification des droits, qui n'est pas sans rappeler la logique de l'Abbé Sieyès, il est clair que la Constitution du 3 octobre 1814 est celle qui a consacré de la façon la plus minutieuse les droits de l'Homme et leur garantie[200].

Il n'y a donc pas de principe de consentement à l'impôt clairement identifié comme dans la déclaration française des droits de l'Homme et du Citoyen de 1789, qui soit suivie d'un principe de responsabilité des agents qui permettent d'en déduire clairement une responsabilité financière, mais un principe de responsabilité générale qui doit

---

[196] « *La Constitución de Apatzingán : Carta Libertaria de las Américas* », Ensayos de Julio Moguel y David Cienfuegos, México : Centro de Estudios Sociales y de Opinión Pública-Cámara de Diputados/LXII Legislatura : Juan Pablos Editor, 2014, p.175.

[197] De la Madrid Hurtado, M., « Estudios de derecho constitucional », *Boletín Mexicano de Derecho comparado*, n°28-29, 1980, pp. 186-203.

[198] Art 39 del reglamento :
« *cada uno de los très poderes tendra por limitye su esfera sin salirse de ella si no es en caso extraordinario de apelacion* »

[199]« *La Constitución de Apatzingán : Carta Libertaria de las Américas* », *Op. cit.*, p.49.

[200] Garcia Perez, M.-A, *Loc. cit.*, p.19.

permettre de garantir les droits de l'Homme dont le droit de propriété. Or, tel qu'il a été démontré auparavant c'est de cette volonté de garantir le droit de propriété que découle le principe du consentement à l'impôt, volonté assurée par le mécanisme de garantie sociale qui trouve son nom clairement établi dans la déclaration française de 1793.

En ce sens, la Constitution d'Apatzingan de 1814 est largement supérieure à celle de Cadix, à laquelle elle fit suite, pour ce qui concerne la déclaration des droits, ainsi que la mise en place d'un facteur intéressant pour rendre la constitution effective qu'est celle de la responsabilité des fonctionnaires, notamment à travers « *el juicio de residencia* »[201], qui consiste en un jugement ayant lieu à la fin des mandats des dirigeants dans lequel ceux-ci doivent rendre compte de leur gouvernement. Mais cette première constitution mexicaine n'entrera jamais en vigueur, ainsi, « *el juicio de residencia* » qui est un outil datant du XIVe siècle ne sera jamais mis en œuvre et disparaitra dès la mise en place de la prochaine constitution qu'est celle du 4 octobre 1824. Cependant, le rôle de la constitution étant, selon le député De Boisgelin, de préciser sous quelle forme les mécanismes de garantie des droits énoncés dans la déclaration seront mis en œuvre, c'est à l'article 114 de cette première constitution mexicaine qu'il convient de se référer. En effet, il dispose qu'il revient au Congrès, comme compétence exclusive, « *d'examiner et approuver les comptes de recouvrement et investissements des finances publiques* »[202]. Ainsi, c'est dans cette constitution que se trouve le premier précédent constitutionnel de la faculté d'un organe indépendant et distinct de l'exécutif d'examiner et approuver les comptes publics[203].

Or, la constitution d'Apatzingan représente la constitution constituante puisqu'elle pose les postulats de la souveraineté populaire, de la garantie des libertés individuelles et de la séparation des pouvoirs[204].

C'est donc à travers la garantie sociale de la sureté de la propriété qu'un lien peut être établi du point de vue financier entre la philosophie

---

[201]« *La Constitución de Apatzingán : Carta Libertaria de las Américas* », *Op. cit.*, p.176.

[202] Voir *infra*.

[203] Manjarrez Rivera, J., « *La Construcción Democrática de la Rendición de Cuentas y la Fiscalización en la Administración Pública de México : 1997-2001* », Veracruz : Instituto des Administración Pública del Estado de Veracruz, 2003, p.129.

[204] Gonzalez Avelar, M., « *La Constitución de Apatzingán y otros estudios* », México : Secretaría de Educación Pública, 1973, p. 46.

révolutionnaire française et la philosophie de la première constitution mexicaine.

Dès lors il convient d'observer qu'au-delà de cette racine commune, qu'est la garantie sociale de la sûreté de la propriété, d'un point de vue financier, le traitement de la responsabilité des fonctionnaires suit également une logique commune dès les origines constitutionnelles des deux États.

CHAPITRE 2.
Des modalités communes de traitement de la responsabilité des agents publics

Bien que l'origine historique de la responsabilité des agents publics en matière de finances publiques soit commune, le choix du modèle organique du Mexique sera divergent de celui de la France (Section 1ère). Tout de même, sur une courte période, le Mexique fera le choix d'une juridiction financière, ce qui s'explique par un contexte historique similaire à celui de la France (section 2), contexte qui pourrait donc, par ailleurs, expliquer ou exposer l'intérêt d'un contrôle juridictionnel des comptes.

Section 1ère. Une origine historique commune pour un choix de modèle organique divergeant

Originellement, de façon commune à la France et au Mexique, la volonté était de responsabiliser les ordonnateurs devant l'organe législatif (§1). Cependant, alors que la France a finalement fait le choix d'un modèle juridictionnel de contrôle des comptes, le Mexique a choisi le modèle de Westminster (§2).

§1. La volonté originelle commune de responsabiliser les ordonnateurs

La question de la reddition de comptes fut posée très tôt dans les débats préalables à l'adoption de la Déclaration des Droits de l'Homme et du Citoyen[205]. Mais, déjà lors des débats, les termes sont vastes et

---

[205] De Cacqueray, S., « Article 15 de la déclaration des droits de l'Homme et du Citoyen : fondement constitutionnel de l'accountability à la française », dans *De l'esprit de réforme et de quelques fondamentaux, Mélanges en l'honneur de Gilbert*

généraux. Notamment concernant les futurs « *agents publics* », des termes aussi variés qu'« *agent public* », « *officier public* », ou « *agent individuel ou collectifs* » sont utilisés. Mais il est possible de constater, à travers la constitution du 3 septembre 1791 et à l'appui des débats parlementaires à propos de cette dernière ainsi que de la Déclaration des Droits de l'Homme et du citoyen, que ces termes visent initialement à désigner les ministres, ordonnateurs. Or cela ressort également dans le décret du 8 mai 1826 mexicain qui vise à faire application de la logique de responsabilité mise en place par la Constitution de 1824, première constitution à rentrer en vigueur au Mexique[206].

Pour exemple des divers termes utilisés pouvant désigner les « *agents publics* » de l'article 15 DDHC, dans son dernier projet de déclaration, en date du 11 juillet 1789, Lafayette propose d'inscrire dans la déclaration l'idée selon laquelle « *Tout gouvernement a pour but unique le bien commun. Cet intérêt exige [...] la responsabilité des agens* »[207]. E-J. Sieyès, une dizaine de jours plus tard, le 20-21 juillet 1789 présentait quant à lui son premier projet de déclaration. Dans son projet, il propose l'idée selon laquelle « *Les officiers publics, dans tous les genres de pouvoirs sont responsables de leurs prévarications, et comptables de leur conduite* »[208].

Les termes utilisés dans le cadre des discussions sont donc vastes. Et le résultat le sera tout autant. Cet article 15 DDHC souffre donc d'un « *flou relatif à la formulation* »[209] concernant ceux qui auront l'obligation de rendre compte de leur administration. Mais alors que dans le cadre du terme société, il a fallu attendre le XXe siècle pour que ce dernier prenne réellement un sens[210], les révolutionnaires apportent rapidement une solution aux lacunes apportées par le terme « *agent public* ».

En effet, très vite la notion semble s'être affinée, avec la constitution du 3 septembre 1791 qui donne sa première application concrète à l'article 15 DDHC. Notamment, deux dispositions visent les agents publics désignés par la déclaration, derrière lesquels semblent se

---

Orsoni, sous la direction de J -L. Albert, S. De Cacqueray, C. Viessant, PU Aix Marseille, 2018, pp. 129-150.

206 Voir *supra*.

207 Rials, S., *Op. cit.*, p.591.

208 *Ibidem*.

209 Griffaton Sonnet, L., « Quelle portée pour l'article 15 de la déclaration des droits de l'Homme et du citoyen ? », *RFDC*, 2017, n°112, p. 912.

210 Voir *infra*.

dessiner les décideurs publics. D'abord, l'article 3 Titre V dispose « *les comptes détaillés de la dépense des départements ministériels, signés et certifiés par les ministres ou ordonnateurs généraux, seront rendus publics par la voie de l'impression, au commencement des sessions de chaque législature* ». Également, l'article 7, Section IV, Chapitre II, Titre III dispose « *Les ministres sont tenus de présenter chaque année au Corps législatif, à l'ouverture de la session, l'aperçu des dépenses à faire dans leur département, de rendre compte de l'emploi des sommes qui y étaient destinées, et d'indiquer les abus qui auraient pu s'introduire dans les différentes parties du gouvernement* ».

Ce sont donc les ordonnateurs et les ministres qui sont désignés par la Constitution du 3 septembre 1791. Ainsi, ces articles semblant distinguer les ministres décideurs et les ordonnateurs, les agents publics qui doivent rendre des comptes sont : soit ceux qui décident de l'opportunité de la dépense ou de la recette, soit ceux qui ordonnent la dépense ou la recette. Dans les deux cas, il s'agit des décideurs publics. Ainsi, dès la première application concrète de l'article 15 DDHC ce sont les décideurs publics qui semblent être visés par le terme « *agents publics* » et ont une obligation de rendre compte.

Par la volonté de donner une telle portée au dit terme, l'article 15 DDHC est classiquement interprété comme étant le fondement de la responsabilité des administrateurs ; « responsabilité », car cette dernière était la revendication centrale des révolutionnaires[211]. En effet, il s'agissait à l'époque de mettre en place une démocratie accompagnée de garanties afin d'éviter les décisions arbitraires qui s'imposeraient au peuple sans que ce dernier n'y consente. Ainsi, le suffrage désignant des représentants du peuple devait permettre sa participation à l'élaboration de la loi qui allait s'imposer à lui. Mais il fallait accompagner cela d'une garantie, celle de la responsabilité du représentant. C'était donc l'idée de la reddition de comptes imposée par l'article 15 DDHC. Le système représentatif était alors encore nouveau dans la pratique et dès lors, la préoccupation principale tournait autour de ceux qui avaient l'habilitation pour exercer la souveraineté. Ainsi, aux débuts de l'application de l'article 15 DDHC, celle-ci se trouve imprégnée de la logique représentative,[212] et ce, même lorsque l'étude

---

[211] Testard, C., « *Pouvoir de décision unilatérale de l'administration et démocratie administrative* », LGDJ, Lextenso éditions, 2018, p.242-247.
[212] Voir *infra*.

de la reddition de comptes est restreinte à la matière des finances publiques.

Cette restriction perdure dans les décennies suivantes puisqu'aucune constitution parmi la dizaine qui vont suivre jusqu'à l'époque contemporaine ne traite de la définition de l'agent public. Or, il est possible, aujourd'hui, dans des textes autres que constitutionnels, de relever diverses définitions de l'agent public[213].

Cette volonté de responsabiliser, dès les origines constitutionnelles, les décideurs publics se retrouve également au Mexique. En effet, la Constitution du 4 octobre 1824 – première constitution qui entre officiellement en vigueur dans le Mexique indépendant – reprend les logiques énoncées dans la Constitution de 1814[214] – ladite constitution d'Apatzingan – en ce qui concerne la garantie des droits et notamment de propriété, à travers les principes de représentation et de séparation des pouvoirs. Ainsi, selon l'article 50, fraction VIII[215], le congrès dispose d'une compétence exclusive pour demander compte annuellement de l'emploi des contributions au gouvernement. La constitution se limite à cette disposition impliquant la responsabilité du gouvernement, elle ne réglemente pas la façon dont le « *Ministro de Hacienda* »[216] doit rendre compte de son administration, il faut attendre pour cela la loi du 8 mai 1826[217].

C'est la loi du 16 novembre 1824, dite « *De Arreglo de la admministración*[218] » qui réforme le système de gestion des finances publiques au Mexique, et jette les bases du système actuel. De nombreux membres de la doctrine mexicaine qualifient ce décret comme instituant un système complet d'organisation de la gestion du

---

[213] Cette question fait l'objet d'une étude à part entière, qui, en raison du format de ce travail n'a pas pu être présentée de manière plus approfondie.

[214] Voir i*nfra.*

[215] Voir *infra*, pour une énonciation de l'article.

[216] Ci – après : « Ministre du budget ».

[217] González Prieto, A., SHCP, « *Memorias de la Hacienda pública de México* », 1821-1867, México, s.p.i., 1990, p. 69.

[218] Littéralement traduit : « *d'organisation de l'administration* ».
Suite aux difficultés à accéder au texte original, cette loi n'est pas disponible en annexes, mais elles est accessible sur :http://www.biblioteca.tv/artman2/publish/1824_121/Decreto_Arreglo_de_la_administraci_n_de_la_hacienda_p_blica.shtml

budget[219]. Il institue ainsi la *Contaduría Mayor de Hacienda*[220] qui devra examiner les comptes rendus par le ministre du Budget, avant que ceux-ci ne soient transmis au congrès. Il met également en place le « *Departamento de Cuenta y Razón* »[221] chargé de rédiger les projets de budget[222], et transforme la « *Tesorería de Ejército y Real Hacienda* »[223] qui doit alors centraliser toutes les informations relatives au budget de tous les services administratifs fédéraux, sauf celles relatives aux administrations chargées des impôts et de la dette publique[224].

Le 8 mai 1826, est publié ledit décret « *sobre la memoria del ministro* »[225]. Ce décret détermine la façon dont doit être organisé le document par lequel l'exécutif propose un budget au congrès, et rend compte devant ce dernier de son administration, en application de l'article 50 – précité – de la Constitution et conformément aux dispositions de la loi du 16 novembre susmentionnée. Ce second décret constitue le « *premier antécédent de réglementation de la responsabilité financière* » au Mexique[226].

D'après ce décret, cette *memoria* doit permettre au ministre du Budget de présenter le projet de budget de l'année à venir, ainsi que les comptes de l'année antérieure[227]. L'article 2 dispose que l'objet de ce document était « *d'informer le congrès des causes du progrès ou de la décadence de chacune des branches du trésor public fédéral ; indiquer les réformes dont est susceptible de faire objet l'administration [...] afin de niveler chaque année les recettes avec les dépenses [autrement*

---

[219] Solares Mendiola, M., « La Auditoría Superior de la Federación : antecendente y perpspectiva jurídica », México : UNAM, instituto de investogaciones jurídicas, 2004, pp.24-73.

[220] Voir *infra*, il s'agit de l'institution supérieure de contrôle, aucune traduction littérale n'est possible.

[221] Peut s'apparenter aujourd'hui à un service administratif, relatif au budget, aucune traduction littérale n'est possible.

[222] Jaúregui, L., « Los ministros, las memorias de Hacienda y el presupuesto en México, 1825-1855. Una visión del gasto público », *Estudios de historia moderna y contemporanea*, n°48, 2014, pp.3-38.

[223] Désigne la trésorerie nationale, aucune traduction littérale n'est possible.

[224] Jaúregui, L., *Loc. cit.*, p.54.

[225] Littéralement traduit : « *Loi sur le mémoire du ministre* », désigne le document que transmet le ministre au parlement, comprenant le projet de budget pour l'année suivante et les comptes de l'année précédente.

[226] Manjarrez Rivera, J., *Op. cit.* p.144.

[227] *Ibidem.*

dit atteindre l'équilibre] »[228]. Il s'agit donc de rendre responsable le ministre décideur public, qui, en rendant compte de son administration, se rend responsable de la situation du trésor public, et doit informer le congrès des propositions qu'il a à faire en conséquence. D'ailleurs, cette responsabilité est déductible dès le titre dudit décret.

Toujours à propos de la volonté de rendre responsable le ministre décideur public, le même texte détaille la façon dont le document doit être présenté. Bien que ces documents restent, durant le XIXe siècle, présentés de façon assez informelle en raison des diverses instabilités politiques ayant eu lieu, il est certain qu'ils témoignaient d'une présentation, notamment pour ce qui concerne le budget, similaire à celle qui était faite devant les Cours de Cadix[229].

Ainsi, les comptes devaient être présentés de deux façons distinctes : en « *valores* » et en « *distribución* »[230]. La seconde forme de présentation vise à présenter les informations relatives aux dépenses, issues du Trésor, des administrations et « *de tous les employés qui manieraient les ressources de la fédération* »[231]. L'objectif était celui de responsabiliser les cabinets des administrations – soit les administrateurs- « *sans que pour autant s'annule la responsabilité que doit supporter le ministre* »[232]. Ainsi, tous les agents publics sont responsables de leurs actes dès lors qu'ils manient le denier public, mais le ministre reste le principal responsable de l'emploi du denier public et doit en rendre compte devant le congrès.

Il est alors possible de considérer que se dessine là une ébauche de ce qui est en France la séparation ordonnateur comptable. En effet, considérant que tout agent public est responsable des erreurs qui peuvent être commises dans l'emploi du denier public dès lors qu'ils le manient à l'occasion d'opérations administratives, mais que le ministre

---

228 Solares Mendiola, M., *Op. cit,* p.34.
Originellement : « *informar al congreso de las causas del progreso o decadencia de cada uno de los ramos del erario federal ; indicar la reforma de que sea susceptible a su administración, [...] a fin de nivealr en cada año los productos con los gastos* ».

229 Jaúregui, L., *Loc. cit.*

230 Peut être traduit par une présentation en « *valeur nominale* » et une présentation « *selon la distribution* » : voir en ce sens : originellement, « *Las cuentas qui debía contener la memoria eran dos : de valores y de distribución* », Jaúregui, L., *Loc. cit.*

231 Jaúregui, L., *Loc. cit.*

232 *Ibidem.*
Originellement : « *sin que por esto se embarace la calificación que ha de recaer [...] sobre la del ministro* ».

doit, lui, rendre compte devant le congrès de l'usage fait du denier public et présenter les réformes nécessaires pour revenir à l'équilibre, la responsabilité ne semble plus être la même. Ainsi, les premiers, seraient responsables de leur administration du denier public, au sens comptable du terme, alors que le second serait responsable du bon usage du denier public, impliquant en plus la bonne gestion et une forme de notion d'opportunité.[233]

En tout état de cause, cette série de dispositions, issues des deux décrets précités, détaille les modalités selon lesquelles s'exerce la responsabilité des agents publics, renvoyant, en cas de contentieux vers les « *juridictions compétentes* »[234]. Elle constitue à ce titre l'origine de la « *Ley de Responsabilidades de los Funcionarios y Empleados Públicos* »[235], en vigueur actuellement.

Bien que l'origine soit commune, puisqu'il s'agit de responsabiliser avant tout les décideurs publics, le choix de l'auxiliaire du législatif, quant à lui, diffère.

§2. La divergence dans le choix de l'auxiliaire du parlement

Alors que l'origine est identique, dans la volonté de responsabiliser le décideur public, là où s'est mise en place une Cour des Comptes, basée sur le modèle juridictionnel en France, le Mexique a suivi le modèle dit de Westminster, qui propose une institution supérieure de contrôle rattachée au parlement, par l'octroi à ce dernier d'un droit de regard et un pouvoir d'observation sur le programme de l'institution en question[236].

L'auxiliaire de l'organe représentant dans le contrôle des comptes, génériquement appelé ISC, assiste le parlement dans le contrôle de l'exécution du budget par l'exécutif. Classiquement, c'est une

---

[233] Cette distinction, rejoint une distinction qui peut être faite au sein de la notion de bon emploi du denier public, considérant que rendre compte, implique l'obligation de rendre compte du bon emploi du denier public. Cela sera abordé en conclusion, telle une hypothèse pouvant faire l'objet d'une étude à part entière.

[234] Solares Mendiola, M., *Op. cit.* p.35.

[235] Littéralement traduit : « *Loi sur la Responsabilité des fonctionnaires et employés publics* ».
Loi en date du 31 décembre 1982.

[236] Ci-après : « ISC ».

classification selon trois modèles d'ISC qui est proposée : le modèle de la Cour, le modèle de Westminster et le modèle du Conseil. Il existe tout de même d'autres classifications telles que celle de l'OCDE, qui propose 5 modèles distincts[237].

En ce qui concerne la classification classique, le plus courant, inspiré du modèle anglais de *National Audit Office*, est le modèle de Westminster. Dans ce modèle, le parlement dispose du pouvoir d'auditer le gouvernement à travers un organisme indépendant institué spécialement dans cet objectif. Se trouve ensuite le modèle de la Cour ou du Tribunal, qui consiste en un modèle juridictionnel : l'institution dispose de pouvoirs de sanction à l'égard des agents publics responsables du denier public. Enfin, le troisième modèle, celui du Conseil ressemble à celui de Westminster, mais ne dispose pas d'une présidence collégiale[238]. Bien que les trois modèles soient distincts, tous partagent une caractéristique commune : elles sont indépendantes de l'exécutif et liées, à divers degrés, à l'organe législatif[239].

Par indépendance de l'ISC par rapport à l'exécutif, il faut entendre la conformation aux critères d'indépendance disposés par la déclaration de Lima du 26 octobre 1977, sur les directives sur les principes de contrôle. Ainsi :

> *« 1. Les Institutions supérieures de contrôle des finances publiques ne peuvent accomplir leurs tâches de manière objective et efficace que si elles sont indépendantes du service contrôlé et si elles sont soustraites aux influences extérieures.*
> *2. Bien que les institutions de l'État ne peuvent être absolument indépendantes de celui-ci puisqu'elles en font partie, les Institutions supérieures de contrôle des finances publiques doivent pouvoir jouir de l'indépendance*

[237] Voir en ce sens : « Le cadre juridique des systèmes budgétaires, une comparaison internationale », *Revue de l'OCDE sur la gestion budgétaire*, numéro spécial, vol.4, n°3, 2004.

[238] Romero Gudiño, A., « *Teoria, evidencia y prospectiva de la fiscalizacion, y rendicion de cuentas en México* », Mexico D.F : INAP, 2019, p.80.

[239] Plateforme pour des instituions efficaces, « *Institutions supérieures de contrôle des finances publiques et participation citoyenne* », septembre 2014, accessible sur : https://www.effectiveinstitutions.org/media/Note_dorientation_sur_les_Institutions_sup%C3%A9rieures_de_contr%C3%B4le_des_finances_publiques_FRENCH.pdf

fonctionnelle et organisationnelle nécessaire à l'accomplissement de leurs tâches.
3. L'établissement des Institutions supérieures de contrôle des finances publiques et le niveau d'indépendance qui leur est nécessaire doivent être précisés dans la Constitution ; les modalités peuvent être détaillées dans les textes de loi. En particulier, un tribunal suprême doit assurer une protection juridique contre toute entrave à l'indépendance et au pouvoir de contrôle des Institutions supérieures de contrôle des finances publiques. »[240]

Ces critères sont ceux émis par l'INTOSAI, organisation internationale des institutions supérieures de contrôle des finances publiques, organisation parapluie du contrôle externe des finances publiques.

Dans le cas du Mexique, dès la constitution du 4 octobre 1824, le choix a été fait d'une ISC suivant le modèle de Westminster. Cela s'explique parce que le système institutionnel mexicain connait une double influence, Française dans sa philosophie et Anglo-saxonne dans ses institutions – issue de l'influence des idées d'émancipation des colonies nord-américaines[241]. Ainsi, à la suite de l'entrée en vigueur de la Constitution de 1824, est promulguée la loi du 16 novembre 1824 précitée qui institue la *Contaduría Mayor de Hacienda*[242], alors institution supérieure de contrôle, auxiliaire du congrès dans le contrôle des comptes[243]. L'organe de représentation comptera – à l'exception de quelques épisodes centralisateurs dans l'histoire du Mexique – avec la CMH jusqu'en 2000, lorsqu'elle sera remplacée par la *Auditoría Superior de la Federación*[244].

Lors de sa mise en place, les fonctions de la CMH consistaient, d'une part, en l'exercice d'un contrôle externe de l'administration publique,

---

[240] Voir en ce sens, la résolution des nations unies pour l'indépendance des institutions supérieures de contrôle, des finances publiques, réunissant la déclaration de Lima de 1977 et la déclaration de Mexico sur l's principes d'indépendance de ISC de 2007, accessible sur : https://www.ne.ch/autorites/CCFI/Documents/F_Lima_Mexico_2013.pdf

[241] Rabasa, E., *Op. cit.*, p.32.

[242] Ci-après : « CMH ».

[243] Le congrès dispose alors, dans le texte constitutionnel, de la compétence exclusive de contrôle des comptes, voir *infra*.

[244] Ci- après : « ASF ».

en tant qu'organe contrôleur, afin de vérifier la régularité de l'exercice budgétaire achevé. Elle agit, d'autre part, en tant qu'organe technique auxiliaire du congrès, afin de vérifier que les volontés de ce dernier avaient bien été respectées[245]. La loi du 16 novembre 1824, fixe dans ses articles 42 à 51 l'organisation de la CMH ainsi que du « *Comité de Vigalancia* »[246]. Ce comité était chargé d'assurer le lien entre la CMH et le congrès : d'après l'article 43 de ladite loi, la CMH sera « *sous l'inspection exclusive de la chambre des députés* »[247]. En effet, il était composé selon les couleurs politiques du congrès et avait pour mission de s'assurer que les travaux de contrôle des comptes étaient bien effectués, contrôler l'emploi du budget alloué à l'institution et enfin, connaitre des éventuelles mises en cause de la responsabilité d'agents publics[248]. Ainsi, l'institution devait rendre deux rapports : un premier sur les comptes présentés par le ministre du Budget et un second sur l'exécution par les divers agents responsables du denier public afin que le congrès puisse exercer son pouvoir de vérification des comptes au mieux[249]. Toutes ces dispositions combinées à celles précitées concernant le ministre du Budget[250] visaient à assurer l'indépendance du contrôle des comptes vis-à-vis de l'exécutif[251].

À l'issue de diverses réformes ayant eu lieu depuis 1824, la CMH a fini par se trouver complètement incorporée à l'organe législatif : elle se trouvait donc dépendante des partis et des variations de couleur politiques, subissant ainsi une forte influence partisane[252]. Son indépendance n'est donc pas assurée ce qui s'explique par le fait que lors de son institution, il n'avait pas été question de traiter de son indépendance à l'égard des instituions et de l'État[253]. La CMH est alors clairement placée sous le contrôle de la chambre des députés, dans un

---

[245] Solares Mendiola, M., « La Auditoría Superior de la Federación : antecedentes y perspectiva jurídica / Manuel Solsares Mendiola », México : UNAM, Instituto de Investigaciones Juridicas, 2004, p. 24-73.

[246] Littéralement traduit : « Comité de surveillance »

Ibidem.

[247] Originellement : « *Esta contaduría estará bajo la inspeccion exclusiva de la cámara de diputados* »

[248] Solares Mendiola, M., *Op. cit.* p.23.

[249] *Ibidem.*

[250] Voir *supra.*

[251] Solares Mendiola, M., *Op. cit.* p.36.

[252] *Ibidem.*

[253] *Bis in idem.*

objectif d'application renforcée du principe de représentation[254]. En 1936, une loi organique supprime la faculté dont disposait la CMH, depuis 1824, de renvoyer devant les juridictions compétentes les cas d'irrégularité. Cela laisse ainsi à la chambre des députés le choix de l'opportunité des poursuites, ce qui tend, une nouvelle fois à renforcer le pouvoir du congrès en matière de contrôle des comptes tout en amenuisant l'influence de l'ISC.

Par la loi constitutionnelle du 14 juillet 1999 est alors mise en place la *Auditoría Superior de la Federación*[255], le but étant de redonner sa place à l'ISC, tout en lui attribuant le même rôle ainsi que les mêmes compétences que la CMH[256]. Promulguée le 30 juillet 1999, la loi constitutionnelle réforme les articles 73, 74, 76 et 79 de la constitution du 5 février 1917[257]remplaçant la CMH par l'ASF ; remplacement dont l'objectif était de transformer et renforcer le schéma que suit la chambre des députés pour exercer son pouvoir exclusif de contrôle des comptes de la fédération[258]. Ainsi, la réforme constitutionnelle, combinée à la *Ley de fiscalizacion superior de la Federación* du 29 décembre 2000[259], loi organique organisant le fonctionnement de l'ASF, donnent plus de compétences à l'ASF et renforcent son autonomie, en lui attribuant notamment un véritable pouvoir de sanction[260]. La loi organique susmentionnée dispose un contrôle *ex-post* par rapport à l'exercice financier et externe, qui doit être mené de façon autonome et indépendante de toutes les autres formes de contrôle de l'administration

---

[254] Voir *infra*.

[255] Ci-après : « ASF », désigne l'ISC actuelle, une traduction littérale n'est pas possible.

[256] Solares Mendiola, M., *Op. cit.* p.82.

[257] Voir Annexe VI.

[258] Exposé des motifs du projet de réforme constitutionnelle, visant les article 74 et 79 de la Constitution, publié dans la « Gaceta parlamentaria » le 2 avril 2002, disponible sur : http://www.diputados.gob.mx/servicios/datorele/cmprtvs/2PO2/Abril/74const.htm. Pour l'exposé de motifs : Alberto Amador Leal, député du PRI, présenté à la chambre des députés lors de la séance du 4 octobre 2002, pour y accéder : http://www.diputados.gob.mx/sia/coord/refconst_lviii/html/197.htm

[259] Littéralement traduit : « *Loi de contrôle supérieure de la Fédération* ».

[260] Casar, M.-A., Marvan, I., Puente, K., « La rendicion de cuentas y el poder legislativo », in *La estructura de la rendicion de cuentas en México*, CIDE, 2010, pp.331-405. Accessible via : archivos.juridicas.unam.mx

publique – internes notamment –. Et pourtant, il est possible de reconnaitre toutes les attributions qu'étaient celles de la CMH[261].

Ainsi, à la suite de cette réforme constitutionnelle, l'article 73 nouveau donne compétence au congrès pour ce qui est des lois qui doivent régir le fonctionnement de l'ASF. Sont alors promulguées : la *Ley de fiscalizacion superior de la Federación* du 29 décembre 2000 et la *Ley de fiscalizacion y rendición de cuentas de la Federación*[262] du 29 mai 2009 actuellement en vigueur. La réforme constitutionnelle de 1999, ainsi que la première loi organique prise en application de l'article 73 de la Constitution, précitée, permettent de définir le contrôle des comptes telle la compétence exclusive de la chambre des députés, que cette dernière exerce à travers l'ASF et implique un contrôle des recettes ainsi que des dépenses[263].

En effet, selon l'article 79 de la Constitution, dans sa nouvelle formulation telle qu'issue de la révision constitutionnelle du 26 mai 2015[264], dispose que l'ASF a la « *la charge* » de « *contrôler* », postérieurement à l'exercice budgétaire « *les recettes, les dépenses et la dette* » de la fédération. Il détaille ensuite ce que comprennent les dépenses, les recettes ainsi que la dette.

Il est donc possible de considérer que d'après l'article 74 de la Constitution, le congrès opère un contrôle politique des comptes, le contrôle « *technique* » ayant été effectué par l'ASF[265].

La compétence de contrôle exercé par la chambre des députés s'est donc vue renforcée grâce à un renforcement des compétences de l'ASF qui peut contrôler l'emploi qui est fait du denier public, mais qui voit également le nombre de sujets au contrôle augmenter[266]. Au titre de ce

---

[261] Solares Mendiola, M., *Op. cit.* p.82.

[262] Littéralement traduit : « *Loi sur le contrôle et la reddition de comptes de la fédération* ».

[263] Romero Gudiño, A., *Loc. cit.*

[264] Révision constitutionnelle qui change la formulation de la fraction de l'article en question, ajoutant de nouveaux sujets de contrôle, mais sans influence sur le propos tenu. Il s'agit d'indiquer la version actuelle de l'article, différente de celle qui fût disposée en 1999.

[265] Figueroa Neri, A., « Reflexiones sobre la autonomía de la auditoría superior de la federación y de las entidades de fiscalización superior locales », dans *La autonomía constitucional auditoría superior de la federación*, coordonné par Ackerman, J-M.,Astudillo Reyes, C-I, México: UNAM, Bibliotéca Jurídica virtual, 2009, pp.149-159. Accessible via : archivos.juridicas.unam.mx

[266] Casar, M.-A., Marvan, I., Puente, K., *Loc. cit.*

renforcement, parmi les nouvelles attributions de l'ASF, celle-ci doit évaluer l'exécution du denier public et ce, selon la logique dite « *des 3^E* », économie, efficacité et efficience[267]. L'ASF, s'applique donc, contrairement à la CMH, à évaluer l'exécution du denier public : la logique évaluative qui existait, mais de manière exotique dans le cadre de la CMH, apparait maintenant comme une articulation autour de laquelle doit s'organiser le travail de l'ASF[268].

L'ASF remplace donc la CMH, et se voit renforcée, mais suit toujours la logique du modèle de Westminster. En effet, l'article 74 de la Constitution, en plus de disposer la compétence exclusive de la chambre des députés pour le contrôle des comptes, dispose :

> « *Sont des compétences exclusives de la chambre des députés : [...]*
> *II. Coordonner et évaluer, sans porter préjudice à son autonomie technique et d'organisation, l'exécution des fonctions de l'[ASF], dans les conditions prévues par la loi ; [...]*
> *IV. Réviser les comptes publics de l'année antérieure [...] La révision des comptes publics se fera à travers l'[ASF]* ».

La différence entre le contrôle technique et le contrôle politique mentionnée plus tôt est donc bien perceptible[269]. Également, selon la lettre de l'article, la chambre des députés exerce une forme de contrôle sur l'ASF, mais cela se fait dans le respect de son autonomie : son indépendance et son autonomie sont donc garanties constitutionnellement, conformément aux critères INTOSAI, précédemment cités.

La *Ley de fiscalizacion y rendición de cuentas de la Federación*[270] précitée, en son article 80 met en place la « *comisión de vigilancia* »[271] placée au sein du congrès. Cette dernière est chargée de « *coordonner les relations* » entre la chambre et l'ASF, « *évaluer l'exécution* » de cette dernière, « *constituer le lien qui doit exister entre les deux institutions* ». L'article 81 de la même loi dispose :

---

[267] Solares Mendiola, M., *Op. cit.* p.83.
[268] *Ibidem.*
[269] Figueroa Neri, A., *Loc. cit.*
[270] Voir Annexe VII.
[271] Littéralement traduit : « *commission de surveillance* ».

« IV. Sont des attributions de la commission : [...]
Analyser le programme annuel de contrôle des comptes publics et connaitre les programmes de stratégie annuelle des activités qu'élabore l'[ASF] dans le cadre de l'exécution de ses fonctions ainsi que toute modification qu'elle y apportera. Et en évaluer l'exécution.
En respectant les procédures, la portée, les méthodes, les directives et résolutions de contrôle des comptes, elle pourra formuler des observations lorsque lesdits programmes omettront des domaines pertinents des comptes publics. »

La chambre des députés dispose donc d'un droit de regard sur le programme de l'ASF ainsi qu'un pouvoir d'observation, tous deux exercés à travers ladite commission. Cela s'oppose clairement au système français avec la Cour des Comptes. Cette commission est composée de façon à refléter le pluralisme politique présent au congrès.

Enfin, l'article 40 de la *Ley Orgánica del Congreso general de los Estados Unidos Mexicanos*[272] dispose que c'est la *comisión de vigilancia* qui est chargée d'exercer le contrôle disposé à l'article 74 de la Constitution.

Pour autant, malgré ce contrôle exercé par la chambre des députés, l'ASF reste autonome. Conformément aux prescriptions de la déclaration de Lima et de Mexico sur les critères d'indépendance des ISC, elle est indépendante de l'organe qu'elle contrôle, puisque depuis 1997, la présidence de la commission doit être détenue par un parti autre que celui de l'exécutif[273]. Par ailleurs, même si elle entretient un lien avec un organe de l'État, il ne s'agit que d'un droit de regard et un pouvoir d'observation : à aucun moment il n'y a de subordination ou de notion de hiérarchie[274]. Également, l'article 79 de la Constitution, tel qu'il a été précité, assure l'indépendance fonctionnelle et organisationnelle de l'ASF, ce qui constitue la consécration constitutionnelle de l'indépendance de l'ISC, conformément aux critères INTOSAI.

---

[272] Littéralement traduit : « loi organique du congrès général des États-Unis mexicains », organise le fonctionnement du congrès.
Voir Annexe VIII.
[273] Casar, M.-A., Marvan, I., Puente, K., *Loc. cit.*
[274] Figueroa Neri, A., *Loc. cit.*

En somme, le choix d'un tel modèle procède de la volonté, lors de la rédaction de la Constitution de 1824, de donner une application renforcée au principe de représentation[275]. Or, contrairement à la France, le Mexique s'est doté, dès les débuts de son indépendance, d'une institution auxiliaire du parlement dans le contrôle des comptes qui devait connaitre une indépendance vis-à-vis de l'exécutif, à qui la représentation devait demander compte. Et cela a perduré. En revanche en France, les hésitations ont duré quant aux modalités concrètes de contrôle des comptes ce qui a finalement abouti à un rapatriement, à la fin du XVIIIe siècle, du contrôle dans les mains de l'exécutif[276], puis suite à des désordres économiques importants liés, notamment à cette absence de contrôle indépendant de l'emploi du denier public, à la mise en place de la Cour des Comptes sur le modèle de la juridiction.

Cependant, le Mexique connait également une période durant laquelle le contrôle des comptes se fait à l'aide d'une juridiction, qui vient alors remplacer la CMH. Or, il est intéressant de remarquer que bien que ce ne soit qu'un épisode, beaucoup de similarités dans le contexte de mise en place de la juridiction ont lieu, ce qui pourrait expliquer l'intérêt du modèle juridictionnel.

---

[275] Voir *infra*.

[276] Voir *infra*.

Section 2. La similarité historique de l'épisode mexicain de contrôle juridictionnel des comptes

Malgré la pérennité finale du modèle de Westminster au Mexique, l'histoire mexicaine connait un épisode – au-delà de l'intervention puis domination française de 1861 à 1867 – durant lequel le contrôle des comptes sous le modèle de la juridiction s'installe. Ainsi, alors que la Cour des comptes est issue d'un contexte particulier qu'est celui de l'instabilité politique et économique de la révolution et ses conséquences économiques, en France (§1), le *Tribunal de Revisión de Cuentas* a émergé dans le même contexte (§2).

§1. La justification de la mise en place de la Cour des Comptes par une logique de rétablissement de l'ordre

La Cour des Comptes, qui reste aujourd'hui l'ISC française, fût mise en place par la loi du 16 Septembre 1807. Souhaitée par Napoléon, elle est initialement au service exclusif de l'exécutif, dans un régime constitutionnel où le rétablissement de l'ordre est l'objectif. L'institution est donc mise en place dans ce cadre de rétablissement de l'ordre tant sur le plan politique qu'économique.

Nul besoin de rappeler les instabilités politiques importantes ayant eu lieu durant la révolution française, instabilités qui se sont ensuite reflétées dans l'économie. Ainsi, en 1799, « *tout était instable* » durant la révolution, la monnaie, le commerce, « *presque aucun des milliers de comptables qui avaient été destitués ou déplacés, n'avait rendu ses comptes ; et un nombre encore plus grand de familles se trouvait compromis dans la personne de leurs héritiers ou de leurs cautions, par les hypothèques légales de leur trésorerie qui rendait des dizaines de millions d'immeubles indisponibles pour leurs propriétaires* »[277]. Le consulat trouve donc une administration dont les finances sont au plus bas.

---

[277] Mollien, F.-N., « *Mémoires d'un ministre du trésor Public, 1780-1815. Notice biographique* », Tome II, Paris : Guillaumin, 1898, p.88.
Accessible sur : https://gallica.bnf.fr/ark:/12148/bpt6k39650z/f440.item

En effet, entre 1799 et 1805, les finances publiques françaises relèvent d'un « *trésor que la poussée des dépenses et la faible élasticité des recettes place toujours en position de tension* »[278]. François Nicolas Mollien, ministre du Trésor Public de 1806 à 1814 puis en 1815, explique que « *les produits des douanes couvraient à peine les dépenses, ceux de l'enregistrement à peu près réduits aux droits modiques que supportait la vente des biens nationaux* »[279]. Ainsi, ce sont « *plus de 600 millions de dépenses indispensables avec moins de trois cents millions de recettes publiques* »[280]. Le commerce était écrasé par une taxe qui avait pour « *prétexte* » la réparation des routes, la trésorerie n'avait pour ressource « *que quelques recouvrements tardifs sur des domaines mal vendus, et une contribution foncière si mal répartie, que celle qui frappait les domaines nationaux restant à vendre, absorbait presque leur fermage* »[281].

Par ailleurs, apparaissent des signes évidents de désorganisation des structures d'échange[282] ainsi qu'une déstructuration du système fiscal. En effet, la législation financière et fiscale de la révolution et de l'après révolution, soit du début du XIXe siècle, « *se ressentait nécessairement du temps d'ignorance dans lequel elle était née, des moments de détresse qui l'avaient inspirée, et surtout des traités, qui, en agrandissant le royaume, avaient laissé à chaque territoire nouvellement réuni une partie de ses anciens usages* »[283]. Pour exemple d'un système fiscal déstructuré, en 1800, « *depuis plusieurs années, le recouvrement [des contributions foncières] ne s'était fait que sur d'anciens rôles, dont l'inexactitude rendait en quelques sortes chaque cote contentieuse* »[284]. Également, la France est sortie « *mal guérie des convulsions monétaires de la révolution* » : la nouvelle monnaie de compte a du mal à s'imposer dans toutes les transactions, et notamment

---

[278] Bouvier, J., « À propos de la crise dite de 1805 : les crises économiques sous l'empire », *Revue d'histoire moderne et contemporaine*, numéro thématique : « la France à l'époque napoléonienne », 1970, pp.506-513.
[279] Mollien, F.-N., « *Mémoires d'un ministre du trésor Public, 1780-1815. Notice biographique* », Tome I, Paris : Guillaumin, 1898, p.212.
[280] *Ibidem.*
[281] *Bis in idem.*
[282] Bergeron, L., « Problèmes économiques de la France Napoléonienne », *Revue d'histoire moderne et contemporaine*, numéro thématique : « La France à l'époque napoléonienne », 1970, pp. 469-505.
[283] *Ibidem.*
[284] Mollien, F.-N., *Op. cit.,* T.I, p.216.

en Province. Par ailleurs, les assemblées et les révolutionnaires avaient laissé en suspens la définition du rapport entre l'or et l'argent[285]. Des rentiers auxquels l'État ne payait pas la rente « *se dispensaient à leur tour de payer leurs contributions* » et « *la matière imposable était appauvrie de partout comme les revenus particuliers qui en sont la source, par l'effet des confiscations, de l'annihilation des deux tiers du capital public et du non-paiement de plusieurs années d'arrérages* ». Enfin, une banqueroute de deux milliards liée à « *des banquiers envers lesquels l'État se constituait débiteur, sans qu'ils n'eussent rien fourni en retour* » vient s'ajouter à la banqueroute liée au système des assignats[286].

Les assignats, justement, sont à l'image des « *palliatifs* » utilisés durant la révolution pour rétablir l'équilibre des finances. Billets, assignats : cela mène à des jeux de spéculations qui vont provoquer un effondrement de l'escompte notamment ; et mener la banque France au bord de la Banqueroute en 1805. L'insuffisance des recettes issues des impôts conduit d'abord à « *des recettes de fortune* » – dont les assignats –, leur hyperinflation puis un retour aux impôts directs,[287] dont les « *quatre vieilles* ». Celles-ci sont progressivement mises en place au cours de la révolution pour essayer de faire rentrer des recettes, dont la loi du 4 frimaire an VII, qui s'inscrit dans un rétablissement des impôts visant à combler le trou laissé par le système des assignats.

Le système des assignats consistait à nationaliser, dès 1789, les biens de l'église et vendre au public des bons du Trésor gagés sur ces biens. Ce système, ou « *système de faux monnayage* »[288] s'effondre, et pour tenter de faire rentrer tout de même des recettes, Dominique Ramel, alors ministre des Finances, par la loi du 19 frimaire an IV – 10 décembre 1795 – institue un emprunt forcé de 600 millions de livres en numéraire, prélevé sur le quart le plus riche. Mais le dernier défaut sur la dette publique en France a lieu le 30 septembre 1797[289], c'est l'épisode de la Banqueroute des deux tiers. Le ministre Ramel, face à une dette trop importante et insolvable, fait annuler, par la loi du 9

---

[285] *Ibidem.*

[286] *Bis in idem.*

[287] Colliard, J.-E., Montialoux, C., « Une brève histoire de l'impôt », *Regard croisés sur l'économie*, n°200, p.60.

[288] Mollien, F.-N., *Op. cit.*, T.I, p.213.

[289] Bouvet. J, « La banqueroute des deux tiers », *Regards croisés sur l'économie,* n°17, 2015, p.9-11.

vendémiaire an VI – 30 septembre 1797 –, les deux tiers de la dette : l'État ne rembourse que le tiers consolidé. Le ministre expliquera alors : « *J'efface les conséquences des erreurs du passé pour donner à l'État les moyens de son avenir* »[290].

Nourrie, en partie, par les instabilités politiques et économiques précitées qui ont eu lieu pendant près de dix ans de révolution, une crise bancaire éclate en 1805. Les aspects de cette crise sont variés, mais liés, et connus : « *écart croissant en 1805, entre émission et encaisse à la banque ; perte de confiance envers la monnaie de papier ; décote sur le billet ; run des porteurs de coupures à la Banque réclamant leur convertibilité ; [...] ; rareté de l'argent et argent cher, hausse des taux d'intérêt ; [...] ; bruits et alarmes quant à la situation financière et militaire* »[291]. Par les effets de spéculation et par les jeux d'escompte, les portefeuilles de la banque sont surchargés de lettres de change qui elles-mêmes sont superfétatoires. Les billets ne sont plus échangeables contre de la monnaie par la banque qui ne pouvait satisfaire qu'une faible part des demandes : les commerçants font faillite, les ouvriers se retrouvent sans salaire.

En 1805, la banque de France connait ainsi une crise de confiance nourrie par des spéculations « *qui irritaient Napoléon* » et entrainent une relation entre finances d'État et marché[292]. Cette crise illustre également des relations entre affaires publiques et affaires privées, à l'image de l'épisode des négociants réunis. Il s'agit également d'une « *crise de trésorerie externe* » liée à un déficit de la balance commerciale et la difficulté à se procurer des piastres venant d'Espagne. La rareté des espèces, dont les piastres, mais également de la monnaie issue de l'ancienne monarchie – ce qui finit d'ailleurs par motiver l'épisode mexicain de la fin du XIXe afin de faciliter les transferts métalliques – alimente aussi la crise de confiance[293]. Le ministre François Nicolas Mollien décrit très bien cet épisode dans ses mémoires. Cela mène selon lui à une situation dans laquelle propriétaires et commerçants viennent réclamer leur argent à la banque, et, se voyant refuser leur demande, car cette dernière ne dispose plus de

---

[290] *Ibidem.*

[291] Bouvier, J., *Loc. cit.*

[292] *Ibidem.*

[293] *Bis in idem.*

liquidités nécessaires pour les satisfaire, se retrouvent ruinés, provoquant ainsi une crise des trésoreries privées[294].

À cette situation financière déjà délicate, vient s'ajouter le coût des guerres napoléoniennes. En effet, « *tandis que l'intérieur de la France n'était plus qu'un vaste champ de désordres et de ruines, les armées de trois grandes puissances [menacent] sur tous les points de la frontière* »[295]. Or, peu nombreux sont les régimes et les guerres qui aient autant pesé sur l'économie que le régime et les guerres napoléoniennes[296]. Le ministre du Trésor Mollien le souligne très bien : les guerres menées par Napoléon ont eu un cout important, les guerres napoléoniennes coûtent cher :

> « *Depuis 1803, époque de la rupture avec l'Angleterre, la progression des dépenses était loin d'être balancée par celle des revenus ; je n'en citerais qu'une preuve. La dépense de la marine, à raison de 70 millions pour le service ordinaire, aurait dû être de 210 millions pour les trois années ; elle avait excédé dans cette période 440 millions ; dans les mêmes trois années, l'administration de la guerre, qui proportionnellement aux fonds qui pouvaient lui être accordés, aurait dû borner ses dépenses à 630 millions, avait dépensé 809 millions et elle n'avait pas soldé toutes ses dettes [...] le trésor était donc dans un véritable état d'épuisement* »[297].

Cela témoigne par ailleurs d'un désordre dans la gestion des finances.

Or, au regard de l'état des finances, un échec n'était pas possible. De plus, cela impliquait de nouveaux territoires, avec une nouvelle matière imposable, mais qui comprenait également un cout. Ainsi, pour certains historiens « *C'est la guerre qui a aggravé le problème financier ; c'est elle qui a forcé l'État à se livrer aux mains des munitionnaires ; c'est elle qui a entrainé, dès le second trimestre 1803, la déconfiture de nombreux négociants trop lancés dans les affaires maritimes ; c'est elle qui a brisé ou freiné les circuits atlantiques et européens des*

[294] Mollien, F.-N., *Op. cit.,* T.I, p.84.
[295] *Ibidem,* p.215.
[296] Bergeron, L., *Loc. Cit.*
[297] Mollien, F.-N., *Op. cit.,* p.407.

marchandises et des métaux, qui avait été un instant reconstitués durant le très bref entre-deux-guerres de 1802-1803 ; *[...]* »[298].

Un autre facteur de cet état financier critique est la tenue des comptes. Cette comptabilité en mauvais état va motiver la réforme de la comptabilité, et va se trouver principalement mentionnée dans les débats parlementaires auxquels a donné lieu la loi du 16 septembre 1807. En effet, en 1807, « *si huit mille comptes ont été jugés depuis 1792, il en reste encore près de trois mille à apurer, et ceux-ci sans doute ne sont pas moins importants. Chaque jour voit s'accroitre cette masse effrayante* »[299]. Or, le ministre du Trésor Mollien explique l'intérêt d'un système de comptabilité performant, qui permette de suivre les comptes et oblige le ministre à rendre compte afin d'assurer la régularité de l'emploi du denier public[300]. C'est ainsi, qu'après la crise de 1805, toute la comptabilité a été réformée pour éviter une nouvelle crise bancaire qui trouverait racine dans les effets de spéculation. Le ministre explique :

> « *Dans ma correspondance avec l'empereur, je lui avais souvent aussi exprimé le désir de voir se rétablir avec son ancien nom et ses principales attributions la magistrature spéciale [...], sous le titre de chambre des comptes [...]* ».[301]

Cette réforme vise la comptabilité ainsi que le souhait de voir se rétablir, en quelques sortes, la *Curia Regis* avec ses anciennes attributions dans la conception constitutionnelle du moment qui veut que l'ordre devienne la principale garantie de la liberté[302].

---

[298] *Ibidem.*

[299] Mavidal, J., Laurent, E., « Archives parlementaires, recueil complet des débats législatifs et politiques des Chambres françaises de 1800 à 1860, faisant suite à la réimpression de l'ancien "Moniteur" et comprenant un grand nombre de documents inédits. », Tome IX, Paris, 2e ed., 1862-1912,pp.715-717.

[300] Mollien, F.-N., « Mémoires d'un ministre du trésor Public, 1780-1815. Notice biographique », Tome II, Paris : Guillaumin, 1898, pp. 46-92.

[301] *Ibidem,* p.80.

[302] Menichetti, J., « L'écriture de la constitution de l'An VIII : quelques réflexions sur l'échec d'un mécanisme révolutionnaire », *Napoleonica. La Revue*, vol. 18, no. 3, 2013, pp. 68-83.

En effet, comme la Constitution de 1836 au Mexique[303], la mise en place de l'empire vise à faire une synthèse des acquis de la révolution tout en restaurant l'ordre perdu depuis la fin de l'ancien régime : Napoléon a été appelé « *à faire émerger la synthèse des temps anciens et des temps nouveaux au service d'une France rehaussée* »[304].

C'est à la suite du coup d'État du 18 brumaire an VIII – 9 novembre 1799 – que se met en place le consulat et que napoléon dévient premier Consul : il fait alors rédiger la constitution de l'an VIII, du 22 frimaire an VIII – 13 décembre 1799 – qui sera la constitution du Consulat. Le contexte de rédaction est donc similaire à la mise en place de la Constitution de 1836 au Mexique[305]. Et justement, à l'image du texte mexicain de 1836, la constitution de l'an VIII suit bien l'idée selon laquelle la Constitution est là pour organiser les institutions, garantir les droits et limiter le pouvoir, mais ne suit pas le principe établi dès le début de la révolution l'article 16 puisqu'elle est issue d'un coup d'État[306].

La Constitution de l'an VIII témoigne d'une approche mécaniste. Elle exprime en ce sens la nécessité d'instaurer régime autonome avec un équilibre politique par le jeu des rapports établis entre les pouvoirs, permettant la garantie des droits, mais aussi celle de s'adapter au contexte politique dans lequel elle se trouve d'où la grantie des libertés par l'ordre[307].

Or, c'est sous la Constitution de l'XII, qui met en place le Premier Empire, qu'est instituée la Cour des Compte. Mais cette dernière constitution est rédigée sur « *le socle des Senatus Consulte de l'an X et l'an XII* »[308] qui viennent amender la constitution de l'an VIII. Ainsi, la Cour est mise en place sous la constitution de l'an XII qui est finalement une version « améliorée » de la Constitution de l'an VIII[309] qui vise à exécuter

[303] Voir *infra*.
[304] Rey, J.-P. « L'Empire comme solution nationale », dans *Histoire du Consulat et du Premier Empire, coordonné par* Rey J.-P., Éditions Perrin, 2016, pp. 130-156.
[305] Voir *infra*.
[306] Menichetti, J., *Loc.cit*.
[307] *Ibidem*.
[308] *Bis in idem*.
[309] Changement du nombre de membres et de leur mode désignation, introduction de l'hérédité.

une volonté de la bourgeoisie : rétablir l'ordre après les nombreux désordres de l'époque révolutionnaire. Le rétablissement de l'ordre s'effectue alors par un renforcement de l'exécutif, mais la Constitution de l'an XII, Titre VIII impose à l'empereur de prêter serment. Ce serment marque les limites que l'empereur ne devra pas franchir, qui consistent en l'essentiel des conquêtes révolutionnaires : cela garantit donc les libertés politiques et civiles.

C'est dans ce contexte général que Napoléon, à Saint-Cloud, faisait part de son inquiétude à Mollien : « *Les finances sont mal, la banque éprouve des embarras ; [...]* »[310]. Par ailleurs, durant toute cette période révolutionnaire, « *quelque opinion qu'on ait pu prendre du gouvernement impérial, personne n'a pu, sans mentir à sa conscience, dire que les ministres ne rendaient et ne devaient aucun compte de l'emploi des deniers publics dont la dispensation leur était confiée* »[311]. La reddition de comptes qui se faisait ponctuellement devant les chambres n'était que superficielle, les ministres faisant preuve d'une certaine condescendance à l'égard des deux chambres de l'organe législatif[312].

Ainsi, le rétablissement des anciennes *Curia Regis* à travers la Cour des comptes par la loi du 16 septembre 1807 s'inscrit dans une logique de réorganisation de la France amorcée au lendemain du coup d'État du 9 novembre 1799. Lorsqu'elle est instituée, la Cour n'infirme que l'empereur, à l'instar de l'ancienne Cour qui était chargée de veiller à la préservation du domaine du Roi, principale source de revenus des domaines royaux[313]. Ainsi, le ministre Mollien explique, accompagnant son désir de voir se rétablir cette Cour :

---

[310]Mollien, F.-N., « Mémoires d'un ministre du trésor Public, 1780-1815. Notice biographique », Tome I, *Op. cit.*, p.409

[311] Mollien, F.-N., « Mémoires d'un ministre du trésor Public, 1780-1815. Notice biographique », Tome II, *Op. cit.*, p.87

[312] *Ibidem.*

[313] Alventosa, J.-R, Baldacchino, A., « La cour des comptes de la France en bref », *Revue internationale de vérification des comptes publics*, vol.40, n°2, Avril 2013, pp.18-22.

« *Dans mon désir de voir s'établir un système complet de finances, j'attachais une grande importance à l'institution d'une magistrature supérieure qui, séparée de l'action administrative, et ayant l'indépendance de l'inamovibilité, serait placée en quelques sortes entre le gouvernement et le pays pour juger dans la limite de ses fonctions, et dans la mesure des égards dus à leurs positions respectives, si ceux qui auraient pris quelque part au maniement et à l'emploi des deniers publics, soit comme agent de recettes et de dépenses, soit même comme ordonnateur, n'étaient pas reprochables, soit par des fautes graves, soit seulement par quelques irrégularités* »[314].
Il y a donc une véritable volonté d'indépendance de la future Cour des Comptes, d'une part pour être certains de qualité de la reddition de compte et d'autre part, parce que « *l'obligation imposée à un ministre des finances de maintenir partout les ressources de la trésorerie et ses moyens de paiement en équilibre en tous lieux avec les besoins des services publics se compose déjà de trop de soins pour qu'il puisse faire, en personne, la vérification, dans leur texte et dans leur forme, des pièces justificatives que les comptables doivent produire par centaines de millions pour donner et pour et pour obtenir pleine sécurité sur la régularité de leur gestion* »[315].
Par ailleurs, la Cour des comptes étant l'unique juridiction de vérification des comptes, par rapport aux anciennes *curia regis*, elle garantit[316] une unité de jurisprudence indispensable. Ainsi, la Cour des Comptes sera « *juge de la fortune publique* »[317] et « *l'ennemi né et perpétuellement actif de toute espèce d'erreurs, de fraudes et de dilapidations* »[318].

---

314 Mollien, F.-N., « Mémoires d'un ministre du trésor Public, 1780-1815. Notice biographique », Tome II, *Op. cit,* p.80
315 *Ibidem.*
316 *Bis in idem.*
317 Mavidal, J., Laurent, E., Tome LXIII, *Op. cit.*
318 *Ibidem.*

Mais là ou l'ancienne CMH au Mexique est au service du législatif dès sa mise en place, la Cour des comptes est au service exclusif de l'empereur puisqu'« *un compte matériel et moral doit être annuellement formé par le président du corps et plusieurs commissaires, et présenté à l'empereur [...]* »[319].

Tout de même, « *cette masse de comptes arriérés, qui n'appartenaient pas seulement aux temps révolutionnaires et dont un grand nombre attendait leur jugement vingt années avant la révolution, fut jugée dans un très court délai* »[320], la Cour des comptes avait rempli son office.

§2. La justification de l'épisode mexicain de juridiction financière par le contexte de rétablissement de l'ordre politique et économique

À l'instar de la mise en place de la Cour des Comptes en France, l'épisode de la juridiction financière au Mexique est le produit d'un contexte qui s'apparente à celui de la France lors de la mise en place de sa juridiction financière.

Le *Tribunal de Revisión de Cuentas*[321], mis en place par épisodes, est issu d'un contexte de recentralisation du pouvoir dans une volonté de restaurer l'ordre suite à des instabilités politiques intérieures comme extérieures, et dans un cadre économique défavorable pour la situation des finances publiques. Le texte constitutionnel instituant ce tribunal semble, par ailleurs, connaitre une inspiration napoléonienne certaine, et plus précisément des idées de Sieyès. Cette influence pourrait alors être de nature à expliquer le choix, certes temporaire, du modèle juridictionnel de contrôle des comptes.

Tout d'abord à l'image de la France, durant la période révolutionnaire, après avoir aboli l'ancien régime, les premières années de l'indépendance mexicaine se caractérisent par une forte instabilité politique qui s'est répercutée sur les finances publiques[322].

---

[319] *Bis in idem.*

[320]Mollien, F.-N., « Mémoires d'un ministre du trésor Public, 1780-1815. Notice biographique », Tome II, *Op. cit.*, p.92.

[321] Ci-après : « *Tribunal de Révision des Comptes* ».

[322] Solares Mendiola, M., *Op. cit.* p.29.

De nombreux facteurs d'une instabilité économique et politique s'installent dès 1824. D'abord, lors de son indépendance, le Mexique hérite d'un système fiscal complexe et incomplet, issu notamment de la « *Recopilacion de las Indias* » de 1680. Ce dernier est un ensemble de normes et instituions juridiques que l'Espagne appliqua dans les territoires de nouvelle Espagne et indes occidentales, et qui était un mélange de droit indigène, romano canonique et castellan. Le système fiscal qui en est issu, incomplet, devient l'un des facteurs de la banqueroute chronique des premières années d'indépendance mexicaine, ainsi que la strangulation des activités productives[323]. Justement, à ce titre, dans son « *informe des Gobierno* »[324] du 23 mai 1829, Vincente Guerrero, alors président, regrette qu'après « *tant de sacrifices, couronnés par tant de gloire, la nation se trouve toujours dans la triste de nécessité d'organiser son budget afin de se mettre en état de contrevenir aux inconvénients liés à un système incomplet et insuffisant* »[325]. En plus de ce système fiscal handicapant, le Mexique connait une « *décapitalisation* » de son économie[326]. En 1824 est adoptée la nouvelle constitution mexicaine : républicaine, fortement empreinte de démocratie par une application stricte du principe de représentation[327]. S'en suivent des élections en 1825 : est alors élu président Guadalupe Victoria. Durant son mandat, le développement d'une franc-maçonnerie s'accentue, opposant deux « *Logias* »[328] que sont les « *Escoseses* »[329] favorables au Royaume d'Espagne et centralistes, et les « *Yorkinos* »[330], fédéralistes, parmi lesquels le président en place[331]. Dans l'objectif d'affaiblir les *Écossais,* le président prend alors un premier décret, en 1827, le « *Decreto de*

---

323 *Ibidem.*

324 Littéralement traduit : « *Rapport du gouvernement* », désigne le rapport par lequel le président présente au congrès la situation politique, économique, et militaire du pays.

325 R. Castelazo, J., « La administracion pública en los informes presidenciales », dans *200 años de administración pública en México,* coordonné par Carrillo Castro A., México : INAP, Tome 5, Vol.1, p.51.

326 Fernández, I., « Historia de Mexico, Un recorrido desde los tiempos prehistoricos hasta la epoca actual », Mexico : Monclem Ediciones, 2002, pp.67-89.

327 Voir *infra.*

328 Ci-après: « Loges ».

329 Ci- après : « Ecossais ».

330 Ci- après : « Yorkais ».

331 Fernández, I., *Op. cit.*, pp.67-89.

expulsion de los Españoles »[332]. Il ne fût pas appliqué, mais provoqua le départ d'un certain nombre d'Européens, qui vendant leurs terrains, sont repartis avec leurs richesses, amorçant ainsi le processus de « *décapitalisation* » de l'économie mexicaine. En 1830, le président Vicente Guerrero, dans son mandat déjà tumultueux, prend le second « *Decreto de expulsion de los Españoles* », ce qui finit de nourrir la situation économique déjà critique du Mexique.

Par « mandat tumultueux », il faut entendre le contexte dans lequel le président Vincente Guerrero est élu, et celui dans lequel le mandat est exercé. En effet, en 1829 a lieu le premier « *coup d'État* ».

Lors des élections de 1829 s'opposent Vincente Guerrero et Manuel Gómez Pedraza. Le second est élu par le Congrès. Cependant, soutenu par le Général Santa Anna, Vincente Guerrero menace le congrès de lancer un soulèvement s'ils ne destituent pas le président gagnant, créole, pour lui donner sa place[333]. Le Congrès lui donne raison et le mandat du nouveau président se caractérise par la difficulté à gouverner et à entreprendre des réformes. En effet, Vincente Guerrero met en place un gouvernement dans lequel il allie fédéralistes et centralistes, qui ne parviennent jamais à se mettre d'accord[334].

Durant son mandat, le président Guerrero eut à affronter de nombreux problèmes, principalement financiers : le commerce était presque paralysé par l'instabilité et la dette externe mexicaine croissantes[335]. Or, dans son rapport de gouvernement précité, le président Guerrero, après le constat d'une organisation budgétaire défaillante, rappelle la nécessité d'avoir une trésorerie pleine et solide pour faire face aux attaques externes, notamment espagnoles[336]. En effet, alors que dès 1823-1824, le Mexique avait fait l'objet de tentatives d'une reconquête espagnole, durant la présidence Guerrero, ces attaques se poursuivent. C'est ainsi que le 26 juillet 1829, le brigadier Isidro Barradas débarque depuis Cuba au sud de Tampico, avec une armée de 3000 soldats[337]. Le président Guerrero réussit à les repousser. D'autres batailles ont lieu telles la bataille du 8 février 1828, dite *de Mariel*, qui avait pour objectif de prendre Cuba afin de se

[332] Littéralement traduit : « *Décret d'expulsion des espagnols* ».
[333] Fernández, I., *Op. cit.*, pp.67-89.
[334] *Ibidem.*
[335] Solares Mendiola, M., *Op. cit*, p.39.
[336] R. Castelazo, J, *Op.cit. Eod. Loc.*
[337] Fernández, I., *Op. cit.*, pp.67-89.

protéger justement contre les attaques espagnoles. Cependant, alors qu'est imposé aux états fédérés le paiement de contingents pour soutenir la défense du territoire mexicain, certains états refusent de payer, considérant que cela portait atteinte à leur souveraineté[338]. La défense militaire ayant un coût, cela n'arrange pas la situation des finances publiques mexicaines[339] et fait pressentir les velléités indépendantistes des États. Celles-ci sont nourries par le système fédéral, ce qui renforce l'idée selon laquelle le modèle fédéral n'était pas encore, à ce moment-là, le modèle le plus adéquat pour le Mexique, nouvellement indépendant[340].

À la suite de ces évènements, le 15 avril1830, Vicente Guerrero étant toujours président, le vice-président Anastasio Bustamante prononce un discours d'ouverture des sessions du congrès, dans lequel il explique que les recettes sont « *presque exclusivement réduites à ce qui est produit par les douanes* » et que, quant à ce qui était attendu des contingents exigés des États, « *l'exécution de ces recettes a trébuché sur des déconvenues, devenues irrécupérables* »[341].

Par ailleurs, en plus de voir un déficit public se creuser, tout comme la dette extérieure, et de se voir opposer le refus des états de contribuer, Vincente Guerrero ne parvient pas à diriger le pays face à une lutte incessante entre libéraux et centralistes[342]. Cette lutte entre fédéraliste et centralistes a permis que le pays soit gouverné plusieurs fois par « *le frivole et dépensier Général Antonio López Santa Anna*[343] »[344]. Il ramène à la tête de la gestion des finances de l'État des amateurs de la spéculation[345], ce qui n'est pas sans rappeler les causes de la banqueroute française précitée.

En effet, en 1829, le général Santa Anna organise un soulèvement centraliste, qui exige la démission du président Guerrero, notamment car les militaires n'étaient plus payés, comme un certain nombre de

---

338 Solares Mendiola, M., *Op. cit*, p.40.

339 *Ibidem.*

340 Serrano Migallon, F., « *Historia minima de las Constituciones en mexico* », *Op. cit.* , p.177-178

341 R. Castelazo, J, *op.cit*, p.55&s.

342 Serrano Migallon, F., *Op. cit.*, p.180&s.

343 Dit « *Le général Santa Anna* ».

344 Solares Mendiola, M., *Op. cit*, p.39.

345 *Ibidem.*

fonctionnaires par ailleurs[346]. Mais le Président Guerrero résiste : débute alors la Première Guerre civile, qui durera jusque 1831.

Ainsi, le 1er janvier 1831, Anastasio Bustamante est désigné président par le Congrès. Mais rapidement, Santa Anna mène à nouveau un soulèvement visant à permettre à Manuel Gómez Pedraza de revenir à la présidence[347], le 26 décembre 1832. Cependant en 1833, le congrès convoque de nouvelles élections : est élu le Général Santa Anna, le 1er avril 1833, pour qui Manuel Gómez Pedraza ne fût qu'un instrument[348].

Le général Santa Anna président et José María Valentín Gómez Farías, vice-président, c'est le « *Partido del progreso* »[349] qui se trouve au pouvoir en 1833. Ce parti formé dès 1830, et compte parmi ses membres le président Santa Anna et son vice-président. À nouveau, ce parti est inspiré des idées des lumières et vise à réformer le pays et, en particulier, à se détacher de la division qui oppose les *Ecossais* et les *Yorkais*[350]. C'est en suivant les idées de ce parti, que, alors que le président Santa Anna, dès les débuts de son mandat dû se retirer dans son *hacienda*[351], le vice-président lance une vague de réformes libérales. Celles-ci visent notamment à affaiblir l'église[352], ce qui entraine à nouveau un soulèvement dans la ville de Mexico et encourage les centralistes à inciter le peuple à se soulever pour faire tomber le gouvernement fédéral. Cette crise entraine la destitution par le congrès du Vice-président Gómez Farías le 4 janvier 1835, remplacé par le Général Miguel Barragán. Au même moment, certains fonctionnaires ne sont plus payés, en raison de la situation des finances publiques[353].

En mars 1836, alors qu'a déjà été voté, le 23 octobre 1853 le texte appelé « *Las bases de una nueva Constitución* »[354], les velléités

---

346 *Bis in idem.*
347 Fernández, I., *Op. cit.*, p. 67&s.
348 *Ibidem.*
349 Littéralement traduit : « *Parti du progrès* ».
350 Fernández, I., « *Historia de Mexcio, Un recorrido desde los tiempos prehistoricos hasta la epoca actual* », Mexico : Monclem Ediciones, 2002, pp.67-89.
351 Terme désignant des maisons de campagne généralement propriété de personnes riches.
Certains auteurs l'accusent de « partir en vacances » d'autres évoquent des problèmes de santé.
352 Fernández, I., *Op. cit.* p. 67&s.
353 Solares Mendiola, M., *Op. cit*, pp.40-41
354 Littéralement traduit : « *Les bases d'une nouvelle constitution* ».

indépendantistes du Texas se concrétisent, nourries notamment par le fédéralisme qui a donné aux Texans une certaine autonomie, à laquelle ils se sont vite habitués[355]. Par ailleurs, cet État, par la politique de repeuplement mise en place dès le début de l'indépendance mexicaine visant à repeupler ce territoire, se trouve essentiellement peuplé par des colons protestants – malgré l'affirmation du contraire pour obtenir et garder leurs terres[356]. Santa Anna organise alors une riposte militaire à partir de San Luis Potosí, qui va lui couter sa place à la présidence.

Cette situation particulièrement instable au Mexique est observée par les pays limitrophes, dont les dirigeants comme John Adams considèrent qu'elle témoigne du fait que le Mexique n'était pas encore prêt pour un système fédéral républicain[357]. Ces instabilités tant politiques qu'économiques menant à une situation financière catastrophique poussent à revoir le modèle institutionnel mexicain[358]. C'est ainsi qu'en 1834, à la suite des soulèvements liés aux réformes libérales menées par le vice-président, le Président Antonio López Santa Anna convoque le congrès afin de réviser la Constitution de 1824, dans un contexte où le parti centraliste s'est renforcé et propose d'en terminer avec le fédéralisme[359]. En même temps que le congrès prononce la destitution du Vice-président Gómez Farías, il nomme le Général Antonio López Santa Anna à la tête du nouveau gouvernement, provisoire, en attendant la rédaction de la nouvelle constitution.

Face à ce contexte, à travers le pays, le centralisme et la recentralisation du pouvoir ont commencé à être considérés comme la solution à tous les maux de la nation[360]. Ainsi, le 9 septembre 1835, le congrès vote une loi par laquelle ce dernier devient constituant, unissant en son sein, en une seule chambre, députés et sénateurs[361]. Sont alors prises une série de dispositions visant à passer du fédéralisme au centralisme : cet épisode est aujourd'hui qualifié de « *coup d'État parlementaire* »[362].

---

355 Fernández, I., *Op. cit.* p. 67&s.
356 *Ibidem.*
357 https://www.juristasunam.com/salto-mortal-del-imperio-a-la-republica/13247
358 Voir en ce sens : http://museodelasconstituciones.unam.mx/nuevaweb/
359 *Ibidem.*
360 http://memoriapoliticademexico.org/Efemerides/10/23101835.html
361 *Ibidem.*
362 *Bis in idem.*

C'est ainsi que le 23 octobre 1835 sont votées les « *bases d'une nouvelle Constitution* », également appelé « *bases de la organización politica de los Estados Unidos Mexicanos* »[363]. L'article 14 dudit texte dispose l'établissement d'une loi qui règlera les questions relatives au budget et mettra en place le *Tribunal de Revisión de Cuentas*. C'est ce document, qui, comme son nom l'indique, servira de base pour la rédaction des sept lois constitutionnelles qui, publiées en décembre 1836, formeront la Constitution promulguée le 30 décembre 1836 par le président intérimaire José Justo Corro Silva.

À travers ce texte, réformé à plusieurs reprises, il est difficile d'affirmer clairement la mise en place complète d'un modèle juridictionnel de contrôle des comptes, en raison des instabilités politiques qui se poursuivent, de l'impossibilité d'accéder aux débats parlementaires de cette époque[364]. Tout de même plusieurs textes témoignent de sa mise en place épisodique, dans le but, justement de centraliser le contrôle des comptes et rétablir l'ordre, notamment en octroyant à cette institution des pouvoirs juridictionnels.

Ainsi, la première loi constitutionnelle est promulguée le 15 décembre 1835, énonçant les « *droits et obligations des Mexicains et habitants de la république* », dont l'article 2 qui, parmi les droits de Mexicains, énonce la sureté de la propriété[365]. Le 29 décembre 1836, sont promulguées les 6 autres lois constitutionnelles, qui élèvent la CMH au rang constitutionnel. C'est la loi du 14 mars 1838 qui met en place de Tribunal de révision des comptes : bien que la loi ne soit jamais entrée en vigueur, il a été considéré que la CMH faisait alors office de Tribunal des comptes[366]. Dans son rapport gouvernemental, du 1er juin 1837, le président Anastasio Bustamante appelle à une organisation simple du contrôle des comptes, qui se fasse à travers un Tribunal qui ait la capacité de traiter du contentieux des finances publiques[367], afin de remédier en partie à la situation financière du Mexique.

---

[363] Littéralement traduit : « Bases de l'organisation politique de Etats Unis mexicains ».

[364] Une demande a été formulée auprès du service des archives du sénat mexicain : ce dernier n'a pas pu y accéder, justement en raison de l'impossibilité de répertorier toutes ces notamment suite à la dissolution complète du sénat lors de la mise en place de la Constituions de 1857. Voire Annexe IX pour copie du mail.

[365] Voir *Infra*.

[366] Solares Mendiola, M., *Op. cit*, p.50

[367] R. Castelazo, J, *Op.cit,* p.84&s.

Le 15 juin 1839, est faite une proposition de réforme du texte constitutionnel que formaient les sept lois constitutionnelles. Le 11 novembre de la même année, ladite réforme est promulguée[368]. En l'occurrence, le projet de réforme disposait qu'il revenait au congrès national d'examiner et approuver, sur la même période, les comptes de l'année n-1. C'est dans ce cadre que le 12 mars 1840 est promulgué le « *Reglamento del tribunal de Revisión de Cuentas y su Contaduría mayor* »[369] : la CMH existe toujours, mais fait partie du Tribunal de révision des comptes devenue l'institution de contrôle des comptes[370]. Il est difficile de connaitre avec exactitude la chronologie des divers textes pris à cette période en raison des instabilités qui continuent, et notamment des mandats présidentiels pouvant durer entre un an et trois mois.

Pourtant, alors que la situation des finances publiques semblait se rétablir en 1849[371], celle-ci se dégrade à nouveau en 1850[372], et Mariano Harista, dans son rapport de gouvernement du 14 décembre 1851, annonce la menace d'une nouvelle crise financière[373]. Le 1er janvier 1852, « *l'état de la trésorerie est véritablement misérable* »[374]. C'est donc à nouveau dans un contexte de crise, qu'est appelé à gouverner en dictateur, le 17 mars 1853, le Général Santa Anna, afin de rétablir l'ordre[375]. Dans ce contexte, toujours, est pris le décret du 16 décembre 1853, qui *« avait pour objet d'implanter dans la vie publique de la nation la fonction de surveillance du trésor public et constituer, presque en le rétablissant le Tribunal de révision des comptes »*, intégrant en son sein l'ancienne CMH[376]. Il est alors indépendant de la chambre des députés, reprenant la loi n° 16 du livre huitième titre 26 de la *Recopilación de las Indias*. Il s'agissait, à travers ce tribunal d'exiger

---

368 *Ibidem.*

369 Littéralement traduit : « *Le règlement du Tribunal de Révision/examen des comptes, et sa Contaduría Mayor* ».

370 *Ibidem.*

371 D'après le deuxième rapport de gouvernement de José Joaquín Herrera en date du 1er janvier 1849, R. Castelazo, J, *op.cit*, p.166&s.

372 D'après le 8e rapport de gouvernement de José Joaquín Herrera, en date du 8 août 1850, *Ibidem*.

373 R. Castelazo, J, *op.cit*, p.185&s.

374 D'après le 4e rapport de gouvernement de Mariano Harista, R. Castelazo, J, *Op.cit*, p.186.

375 Solares Mendiola, M., *Op. cit*, p.45.

376 *Ibidem.*

des comptes à tous ceux responsables de l'emploi du denier public et de condamner ceux d'entre eux qui ne respecteraient pas leurs obligations[377]. Ainsi, malgré les bases constitutionnelles de 1835 et la constitution de 1836 qui maintiennent la CMH, celle-ci finit par être complètement absorbée par le modèle juridictionnel.

Il convient alors de revenir sur le rapprochement à faire avec la logique napoléonienne lors de la mise en place de la Cour des comptes. D'abord, le contexte connait la même instabilité d'un point de vue politique comme économique. Or, à l'instar de la logique napoléonienne de rétablissement de l'ordre, la constitution de 1836 connait une logique profondément centralisatrice, et c'est notamment la sixième loi qui affirme la mise en place d'une telle philosophie constitutionnelle[378]. En effet, tel qu'il a été dit plus tôt dans ce développement, la centralisation du pouvoir a rapidement été perçue comme la solution à tous les maux de la nation. C'est ainsi que dès le premier texte constitutionnel, les États deviennent des « *départements* » avec des gouverneurs choisis par le gouvernement central, sur proposition des assemblées locales. Cela n'est pas sans rappeler l'organisation administrative napoléonienne qui s'installe dès le début du XIXe siècle en France. L'historien David Pantoja Moran explique justement la forte ressemblance entre la philosophie de la constitution de l'an VIII et l'influence de Sieyès qui se retrouve dans cette constitution mexicaine de 1836. Dans les deux cas, malgré l'illégitimité du pouvoir constituant, ce dernier se justifie par la nécessité de rétablir l'ordre[379]. L'historien mentionne notamment l'un des pères du texte de 1835, qui défendait l'institution du pouvoir conservateur suprême expliquant qu'à travers cette constitution, il est indispensable de mettre fin aux troubles et au climat révolutionnaire qui secouait la nation[380]. Ce pouvoir conservateur devait contrôler les lois afin d'assurer l'équilibre des institutions et le respect de la constitution[381]. La ressemblance avec le jury constitutionnaire proposé par Sieyès dans le cadre des débats relatifs à la constitution de l'an III est alors

---

[377] *Bis in idem.*

[378] Sayeg Helú, J, « *El constitucionalismo social mexicano. La integracion constitucional de México (1808-1986)* », Tome I, 2e ed., México : UNAM Instituto de Ivestigaciones Juridicas, 1987, pp. 273-285.

[379] Pantoja Moran, D., *Loc. cit.*

[380] Pantoja Moran, D., *Loc. cit.*

[381] Voir *supra*.

incontestable. L'historien affirme la filiation entre les idées qui régissent le régime napoléonien et celles de 1836 et explique qu'il est tout de même difficile de trouver des preuves concrètes de sa mention dans la littérature d'époque, pour les raisons citées en introduction[382].

Cependant cet épisode centralisateur tourne rapidement à la dictature, raison pour laquelle, lors de la rédaction de la constitution de 1853, le modèle de Westminster est à nouveau suivi, l'objectif étant à nouveau d'éliminer tout vestige de l'influence européenne. Mais il reste que l'origine est commune : la responsabilité des décideurs publics, et la logique de contrôle parlementaire.

Ainsi, en France, sur le plan organique, malgré une origine commune, l'article 15DDHC trouve sa concrétisation dans la mise en place d'une juridiction, complètement indépendante à l'égard de l'organe de représentation. Or, là, peut se trouver une des origines d'un phénomène de mise à l'écart du citoyen dans le contrôle des comptes de la nation, phénomène qui semble moins prégnant au Mexique, où la participation directe du citoyen semble plus favorisée.

---

382 *Ibidem.*

TITRE II

La pertinence des apports du droit Mexicain en matière de participation citoyenne au contrôle des comptes

Alors qu'en France le risque impliqué par le contrôle parlementaire des comptes qu'est la mise à l'écart du citoyen dans ce contrôle se concrétise (chapitre 1er), au Mexique, le mécanisme de Contraloría social qui s'est développé pourrait être une source d'enseignements pour le système français (Chapitre 2).

CHAPITRE 1er

La concrétisation en France du risque de mise à l'écart du citoyen dans le contrôle des comptes impliquée par l'origine historique commune de contrôle parlementaire des comptes

Alors qu'en France comme au France, la genèse du contrôle des comptes connait une volonté de donner cette compétence à l'organe représentatif (Section 1ère), en France, cela a mené à la situation contemporaine dans laquelle le citoyen se trouve mis à l'écart du contrôle de l'emploi du denier public (section 2).

Section 1ère. La logique commune de contrôle des comptes par la représentation

Dans le cas français comme dans le cas mexicain, le fondement commun étant la garantie sociale du droit de propriété, la logique initiale de contrôle des comptes est celle d'un contrôle parlementaire puisque cela permet un contrôle par la représentation. Cependant ce principe de représentation semble connaître une application renforcée au France (§1) tandis qu'il connaît plus de difficultés dans son application en France, où, malgré un départ identique, c'est finalement par un rééquilibrage du positionnement institutionnel de la Cour des Comptes que se traduit la volonté de donner son importance au contrôle parlementaire (§2).

§1. L'application renforcée du principe de représentation au France

Dès les premières constitutions politiques mexicaines, le contrôle des comptes de la nation est une compétence qui revient de façon exclusive à l'Assemblée législative, représentante de la nation. Le principe de contrôle par la représentation est alors appuyé par la mise en place d'un auxiliaire du parlement dans ce contrôle, également issu de la représentation puisqu'il en dépend : la *Contaduría Mayor de Hacienda*[383].

La Constitution d'Apatzingan représente la « *Constitution constituante* » puisque c'est elle qui pose les postulats de la souveraineté populaire, de la garantie des libertés individuelles et la séparation des pouvoirs[384]. Bien que ces postulats ne soient pas repris exactement selon les mêmes termes dans les constitutions suivantes, ils transcendent leur rédaction.

Et justement, tel qu'il a été vu précédemment, cette constitution du 22 octobre 1814 postule le principe de garantie sociale de la sureté de la propriété, dans son titre Ier, à travers les articles 26, 27, 35 et 36, fondement commun de la responsabilité financière entre le droit constitutionnel français et mexicain. Or, tel que l'explique le Député De Boisgelin précédemment cité[385], le rôle de la déclaration est d'énoncer les droits et libertés ainsi que les mécanismes par lesquels ceux-ci seront mis en œuvre, mais il revient au texte de la Constitution de préciser sous quelle forme ces mécanismes seront exercés. Dans ce cadre, il convient alors de s'en référer à l'article 114 du Chapitre VIII. « *Les compétences du congrès suprême* »[386], de la première constitution mexicaine :

> « *114. Examiner et approuver les comptes de levée d'impôt et des dépenses du budget public* »[387]

Autrement dit, tout ce qui relève de l'établissement de l'impôt et des contributions ainsi que de leur emploi, relève des compétences du congrès. Également, il revient au Congrès de contrôler l'emploi du denier public. Ainsi, dans la droite ligne des principes disposés dans le

---

383 Voir *supra*.

384 Gonzalez Avelar, M., « *La Constitución de Apatzingán y otros estudios* », México : Secretaría de Educación Pública, 1973, p. 46.

385 Voir *supra*.

386 Originellement : « *De las atribuciones del supremo congreso* ».

387 Originellement : « *Examinar y aprobarlas cuentas de recaudacion é inversion de la hacienda pública* ».

Titre Ier de ladite constitution, il revient à l'institution représentante des citoyens de contrôler l'emploi des deniers publics. En effet, selon l'article 44 de la même constitution, « *Le corps représentatif de la souveraineté du peuple portera le nom de Congrès Suprême Mexicain [...]* », qui selon les termes du même article, se tiendra aux côtés du pouvoir exécutif et du pouvoir législatif. Il faut donc voir, dans ces articles, bien que cette Constitution ne soit jamais rentrée en vigueur, le « *premier antécédent constitutionnel de la faculté d'examiner et approuver les comptes publics pour un organe distinct et indépendant du pouvoir exécutif* »[388], tout en considérant que le fondement se trouve dans la garantie sociale.

Mais en 1814, l'indépendance du France n'est pas reconnue, et la nouvelle Constitution n'entre pas en vigueur. La première Constitution à entrer en vigueur est alors celle du 4 octobre 1824.

Cette nouvelle constitution ne contient pas de déclaration des droits ou de Titre Ier qui en ferait office comme dans celle de 1814. Les postulats énoncés dans la première constitution ne sont donc pas énoncés tels quels, dans une logique de « chapeau » au reste du texte, mais ne sont pas absents pour autant. En effet, il convient de préciser que dans une logique fédérale, cette constitution délègue aux États fédérés l'énonciation des garanties individuelles. Le texte constitutionnel assure tout de même une part de la protection des droits naturels, mais de façon dispersée tout au long des articles[389]. Sont ainsi protégés par ce dernier : l'égalité, la liberté de la presse, la liberté d'expression, et, surtout, le droit de propriété.

En effet, la protection de ce droit peut être déduite de l'article 50, fraction VIII qui dispose :

> « *Les compétences exclusives du congrès sont les suivantes : [...]*
> *VIII : fixer les dépenses générales, établir les contributions nécessaires pour les couvrir, organiser leur collecte, déterminer leur emploi, et demander compte annuellement de leur emploi au gouvernement* »[390].

---

[388] Manjarrez Rivera, J., *Op. Cit.*, p.141.

[389] Serrano Migallón, F., *Op. cit.*, p.171.

[390] Originellement : « *VIII. Fijar los gastos generales, establecer la contribuciones necesarias para cubrirlos, arreglar su recaudacion, determinar su inversion, y tomar anualmente cuentas al gobierno* ».

Cet article doit être considéré comme le deuxième antécédent constitutionnel de la compétence exclusive du congrès pour contrôler l'emploi du denier public au France[391]. Notamment, il s'agit de porter attention à la dernière partie, *« demander compte annuellement de leur emploi au gouvernement »*.

Pour comprendre cette affirmation du Dr. Jorge Manjarrez Rivera, en l'absence d'accès aux débats parlementaires qui ont eu lieu autour de la rédaction de cette déclaration, il convient d'analyser la philosophie générale du texte. Or cette constitution rassemble les idées inspirées du système nord-américain avec le fédéralisme, ainsi que celles inspirées de la constitution de Cadix en les réadaptant à la pensée de Montesquieu et des révolutionnaires[392], pour ce qui relève des principes de gouvernement représentatif et de séparation des pouvoirs[393].

En effet, la question de la représentation des citoyens fut considérée comme l'un des grands thèmes que devait aborder et assurer la nouvelle constitution[394]. Il s'agissait d'assurer que, dans un état fédéral, les pouvoirs fédéraux et locaux, agissent bien dans l'intérêt du peuple et non comme les représentants du despotisme[395]. Et pour cela, il était indispensable que la souveraineté reste aux mains du peuple et que l'exercice du pouvoir se fasse à travers des représentants élus populairement[396]. Ainsi, le peuple se trouve représenté par le congrès, qui se voit attribuer la légitimité pour exercer la souveraineté.

En ce qui concerne la séparation des pouvoirs, le principe énoncé dans « *De l'esprit des lois* », doit permettre la garantie sociale des droits et libertés individuelles selon les logiques décrites plus tôt.

Ces deux principes sont alors énoncés respectivement aux articles 4 et 6 du Titre II de la Constitution qui traite de la façon dont doit être exercé le pouvoir. Ainsi, l'article 4 dispose la forme républicaine et fédérale du gouvernement mexicain ainsi que le principe de représentation. L'article 6, quant à lui, dispose le principe de séparation des pouvoirs. Ces articles se trouvent disposés au début de la Constitution, mais il est difficile d'affirmer que leur position vaut la

---

391 Manjarrez Rivera, J., *Op. Cit*, p. 390.

392 Solares Mendiola, M., « *La Auditoría Superior de la Federación : antecedentes y perspectiva júridica* », México D.F : UNAM, Instituto de investigaciones Jurídicas, 2004, p.31.

393 Voir *supra.*

394 Serrano Migallón, *Op. cit.*, p.162.

395 *Ibidem.*

396 *Bis in idem.*

place d'un Titre Ier qui protège des droits et principes immuables ou la place d'une déclaration qui aurait le même objet. Il est tout de même possible d'affirmer que ces articles relèvent d'une importance particulière moins par leur place que par la protection dont ils font l'objet. En effet, l'article 171 de la même constitution dispose :

> « *Ne pourront jamais être réformés les articles de cette constitution et de l'acte constitutif qui établissent la liberté et indépendance de la nation mexicaine, sa religion, sa forme de gouvernement, la liberté de la presse et la séparation des pouvoirs suprêmes de la fédération et des États* ».[397]

Ce dernier article doit être lu comme un complément des articles qui disposent les principes constitutionnels qui sont alors considérés comme fondamentaux et qui doivent guider l'exercice du pouvoir[398]. Ainsi, comme « *la division des pouvoirs doit être le principal objet d'une constitution afin d'assurer une norme fixe du mode de gouvernement* »[399], celle-ci fait l'objet d'une protection particulière.

Or cette division des pouvoirs, tel qu'il a été démontré plus tôt, permet la garantie sociale, qui, elle, protège, entre autres, le droit de propriété. Ainsi, l'addition de l'importance des principes de représentation et de séparation des pouvoirs aboutit à une compétence exclusive pour l'organe représentatif de la société – soit le congrès –, pour établir les contributions nécessaires pour couvrir les dépenses et lui donne la possibilité de demander compte à l'exécutif de l'emploi du denier public.

C'est donc en cela, à travers la philosophie du texte constitutionnel de 1824 qu'il faut voir dans cet article 50 Fraction VIII le deuxième

---

[397] Originellement : « *Jamás se podrán reformar los articulos de esta constitucion y de la acta constitutiva que establecen la libertad é independenciade la nacion mexicana, su religion, forma de gobierno, libertad de imprenta, y division de los poderes supremos de la federacion y de los estados* ».

[398] Serrano Migallon, F., « *La Constitucion de 1824 y el nacimiento de la identidad politica en la historia constitucional de Mexico, la representatividad en la constitucion de 1824* », in *Valadés, D., Examen retrospectivo del sistema constitucional mexicano*, México : UNAM, Instituto de Investigaciones Jurídicas, 2016, pp.77-82.

[399] Serrano Migallón, F., « *Historia Mínima de las constituciones en México* », *Op. cit.*, p.11.

antécédent constitutionnel du contrôle des comptes par la société au France.

La mise en place d'un contrôle par l'organe représentant des citoyens, soit le pouvoir législatif, dans la constitution de 1824 s'accompagne de la mise en place de la « *Contaduría Mayor de Hacienda* » par la « *Ley de arreglo de la amdinistración publica* », du 16 novembre 1824[400], qui par là même, fait disparaitre le « *Tribunal de Revisión de Cuentas*[401] » qui avait été mis en place durant l'époque coloniale.

Sa structure, ainsi que les compétences et caractéristiques principales sont disposées aux articles 42 à 51 de ladite loi[402]. L'article 42 établit la *Contaduría Mayor de Hacienda* et l'article 43 dispose que celle-ci sera « *sous l'inspection exclusive de la chambre des députés* »[403]. Autrement dit, l'organe de contrôle des comptes établi sera sous le contrôle de la chambre des députés, c'est-à-dire l'organe représentant des citoyens[404], qui dispose de l'exclusivité de ce contrôle. Autrement dit encore, la *Contaduría Mayor de Hacienda* est sous la dépendance exclusive de la chambre des députés[405]. Plusieurs remarques sont alors intéressantes.

D'une part, alors qu'en France cela n'a pas été aussi évident, dès l'entrée en vigueur de la constitution mexicaine, le contrôle des comptes par l'organe représentant des citoyens s'est accompagné de la mise en place d'une institution annexe, qui ne devait faire partie d'aucun des trois pouvoirs[406]. Le congrès dispose donc, dès le début de l'histoire constitutionnelle mexicaine d'un auxiliaire dans le contrôle des comptes.

D'autre part, cette institution de contrôle étant dépendante de la chambre des députés, c'est une seconde voie d'introduction de la représentation dans le contrôle des comptes. Autrement dit, la logique représentative est toujours présente, et il s'agit d'offrir une

---

400 Précitée, voir *supra*.

401 Pour la traduction, voir *supra*.

402 Manjarrez Rivera, J., *Op. cit.*, p.143.

403 Originellement : « *Esta contaduría estará bajo la inspeccion exclusiva de la cámara de diputados* »

404 Le congrès, organe législatif est séparé en deux chambres dans la constitution de 1824.

405 Manjarrez Rivera, J., *Op. cit.*, p.143.

406 Solares Mendiola, M., *Op. cit.*, p. 31&119.

indépendance à l'institution de contrôle à travers le fait qu'elle soit sous le contrôle d'un organe élu.

Cette volonté de donner au congrès, organe représentatif, la compétence exclusive pour contrôler les comptes se retrouve également dans les sept lois constitutionnelles qui forment la constitution du 29 décembre 1836, ainsi que la volonté d'affirmer l'indépendance de l'institution de contrôle auxiliaire du congrès. Et ce, malgré l'idéologie centralisatrice de cette constitution et les dérives qualifiées d'absolutistes par une majorité de la doctrine dont elle va faire l'objet[407].

Bien que – tel que cela a été expliqué dans les précédents développements – cette partie de l'histoire constitutionnelle mexicaine soit difficile à étudier par son instabilité politique importante, il est possible d'établir une telle affirmation au regard de la lettre des textes constitutionnels contemporains à cette époque.

En effet, alors que sous l'empire de la constitution de 1824, la dépendance de la *Contaduría Mayor de Hacienda* par rapport à la chambre des députés est établie par une loi[408], la « *commission inspectora* »[409] formée par les cinq députés prend un rang constitutionnel à travers la troisième loi de l'ensemble des sept lois qui forment ladite constitution du 29 décembre 1836. C'est en effet l'article 52 de la troisième loi qui dispose :

> « *Il est de la compétence exclusive de la chambre des députés [...] [de] :*
> *1° Surveiller au moyen d'une commission d'inspection, composée de cinq individus en son sein, l'exécution de la [Contaduría mayor] [...]* ».[410]

Contrairement à la constitution du 4 octobre 1824, dans les sept lois constitutionnelles du 29 décembre 1836, la première loi fait office de

---

[407] Ces « dérives » ne seront pas traitées dans le cadre de cette recherche, car elles pourraient faire l'objet d'une recherche à part entière. D'où l'emploi du terme généraliste « doctrine ».

[408] Voir *supra* : article 42 de la loi du 16 novembre 1824 précitée, p.5.

[409] Ci-après : « *Commission d'inspection* ».

[410] Originellement : « *Toca á la Cámara de los dipotados exclusivamente [...]Vigilar por medio de una comision inspectora compuesta de cinco individuos de su seno el exacto desempeño de la Contaduría Mayor[...]* ».

déclaration des droits et consacre les droits et libertés des citoyens qui doivent être protégés ainsi que leurs devoirs. Ici, il s'agit bien de remettre en place une garantie formelle des droits, à travers un texte juridique qui remplisse le rôle de déclaration afin de « *protéger les Mexicains des exactions arbitraires qui ont eu lieu durant l'époque réformiste, sous prétexte de la volonté de maintenir la stabilité du pays* »[411], notamment face aux instabilités économiques et politiques des années allant de 1829 à 1836, précédemment étudiées[412]. Ces exactions ont été permises par la liberté offerte par la Constitution du 4 octobre 1824, en l'absence d'édiction formelle des droits immuables et imprescriptibles de l'Homme[413]. Ainsi, l'article 2 de la première loi constitutionnelle dispose :

> « *Les droits du Mexicain sont : [...]*
> *3° ne pas être privé de sa propriété, ni du libre emploi et profit de celle-ci, ni dans son intégralité, ni en partie [...]* »[414]

En revanche, l'article 3 dispose :

> « *Les obligations du Mexicain sont : [...]*
> *2° coopérer dans les dépenses de l'État au moyen des contributions qui seront établies par la loi et le concerne* ».[415]

Autrement dit, le paiement de l'impôt est qualifié d'obligation, mais il s'agit de l'impôt « *établi par la loi* ». Ainsi, il est possible de considérer que c'est cette précision qui offre au droit de propriété une protection juridique. Pour cela, la constitution étudiée doit admettre le principe de la représentation et de la séparation des pouvoirs, afin de rentrer dans la logique de garantie sociale du droit de propriété à travers une reddition de comptes sur l'emploi du denier public de l'exécutif vers le pouvoir législatif, représentant des citoyens.

---

[411]Serrano Migallón, F., « *Historia Mínima de las constituciones en México* », *Op. cit.*, p.193.
[412]Voir *supra*.
[413]Serrano Migallón, F., « *Historia Mínima de las constituciones en México* », *Op. cit.*, p.193.
[414]Originellement : « *Son derechos del mexicano [...] 3° No poder ser privado de su propriedad, ni del libre uso y aprovechamineto de ella en todo ni en parte [...]* ».
[415]Originellement : « *Son obligaciones del mexicano : [...] 2° Cooperar á los gastos del estado con las contribuciones que establexacan las leyes y le comprendan* ».

Or, contrairement à la constitution de 1824, les principes de séparation des pouvoirs et de démocratie représentative ne sont pas mentionnés explicitement. En revanche, ils existent et comme en 1824, ils font l'objet d'une protection particulière. En effet, la première des sept lois constitutionnelles du 29 décembre 1836 établit « *el Supremo Poder Conservador* »[416], qui « *disposait d'un pouvoir de contrôle qui permette le maintien et l'efficacité de la séparation des pouvoirs* »[417]. Il dispose, globalement, de la faculté de « *rendre nul* » tout acte, émanant de l'ordre judiciaire, du pouvoir exécutif ou du pouvoir législatif qui soit contraire à la constitution, et à ces principes constitutionnels alors connus comme établis, dont la séparation des pouvoirs.

Le principe de gouvernement représentatif quant à lui semble subsister simplement par la constitution du pouvoir législatif. Ce dernier est « *constitué par le congrès, composé en deux chambres* »[418] que sont la chambre des députés et la chambre des sénateurs. En ce qui concerne la chambre des députés, « *la base d'élection des députés est le peuple* » selon l'article deuxième de la troisième loi constitutionnelle. Les sénateurs quant à eux ne font pas l'objet d'une élection démocratique. Mais cela explique la place importante accordée à la chambre des députés par rapport à celle des sénateurs, puisque les députés seront toujours les premiers, selon le texte constitutionnel, à connaitre des propositions de loi alors que les sénateurs n'ont qu'une fonction d'approbation[419]. Le principe de gouvernement représentatif subsiste donc.

C'est l'article 44 de la troisième loi constitutionnelle, qui dans son 4° dispose à nouveau la compétence exclusive du congrès pour le contrôle des comptes. Par ailleurs, l'article 14 de la même loi traite des sessions parlementaires qui s'établissent à deux par an, la seconde devant obligatoirement porter sur ce contrôle des comptes. Cette importance accordée au contrôle peut s'expliquer, dans la même logique que pour le *Tribunal de Revisión de Cuentas*, par les

[416] Littéralement traduit : « *Pouvoir Conservateur Suprême* ».

[417] Serrano Migallón, F., « *Historia Mínima de las constituciones en México* », *Op. cit.*, p.196.

[418] Au sens de l'article 1er de la troisième des sept lois constitutionnelles du 29 décembre 1836.

[419] Serrano Migallón, F., « *Historia Mínima de las constituciones en México* », *Op. cit.*, p.198.

importantes difficultés économiques et financières qu'a connues le France à partir de 1829.

Ainsi, la logique de contrôle par le pouvoir législatif représentant des citoyens subsiste, y compris dans une constitution parfois qualifiée d'absolutiste.

Lorsque Antonio López Santa Anna remplace à la présidence du France Anastasio Bustámante en 1839, il lance une réforme de la Constitution telle qu'issue des lois du 29 décembre 1836. Il propose alors la réforme constitutionnelle du 15 juin 1839, celle-ci est approuvée par le Congrès le 9 novembre de la même année, puis publiée le 11 novembre[420]. Dans ces textes, la logique demeure, rien ne change constitutionnellement. En revanche, c'est suite à cette réforme constitutionnelle qu'est publié « *El reglamento del Tribunal de Revisión de cuentas y su Contaduría Mayor* »[421], le 12 mars 1840. Ainsi, tel que cela a été expliqué plus tôt[422] la juridiction intègre en son sein ce qui anciennement était l'unique institution de contrôle des comptes et auxiliaire du congrès. Au regard de la complexité qu'implique l'étude de cette époque constitutionnelle au France, il est difficile de savoir si, pendant la période durant laquelle la *Contaduría Mayor* fait partie intégrante du Tribunal, celle-ci demeure dépendante de la chambre des députés. Le cas contraire tendrait à atténuer, en partie, la logique de contrôle exclusif par la représentation des comptes de la nation mexicaine. Mais toujours est-il que le 12 juin 1843, une nouvelle réforme constitutionnelle a lieu, et aboutit à un texte qui rappelle le principe selon lequel il revient au congrès l'exclusivité de la compétence en ce qui concerne le contrôle des comptes de la nation[423], ainsi que le contrôle de la commission d'inspection de la chambre des députés sur la *Contaduría Mayor*[424]. Ainsi, dans l'alternance *obscure* entre le Tribunal et la *Contaduría Mayor*, le contrôle de l'organe représentant de la nation semble subsister.

Donc malgré la logique absolutiste sur laquelle dérive le régime centraliste mis en place en 1836, le principe du contrôle par le peuple

---

420 *Ibidem*.

421 Pour la traduction, voir *supra*.

422 Voir *supra*.

423 Au sens de l'article 66, III de la constitution en vigueur, telle qu'issue de la réforme du 12 juin 1843.

424 Au sens de l'article 69 I et II de la constitution en vigueur telle qu'issue de ladite réforme.

de l'emploi du denier public à travers l'organe représentatif subsiste. Il semble ainsi bien ancré dans le droit constitutionnel mexicain, sans remise en cause possible.

Et pour cause, « *après 300 ans de vie coloniale, deux tentatives monarchiques, et un siècle complet gaspillé dans des guerres civiles dont l'objet de fonds était la construction d'un modèle de nation et d'état, ces principes sont restés en vie* »[425]. En effet, les principes constitutionnels qui permettent le contrôle des comptes par les représentants des citoyens subsistent, durant une époque absolutiste, mais également tout au long de l'histoire constitutionnelle mexicaine jusque dans les constitutions contemporaines.

C'est ainsi que selon les mêmes mécanismes, la constitution du 5 février 1857 dispose en son article 72, VII, que le congrès est compétent pour approuver le budget des dépenses de la fédération qui doit lui être présenté annuellement par le pouvoir exécutif, et imposer les contributions nécessaires pour les couvrir. Et concernant le contrôle *ex-post* des comptes, c'est l'article 69[426] de ladite constitution précédemment cité[427] qui dispose de l'obligation pour l'exécutif de rendre compte de l'exécution du budget au congrès.

Ensuite, le décret du 10 février 1857 rétablit la *Contaduría Mayor de Cuentas*, qui conformément à l'article 72 de la constitution, précité, fraction XXIX, reste dépendante de la chambre des députés. Tel qu'il a été expliqué plus tôt, ce même décret sert de fondement à l'abandon du Tribunal des comptes. Cependant, « *la dizaine d'années de contexte de guerre civile qui a suivi a rendu nulle son action [de la Contaduría Mayor] et ce n'est qu'en 1867*[428] *qu'elle a repris ses activités* »[429]. Tout de même, au-delà du contexte chaotique qui met à mal l'application des constitutions démocratiques, le principe persiste, au moins dans la philosophie théorique des textes juridiques écrits.

Ainsi, « *[dans] la Constitution qui fût signée le 24 octobre 1824 [...] les enjeux essentiels de la politique mexicaine ont été cristallisés. Le*

---

[425] Serrano Migallon, F., « *La Constitucion de 1824 y el nacimiento de la identidad politica en la historia constitucional de Mexico, la representatividad en la constitucion de 1824* », *Loc. cit.*, pp.77-82.

[426] Conjointement à l'article 89 de la même constitution, qui traite de la responsabilité des ministres en général.

[427] Voir *supra*.

[428] À travers le décret du 20 août 1867 et la révision de la constitution de 1857 du 13 novembre 1867.

[429] Solares Mendiola, M., *Op. cit.*, p.49.

chemin qu'il restait à parcourir n'était pas simple, mais, y compris dans les tragiques instants des plus douloureux déchirements, le véritable peuple, pressant contre sa poitrine tous ces principes de la constitution de 1824, a fait triompher cette dernière, qui transfigure alors dans celle de 1857 et ses réformes d'abord, dans celle de 1917 ensuite »[430].

En effet, dans la constitution du 5 février 1917[431], qui suit celle de 1857 et se trouve être celle actuellement en vigueur, la logique demeure. Le contrôle des comptes est une compétence du congrès selon l'article 65-I, et la *Contaduría mayor* demeure sous le contrôle de la chambre des députés selon l'article 74-II. La volonté de donner une importance plus grande à la chambre des députés reste vraisemblablement aussi puisque selon l'article 65-1, la chambre des députés est la première à connaitre « *des comptes publics de l'année antérieure* ». Cette volonté se confirme par la suite avec la réforme de l'article 74 de la même constitution, qui traite des compétences exclusives de la chambre des députés. Cet article connait plusieurs réformes dont celle du 6 décembre 1977[432]qui ajoute à l'article 74 le IV qui dispose la compétence exclusive de la chambre des députés pour examiner les comptes.

Alors que le principe de représentation est strictement respecté dans le cadre du contrôle des comptes, et ce, dès sa genèse, au France, en France le maintien d'un équilibre au profit d'un contrôle par la représentation s'avère plus difficile à réaliser.

§2. Le difficile maintien en France d'un équilibre au profit d'un contrôle par la représentation

Comme au France, et conformément à la philosophie révolutionnaire qui règne sur les débats constitutionnels depuis 1789, l'idée d'un contrôle des comptes qui doit se faire par le parlement, ou du moins par l'assemblée représentante de la nation émerge dès le début de l'histoire constitutionnelle française. En revanche, ce principe d'un contrôle par la représentation connait des obstacles. En effet, petit à petit, le contrôle des comptes glisse à nouveau aux mains de l'exécutif, jusqu'à la mise en place de la Cour des Comptes en 1807, qui se trouve alors au service de l'empereur, Napoléon. Le rééquilibrage institutionnel au profit du

---

430 Melgarejo Vivanco, J-L., « *La Constitución de 1824* », Veracruz : Gobierno del Estado de Veracruz, 1975, p.90.

431 Version originale non reformée disponible en Annexe V.

432 Voir annexe X.

parlement ne s'amorce alors que sous la restauration, avec le repositionnement de la Cour des Comptes, redonnant sa place à l'Assemblée législative dans le contrôle des comptes, et la mise en place d'une comptabilité permettant de renforcer le contrôle parlementaire.

Ainsi, dès la Constitution du 3 septembre 1791, le principe d'une compétence exclusive du corps législatif pour le contrôle des comptes est établi. L'article 1er, 4°, de la Section 1ère, Chapitre III, Titre III dispose :

> « *La Constitution délègue exclusivement au Corps législatif les pouvoirs et fonctions ci-après :*
> *[...]*
> *4° De faire la répartition de la contribution directe entre les départements du royaume, de surveiller l'emploi de tous les revenus publics, et de s'en faire rendre compte.* ».

Le premier à exprimer l'idée d'un contrôle parlementaire est le Député Briois de Beaumetz le 25 mai 1791. Il déclare en effet à la constituante :

> « *Il vous paraitra facile de déterminer entre quelles mains doit reposer le soin de recevoir et d'examiner les comptes du maniement des deniers publics. La question n'est pas de savoir à qui en appartient le droit, car le mot droit ne peut plus réveiller l'idée d'un autre propriétaire que la nation elle-même, à qui ils appartiennent tous ; mais il faut examiner par quels mandataires il convient à la nation d'exercer ce droit incontestable. Il suffit de se rappeler que c'est par la voie de ses représentants que la nation ordonne la levée des contributions publiques, en fixe le mode et la durée et qu'elle en détermine l'emploi ; il suffit d'observer que c'est au pouvoir exécutif qu'elle prescrit d'en effectuer la perception, d'en appliquer la dépense ; que le pouvoir exécutif en est l'administrateur, le dépositaire, le comptable, pour sentir que ce n'est point à lui d'en recevoir compte* »[433].

---

[433] Mavidal, L -C, « *Archives parlementaires de 1787 à 1860* », Tome XXVI (du 12 mai 1791 au 5 juin 1791), Paris : Librairie administrative de Paul Dupont, 1875, Séance du 25 mai 1791, p.440.

Derrière cette préconisation d'un contrôle parlementaire se trouvent deux justifications que sont celles du principe de représentation et celle de la séparation des pouvoirs. En effet, concernant la première justification, « *c'est [...] le devoir des représentants de la nation d'entendre eux-mêmes le compte de la gestion et du maniement de ses finances. Ils sont pour tout ce qui concerne les deniers publics, les dépositaires exclusifs de la confiance et de la volonté nationale* »[434]. Concernant la seconde, le pouvoir exécutif étant l'administrateur, il ne peut détenir le pouvoir de contrôle de cette administration. En effet, « *Faut-il des preuves pour établir [qu'on] ne peut pas à la fois ouïr et rendre compte ; que le préposé qui agit ne peut pas se surveiller lui-même ? N'est-ce pas l'incompatibilité de ces pouvoirs qui en ordonne la distinction et qui défend de les confondre en des mains où ils se détruiraient mutuellement ?* »[435] Dès lors cela paraît clair, il s'agit de donner au corps législatif le pouvoir de contrôler les comptes, de se faire rendre compte de l'administration du denier public, afin d'assurer la séparation des pouvoirs, élément indispensable à la garantie de la sûreté du droit de propriété, qui devient garantie sociale par l'octroi de cette compétence à l'organe représentant. Ainsi, cette conception va triompher dans le décret des 17 et 29 septembre 1791 qui dispose, à l'article 1er, titre II « *L'Assemblée nationale législative verra et apurera définitivement par elle-même les comptes de la nation* ».

Cette même loi établit le Bureau de la comptabilité. Établi dans un contexte de débats autour de la question de la mise en place d'une juridiction chargée du contrôle des comptes, son objet est essentiellement technique. Il est initialement exclu de mettre en place un contrôle juridictionnel. Le contrôle est donc parlementaire, mais il est évident que le contrôle de tous les comptes de la nation par les députés est impossible, d'autant que ces derniers n'ont pas toujours l'aptitude à devenir experts en comptabilité[436]. Le Bureau de la Comptabilité est alors établi par le décret des 17 et 29 septembre 1791, en son article 2, Titre II. Composé de 15 commissaires nommés par le roi et divisés en cinq sections de trois membres chacune, ce bureau n'a pas de pouvoirs propres, et dépendant de l'Assemblée nationale, il en

---

434 *Ibidem.*

435 *Bis in Idem.*

436 Idée que défend le député de Batz le 25 mai 1791 : Mavidal, L -C, « *Archives parlementaires de 1787 à 1860* », Tome XXVI, *Op. cit.*, p.75.

affirme ainsi la suprématie[437]. En centralisant toutes les opérations effectuées par les comptables, le bureau de la comptabilité permet à la représentation de voir et apurer par elle-même les comptes, en faisant tout le travail préparatoire. Ce bureau de la comptabilité revêt alors le rôle d'auxiliaire de l'assemblée dans le contrôle des comptes. Réformé le 16 février 1795, par le décret du 28 pluviôse an III[438], le statut, le nombre ainsi que les fonctions des commissaires changent. En effet, l'article 5 dispose que lesdits commissaires sont chargés de « *recevoir, vérifier, et apurer les comptes qui doivent être rendus à la nation* ». Autrement dit, les commissaires de la comptabilité peuvent, à partir de cette date, apurer les comptes eux-mêmes[439].Tout de même, le bureau reste une émanation de l'Assemblée législative et donc cette dernière garde le monopole du contrôle des comptes. Par décret du 18 frimaire an IV – 9 décembre 1795 [440]– les commissaires disposent du pouvoir de donner des charges exécutives et exécutoires.

À ce stade, le bureau dispose de tous les pouvoirs de contrôle, mais reste dans l'orbite du pouvoir législatif. Le principe de représentation est respecté, la séparation des pouvoirs assurée.

C'est le décret du 20 décembre 1800[441], qui, en son article 3 dispose que la commission de la comptabilité transmettra le résultat au ministre chargé du trésor. Finalement, le contrôle des comptes redevient une opération d'administration, la prévalence de l'assemblée législative ne pouvait pas durer[442].

La mise en place de la Cour des Comptes en 1807, à la suite de la Débâcle des négociants réunis[443] « pérennise » cette approche. En effet, Napoléon, instituant la Cour des Comptes, en fait une institution

---

[437] Morin, D., « Bienvenue à la Cour… », *Revue internationale des sciences administratives,* vol.76, n°1, 2010, pp.27-50.

[438] Accessible sur : https://gallica.bnf.fr/ark:/12148/bpt6k6512164k/f29.item.r=f%C3%A9vrier%201795

[439] Flizot, S., « Aux origines de la loi du 16 septembre 1807 créant la Cour des comptes : le contrôle des comptes publics de 1790 à 1807 », dans *L'invention de la gestion des finances publiques : Élaborations et pratiques du droit budgétaire et comptable au XIXe siècle (1815-1914),* coordonné par Bezes P., Vincennes : Institut de la gestion publique et du développement économique, 2010, pp.129-158, accessible sur : https://books.openedition.org/igpde/1708#tocto2n3

[440]Accessible sur : https://gallica.bnf.fr/ark:/12148/bpt6k426352b/f401.item

[441] Accessible sur : https://gallica.bnf.fr/ark:/12148/bpt6k6439799b/f38.item

[442] Morin, D., *Loc. cit.*

[443] Voir *supra.*

strictement rattachée au pouvoir exécutif[444]. Plusieurs articles de la loi du 16 septembre 1807 en sont témoins. Notamment, l'article 17 dispose que les arrêts de la Cour peuvent faire l'objet d'une cassation devant le Conseil d'État, mais ce dernier étant soumis à l'empereur, la cassation était soumise à sa volonté. Également l'article 6 dispose que les membres de la Cour sont nommés à vie par l'empereur. Enfin, l'article 22 dispose un rapport annuel qui porte sur les observations faites par les référendaires sur les comptes au cours de l'année précédente, qui doit être transmis à l'Empereur.

Cependant, la Restauration est une période de modernisation des finances publiques[445], puisque plusieurs réformes sont menées afin d'approfondir les compétences de la Cour des Comptes et d'amorcer son repositionnement institutionnel. Notamment, la loi du 27 juin 1819 dispose l'obligation pour la Cour d'assister les deux chambres du parlement[446] ou encore l'ordonnance du 14 septembre 1822[447], qui remet à la Cour des Comptes la responsabilité de certifier l'exactitude des comptes généraux. C'est donc un nouvel équilibre institutionnel qui s'annonce puisqu'il s'agit de redonner une place à l'Assemblée législative dans le contrôle des comptes. Mais tout de même, jusqu'en 1832, la Cour des Comptes rend compte à l'Empereur.

---

[444] Morin, D., *Loc. cit.*

[445] Laquieze, A., « Chapitre IV. L'affirmation d'une collaboration des organes politiques dans l'exercice des fonctions étatiques », in *Les origines du régime parlementaire en France, 1814-1848.,* Paris : Presses Universitaires de France, « Léviathan », 2002, p. 169-234.

[446] Jan, P., « Parlement et cour des comptes », *Pouvoirs*, 2013/3 (n° 146), p. 107-116. Cette réforme fait d'ailleurs suite à la mise en place de la loi de comptes – voir *infra* – puisque les chambres, devant comparer le résultat de l'exercice budgétaire de chaque ministère au budget voté se trouvait confrontés à des difficultés techniques liées à une comptabilité qui n'était pas uniforme, et était encore assez peu développée. V. ce sens : Bottin, M., « Gestion publique et contrôle des Finances Publiques sous la restauration », dans *L'invention de la gestion des finances publiques : Elaborations et pratiques du droit budgétaire et comptable au XIXe siècle (1815-1914)*, coordonné par Bezes, P., Vincennes : Institut de la gestion publique et du développement économique, 2010, pp. 159-158.

Voir également Migaud, D., « Le rôle d'assistance aux pouvoirs publics de la Cour des Comptes : bilan des évolutions successives, perspectives souhaitables », *RFFP*, n°150, 2020, p. 143 : à travers cette loi, qui prévoit que la Cour doit aider les chambres à contrôler l'exécution des lois de finances, ce sont « *les premiers jalons de son rôle d'assistance au parlement* » qui sont posés.

[447] *Ibidem.*

En effet, la loi du 21 avril 1832 est communément considérée comme rendant public le rapport annuel, réalisé par la Cour des comptes, initialement adressé au roi. Par application de ces dispositions, le Rapport annuel de la Cour, portant sur la régularité des comptes sera transmis, conjointement à la déclaration générale, aux deux chambres du parlement. La motivation de cette loi est le rééquilibrage de la position institutionnelle de la juridiction financière, motivation qui peut se lire dans le « *Préambule du rapport au Roi et déclaration générale de la Cour des comptes de l'année 1831* »[448]. Plus que pour des préoccupations démocratiques, il s'agit pour la Cour, de connaitre une modernisation ainsi qu'un renforcement de la qualité de son travail afin de se maintenir, dans une période de troubles dans le paysage politique du régime en place[449].

D'après les auteurs dudit préambule, les réformes ayant eu lieu sous la restauration témoignent d'une *prise de conscience* de la nécessité que « *les trois branches du pouvoir [acquièrent la certitude] qu'aucune irrégularité ne peut échapper à leur surveillance* »[450]. Il s'agissait donc de remédier à une sorte de « *rapatriement vers l'administration* » du contrôle des comptes, en redonnant au pouvoir législatif, soit la représentation nationale, sa place en la matière. Cependant ces réformes ne semblent pas avoir suffi à redonner au parlement son importance dans le contrôle des comptes.

Et pourtant, durant la restauration et en particulier durant la période allant de 1815 à 1817, Ultras et Libéraux se sont affrontés sur l'idée de redonner au parlement sa place en matière de finances publiques. Et ce, notamment sur le vote des dépenses au sein des lois de finances, qui est

---

[448] Cour des comptes, Rapport au roi et déclaration générale de la Cour des comptes sur les comptes de l'année 1831, Paris Imprimerie Royale, 1833.

[449] En effet, plusieurs facteurs tendent à mettre en danger l'existence de la Cour. D'abord, le retour de Napoléon, durant la période des cent jours, puis l'épisode des 3 glorieuses en 1830 – en réponse à la façon de gouverner de Charles X – auraient pu être à l'origine d'une disparition de la Cour. Mais son premier président, François Barbé Marbois sut maintenir la juridiction en prêtant allégeance au souverain contre Bonaparte et débutant une modernisation de la Cour lui donnant une légitimité technique et la rapprochant de l'organe législatif, notamment par la loi du 27 juin 1819 et les ordonnances des 14 septembre 1822 et 9 juillet 1826, mentionnés dans le préambule comme les précurseurs de ladite loi de 1832. Ce rapprochement de l'organe législatif initiait un rééquilibrage de la position de la Cour dans le paysage institutionnel par rapport à ce qui avait été mis en place par l'empereur en 1807.

[450] Cour des comptes, Rapport au roi et déclaration générale de la Cour des comptes sur les comptes de l'année 1831, *Op. cit.*

alors la préoccupation principale des libéraux[451]. Cela explique le manque d'intérêt des parlementaires pour les aspects de contrôle budgétaire, désintérêt à l'origine de l'absence d'efficacité des réformes précitées, puisque dès lors, les parlementaires n'ont pas su se saisir des nouvelles compétences octroyées à la Cour[452] – notamment concernant la certification de l'exactitude des comptes et son devoir d'assistance aux chambres. À cela s'ajoute le fait que les partisans des régimes parlementaires étaient encore trop peu nombreux au sein des assemblées. C'est ainsi que les députés de l'opposition, face à la difficulté de s'assurer le concours de la Cour des Comptes, développent volontiers une argumentation visant à obtenir des renseignements directs auprès des ministres[453].

Dès lors, bien qu'initialement, Barbé Marbois, alors premier président de la Cour des Comptes, s'y oppose fermement, ainsi que Villèle, la loi du 21 avril 1832 rend public le rapport annuel, ancien rapport au roi, en imposant l'obligation de le transmettre aux deux chambres du parlement, conjointement à la déclaration générale. En effet, la loi de finances du 27 juin 1819 dispose que le compte annuel des finances « *sera accompagné de l'état de situation des travaux de la Cour des comptes au 1er septembre de chaque année* » ; mais à ce moment-là l'opposition Ultra objecte que cela fait de la Cour des comptes un auxiliaire du parlement, ce qui serait en contradiction avec la loi de 1807[454].

Ce repositionnement de la Cour des Comptes au sein des institutions marque alors un retour aux idées révolutionnaires, et le « *Préambule du rapport au roi et déclaration générale* » susmentionné le souligne. En effet, « *dans un gouvernement qui exige le concours des deux chambres pour la solution de toutes les questions d'ordre public et de finances, il était indispensable de porter directement à leur connaissance les observations que la loi du 16 septembre 1807 [avait demandé à la Cour*

---

[451] Jan, P., *Loc. Cit.*

[452] *Ibidem.*

[453] Bottin, M., « Villèle et le contrôle des dépenses publiques. L'ordonnance du 14 septembre 1822 », dans Actes du colloque *La comptabilité publique, continuité et modernité,* Bercy, 1993, Comité pour l'histoire économique et financière de la France, Paris : imprimerie Nationale, 1995, pp.8-30.

[454] Bottin, M., « Gestion publique et contrôle des Finances Publiques sous la restauration », *Loc. cit.*

des Comptes] pour l'examen du prince »[455]. La loi du 21 avril 1832 a effectivement « *ordonné l'impression et la distribution aux chambres [des rapports de la Cour], et [lui] a donné les moyens d'expliquer publiquement et avec détail les mentions sommaires dans lesquelles doivent se renfermer [les] déclarations générales* »[456].

La Cour donne ainsi ses vues sur les réformes nécessaires et à venir et se transforme alors en une sorte de conseiller, « *cette institution est donc devenue l'auxiliaire direct des chambres pour le contrôle de l'exécution des services* »[457]. Il est possible de considérer que ce repositionnement institutionnel de la Cour des Comptes, en tant qu'il recherche un placement de cette dernière en équilibre entre l'exécutif et les chambres, est l'une des premières versions de la théorie actuelle du « *placement à équidistance* » de la Cour[458], bien qu'il ne s'agisse encore que des prémisses.

En tout état de cause, ce repositionnement de la Cour au sein des institutions, issu d'un processus « *d'émancipation progressive* »[459] accompagne une volonté de revaloriser le rôle du parlement en finances publiques, bien que l'aspect du contrôle, au début du XIXe siècle, soit, tel qu'il a été dit, encore peu saisi des parlementaires. En effet, tel qu'il a déjà été mentionné plus tôt, la restauration est une période de modernisation du droit des finances publiques, et le Second Empire vient confirmer ces évolutions.

Ainsi, combiné aux réformes précitées qui concernent la Cour des Comptes, le 22 juillet 1814, le Baron Louis, nouveau ministre des Finances, précisant sa conception budgétaire lors de sa présentation aux députés des budgets du nouveau régime, jette les bases de la procédure des « *quatre temps alternés* » qui consistent en la préparation et exécution des lois de finances au gouvernement, leur vote et leur

---

455 Cour des comptes, Rapport au roi et déclaration générale de la Cour des comptes sur les comptes de l'année 1831, *Op. cit.*

456 *Ibidem.*

457 *Bis in idem.*

458 Cons. Const., Décision n° 2001-448 DC, 25 juillet 2001, Loi Organique Relative aux Lois de Finances.

459 Migaud, D., « Le rôle d'assistance aux pouvoirs publics de la Cour des Comptes : bilan des évolutions successives, perspectives souhaitables », *RFFP*, n°150, 2020, p. 143.

contrôle aux chambres[460]. Tout de même, la question ne connaissait à travers cette interprétation qu'une réponse imprécise. C'est la loi de finances du 25 mars 1817, en son article 151, qui précise que les ministres doivent rendre compte annuellement et sont responsables des dépassements de crédit. L'article 153 de la même loi, précise ce que doivent contenir les comptes présentés aux chambres[461]. Autrement dit, la loi de finances du 15 mars 1817 impose un contrôle parlementaire réel[462]. Enfin, la loi de finances du 15 mai 1818 créé la loi de comptes, devenue de façon contemporaine la loi de règlement, pérennisant ainsi le renforcement du contrôle parlementaire des comptes.

La mise en place de cette procédure permet de redonner son importance au contrôle des comptes par le parlement. En 1814, le rapport de la Cour est encore seulement transmis à l'empereur, et tel qu'il a été précisé plus tôt, nombreuses sont les voix qui s'élèvent contre sa transmission aux chambres. Mais tout de même, c'est une revalorisation du parlement qui est amorcée. Et c'est justement durant la restauration et à travers les diverses réformes précitées de 1822 et 1827 que sont réaffirmés les principes budgétaires d'annualité, spécialité, universalité et unité. Or, ces principes ont vocation à apporter lisibilité et transparence au budget et aux comptes afin de permettre aux chambres de réaliser le contrôle des comptes. Toujours dans la logique de modernisation du droit financier public, le décret du 31 mai 1838, faisant une synthèse des apports de la restauration, opère une distinction entre la comptabilité judiciaire, la comptabilité administrative, la comptabilité législative et la comptabilité spéciale[463], la meilleure part étant accordée à la comptabilité législative[464], représenté par la loi de comptes.

À travers ces décrets qui instaurent un cadre comptable visant à permettre au parlement d'autoriser l'ouverture des crédits en toute transparence, mais également de renforcer son contrôle des comptes, il

---

[460] Bottin, M., « Introduction historique au droit budgétaire et à la comptabilité publique de la période classique », in *Histoire du droit des finances publiques*, dir. H. Isaïa et J. Spindler, vol. 1, Economica, 1986, pp. 3-31.

[461] Accessible sur : https://gallica.bnf.fr/ark:/12148/bpt6k6447653n/f185.item

[462] Bottin, M., « Introduction historique au droit budgétaire et à la comptabilité publique de la période classique », *Loc. cit.*

[463] Bottin, M., « Gestion publique et contrôle des Finances Publiques sous la restauration », *Loc. cit.*

[464] Bottin, M., « Introduction historique au droit budgétaire et à la comptabilité publique de la période classique », *Loc. cit.*

est possible de lire une volonté de l'exécutif de mettre en avant le contrôle parlementaire pour mieux asseoir son autorité[465]. Par la suite, alors que la restauration entreprend de moderniser le droit budgétaire public, le Second Empire affermit tous ces principes de comptabilité publique[466]. À ce titre, il convient de mentionner le décret du 31 mai 1862 *portant règlement général sur la comptabilité publique*, également dit « *décret du centenaire* » puisqu'il ne sera remplacé que par le décret du 29 décembre 1962. Le décret, long de presque 900 articles reprend la synthèse opérée par le décret de 1838 précédemment cité tout en modifiant la comptabilité législative, toujours dans le but de renforcer le contrôle parlementaire, et incluant en son sein, dans cet esprit, tout un cadre budgétaire. Ainsi, cette période de la restauration et Second Empire, en repositionnant la Cour des Comptes et en renforçant le contrôle parlementaire donnent au contrôle juridictionnel ainsi que législatif toute son efficacité[467], et jettent les bases de la procédure financière publique.

Cette recherche d'une revalorisation du rôle du parlement en finances publiques et du rôle d'auxiliaire de la Cour des Comptes est un épisode qui s'est répété de façon contemporaine.

Après les quelques réformes ayant eu lieu dans la première moitié du Xxe siècle qui avaient essentiellement pour objectif de retrouver l'équilibre des finances publiques, et le décret-loi du 2 mai 1938 qui rend le rapport annuel de la Cour des Comptes public par sa publication au Journal Officiel, il s'agit là de mentionner l'importance de la révision constitutionnelle du 23 juillet 2008[468]. Cette révision constitutionnelle avait pour objectif général de revaloriser le rôle du parlement, par rapport à un esprit initial de la constitution de la Ve république qui voulait justement une rationalisation de ce dernier. En matière financière plus précisément, ce renforcement passe par deux choses. Tout d'abord, l'article 24 intègre, une nouvelle mission aux côtés de celles présentes depuis les origines de la constitution le 3 octobre 1958

---

[465] Hertzog, R., « La loi organique relative aux lois de finances (LOLF) dans l'histoire des grands textes budgétaires : continuité et innovation », *RFAP*, n°117, 2006, pp.15-30.

[466] Modracq, F., « *Les Finances Publiques* », Presses universitaires France, 2018, pp.3-6.

[467] Bottin, M., « Introduction historique au droit budgétaire et à la comptabilité publique de la période classique », *Loc. cit.*

[468] Loi n°2008-724 du 23 juillet 2008 de Modernisation des institutions de la Ve République.

que sont légiférer et contrôler le gouvernement : la mission d'évaluation des politiques publiques. Cette révision constitutionnalise la mission d'évaluation qui avait été consacrée de manière explicite pour la première fois, en tant que « *devoir d'évaluation* » dans la circulaire Rocard du 23 février 1989[469]. Mais cette mission d'évaluation, peu saisie des parlementaires, ne s'est réellement développée qu'avec sa constitutionnalisation et la consécration de la mission d'assistance « *au parlement dans le contrôle du gouvernement* » à l'article 47-2 de la Constitution. Cette reconnaissance consacre la recherche d'un équilibre dans les relations de la Cour avec d'une part le pouvoir exécutif et d'autre part le pouvoir législatif, avec lequel les liens se sont progressivement resserrés, pour permettre de remplir ses missions et d'éclairer le débat public en toute indépendance, dans la posture d'un « *tiers de confiance* »[470]. Ainsi, le texte reprend la théorie de l'équidistance issue de la jurisprudence de 2001 à propos de la LOLF[471]. Dans cette décision, le Conseil Constitutionnel précise « *[qu'] il appartiendra aux autorités compétentes de la Cour des comptes de faire en sorte que l'équilibre voulu par le constituant ne soit pas faussé au détriment de l'un de ces deux pouvoirs* »[472].

L'histoire se répète donc, mais le principe est toujours le même : assurer à l'organe représentatif la compétence exclusive en ce qui concerne le contrôle des comptes. L'idée paraît évidente, mais pourtant il est nécessaire de préciser cette origine commune puisque des débats ont eu lieu à propos notamment de savoir si confier, ou non, ce contrôle des comptes à une juridiction.

Il convient donc de relever plusieurs choses. Tout d'abord, là où le contrôle parlementaire des comptes s'est automatiquement accompagné, au France, de la mise en place d'une institution auxiliaire indépendante de l'exécutif, cela n'a pas été aussi évident dans le cadre français. Cependant, dans les deux cas, il s'est agi, au cours de l'histoire d'assurer le contrôle par l'organe représentant, dans une logique de

---

[469] Peyroux-Sissoko, M.-O., « L'évaluation des politiques publiques de l'article 47-2 de la Constitution. L'échec de la revalorisation du rôle du parlement », *RDP*, n°5, 2019, p. 1239.

[470] JCl administratif, Fasc. 1210, Cour des Comptes, 12 novembre 2018, S. Barichard.

[471] Iventosa J.-R., « La Cour des comptes : une place constitutionnelle confortée (L'article 47-2 de la Constitution) », *LPA*, 2008, n° 254, p. 82 à 86.

[472] Cons. Const. Décision n° 2001-448 DC, 25 juillet 2001, *Op. cit.*, p.80.

démocratie représentative et, selon les concepts décrits au début de la démonstration[473], une garantie sociale du droit de propriété.

Cependant, cette logique initiale d'attribution d'une compétence exclusive à l'organe représentant de la nation pour le contrôle des comptes provoque un phénomène de mise à l'écart du citoyen dans l'opération que représente ce contrôle, phénomène particulièrement constatable en France.

Section 2.
Le constat en France d'une mise à l'écart du citoyen dans le contrôle des comptes

Tel que cela été étudié dans les développements précédents, la logique originelle du contrôle des comptes est commune en France comme au France : le contrôle se fait par le parlement, organe de représentation. Or, il faut constater, qu'en France, cela aboutit à une mise à l'écart du citoyen. Afin d'arriver à une telle affirmation, il convient de s'en remettre à une définition du terme « société » contenu dans l'article 15DDHC, car c'est essentiellement de cette définition et du choix de cette terminologie que découle ce phénomène de mise à l'écart. Mais une telle opération relève d'une difficulté certaine du fait du caractère vaste dudit terme et demande un travail de déduction à partir de l'évolution à la fois historique et jurisprudentielle.

Cela permet d'observer deux choses. Dans un premier temps, que le terme « *société* » relevait initialement d'une logique représentative (A), en ce sens qu'il s'agissait de rendre compte à la représentation, dans la droite ligne de ce qui vient d'être étudié. Tout de même, une tentative d'individualisation des acteurs a eu lieu avec, notamment, un rôle important de la jurisprudence, tentative qui se révèle être un échec (B).

§1. La mise à l'écart du citoyen par le caractère initialement représentatif du terme « société »

Une recherche historique permet d'observer que dans un premier temps, le droit à la reddition de comptes était fortement imprégné d'une

[473]Voir *supra*.

logique représentative. Il s'agit de la conséquence d'une volonté initiale d'une acception large du terme « *société* » qui mène finalement à une mise en périphérie[474] du citoyen par rapport aux procédures de contrôle.

C'est avec la décision n° 2015-471 QPC[475] qu'a eu lieu la dernière évolution quant à la définition du terme « *société* ». En effet, l'article 15 DDHC devient une liberté invocable au titre de l'article 61-1 de la Constitution et le justiciable un biais d'action pour la société.

Dans cette affaire, la requérante invoque une violation du droit pour la société de demander compte à tout agent public de son administration. La juridiction constitutionnelle semble embarrassée et le rapporteur public près le Conseil d'État note que c'est la première fois que la disposition est ainsi invoquée : « *on ne peut pas considérer que les implications de cette disposition soient connues avec précision* »[476]. En effet, la question prioritaire de constitutionnalité a été posée par Mme Kosciusko-Morizet à propos d'un scrutin secret réalisé en application de l'article L2121-21 du Code Général des Collectivités territoriales – ci après CGCT. Le Conseil d'État, relevant également le caractère inconnu du contenu de l'article 15 DDHC, considère que la question doit être regardée comme nouvelle et la transmet au Conseil Constitutionnel[477].

Il est vrai que le terme « *société* » est un terme général et il est difficile de savoir à « qui » est ce qu'il renvoie, difficile de savoir qui est le titulaire du droit à une reddition de comptes de la part des agents publics.

D'abord, il est possible de considérer que la généralité du terme a été justement choisie, que l'intention des auteurs du texte était bien la généralité[478]. L. Griffaton-Sonnet explique, par exemple, que dès les débats parlementaires du 26 août 1789 à propos de la rédaction de la déclaration, le député De Boisgelin se voulait clair sur ce point. Ce dernier expliquait en effet que *« La responsabilité des agents du*

---

474 En reprenant les termes du Pr. Wasermann ; Wasermann, F., « Le citoyen et la prise de décision financière publique », *RFFP*, n°135, 2016, p.79-87.

475 Cons. Const., Déc. n°2015-471 QPC, 29 mai 2015, dit « *Mme. Nathalie K-M* ».

476 Griffaton-Sonnet. L., « Invocabilité du droit de demander compte à tout agent public de son administration à l'appui d'une question prioritaire de constitutionnalité », *Revue française de droit constitutionnel*, 2016, n° 105.

477 Conseil d'État, n°387322, 30 mars 2015.

478 Griffaton-Sonnet, L., « Invocabilité du droit de demander compte à tout agent public de son administration à l'appui d'une question prioritaire de constitutionnalité », *Revue française de droit constitutionnel*, mars 2016, n° 105.

pouvoir exécutif est un droit acquis au citoyen. Chaque citoyen a le droit de leur demander compte ; il faut donc encore énoncer ce droit dans la déclaration »[479]. Il s'agissait donc, par la généralité des termes, de permettre à chaque citoyen de demander compte, soit d'assurer à chacun des citoyens le droit de demander des comptes à tout agent public de son administration. Cependant, littéralement, les termes sont clairs. Pour défendre une reddition de comptes, c'est bien le terme de « *citoyen* » qui est employé. Pourquoi donc aboutir à celui de société dans la déclaration définitive ? [480]

Et justement, au sein même de la déclaration, ce sont souvent les citoyens qui sont évoqués comme titulaires de droits. C'est le cas notamment à l'article 6 qui dispose que « *tous les citoyens ont le droit de concourir personnellement ou par leurs représentants* » à la formation de la loi. Il est intéressant ici de relever qu'il s'agit bien de la participation directe du citoyen ou de sa participation par le biais de représentants. Ainsi, dans ce cas, la différence entre exercice direct du droit disposé par l'article 6 ou par le biais de représentants a été précisée. Cela laisserait entendre que dans le cadre de l'article 15, il n'y a pas de choix entre la participation directe du citoyen et sa participation indirecte au moyen de la représentation, puisque c'est une « *entité* », la société, qui a le droit de demander compte aux agents publics. Alors que l'article 6 individualise les citoyens en expliquant qu'ils sont « *égaux à ses yeux* » en parlant de la loi, l'article 15 reste sur un « groupe » formé par la société. De cette façon, alors que le droit à la participation à la formation de la loi est individualisé, le droit à la reddition de comptes ne l'est pas au premier abord. C'est bien ce qui semble s'apparenter à un groupe qui serait le titulaire de ce droit, un groupe appelé société. C'est cette société, qui est supposée comprendre tous les citoyens, qui peut demander des comptes, ce qui fait fortement penser au système représentatif.

Une telle différence peut également être relevée avec l'article 14 DDHC, qui dispose le droit du citoyen à consentir à l'impôt. Et cela se répète tout au long de la déclaration.

---

[479] Mavidal, Laurent Clavel, Archives parlementaires de 1787 à 1860, Tome VIII (du 5 mai 1789 au 15 septembre 1789).

[480] Or, il est difficile à partir des archives contenant les débats parlementaires ayant eu lieu à propos la déclaration de répondre à cette question puisque très peu de débats ont porté sur l'article 15DDHC. La seule logique certaine qui en ressort tel qu'il a été expliqué plus tôt, est celle d'une garantie sociale.

Il est possible, à l'appui de ce constat, de relever une volonté manifeste de permettre un contrôle non seulement aux citoyens, mais également à la société dans son ensemble[481]. Or cette conception semble coordonner avec la définition de la garantie sociale, puisqu'il s'agit « *d'un devoir de la société qui doit assurer à chacun par le concours de tous, le libre exercice de ses droits sociaux* »[482]. Le terme « *société* » et sa généralité auraient donc été choisis afin de gagner en généralité et de permettre un contrôle plus large à un public plus large.

Mais dans son commentaire de la déclaration de 1789, A. Depper, après avoir rappelé que l'article 15 DDHC pose le principe « *du contrôle que le peuple exerce sur tous ceux qui exercent une fonction de d'État* », évoque les différentes modalités de rendu de comptes[483]. Mais ces différentes modalités restent cantonnées à l'intérieur de l'administration, à l'intérieur du système représentatif.

Le terme « société » implique donc une absence d'individualisation ce qui le rapproche fortement du système de démocratie représentative. Ainsi, de façon littérale et au premier abord, il est possible de considérer que le choix d'une telle terminologie visait à ce que la reddition de comptes se fasse des décideurs vers le parlement dans une logique de démocratie représentative, mais cela aboutit à ce que le citoyen se trouve en périphérie du processus de contrôle des comptes.

Or, définir le résultat que donne l'application d'une logique représentative au droit de demander compte disposé par l'article 15 DDHC, soit une mise en périphérie du citoyen, nécessite d'abord de comprendre ce qu'implique concrètement ladite logique. Ainsi, une logique représentative conduit à ce que « *les individus parlent au nom d'autres individus silencieux ou absents ; ils expriment en leur lieu et place, une volonté qui sera réputée – sous certaines conditions et dans une certaine mesure – être égale à la leur* »[484].

Il convient de rappeler que dans le contrôle des comptes, interviennent trois acteurs principaux que sont la Cour des Comptes, le Parlement et le Conseil Constitutionnel. La Cour des Comptes certifie les comptes de l'État puis rend son rapport présentant le compte rendu de ses vérifications au parlement et au gouvernement. Ce rapport est examiné par le parlement, de façon conjointe au projet de loi de

---

481 De Cacqueray, S., *Loc. cit.*

482 Voir *supra*.

483 Depper, A., « *Commentaire de la Déclaration des Droits de l'Homme et du citoyen de 1789 et de 1793* », Paris, Geldage, 1902, p.87.

484 Braud, P., *sociologie politique*, LGDJ, 11e édition, 2014, p.464.

règlement donné par le gouvernement. Enfin, le parlement peut déférer la loi de règlement au Conseil Constitutionnel. Ainsi, le contrôle des comptes exercé par le parlement sensé représenter les citoyens se fait à partir du projet de loi de règlement, projet qui reste en permanence entre les mains des grandes institutions. Ainsi, à aucun moment du processus, le citoyen, lui- même, n'a d'accès, direct, aux comptes, ou du moins n'exerce une influence directe sur les comptes. Comme initialement prévu, la reddition de comptes se fait essentiellement à destination du parlement. Avec cette logique représentative, le contrôle est alors réalisé *pour* le citoyen par le parlement et non *par* le citoyen. Le parlement étant l'entité à travers laquelle, en vertu de l'article 14 DDHC, le citoyen consent à payer un impôt, le contrôle est réalisé *pour* le citoyen, mais ce dernier, dans cette perspective est réduit au rôle de contribuable[485]. En appliquant la théorie constitutionnelle selon laquelle le régime représentatif repose sur une délégation de sa souveraineté de la part du citoyen envers le parlement ce qui implique mandat pour l'exercer, le contrôle des comptes est toujours exercé au nom du corps social dont le contrôleur n'est qu'un mandataire, mandataire qui, par ailleurs, exerce un contrôle subordonné à l'intérêt général[486]. C'est ainsi que le Professeur Wasermann parle de « *mise en périphérie* » du citoyen dans le processus de décision concernant les finances publiques et notamment dans le processus de contrôle des finances publiques[487]. En effet, selon lui, « *la logique représentative rejette le citoyen en périphérie* ». Dès lors, « *la portée opérationnelle des dispositions de l'article 15 est quasiment inexistante* »[488].

Finalement, le citoyen par le fondement de l'article 15 DDHC ne se voit reconnaitre qu'un droit à l'information, ou, plutôt, un droit à l'accès à l'information de façon transparente. Cela est notable par le développement de l'information du parlement à travers la LOLF combinée au développement de l'ère du numérique. En effet, les rapports publics annuels et thématiques sont accessibles sous leur version numérique. Ainsi l'ère du numérique tend à favoriser l'information du citoyen, en instaurant une forme de relation directe

[485] Dufour, A -C. « Le citoyen et l'accès à l'information financière », in *Finances Publiques citoyennes, LGDJ, 2017,* pp.185-199.
[486] Gandguillaume, N., « *Théorie générale du contrôle »,* Paris, Economica, 1994, p.5.
[487] Wasermann, F., « Le citoyen et la prise de décision financière publique », *Op.cit.*, p.101.
[488] *Ibidem.*

entre la Cour et le citoyen ; mais cette relation reste unilatérale et le citoyen n'est que destinataire de l'information[489].

Le citoyen est donc, finalement, à cause de cette logique représentative bien ancrée dans le droit, un acteur passif du contrôle des finances publiques. Il est, dès lors, titulaire d'un droit à l'information, mais pas d'un droit à demander compte. Ainsi, de ce point de vue, l'article 15 DDHC, avec le terme société, et la signification que l'histoire a souhaité lui donner, ne parvient pas à créer réellement un droit subjectif pour le citoyen qui se retrouve « *mis en périphérie* » du contrôle financier public.

Cependant, une tentative récente d'individualisation des acteurs de la société, notamment par la jurisprudence, est à noter. Une définition plus individuelle et précise du titulaire du droit à la reddition de comptes devait atténuer cette emprise de la logique représentative sur ce droit. Or, dans les faits, tel n'est pas le cas en raison d'une complexification du système des règles de droit qui devaient définir qui est titulaire de ce droit à la reddition de comptes.

§2. L'échec de la tentative récente d'une individualisation des acteurs de la société

Il est possible d'observer que la jurisprudence a, progressivement, amorcé une tentative de définition et d'individualisation des acteurs que devrait viser le terme « *société* ». Seulement, cela a finalement abouti à une complexification de cette identification ce qui participe du sentiment de faire face à une fiction juridique concernant le droit à la reddition de comptes.

L'individualisation des acteurs composant la société est récente. Peut- être un peu trop au regard de l'âge de l'article et de son caractère éminemment démocratique.

Or, tel qu'il vient d'être démontré, jusqu'il y a peu, « *la société* », titulaire du droit de demander compte semblait se limiter au parlement, ce qui tendait à mettre le citoyen en « *périphérie* » du processus de reddition de comptes concernant les Finances Publiques. Le développement de cet article reste alors largement hypothétique dès lors que, jusqu'à présent, la place centrale est laissée au parlement, dans le

[489] Dufour, A -C. « Le citoyen et l'accès à l'information financière », *Loc cit.*

cadre du système représentatif[490]. Selon C. Testard, cette « *lacune* » de l'article 15 DDHC[491] est regrettable par ce qu'il participe de la notion de démocratie continue développée par D. Rousseau[492]. Dans le concept de démocratie continue, il s'agit d'introduire de nouveaux acteurs dans l'exercice du pouvoir et notamment y introduire le peuple de manière plus directe que ce soit dans la fabrique de la loi – à travers une « *délibération généralisée* » associant de nombreux « *entrepreneurs législatifs* »[493] – ou dans l'exécution de celle-ci. Ainsi, la démocratie continue est un régime démocratique « *au sens où il permet en permanence au peuple de manifester sa souveraineté en dehors des moments électoraux, soit par son intervention sur le contenu des règles, soit par leur contrôle et leur évaluation* »[494].

L'individualisation des acteurs formant la société doit donc permettre l'efficacité de l'article 15 DDHC. Cela participe de la mise en place d'une démocratie continue qui implique que la démocratie, soit la participation du citoyen, irrigue l'exercice du pouvoir avant, mais aussi après le moment de l'élection, d'où le terme « *continue* ».

Il est finalement « *naturel* » que la société agisse à travers le parlement, et il s'agissait de l'objet initial de la reddition de comptes telle que définie en 1789[495]. Cette idée d'évidence se confirme dès lors que ce sont la jurisprudence et le législateur qui ont dû venir au secours de l'application de l'article 15 DDHC et ont ouvert de façon progressive la liste des titulaires du droit de demander compte.

En effet, les modalités de la reddition de comptes semblent avoir évolué en ce sens que la « *société* » peut maintenant être incarnée autrement que par le parlement.

D'abord, ce sont désormais les services de contrôle administratifs qui peuvent demander des comptes aux agents de l'administration du denier public puisqu'en « *transférant, des chambres régionales des*

---

[490] Testard, C., *Pouvoir de décision unilatérale de l'administration et démocratie administrative*, Thèse soutenue à l'université Jean Moulin (Lyon),2016, LGDJ, 2018, p. 242.

[491] *Ibidem.*

[492] Rousseau, D., *La démocratie continue,* Bruylant, 1995.

[493] Poirmeur, Y., « D. Rousseau, La démocratie continue », [note critique], *Revue des sciences sociales et du politique*, 1996, p.278.

[494] *Ibidem.*

[495] Griffaton-Sonnet, L., « Invocabilité du droit de demander compte à tout agent public de son administration à l'appui d'une question prioritaire de constitutionnalité », *Revue française de droit constitutionnel*, mars 2016, n° 105.

comptes aux autorités administratives de l'État, la compétence pour l'apurement de certains comptes publics, le législateur n'a pas méconnu [l'article 15 DDHC] »[496].

Sans oublier que le comptable public doit rendre compte devant les juridictions financières de son activité. La nuance, en ce qui concerne les juridictions financières, réside dans le fait que celles-ci ne sont pas titulaires du droit à la reddition de comptes. Elles ont alors un double rôle. Le premier, consiste en l'information la société titulaire du droit. Le second est d'ordre juridictionnel : les juridictions financières ont compétence pour condamner l'agent public exécutant du denier public qui se rend coupable d'une mauvaise gestion, notamment d'une gestion de faits.

Enfin, désormais, ce sont les justiciables, directement, qui peuvent incarner cette « *société* » puisque l'article 15 DDHC est devenu une liberté fondamentale invocable au titre de l'article 61-1 de la constitution[497]. Mais le problème ici ne serait-il pas que finalement le justiciable agit en en son intérêt propre ? Puisqu'à travers la QPC, il défend, en tant que justiciable, un intérêt privé. Mais c'est sans oublier l'objectif premier du contrôle de constitutionnalité incarné également par la QPC qui est d'assurer le respect de la Constitution par la loi. Or, dernièrement, s'est mise en place une logique de démocratie constitutionnelle et, dès lors, l'intérêt général veut que la loi se fasse dans le respect de la Constitution. Ainsi, le justiciable qui défend ses intérêts privés devant le Conseil Constitutionnel, sur fondement de l'article 15 DDHC assure par là même le respect par la loi de l'obligation de reddition de comptes qui, tel qu'il a été mentionné plus tôt, incarne la démocratie.

Ainsi, la précision par la jurisprudence de « *qui est la société* » tend à montrer que le caractère général du terme initialement voulu se prêtait à ce qu'une telle évolution ait lieu, mais, en lui-même, était de nature à limiter la prérogative de contrôle de l'activité publique à ceux qui représentaient la nation, soit les parlementaires.

Cependant, les différentes ouvertures offertes par la jurisprudence n'offrent pas une véritable entrée pour le citoyen dans la procédure de contrôle des comptes. Par ailleurs, l'identification de différents acteurs qui peuvent demander compte, de façon ponctuelle, illustre la

---

[496] Cons. Const, Déc. n° 2011-641-DC, 8 décembre 2011, loi relative à la répartition des contentieux et à l'allègement de certaines procédures juridictionnelles.

[497] Cons. Const., Déc. n°2015-471 QPC, 29 mai 2015, dite « *Mme. Nathalie K- M* ».

complexité de l'identification d'un véritable titulaire du droit ce qui tend à le faire s'apparenter à une fiction.

En effet, bien que la jurisprudence soit venue consacrer le justiciable comme titulaire directe du droit à la reddition de comptes de la part de l'agent public, ainsi que d'autres acteurs destinataires de la reddition de comptes – tels les services de contrôle administratif –, le citoyen est toujours en reste. Visiblement, la seule porte de sortie pour ce dernier est celle de la QPC, bien que celle-ci soit récente. En effet, avant la décision n° 2015-471QPC précitée, le Conseil Constitutionnel avait considéré en 2010 que l'article 15 DDHC ne pouvait, à lui seul, être directement invoqué dans le cadre d'une QPC[498]. Ainsi, tel qu'il l'a déjà été expliqué plus tôt, la procédure de reddition de comptes reste entre les mains des institutions et met le citoyen au second plan, puisqu'il n'y participe que de manière passive en tant que destinataire de l'information. C'est ainsi qu'une partie de la doctrine considère que finalement, « *si le citoyen se voit, sur ce fondement, reconnaitre un droit, c'est tout au plus celui d'un accès facilité à l'information budgétaire et financière et plus largement de transparence* »[499].

Une voie de participation directe du citoyen semble exister tout de même, bien que le passage s'apparente plus à une brèche. En effet, le citoyen a la possibilité d'adresser directement une question sur la gestion du denier public à la Cour des Comptes. Il doit pour cela, s'il « *constate un problème dans la gestion des deniers publics* »[500], adresser un courrier à la Cour. Au-delà, son droit à demander compte ne trouve davantage à s'émanciper[501].

Par ailleurs, cette individualisation mène à un constat qu'est celui d'une dispersion des règles de droit désignant le destinataire du droit à la reddition de comptes. En effet, il est possible, d'un côté, et ce, par déduction, de comprendre que le destinataire initial du droit à la reddition de comptes est le parlement. D'un autre côté, la jurisprudence admet une obligation pour les agents publics de rendre compte aux

[498] Conseil Constitutionnel, Déc. n°2010-77, 10 Décembre 2010, dite « *Mme Barta Z* ».

[499] Beauvironnet, E.; « *Le citoyen et le contrôle des comptes des agents publics* », in *Finances publiques citoyennes*, LGDJ, 2017, p.64.

[500] Voir la section « J'ai constaté une mauvaise gestion des deniers publics, qui contacter ? » dans la rubrique « relations avec les citoyens » dans la rubrique dédiée aux questions réponse du site de la Cour des Comptes.

[501] Dufour, A -C. « Le citoyen et l'accès à l'information financière », in *Finances Publiques citoyennes, LGDJ, 2017, p.185.*

autorités administratives de l'État sans que cela ne soit contraire à l'article 15 DDHC[502]. Non pas que cela fasse de ces autorités des titulaires du droit à la reddition de comptes, mais au moins des destinataires de cette dernière. Enfin, la jurisprudence consacre le justiciable comme titulaire du droit à la reddition de comptes puisqu'il peut, depuis 2015, invoquer l'article 15 DDHC à dans le cadre d'une QPC.

Ainsi, cette dispersion donne à la notion de contrôle, corolaire de celle du droit de demander compte un caractère protéiforme[503]. Visiblement, déterminer le destinataire du droit que consacre l'article 15 DDHC requiert au préalable de clarifier l'ambiguïté de la formule employée[504], ce qu'a tenté de faire la jurisprudence. Or, cela enlève à ce droit toute l'évidence dont doit faire preuve un droit subjectif. En effet, le recours à différentes notions pour identifier les acteurs désignés par le terme « société » n'offre pas la réalité juridique d'un droit subjectif « *telle que sa cohérence la présuppose, tel qu'elle est mise en forme techniquement, tel qu'elle est habituellement perçue* »[505]. Autrement dit, un droit subjectif présuppose une cohérence dans sa mise en forme et une forme de simplicité dans sa mise en œuvre, ce qui n'est visiblement pas le cas de l'article 15 DDHC et du droit qu'il est censé instituer.

Ainsi, il est possible de conclure au fait que le droit à la reddition de comptes disposé à l'article 15 DDHC – comme corolaire du contrôle – , malgré une tentative d'individualisation de ses destinataires forme une fiction juridique qui se définit comme *« l'altération d'un ou plusieurs concepts juridiques par la méconnaissance soit des conditions logiques, soit des effets logiques de leur application »*[506].

Définir qui sont les acteurs de la « société » relève donc d'une difficulté certaine, et d'un travail de déduction.

Or ce travail de définition mène au constat d'une mise à l'écart du citoyen français dans le contrôle des comptes de sa Nation, et une

---

[502] Conseil Constitutionnel, Déc. n° 2011-641-DC, 8 décembre 2011, loi relative à la répartition des contentieux et à l'allègement de certaines procédures juridictionnelles.

[503] Beauvironnet, E., *Op. cit.*, p.108.

[504] Latournerie, M.-A, « Responsabilité publique et constitution », *Mélanges en l'honneur de René Chapus*, LGDJ, 2013, p.359.

[505] Pierron, L., « *La protection sociale des fonctionnaires : étude critique d'un régime spécial »,* Paris, Université Panthéon Assas (Paris II), 2016, p.30.

[506] Wicker, G., « *Les fictions juridiques. Contribution à l'analyse de l'acte juridique »,* Paris, LGDJ, 1997, p.12.

individualisation difficile et pauvre d'effets face à ce constat. Il est alors intéressant de constater, qu'outre Atlantique, un système de *Contraloría Social* a été mis en place, justement pour redonner sa place au citoyen dans le contrôle des finances publiques, dans une logique d'approfondissement de la démocratie participative.

CHAPITRE 2.

L'enseignement potentiel de la Contraloría Social mexicaine pour le modèle français

La contraloría social est un mécanisme impliquant un contrôle citoyen direct dont le développement semble déjà bien avancé au Mexique (Section 1ère). En regard, quelques formes embryonnaires de participation citoyenne à la matière financière publique semblent apparaitre en France (Section 2).

Section 1ère. Le développement avancé de la participation citoyenne en matière budgétaire au Mexique

« Dans les sociétés démocratiques, la démocratie participative se veut le complément indissoluble de la démocratie représentative »,[507] car, en effet, *« la démocratie ne se résume pas à une méthode d'élection de celui qui gouverne ; c'est aussi une façon de déterminer comment nous voulons qu'il gouverne »*[508]. C'est par la première

---

[507] Originellement : « *En las sociedades democráticas la democracia participativa es el complemento indisoluble de la democracia representativa* » : Medellín, M. de la Rosa, « *La contraloria social : un derecho de la sociedad civil en Mexico* » ; accessible sur https://www.icnl.org/wp-content/uploads/Mexico_La-Contraloria-Social-rosa-medellin.pdf.

[508] Originellement : « *La democracia es algo más que un método para elegir quién gobierna ; es también una manera de decir cómo queremos que gobierne* » , *Plan Nacional de Desarollo 2001-2006*, littéralement traduit : *Plan national de développement 2001-2006* ;
Accessible sur :
http://planeacion.uaemex.mx/InfBasCon/PlanNacionaldeDesarrollo2000-2006.pdf

citation que le Dr. Martin de la Rosa Medellín introduit son exposé sur la *Contraloría Social*[509], qui est un mécanisme qui doit intégrer la participation directe des citoyens au contrôle de l'exécution du budget. Or ce mécanisme fut renforcé et perfectionné par le *Plan Nacional de Desarollo 2001-2006* [510]qui définit justement la démocratie selon les termes de la seconde citation. En effet, la *Contraloría Social* est un mécanisme qui, à l'inverse de la logique française qui tend à mettre le citoyen en périphérie du contrôle des comptes, vise à intégrer à ce contrôle la participation directe du citoyen (§1). Le dispositif mexicain semble donc présenter un caractère plus avancé du dispositif de reddition de comptes en finances publiques que le dispositif français, mais s'appuie pourtant sur des fondements juridiques connus de la tradition française comme mexicaine (§2) dont il a déjà été traité plus tôt dans la démonstration.

§1. La construction progressive d'un mécanisme de participation citoyenne au contrôle des finances publiques

La *Contraloría Social,* ou, traduit de façon littérale, le contrôle social, se définit comme un ensemble de mécanismes de participation citoyenne à la reddition de comptes, dont les termes existent dès 1991 dans un certain nombre de programmes économiques fédéraux à fort impact social[511]. S'il est possible de parler de « *mécanismes de participation* », c'est parce que les divers mécanismes impliqués par la *Contraloría Social* visent à intégrer le citoyen directement à la prise de décision dans l'espace public[512].

Il existe une définition juridique donnée par l'article 69 de la *Ley General de Desarollo Social*[513]du 20 janvier 2004[514]. La *Contraloría Social* se définit ainsi comme « *le mécanisme des bénéficiaires, de manière organisée, pour vérifier l'accomplissement des objectifs et l'exécution régulière [soit conforme aux règles de droit] des deniers*

---

509 Intitulé : « *La contraloria social : un derecho de la sociedad civil en Mexico* »: http://planeacion.uaemex.mx/InfBasCon/PlanNacionaldeDesarrollo2000-2006.pdf

510Ci-après : « *Plan National de développement 2001-2006* ».

511 Hevia, F. de la Jara, « El caso de la contraloria social », in *Derecho a saber, balance y perspective cívicas*, México City : Fundar, 2014, pp. 289-194.

512*Ibidem.*

513 Ci-après : « *Loi générale de développement social* ».

514 Voir Annexe XI.

alloués aux programmes de développement social ». Deux choses semblent alors intéressantes à relever. D'abord, « *le contrôle social est un droit, bien que la loi l'appelle mécanisme, attribué aux bénéficiaires des programmes concernés* »[515]. Ainsi, cette loi définissant et institutionnalisant de manière concrète la *Contraloría Social* pour la première fois, octroie aux citoyens bénéficiaires des programmes économiques concernés un droit au contrôle de l'exécution desdits programmes. Par ailleurs, il semble ressortir que ce contrôle social connaît un lien important avec les programmes économiques visant la solidarité et le développement social. Bien qu'aujourd'hui le mécanisme s'étende à un grand nombre de domaines, il est juste de dire que la *Contraloría Social* trouve son origine dans les politiques de solidarité et développement social, au sens de la lutte contre la pauvreté.

En effet, rétrospectivement, c'est sous l'impulsion d'une loi de planification, la *Ley de planeación* du 5 janvier 1983, qu'a lieu la révision constitutionnelle du 3 février 1983[516] qui pose les prémisses de la *Contraloría Social.*

C'est effectivement durant la période Miguel de la Madrid (1982-1988) qu'est promue l'institutionnalisation de la *Contraloría Social.* Notamment un des axes du projet de ce gouvernement tient à « *la rénovation morale de la société* »[517] ; et c'est dans ce contexte que s'intègre la mise en place du « *Sistema nacional de planeacion democratica* »[518].

Afin de mettre en place un tel système, la révision constitutionnelle du 3 février 1983 susmentionnée vient modifier les articles 25 et 26 de la Constitution Politique des États-Unis mexicains. Ainsi, selon l'article 25 nouveau, dans l'objectif d'assurer à tous les citoyens un mode de vie digne, cette révision fait du développement économique du pays, une mission qui incombe aux autorités gouvernementales et doit être réalisée de façon démocratique. L'article 26, quant à lui, dispose que la planification et la mise en œuvre de cette mission devant se faire de manière démocratique doivent passer par la participation

---

[515] Medellín, M. de la Rosa, *Op. cit.*

[516] Voir Annexe XII.

[517] Moyado Flores, S., « *El nuevo institucionalismo de la Contraloría Social en las políticas de desarrollo municipal* », México : UNAM, Instituto de Investigaciones Jurídicas, 2013, format pdf, p.1.

[518] Ci- après : « *Système national de planification démocratique* ».

sociale[519]. Ainsi, « *Ce système met en place un mécanisme de consultation populaire pour amasser la participation sociale dans les différentes étapes de la formulation, contrôle et évaluation des programmes* »[520]. Dans ce but, sont mis en place la *Secretaría de la Contraloría General de la Federación*[521] – SECOGEF- au niveau fédéral et les *Sistemas Estatales de Control y Evaluación*[522] et les structures opératives des *Comités de Planeación para el Desarollo*[523] – COPLADE – au niveau des états fédérés[524]. Tout cela s'inscrit à l'époque dans un objectif de « *rénovation morale de la société* »[525].

C'est ensuite durant le mandat de Carlos Salinas Gortari (1988-1994), qu'est mis en place un programme de solidarité, nommé PRONASOL, qui doit prendre appui sur des mécanismes de participation sociale moyennant quoi, il vise à rétablir la légitimité ainsi que la crédibilité du gouvernement[526].

Le plan de développement économique de 1989-1994 vient enrichir la notion, tout comme la réforme, en 1991, de la SECOGEF pour y intégrer la *Dirección General de la Contraloría Social*[527]. En effet, cette nouvelle structure permet la diffusion et la promotion du mécanisme de contrôle social dans les États et les municipalités : l'objectif du programme de développement était notamment de soutenir et renforcer le fonctionnement et les principes de respect, co-responsabilité, transparence et honnêteté que véhiculait déjà le programme PRONASOL[528]. Au même moment, est mis en place « *El Sistema Nacional de Quejas y Atención a la Ciudadanía* »[529] : il s'agissait de permettre qu'« *avec toute liberté* » les citoyens expriment les irrégularités ou dysfonctionnements des services dont ils bénéficient de

---

519 Moyado Flores, S, *Op. cit.*, p.1

520 *Ibidem.*

521 Littéralement traduit : « *Secrétariat de Contrôle Général de la Fédération* ».

522 Littéralement traduit : « *Systèmes Étatiques de Contrôle et Évaluation* ».

523 Littéralement traduit : « *Comités de Planification pour le Développement* ».

524 Moyado Flores, S, *Op. cit*, p.3&s.

525 Voir en ce sens, l'exposé des motifs, accessible sur : http://www.diputados.gob.mx/sia/coord/refconst_lviii/html/197.htm

526 *Ibidem.*

527 Littéralement traduit : « *Direction Générale du Contrôle Social* ».

528 Moyado Flores, S, *Op. cit.*, p.6.

529 Littéralement traduit : « *Système National de Plainte et Attention aux Citoyens* ».

la part des instances gouvernementales auxquels ils font face, à travers notamment des modules d'orientation des plaintes[530].

Durant le mandat de Ernesto Zedillo (1995-2000), la SECOGEF devient la *Secretaría de Contraloría y Desarollo Administrativo*[531] – SECODAM –. Cette transformation se justifie par un certain nombre d'irrégularités qui ont lieu durant les mandats précédents et sont mises en lumière par la SECOGEF et les Comités de Contrôle locaux se trouvant dans les États et les Municipalités[532]. Or, cela permet de révéler que seulement 8 % des programmes sociaux sont effectivement contrôlés, ce qui ne permet ni de vérifier la régularité de l'emploi des deniers publics destinés à ces programmes ni d'en évaluer les effets[533]. Les autorités mettent alors en place de nouveaux mécanismes gouvernementaux de contrôle social pour garantir l'exécution stricte des ressources de l'État qui sont destinées aux programmes sociaux. Dans ce cadre, est de nouveau préconisée la participation citoyenne dans le contrôle de cette exécution, à travers l'organisation de sociétés civiles qui doivent intervenir aux différents niveaux de l'administration publique[534]. Ainsi, à cette période, la participation citoyenne est renforcée et une telle évolution se trouve encouragée par l'entrée du Mexique dans l'Organisation de Coopération et de Développement économique (OCDE) en mai 1994, qui impose un certain nombre de critères de renforcement de la démocratie dans la vie nationale et de recherche d'un gouvernement plus efficace et efficient. Durant ce mandat, de 1995 à 2000, tout un dispositif est donc mis en place aux différents échelons locaux pour renforcer le contrôle social de l'emploi du denier public : il ne s'agit plus uniquement de contrôler le gouvernement fédéral, mais également les États fédérés et les Municipalités qui, par la réforme constitutionnelle du 6 décembre 1977[535], disposent d'une autonomie financière sur certaines matières. Ce mandat présidentiel a ainsi permis un certain nombre d'avancées assez innovantes en matière de fondements juridiques de la participation sociale et de reddition de comptes, également appelée *accountability*. Cette dernière peut être définie de la manière suivante :

---

[530] Moyado Flores, S, *Op. cit.*, p.6.

[531] Littéralement traduit : « *Secrétariat de Contrôle et Développement Administratif* ».

[532] Moyado Flores, S, *Op. cit.*, p.13.

[533] López Presa, J- O., *Corrupción y cambio*, Secodam-FCE, 1998, pp.322-323.

[534] Moyado Flores, S, *Op. cit.*, p.16.

[535] Voir Annexe X.

« il s'agit d'une obligation permanente des mandataires [ou agents] d'informer leurs mandants [ou principaux] [...] [qui] supervisent aussi les mandataires pour garantir que l'information diffusée soit fidèle »[536].

Enfin, c'est le Plan de Développement National 2001-2006 qui parachève le renforcement de la *Contraloría Social.* En effet, ce plan attribue au gouvernement une mission de transition économique vers une société plus juste et équitable d'un point de vue économique mais aussi humain. Il ne s'agit donc pas uniquement d'une justice économique, mais également d'une forme de justice sociale, sociétale et humaine. Il est donc question d'accompagner la transition économique de la mise en place « *d'un nouveau modèle institutionnel, qui renforce la vigueur de l'État de droit* »[537]. Ce mécanisme de contrôle tend à s'étendre à d'autres domaines économiques, dans lesquels les finances publiques sont engagées[538].

Il s'agit alors, dès le plan de 2001-2006, d'établir une nouvelle « *culture de gouvernement* » basée sur l'humanisme, l'équité, le changement, le développement inclusif, la soutenabilité, la compétitivité, le développement régional, et surtout l'État de droit, une gouvernance démocratique, le fédéralisme, la transparence, et la reddition de comptes[539].

Derrière toute cette évolution et cette recherche d'un renforcement du contrôle des comptes à travers la participation sociale se trouve également la recherche de la lutte contre la corruption, ce qui ne paraît pas étonnant puisque cela va de pair avec une culture de la transparence.

La mise en place de la *Contraloría Social* a été à l'origine d'une importante rénovation institutionnelle afin de permettre sa mise en œuvre. La *Contraloría Social* prétendait mettre en place un système bipartite de contrôle, c'est-à-dire, d'une part un contrôle formel ou institutionnel et d'autre part, un contrôle social[540]. C'est la *Ley General de Desarollo Social*[541] du 20 janvier 2004[542] qui finit

---

[536] Ugalde, L-C., « Rendición de cuentas y democracia : el caso de Mexico », in *Cuadernos de Divulgación de la Cultura Democrática*, Mexico, INE, 2020.
[537] Medellín, M. de la Rosa, *Op. cit.*
[538] Restrepo Medina, M-A., Puron Cid, G., « *Diseño institutcional de las entidades de fiscalizacion superio de america latina* », Bogotá D.C : Editorial universidad del Rosario, 2014, 3p.
[539] Medellín, M. de la Rosa, *Op. cit.*
[540] Moyado Flores, S, *Op. cit.*, p.7.
[541] Littéralement traduit : « *Loi Générale de Développement Social* ».
[542] Voir annexe XI.

d'institutionnaliser réellement la *Contraloría Social.* En effet, un des objectifs de cette loi est de consolider l'environnement juridique qui doit garantir la responsabilité des agents, l'engagement, et la transparence dans la gestion publique en plus de favoriser la participation de la communauté et ouvrir des espaces de participation pour tous les acteurs de la société[543]. Ainsi, la participation sociale se trouve, avec cette loi, au cœur du contrôle de la mise en œuvre des programmes de développement économique visant notamment à la lutte contre la pauvreté. Et justement, à ce titre, le Chapitre VI de ladite loi, « *VI. Participación Social* » établit clairement que la participation sociale est indispensable dans la planification, exécution, évaluation et supervision de la politique sociale[544]. Il s'agit alors de « *rompre avec le postulat paternaliste dans lequel le gouvernement est le sujet actif du développement économique et social et la société, le récepteur passif* »[545].

Dès lors, parmi les principales caractéristiques de ladite loi, celle-ci, institutionnalisant la *Contraloría Social,* met en place un mécanisme qui permet aux bénéficiaires des programmes, de manière organisée, de vérifier l'accomplissement des objectifs et l'emploi régulier des deniers publics assignés aux programmes de développement social[546]. Elle créé également le *Consejo Consultivo de Desarollo Social*[547]qui doit être l'organe consultatif permettant la consultation citoyenne et la conformation pluraliste, au sein du ministère du Développement social[548]. Il aura pour mission d'analyser et proposer des programmes et des actions ayant une incidence sur l'exécution de la politique nationale de développement social[549]. Elle établit également une notion de solidarité qui incorpore la participation sociale comme un mécanisme qui permet d'avoir une incidence sur la consolidation de la démocratie, d'optimiser le budget [ou denier public] ainsi que l'impact et les réussites des programmes sociaux, son enracinement et son

---

543 Blanco Escandón, C., « Notas sobre la Ley general de desarollo social », *Revista Juridica. Anuario del departamento de derecho de la Universidad Iberoamericana*, México D.F : UNAM, n°34, 2004, pp.461-470.
544 Medellín, M. de la Rosa, *Op. cit.*
545 Medellín, M. de la Rosa, *Op. cit.*
546 Blanco Escandón, C., *Loc. cit.*
547 Littéralement traduit : « *Conseil Consultatif de Développement Social* ».
548 Dit « *Secretaría de Desarollo Social* ».
549 Blanco Escandón, C., *Loc. cit.*

acceptation[550]. Enfin, elle vise à garantir le droit à la dénonciation populaire à toute personne ou organisation, sur tout fait, acte ou omission, qui cause ou puisse causer une atteinte aux droits – sociaux[551]– établis par cette loi ou contrevienne à d'autres dispositions se trouvant dans d'autres ordonnancements juridiques relatifs à ces mêmes droits[552]. Ainsi, par exemple, parmi les institutions mises en place, l'article 67 de la loi dispose les *Comités de Contraloría Social*[553], au niveau de l'état fédéral et des États fédérés. Ceux-ci doivent jouer le rôle d'interface entre les citoyens et l'administration pour permettre justement aux premiers d'exercer leur droit au contrôle social. Par ailleurs, l'article 70 dispose l'obligation pour le gouvernement de favoriser le contrôle social et de faciliter l'accès à l'information.

C'est ensuite le règlement du 2 janvier 2006 qui aborde l'aspect concret de l'application de la loi de 2004. Il dispose notamment de nombreuses obligations telles que celles pour les gouvernements – fédéral, des états et des municipalités – d'informer les citoyens, à travers des « *convocations* », des différentes possibilités de participation au contrôle.

La rénovation institutionnelle se poursuit ensuite, toujours dans le but de favoriser la participation sociale à la fois dans le contrôle de l'exécution des deniers alloués aux programmes de développement économique et dans leur évaluation. Par exemple, une résolution n° 01-00-000225 du 20 août 2007, établit de nouveaux mécanismes pour intégrer les citoyens au contrôle social. Elle permet d'incorporer les citoyens au contrôle des finances publiques à travers des conventions garantissant le respect des principes de confidentialité, objectivité, responsabilité et réserve. Elle permet encore de coopérer avec les unités de contrôle social à l'échelon local, dans l'exercice de ce contrôle social afin de s'assurer que les ressources ont bien été utilisées conformément à ce à quoi elles étaient destinées[554]. Et justement, à propos de l'échelon local, l'accord sur « *Los lineamientos de la contraloria social* [555]», du

[550] Medellín, M. de la Rosa, *Op. cit.*

[551] Par droit sociaux, il faut entendre ici le droit de tous les mexicains d'avoir des conditions de vie dignes, soient les droits qui leur permettent de vivre dignement. Il ne s'agit pas des droits sociaux selon la définition de Sieyès, mentionné plus tôt.

[552] Medellín, M. de la Rosa, *Op. cit.*

[553] Littéralement traduit : « *Comités de Contrôle Social* ».

[554] Restrepo Medina, M-A., Puron Cid, G., *Op. cit.*, p.5.

[555] Littéralement traduit : « *Les directives générales sur le contrôle social* ».

11 avril 2008, vient renforcer la décentralisation du contrôle social ainsi que l'environnement juridique de ce dernier en général.

Les lois et les réformes visant à renforcer ce mécanisme sont très nombreuses, ainsi que les diverses petites institutions qui existent au niveau fédéral comme local, tels les *Comités de Vigilancia*, ou encore les divers organes collégiaux qui permettent la participation citoyenne. Actuellement, l'organe principal en la matière est le *Sistema Integral de Contraloría Social*[556], qui est « *un ensemble de mécanismes et de stratégies instrumentalisées par les agences et bureaux de l'Autorité Supérieure de la Fédération pour favoriser et garantir la correcte mise en œuvre de la Contraloría Social* »[557].

Dans le cadre de cette recherche, il est nécessaire de se limiter aux principales, l'objectif étant essentiellement de comprendre l'esprit de ce mécanisme, qui semble innovant par rapport aux mécanismes constitutionnels en France et ce, sur la question du contrôle de régularité de l'emploi des deniers publics, mais aussi, visiblement, sur l'évaluation de leur emploi.

En effet, parmi les principales caractéristiques précédemment mentionnées de la loi du 20 avril 2004 se trouve aussi celle de viser à faciliter l'évaluation opportune objective et utile, notamment à travers la participation sociale, mais aussi les conseils d'experts[558]. La participation sociale doit alors permettre, si elle est efficace, d'aider à l'efficience en donnant une véritable valeur ajoutée à la planification économique[559]. En effet, quelle meilleure façon d'évaluer l'efficacité et l'efficience d'une politique qu'en interrogeant directement ceux qui en sont les destinataires ?

Ainsi, dans la littérature à propos de la *Contraloría Social*, il est souvent mentionné que la législation mexicaine récente protège le *droit au* contrôle social. C'est notamment et surtout le cas de la loi du 20 janvier 2004, à travers son article 69 susmentionné et des lois de chaque état[560].

La Contraloría Social consiste donc en un « *droit à* » et implique une obligation pour le gouvernement de faire participer les citoyens de façon directe au contrôle de l'exécution des politiques qui engagent les

---

556 Littéralement traduit : « *Système Intégral de Contrôle Social* ».

557 Medellín, M. de la Rosa, *Op. cit.*

558 Blanco Escandón, C., *Loc. cit.*

559 Moyado Flores, S, *Op. cit.*, p.11.

560 Hevia, F. de la Jara, *Loc. cit.*

deniers publics. Finalement, parachevant l'institutionnalisation du contrôle social, la loi du 20 janvier 2004 établit *« implicitement une obligation pour les institutions de l'administration publique fédérale d'inclure dans leurs responsabilités, ou missions, ce mécanisme »*[561].

Or ce système, tel qu'il a été expliqué plus tôt, tend à s'étendre au-delà des plans de développement économique et social, à d'autres domaines engageant les finances publiques. Et, alors que ce système peut paraître novateur par rapport à ce qui est connu en France, ses fondements juridiques rappellent des traditions constitutionnelles communes aux deux nations.

§2. Un mécanisme novateur aux fondements juridiques connus de la tradition constitutionnelle française

Tel que l'explique, dans son exposé susmentionné, le Dr. Martin de la Rosa Medellín, le fait de reconnaitre la *Contraloría social* comme un droit constitue « *une avancée importante dans la consolidation de la démocratie puisque cela donne la faculté aux bénéficiaires [des politiques] en particulier, et à la société en général, de demander compte au gouvernement sur les différents programmes de développement, de superviser, et éventuellement de dénoncer les anomalies qui pourraient faire l'objet de sanctions administratives et même pénales, visant les agents publics concernés et prononcés par les autorités compétentes* »[562].

Lorsque l'auteur mentionne une avancée en matière démocratique grâce à la possibilité de rendre concrète la reddition de comptes, cela n'est pas sans rappeler les propos tenus au début de la démonstration à propos de la déclaration de 1789. En effet le député Romme, lors des débats parlementaires autour de la Déclaration des Droits de l'Homme et du Citoyen du 24 juin 1793 fait grief à la déclaration de 1789 d'une potentialité despotique[563], qui se caractérise par l'absence, en son sein, de droits sociaux tels que définis par Sieyès. Selon les raisonnements tenus plus tôt, les droits sociaux sont des droits qui, par leur exercice, permettent la garantie des droits primaires, qui eux sont les droits naturels et imprescriptibles de l'Homme. Et c'est en l'exercice de ces

---

[561] Medellín, M. de la Rosa, *Op. cit.*

[562] Medellín, M. de la Rosa, *Op. cit.*

[563] Jaume, L., « *Les Déclarations Des Droits De L'homme, Débat 1789-1793 Au Préambule De 1946.* » Paris: Flammarion, 1989., p. 224.

droits sociaux que consiste la garantie sociale qui doit permettre de garantir les droits primaires dont le droit de propriété. Or, cela a été expliqué plus tôt : L. Jaume considère que la garantie sociale peut également se lire à travers le titre Ier de la Constitution du 3 septembre 1791 qui dispose des moyens de participer à la démocratie tels la liberté d'expression et, notamment, le droit de pétition.

Or, la *Contraloría social* trouve son fondement juridique dans la primauté des droits constitutionnels à l'information, de pétition, d'association et de participation des divers secteurs de la société dans la planification[564], tous ces droits étant consacrés dans le titre Ier de la Constitution politique des États-Unis mexicains du 5 février 1917.

L'une des bases de la démocratie est la défense de l'État de droit qui renvoie à la sujétion à la loi de tous les pouvoirs publics, mais également à la transparence et la responsabilité des agents publics dans l'exercice de leurs fonctions[565]. Autrement dit, selon la littérature constitutionnelle mexicaine, notamment à propos de la *Contraloría social*, la démocratie se trouve assurée par l'État de droit qui lui-même n'est assuré que par la garantie des droits à travers la responsabilité, qui en l'espèce se trouve elle-même assurée par ce mécanisme de contrôle social.

Ainsi, en recoupant les notions, ici, c'est bien la garantie sociale qui se trouve assurée par le mécanisme de *Contraloría social*. Ce dernier prenant appui sur les droits de participation sociale, d'information, d'association, de pétition et de participation à la planification économique, ce sont, *in fine,* ces droits qui assurent la garantie sociale du droit de propriété, à travers l'exercice du contrôle des opérations engageant les finances publiques.

En ce qui concerne le droit de participation sociale, celui-ci se définit comme « *le droit des personnes et organisations à intervenir et s'intégrer, individuellement ou collectivement dans la formulation, exécution, et évaluation des politiques, programmes et actions du développement social* » [566]et concerne l'article 26 de la constitution, mentionné plus tôt.

---

[564] Secretaría de la Función Pública, «¿ Qué es la Contraloria Social y cuál es su marco legal ? », mai 2015, accessible sur: www.gob.mx .
[565] Medellín, M. de la Rosa, *Op. cit.*
[566] Secretaría de la Función Pública, «¿ Qué es la Contraloria Social y cuál es su marco legal ? », *op. cit.*

Le droit d'association se trouve quant à lui à l'article 9 de la constitution. Plus intéressants en revanche, sont les droits de pétition et d'information.

En effet, si *la Contraloría social* trouve différents fondements dans la constitution, mexicaine, il a été considéré que le droit de pétition, se trouvant à l'article 8 de la constitution, reste le principal[567]. Ce droit de pétition consiste à ce que tout gouverné puisse s'adresser aux autorités en ayant la certitude qu'il obtiendra une réponse à sa demande[568]. En réalité, ce droit ne se limite pas simplement au droit de demander quelque chose : il implique aussi un droit à l'information et un droit de réponse[569].

Or ce droit se trouvait parmi les droits dits « *droits sociaux* » inscrits dans le Titre Ier de la Constitution française du 3 septembre 1791. Il faisait notamment partie de ce que le député De Boisgelin considérait comme étant des droits qui viennent préciser sous quelle forme la garantie des droits doit être mise en œuvre[570] ; ces droits, qui, justement permettent la garantie sociale de ce que Sieyès appelait les droits primaires[571]. Le contrôle social est donc un bon exemple de garantie sociale du droit de propriété. À travers l'exercice de son droit au contrôle social, basé sur le droit de pétition, le citoyen qui contrôle directement l'emploi des deniers alloués aux programmes de développement social et économique, assure par l'exercice de son droit, son droit de réponse et donc son droit de se faire rendre compte mais également celui des autres. Le citoyen assure surtout son droit de propriété et celui des autres. Autrement dit, le citoyen qui exerce son droit de pétition à travers la *Contraloría Social*, assume son devoir qu'est celui de la société, d'« *assurer à chacun par le concours de tous le libre exercice de ses droits* »[572].

La Loi Générale de Développement Social du 20 janvier 2004 précitée, vise, entre autres, à garantir le droit à la dénonciation populaire à toute personne ou organisation, sur tout fait, acte ou omission, qui

---

[567] Moyado Flores, S, *Op. Cit.* p.5.

[568] Andrade Sánchez, E., « *Constitución Política De Los Estados Unidos Mexicanos, Comentada* », México: Rectoría, Instituto De Investigaciones Jurídicas. 1a Edición., 1985, 1p.

[569] *Ibidem.*

[570] Voir *supra.*

[571] *Ibidem.*

[572] Selon la définition de la garantie sociale selon Barrère mentionnée plus tôt ; voir *supra.*

causent ou puissent causer une atteinte aux droits – sociaux – établis par cette loi ou contreviennent à d'autres dispositions se trouvant dans d'autres ordonnancements juridiques relatifs à ces droits sociaux. En effet, cette loi vise à rétablir les droits sociaux – au sens assurer des conditions de vie dignes aux citoyens – des Mexicains car il s'agissait d'un des fers de lance de la constitution de 1917, qui avait un fort aspect social. Or, le constat a été fait que ces droits sociaux n'étaient finalement pas vraiment garantis. Ce dispositif vise alors à garantir ces droits sociaux à travers la possibilité de contrôler l'emploi des finances publiques qui sont allouées aux programmes de développement économique et social.

Autrement dit, ici, cette loi, dans sa philosophie, vise à garantir ces droits sociaux en assurant la possibilité pour les citoyens d'engager la responsabilité des gouvernants qui agiraient de façon à contrevenir à ces derniers, soit en ne remplissant pas leur mission, soit en utilisant de manière frauduleuse les deniers destinés à cette mission. À nouveau, la logique semble se dessiner : la garantie des droits prend appui sur la responsabilité des agents et est permise par l'action de chacun pour protéger les droits de tous, l'action de chacun étant la possibilité de dénoncer, tout acte ou omission contrevenant aux droits des citoyens.

Cette logique peut également être considérée comme existante en droit français puisque cela ressemble au recours pour excès de pouvoir, devant le juge administratif, alors gardien des libertés face à l'administration. Il s'agit bien de faire le procès d'un acte administratif qui serait illégal, et qui, par conséquent tendrait à porter atteinte aux droits des individus. Mais deux différences sont à relever. Tout d'abord, le mécanisme de *Contraloria Social* tend justement à favoriser l'exercice de ce « droit de dénoncer », autrement dit l'exercice de ce droit de pétition, à travers l'information, et tous les petits mécanismes de contrôle qu'elle met en place. Également, le recours pour excès de pouvoir vise les actes administratifs alors que la *Contraloría Social* vise spécifiquement les finances publiques, du moins les domaines dans lesquels les finances publiques sont engagées. Certes, le mécanisme est initialement fléché sur les programmes de développement économique et social et de solidarité, mais il reste qu'il y a derrière cela, une véritable logique financière de contrôle direct des comptes par le citoyen sans passer par la représentation, logique financière qui n'a pas une telle place dans le cadre du recours pour excès de pouvoir.

Par ailleurs, selon Márquez Fransisca, de l'université Alberto Hurtado (Chili), il y a trois conditions pour l'exercice du contrôle social, qui sont la disposition de moyens de sanction, des espaces de discussion et l'habilitation à cet effet des sujets du contrôle et surtout le droit à l'information[573]. L'accès à l'information parait un préalable indispensable à l'effectivité de la *Contraloría Social*. En effet, « *en termes de droit à l'information il n'y aura aucune avancée réelle [en matière de contrôle et d'évaluation] si l'information sur les actes gouvernementaux est restreinte, obscure et hors d'accès des groupes qui réalisent le contrôle* »[574]. Le caractère indispensable de cette information est la raison pour laquelle le droit à l'information est devenu un droit garanti par la constitution au même titre que tous les autres droits naturels et imprescriptibles de l'Homme avec la révision constitutionnelle du 6 décembre 1977 qui l'intègre à l'article 6 de la Constitution mexicaine. Pour Ernesto Villanueva, le droit à l'information est indispensable au progrès de la société, car permet le renforcement d'une conscience citoyenne et favorise la participation citoyenne[575].

Mais la reddition de comptes ne doit pas s'arrêter à un simple droit à l'information et justement le contrôle social va plus loin[576]. En effet, le droit à l'information n'est qu'un principe, puisque sans transparence ni accès à l'information, il est impossible de surveiller ou piloter des programmes ou travaux qui sont payés avec les impôts de tous[577]. Le contrôle social implique quelque chose de plus[578] : il fait en effet passer le citoyen d'un état de récepteur passif de l'information à un statut de détenteur d'un droit d'exploiter cette information. C'est en cela que tient la différence avec le dispositif français de reddition de comptes, qui tel qu'il a été démontré plus tôt et selon les termes du Pr. Wasermann, tend à mettre le citoyen en périphérie du contrôle des comptes. En effet, là ou en France, sur le fondement de l'article 15 DDHC, si le citoyen se voit reconnaitre un droit, « *c'est tout au plus celui d'un accès facilité à l'information budgétaire et financière et plus largement de transparence* »[579], le droit mexicain semble aller plus loin.

---

573 Márquez F. et al., « Participación ciudadana en la gestion publica », *Revista de temas sociales*, Santiago de Chile, vol.41, 2001, p.46.

574 Moyado Flores, S, *Op. cit.*, p.15.

575 Villanueva E., « Tendencias en el reconocimiento del derecho de acceso a la información pública », *democracia, transparencia y constitución,* México : UNAM-IFAI, 2006, p.22.

576 Medellín, M. de la Rosa, *Op. cit.*

577 Hevia, F. de la Jara, *Loc. cit.*

578 Medellín, M. de la Rosa, *Op. cit.*

579 Beauvironnet, E., *loc. cit.*

Tout de même, il convient de nuancer en formulant quelques critiques à l'égard de ce contrôle social, qui n'est peut-être pas encore à son stade de maturité.

D'abord, pour ce qui concerne la période allant jusqu'aux années 2000, le constat a été fait que la mise en place de la *Contraloría Social* n'a pas su satisfaire la demande d'information de la part de la société. Comme dans beaucoup d'autres gouvernements, l'évaluation de son efficacité s'est limitée au numéraire : compter combien d'actions sont menées, combien d'institutions ou de comités de consultation sociale ont été mis en place, sans regarder quels ont été les effets concrets, ce qui aurait été plus décevant[580].

Également, il existe certes une possibilité pour le citoyen de contrôler directement l'administration, mais il existe peu de possibilités de contrôle avec un véritable engagement de la responsabilité à la clef et une véritable sanction[581]. La seule véritable action concrète d'engagement de la responsabilité qui puisse suivre une opération de contrôle menée par un citoyen consiste en un dépôt de plainte ou une « dénonciation », sur la base du droit de pétition, devant la juridiction compétente. Alors, il est certain que ce sont tous les mécanismes de contrôle social qui ont été mis en place qui permettent cette dénonciation ou cette plainte, mais la seule sanction possible reste visiblement, du ressort des juridictions compétentes. Tout de même, la différence demeure avec le cas français : là où le citoyen mexicain peut réaliser un contrôle et une dénonciation de l'acte, le citoyen français, qui a la possibilité, depuis la QPC 471 citée plus tôt[582] doit, avant de pouvoir agir, « *créer le contentieux* » avec toutes les conditions que cela implique, tel l'atteinte à un intérêt qui lui est propre. Dit d'une autre façon, le contentieux sera plus aisé à « créer » au Mexique grâce à tous les mécanismes de contrôle social.

S'ajoute le problème d'une citoyenneté fragile[583] : tel que cette citoyenneté a été construite par l'histoire, les risques de ce mécanisme sont d'une part le manque de temps et d'intérêt de la part des citoyens – qui par ailleurs peuvent manquer de compétences en la matière – et d'autre part le risque de clientélisme et de cooptation corporative[584].

---

580 Moyado Flores, S, *Op. cit.*, p.12.
581 Hevia, F. de la Jara, *Loc. cit.*
582 Voir *supra*.
583 Hevia, F. de la Jara, *Loc. cit.*
584 *Ibidem.*

Tout de même, il reste que l'objectif de la *Contraloría Social* est que la communication soit fluide entre l'administration et les administrés afin que le gouvernement se fasse « *du bas vers le haut* », cette participation sociale étant le meilleur moyen de rendre efficace et efficient l'emploi des finances publiques dans les programmes économiques[585], notamment de développement économique et social et de lutte contre la pauvreté.

Section 2.
Les approches modernes embryonnaires de consultations participatives en matière financière en France

Il convient dans un premier temps de considérer la possibilité d'un « droit à » la participation en matière budgétaire potentiellement offert par la procédure du référendum d'initiative partagée (§1) puis les nouvelles méthodes d'évaluation de la Cour des comptes prenant notamment en compte les parties prenantes (§2).

§1. Les apparentes prémisses d'un « droit à » la participation à travers la procédure du référendum d'initiative partagée, sorte de version améliorée du droit de pétition

Le référendum dit d'initiative partagée[586] institué par l'alinéa troisième de l'article 11 de la constitution du 4 octobre 1958, pourrait, à l'issue de l'affaire Aéroports de Paris[587] devenir un outil d'obstruction à la procédure législative[588]. Les faits lui donnant par ailleurs un aspect financier certain, au-delà de sa visée initiale, ce qui devait apparaitre

---

585 Valverde Viesca K., Palma delgado E -A., « Ley general de desarollo social : un nuevo papel para las organizaciones sociales en México », *Estudios Políticos*, n°8 octava época, 2006, pp.9-41.

586 Ci- après :« RIP ».

587 Ci- après : « ADP ».

588 Selon les mots de Florence Chaltiel, professeure de droit Public à l'IEP de Grenoble, « Aéroports de Paris : entre loi et référendum. Questions de constitutionnalité, d'opportunité et de calendrier », *LPA*, 2019, n°134, p.3.

comme un nouvel outil de démocratie directe pourrait devenir un outil de participation directe à la matière financière. Parfois qualifié de version améliorée d'un droit de pétition[589] existant déjà de façon résiduelle à l'article 69 de la constitution, la philosophie du dispositif pourrait s'apparenter à une forme embryonnaire des logiques étudiées au Mexique.

L'alinéa 3 de l'article 11 de la constitution est issu de la révision constitutionnelle du 23 juillet 2008[590] et institue une procédure qui permet d'organiser un référendum sur une proposition de loi présentée par au moins 1/5e des membres du parlement et soutenu par 1/10e du corps électoral. En application du premier alinéa de l'article 11, le référendum ne peut porter que sur un certain nombre de domaines, dont les « *réformes relatives à la politique économique* ». L'introduction de cette nouvelle procédure à travers la révision constitutionnelle de 2008 s'est faite « *dans le but de revaloriser la force des gouvernés [...] tempérer la force du modèle représentatif* »[591].

Mais le référendum prévu par ledit article 11 reste une « *anomalie* »[592], il n'instaure ni un référendum d'initiative populaire comme le proposait initialement le comité Balladur en 2007 ni un référendum dont l'initiative serait partagée, à l'image du nom que lui donne le Conseil Constitutionnel dans sa décision n° 2019-1 RIP du 9 mai 2019[593]. Le dispositif reste en effet très limité, ne serait-ce que par son champ d'application matériel, délimité par la constitution elle-même. L'initiative serait partagée, mais il s'agit bien d'une proposition de loi, d'initiative parlementaire, « *soutenue* » par 1/10 des électeurs : si les électeurs – et non les citoyens par ailleurs – participent, ce n'est que dans un second temps : ils n'ont qu'un rôle de soutien. Également, des « *garde-fous* » ont été introduits pour limiter d'éventuelles dérives liées à l'initiative populaire[594]. C'est ainsi que le Conseil Constitutionnel devra contrôler *à priori*, la proposition de loi, au regard

---

589 Haulbert, M., « le référendum d'initiative « partagée » : représentants versus représentés ? », *RDP*, 2014, n°6, p.1639.

590 Loi constitutionnelle n°2008-724 de modernisation des institutions de la Ve république.

591 Haulbert, M., *Loc. cit.*

592 Rambaud, R., « Référendum d'initiative partagée : une première historique ? », *AJDA*, 2019, p.1073.

593 *Ibidem.*

594 Haulbert, M., *Loc. cit.*

de l'ensemble du bloc de constitutionnalité. Le sujet du référendum ne peut concerner l'abrogation d'une loi promulguée moins d'un an auparavant ou un sujet ayant déjà donné lieu à un référendum au cours des deux dernières années. Enfin, le seul examen de la proposition par les chambres suffit à faire obstacle à l'organisation du référendum. « *Une telle richesse de précautions [de la part du constituant] est révélatrice de l'état d'esprit des parlementaires, qui demeurent encore largement réticents envers les procédés de démocratie semi-directe - lesquels sont perçus comme une remise en cause directe de la représentation* »[595]. La mise en œuvre du dispositif nouveau ne sera possible qu'après la promulgation des lois organiques n° 2013-1114 et n° 2013-1116 du 6 décembre 2013, qui face au nombre de contraintes imposées par le constituant, se limitent à déterminer les modalités concrètes et matérielles du déroulement de la procédure.

En somme, la procédure RIP, est une procédure qui parait clairement « *verrouillée* »[596]. Et au sein même d'une procédure référendaire, sensée apporter une touche de démocratie directe, semble s'être bien ancrée la logique représentative puisque finalement ce sont les parlementaires qui se font auteurs d'une initiative, ensuite soutenue, dans cette initiative seulement, par les électeurs. Cette obsession de la démocratie représentative, qui se lit une nouvelle fois dans le cadre de cette procédure, est qualifiée par le député socialiste Untermaier[597] comme un phénomène propre à la culture française. Il convient à ce titre de rappeler la filiation entre l'histoire constitutionnelle française et la pensée respective de Montesquieu et Rousseau, le premier pour la démocratie représentative, le second pour la souveraineté populaire. Alors que la construction constitutionnelle française devrait faire preuve d'un équilibre entre les deux, la tradition semble pencher pour une prédilection de la démocratie représentative. En revanche, au Mexique, alors qu'il a été appuyé plus tôt sur l'importance qu'avait prise la philosophie de Montesquieu et le principe de représentation dans l'historique de la construction constitutionnelle, l'insertion de dispositifs de démocratie directe semble rencontrer moins de difficultés. Seulement, l'histoire française, à l'image de l'épisode impérial, montre des usages référendaires souvent déviés en

---

595 *Ibidem.*

596 *Bis in idem.*

597 Voir débats à l'assemblée nationale, XIVe législature, 2e séance du 19 nov. 2013, JORF, p.11767

plébiscite[598], une accusation dont a également fait l'objet le Général de Gaulle en son temps. C'est la raison pour laquelle « *un spectre plébiscitaire et démagogique [...] plane telle une ombre au tableau des avancées démocratiques* »[599], empêchant nombre de travaux et projets ayant eu lieu depuis les années quatre-vingt-dix de trouver concrétisation.

Tout de même, avec la procédure ADP, le dispositif RIP, accompagné de la jurisprudence du Conseil Constitutionnel des 9 et 16 mai 2019, pourrait sembler ouvrir la voie à un « *droit d'opposition* », presque citoyen – étant donné que la procédure reste la même dans son caractère verrouillé par les parlementaires –, à la procédure législative en matière financière.

Anciennement établissement public[600], ADP devient une société anonyme le 20 avril 2005[601], dont l'état est actionnaire, de manière stable depuis 2013 à hauteur 50,63 %, et s'est vu verser un dividende d'un montant de 173,4 millions d'euros en 2018[602]. La loi n° 2019-486 du 22 mai 2019 relative à la croissance et la transformation des entreprises, dite « loi PACTE » visait à permettre la privatisation du groupe ADP, notamment à travers son article 136 qui supprime l'exigence légale de détention majoritaire du capital social par l'État. La privatisation du groupe visait à financer un « *fonds pour l'innovation de rupture* », bien que les opposants à cette réforme soulèvent que ledit fonds peut-être financé grâce aux résultats financiers de la société ADP. Le 10 avril 2019, a été déposée sur le bureau de l'Assemblée nationale, une proposition de loi, co-signée par 248 députés, visant à affirmer le caractère de service public national de l'exploitation des aérodromes de paris ce qui aurait pour effet de rendre impossible la détention majoritaire du capital social du Groupe ADP par des entités ne relevant

---

598 Chaltiel, F., *Loc. cit.*,

599 Haulbert, M., *Loc. cit.*,

600 « L'aéroport de Paris » était un établissement public, créé le 24 octobre 1945 par l'ordonnance n°426-2488.

601 Par la loi n°2005-357, du 20 avril 2005, *relative aux aéroports*, article 1er.

602 Voir en ce sens le Rapport fait au nom de la commission des finances, de l'économie générale et du contrôle budgétaire sur le projet de loi, après engagement de la procédure accélérée, de règlement du budget et d'approbation des comptes de l'année 2018 (n° 1947), par M.Joël Giraud, rapporteur général député, annexe n° 44, participations financières de l'état, participation de la France au désendettement de la Grèce, avances á divers services de l'état ou organismes gérant des services publics, rapporteure spéciale : Mme Valérie Rabault, députée.

pas du secteur public. A ensuite été déclenchée la procédure conduisant au référendum d'initiative partagée, validée par le Conseil Constitutionnel dans sa décision du 9 mai 2019[603].

Le Conseil contrôle donc la conformité de la procédure aux exigences de l'article 11 alinéa 3 de la Constitution. Il constate que « *la proposition de loi a été présentée par au moins un cinquième des membres du parlement à la date d'enregistrement de la saisine du Conseil Constitutionnel* ». Concernant ensuite l'objet de la loi, le Conseil explique que « *cette proposition de loi porte sur la politique économique de la Nation et les services publics qui y concourent. Elle relève donc bien d'un des objets mentionnés au premier alinéa de l'article 11 de la Constitution* ». Il n'est donc pas encore question de matière budgétaire. En effet, le champ matériel du référendum est limité constitutionnellement aux « *réformes relatives à la politique économique, sociale ou environnementale de la nation et aux services publics qui y concourent, ou tendant à autoriser la ratification d'un traité qui, sans être contraire à la Constitution, aurait des incidences sur le fonctionnement des institutions* »[604]. Ainsi, la matière budgétaire semble à priori exclue. En effet, lors des travaux préparatoires de la révision constitutionnelle du 4 août 1995[605] qui vise, entre autres, à étendre le champ du référendum législatif à des projets de loi relatifs à la politique économique ou sociale de la nation et aux services publics, et dont est issu le champ actuel du référendum le M. Jacques Toubon, garde des Sceaux, ministre de la Justice explique :

> « *Il est des sujets qui me paraissent devoir impérativement relever de la voie parlementaire. Il s'agit d'abord des questions dont l'examen relève des prérogatives traditionnelles du Parlement, comme les libertés publiques, le droit pénal ou encore les lois de finances [...]. Pour d'autres sujets, le référendum, qui demeure toujours*

[603] Cons. Const. Déc. n°2019-1 RIP, « *proposition de loi visant à affirmer le caractère de service public national de l'exploitation des aérodromes de Paris* », disponible dans le recueil du Conseil Constitutionnel.

[604] Article 11 alinéa 1er de la constitution.

[605] Loi n°95-880, du 4 août 1995, portant extension du champ d'application du référendum, instituant une session parlementaire ordinaire unique, modifiant le régime de l'inviolabilité parlementaire et abrogeant les dispositions relatives à la Communauté et les dispositions transitoires.

l'exception par rapport à la voie parlementaire, est souhaitable lorsqu'une grande question est en jeu. C'est précisément le cas des questions économiques et sociales et des réformes nécessaires dans ce domaine »[606].

Une distinction semble donc être opérée entre les questions de politique économique et les questions budgétaires. Mais une interprétation extensive du texte militerait aujourd'hui pour l'inclusion des questions fiscales, voire financières[607]. En effet, de nombreux sujets de réformes économiques ont des répercussions financières, comme la suppression d'un service public, ou le financement d'un parti politique – tel était le sujet du référendum italien de 1993[608]. Pour le coup, l'exploitation des aérodromes de Paris n'est plus considérée comme une activité de service public depuis la réforme de 2005, mais ladite proposition de loi référendaire vise à la requalifier comme telle, ce qui emporte des conséquences budgétaires. Par ailleurs, l'impôt étant à la fois « *un instrument des autres politiques publiques [...] et un objet de politiques publiques* »[609], il est difficile de dissocier les questions institutionnelles, économiques et donc budgétaires[610].

Or, la privatisation d'ADP est une affaire de politique économique, mais l'effet budgétaire est indéniable dès lors que l'apport en recette issu des participations financières de l'État à la société s'élève à 173, 4 millions d'euros en 2018, 132 millions en 2017 et 131 millions en 2016[611].

Cela explique la raison pour laquelle le Conseil Constitutionnel se prononce *nihil obstat*[612]sur la recevabilité financière de la proposition

---

606 Archives des débats parlementaires de l'assemblée nationale, Xe législature, 1ère séance du 10 juillet 1995, p.5.

607 Blairon, K., « Démocratie directe et finances publiques, une tentative de réconciliation », *RFFP*, n°132, 2015, p.163.

608 *Ibidem*.

609 Leroy, M., « *L'impôt, l'État et la société. La sociologie fiscale de la démocratie interventionniste* », Paris : Economica, 2010, p.3

610 Blairon, K., *Loc. cit.*

611 Voir en ce sens, le rapport fait au nom de la commission des finances, de l'économie générale et du contrôle budgétaire sur le projet de loi, après engagement de la procédure accélérée, de règlement du budget et d'approbation des comptes de l'année 2018 (n° 1947), précité.

612 Roux, J., « Référendum d'initiative partagée sur ADP : une boite de pandore ? », *Recueil Dalloz*, 2019, p.1259.

de loi. En effet, l'examen de cette recevabilité est implicite dès lors que l'article 40 de la Constitution est mentionné dans les visas. Cela s'explique puisque dès 2013, le juge constitutionnel explique « *qu'il ne saurait être dérogé à cette exigence [visant ledit article 40] pour le dépôt des propositions de loi présentées en application du troisième alinéa de l'article 11 de la Constitution* »[613]. En l'espèce, si la proposition de loi aboutit, empêchant ainsi la privatisation d'ADP, elle permettrait à l'État de continuer à bénéficier de la manne des dividendes de la société, même si elle le priverait du produit de la vente, « *si tant est que, dans les deux cas, il s'agisse de « ressource(s) publique(s) » au sens de l'article 40* »[614].

Ce *nihil obstat* vient alors confirmer l'aspect financier de cette proposition de loi et semble donc ouvrir la voie à une interprétation extensive de ce qui peut relever du RIP au titre de la « *politique économique de la Nation* ». Autrement dit, il s'agit là d'une possibilité de voir en ce RIP un nouvel outil de participation – avec, tout de même, les quelques réserves émises plus tôt sur le dispositif – en matière financière.

Si la question du champ matériel, relevant de la « *politique économique de la nation* » n'a pas semblé poser de réelles difficultés, plus délicate fût la question temporelle, lorsque le Conseil dut examiner si la proposition de loi référendaire n'avait pas pour objet l'abrogation d'une disposition législative promulguée depuis moins d'un an[615]. En effet, bien que la proposition de loi ne vise pas strictement à abroger une disposition législative dont la promulgation a eu lieu il y a moins d'un an, nul n'ignore que la proposition avait bien pour objet de faire obstacle à un texte, certes encore non promulgué, mais en cours de discussion au parlement[616]. Le texte alors en discussion, le projet de loi PACTE est, en effet, ensuite, déclaré par les sages, conforme à la constitution le 16 mai 2019[617].

---

[613]Cons. Const. Déc. n°2013-681DC, 5 déc. 2013, Loi organique portant application de l'article 11 de la Constitution.

[614] Roux, J., *Loc. cit.*, p.128.

[615] Roblot-Troizier, A., « Question de cohérence juridique autour du RIP et de la privatisation d'ADP », *Chronique de jurisprudence -Droit administratif et droit constitutionnel RFDA,* 2019, p.763.

[616] *Ibidem.*

[617] Cons. Const. Déc. n°2019-781 DC, 16 mai 2019, *loi relative à la croissance et la transformation des entreprises*, disponible au le recueil du Conseil Constitutionnel.

Dans ses observations sur la proposition de loi présentée en application de l'article 11 de la Constitution, le secrétariat général du gouvernement s'interroge sur le respect de l'esprit de la réforme de 2008[618], plaidant le non-lieu à statuer : « *le constituant n'a pas entendu, en l'état actuel des dispositions de l'article 11 résultant de la révision du 23 juillet 2008, permettre que s'opposent les expressions de la souveraineté nationale exprimée par les représentants du peuple et par la voie du référendum* »[619]. Mais il ne revenait pas au conseil de corriger une éventuelle faille du dispositif constitutionnel ou de juger de l'opportunité de la proposition[620], d'où la lecture stricte de la Constitution[621]. Il reste malgré tout une « *incongruité* »,[622] car si à la date de la décision, il n'était pas question d'annulation, il n'en sera pas de même lors du référendum. Cela explique la décision du gouvernement de retarder l'entrée en vigueur de la loi PACTE, puisqu'il ne pouvait s'opposer à l'expression de la souveraineté populaire, ce qui tend à mettre en lumière une logique obstructive de l'emploi du dispositif[623]. Ainsi, dans un contexte de défiance, tant vis-à-vis du pouvoir politique que des pouvoirs constitués, la lecture combinée des deux décisions précitées, du 9 et 16 mai s'inscrit dans une dialectique constitutionnelle [624]qu'est celle de la souveraineté nationale et la souveraineté du peuple et le communiqué de presse précité en est une illustration :

> « *La circonstance que, compte tenu du lancement de la procédure du RIP, cette privatisation puisse en fait être rendue plus difficile peut sans doute donner matière à réflexion sur la manière dont cette procédure a été conçue, mais nul ne saurait ignorer la lettre de la constitution et de la loi organique que le Conseil constitutionnel a pour mission de faire respecter* ».

---

[618] Rambaud, R., *Loc. cit.*

[619] Observations du gouvernement sur la proposition de loi présentée en application de l'article 11 de la constitution visant à affirmer le caractère de service public national de l'exploitation des aérodromes de Paris.

[620] Voir en ce sens le communiqué de presse de Laurent Fabius, le 16 mai 2019

[621] Roblot-Troizier, A., *Loc. cit.*

[622] Rambaud, R., *Loc. cit.*

[623] Chaltiel, F., *Loc. cit.*

[624] *Ibidem.*

Cette procédure, peut également être vue, non pas comme une obstruction, mais une façon pour le peuple d'interpeller le gouvernement, une forme de veto suspensif dans les circonstances où un projet de RIP se voit déclenché alors même que l'adoption définitive d'une loi sur un sujet donné, est imminente[625].

Parfois défini « *comme un nouvel instrument de démocratie semi-directe combinant référendum classique et droit de pétition* »[626], certains membres de la doctrine, expliquant que la procédure RIP n'a rien d'un droit d'initiative, considèrent qu'il s'agit d'une sorte de forme améliorée du droit de pétition, et même simplement de soutien[627], ce qui ressort fréquemment des débats parlementaires[628]. Cela, n'est pas sans rappeler, d'une part, le fondement mexicain et interroge, d'autre part, sur le fait de savoir s'il était nécessaire de constitutionnaliser un droit déjà peu usité[629].

En effet, en 2008, à côté de la procédure RIP, un droit de pétition devant le Conseil Économique, Social et Environnemental[630] est également instituée, à l'article 69 alinéa 3. Ce droit de pétition mis en place en 2008 peut être considéré telle une sorte d'occasion manquée : alors qu'il aurait dû être regardé comme un droit fondamental par sa nature constitutionnelle, il est assez limité et n'a rien à voir avec ce qu'il aurait dû être au regard de sa nature démocratique qui veut que ce soit une forme d'expression[631]. Alors que l'exposé de motifs de la loi constitutionnelle du 23 juillet 2008 décrivait ce droit de pétition comme une « *profonde réforme* », c'est peu dire que celle-ci n'a pas été au rendez-vous et que le CESE n'a pas amélioré sa réputation en dix ans[632]. Le CESE n'a en effet été saisi que de trois pétitions, dont la dernière qui portait sur le mariage homosexuel et avait recueilli 700 000 signatures, soit 200 000 de plus que celles requises. Cependant cette pétition a été rejetée par le bureau du CESE, au motif que la loi organique ne prévoit la saisine citoyenne que sur une « question » et

---

[625] *Bis in idem.*
[626] Répertoire de droit civil, « Loi et règlement », Valérie Lasserre, janvier 2016.
[627] Haulbert, M., *Loc. cit.*
[628] Voir en ce sens la séance du sénat, le 28 février 2013.
[629] Haulbert, M. *Loc. cit.*
[630] Ci-après : « CESE ».
[631] Le droit de pétition devant le CESE, RFDA 2016, note rédigée par un magistrat du corps des tribunaux administratifs et des cours administratives d'appel. V. les conclusions de M. Romnicianu, RFDA 2016. 799.
[632] Le Pourrhiet, A.-M., « Le CESE s'habille en Prada », *LPA*, 2018, n°136, p.74.

non sur un projet de loi en cours[633]. Ainsi, s'il avait pu être imaginé une voie de contrôle citoyen – par exemple, à travers la loi de règlement – fondé sur le droit de pétition, à travers cette nouvelle procédure, sensée, au même titre que le RIP, renforcer la démocratie, il n'en sera rien, puisque toute matière législative semble exclue, ce qui tend à renforcer cette impression d'obsession pour la démocratie représentative. Tout de même, le président Emmanuel Macron, tout à son éloge de la « *société civile* », a rapidement annoncé vouloir transformer le CESE en « *chambre du futur* » pour servir de « *carrefour des consultations publiques et de la participation citoyenne* »[634].

Tout de même, une nouvelle voie de participation citoyenne qui ressemble plus à de la consultation qu'à un véritable droit de pétition semble s'ouvrir à travers les nouvelles méthodes d'évaluation de la Cour des Comptes.

§2. La nouvelle méthode d'évaluation de la Cour des Comptes et la prise en compte des parties prenantes

À propos de la *Contraloría social*, fut évoqué l'intérêt de la participation directe citoyenne dans le contrôle de l'exécution des politiques publiques en termes d'évaluation. Or, cette participation citoyenne semble émerger dans la méthode d'évaluation de la Cour des Comptes à l'occasion de l'exercice de sa nouvelle compétence d'évaluation.

Alors que la LOLF, « détaille », en son article 58, ce en quoi consiste la mission d'assistance que doit la Cour au Parlement, « *cet article est précisément toujours là pour [nous] rappeler qu'un changement important est intervenu en 2008 dans l'organisation des missions de la Cour des comptes et plus spécifiquement dans cette mission d'assistance qu'elle doit au Parlement* »[635]. En effet, la loi constitutionnelle du 23 juillet 2008[636] dispose le nouvel article 47-2 dans la Constitution du 4 octobre 1958 ainsi rédigé :

---

[633] Voir en ce sens : Conseil d'État, n° 402259, 15 décembre 2017, publiée au recueil Lebon.

[634] Le Pourrhiet, A.-M., *Loc. cit.*

[635] Conan., M., « l'article 47-2 de la Constitution : un cadre suffisant pour la Cour des Comptes ? », *RFFP*, 2018, n°144, p.165.

[636] Loi constitutionnelle n° 2008-724 de modernisation des institutions de la Ve République.

« *La Cour des comptes assiste le Parlement dans le contrôle de l'action du Gouvernement. Elle assiste le Parlement et le Gouvernement dans le contrôle de l'exécution des lois de finances et de l'application des lois de financement de la sécurité sociale ainsi que dans l'évaluation des politiques publiques. Par ses rapports publics, elle contribue à l'information des citoyens.* »

Le constituant entend ainsi consacrer un article en propre à la Cour et à sa mission d'assistance[637]. Dans cette consécration, se trouve alors consacrée constitutionnellement la mission d'évaluation de la Cour des Comptes, la mission d'assistance de cette dernière s'élargissant ainsi par rapport à la rédaction antérieure de l'alinéa qui lui était consacré au sein de l'article 47 de la Constitution. Ce dernier article s'ordonne maintenant autour de trois directions[638] que sont, dès lors : le contrôle de l'exécution des lois de finances, le contrôle de l'application des lois de financement de la sécurité sociale et, nouvellement, l'évaluation des politiques publiques.

Enfin, la dernière édition du Code des juridictions financières[639]– prenant en compte ces évolutions – dispose en son article L111-13 « *La Cour des Comptes contribue à l'évaluation des politiques publiques* ». Il n'y a donc pas de monopole de la Cour en matière d'évaluation, et la contribution peut parfois être qualifiée de minimaliste[640].

Ainsi, la Cour des Comptes dispose d'une nouvelle mission qui concerne l'évaluation, mais encore fallait-il en déterminer les « modalités d'exercice », et là, se trouve tout l'enjeu de la mise en place d'une « nouvelle » méthodologie d'évaluation, qui va notamment prendre appui sur les parties prenantes. Et, de part sa nouvelle mission et son indépendance, il y a, au sein des compétences de la Cour, une véritable interaction entre sa mission générale d'appréciation du bon emploi des fonds publics et l'évaluation des politiques publiques[641]. Autrement dit, avec cette nouvelle place particulière donnée à la Cour,

---

[637] Conan., M., *Loc. cit.*

[638] *Ibidem.*

[639] Ci- après : « CJF ».

[640] Il suffit pour s'en convaincre, de voir le nombre les demandes formulées par le parlement à la Cour des comptes entre 2011 et 2018, qui s'élève au nombre de quatorze.

[641] Rapport public annuel 2018, Tome III, *L'organisation et les missions*, pp.107-122.

« les questions de définition et de méthode ont dû être clarifiées, l'un des enjeux pour la Cour étant de distinguer les audits de performance qui se rattachent encore aux logiques de contrôle de la bonne gestion (voir art. L. 111-2 du code des juridictions financières) et l'évaluation des politiques publiques qui met en jeu la discussion des objectifs et la dimension sociétale »[642].

Il s'agit donc d'établir une nouvelle méthode et de bien départir les missions de contrôle et audit de la mission d'évaluation. La Cour le rappelle dans son rapport public annuel de 2018, puisque le métier du magistrat financier n'est alors clairement plus le même. Cette nouvelle mission et la mutation du métier, pourrait permettre une nouvelle définition de ce que doit être l'évaluation, notamment en y intégrant l'association de la société civile à travers les parties prenantes, ce qui est assez intéressant au regard du système de *Contraloría Social* mexicain qui vise précisément à cette association.

En somme, la nouvelle mission de la Cour amène la mise en place d'une méthodologie nouvelle qui va se détacher des logiques d'appréciation purement comptables. C'est dans ce but que la Cour a, progressivement, établi des normes professionnelles, une sorte de code de déontologie, dès 2015 pour en faire réellement état pour la première fois dans son rapport d'activité de 2016. À l'heure actuelle, il convient de se référer à la deuxième édition du recueil des normes professionnelles, datant du 18 décembre 2017. Dans ce recueil, la Cour précise ce qu'il faut entendre en termes de normes professionnelles applicables à l'activité d'évaluation. Il s'agit d'accompagner la nouvelle mission de la Cour d'un réel changement de méthodologie. Ce changement consiste notamment en l'ouverture de l'exercice aux principales parties composantes de la société civile, participation qui se fera alors en amont du processus d'évaluation[643] :

> « *L'évaluation d'une politique publique par la Cour des comptes a pour objet d'en apprécier les résultats et les impacts, ainsi que les raisons qui les expliquent. Cette ambition d'estimer la pertinence des politiques au regard de leurs objectifs va au-delà des seuls aspects comptables et budgétaires d'un contrôle de la gestion. [...]. Cette*

---

642 *Ibidem.*

643 Rapport public annuel 2018, Tome III, *Op. cit.*, p.107

démarche, qui associe les principales parties prenantes, traduit l'adaptation de la Cour aux nouvelles attentes de la société civile. »[644]

Ainsi,

> « *L'enjeu actuel pour la Cour est de développer les méthodes quantitatives de l'évaluation en plus des méthodes qualitatives classiques* »[645].

Par la progression des méthodes quantitatives et qualitatives d'évaluation, il faut entendre la mise en place d'une méthode d'évaluation prenant en compte différents points de vue, externes aux expertises de la Cour, notamment à travers les parties prenantes.

Les parties prenantes sont définies par l'OCDE comme étant les individus groupes ou organisation qui ont un intérêt particulier dans la façon dont la politique fonctionne ou dans son évaluation. Et, au regard des différents documents précités témoignant de cette nouvelle méthodologie attachée à la mission d'évaluation de la Cour, les parties prenantes sont là pour représenter les intérêts de la société civile.

Ainsi, à partir de 2015, les évaluations sont menées par la cour dans le cadre de normes professionnelles spécifiques à l'évaluation : ce cadre se lit dans la deuxième édition du recueil de normes professionnelles précité. Les parties prenantes sont alors, d'après ce recueil, associées à l'évaluation via les comités d'accompagnement. Ledit recueil définit la mission de la Cour ainsi :

> « I.5. - *L'évaluation d'une politique publique par la Cour des comptes a pour objet d'en apprécier les résultats et les effets ainsi que les liens de causalité les expliquant. L'appréciation porte sur la cohérence, l'efficacité, l'efficience, la pertinence et l'utilité de la politique publique.* »

644 *Ibidem.*
645 *Bis in idem.*

Et ajoute :

> « I.6. - *L'évaluation est conduite de manière indépendante, objective et documentée ; elle associe les principales parties prenantes.* »

Le recueil dispose également que le plan d'évaluation doit identifier, au sein de la composition du comité d'accompagnement, les parties prenantes, qui doivent être associées « *dans la mesure du possible* » à l'instruction[646]. Et au sein de cette instruction, l'avis des parties prenantes doit être pris en compte « *en toute objectivité* »[647], puisque « *le rapporteur exploite les informations publiques et celles collectées auprès des parties prenantes* »[648]. Enfin, le rapport d'instruction fait état de l'avis des parties prenantes.

Les comités d'accompagnement sont des instances consultatives constituées par le président de la formation compétente, qui associent donc les parties prenantes et des experts extérieurs à la Cour : il s'agit de faire un « *échantillonnage représentatif des différents intérêts et opinions en jeu* »[649].

Enfin, les décisions, prises collégialement, doivent suivre une procédure contradictoire. Cela doit permettre aux différentes parties prenantes « *de faire connaître leurs remarques avant que les constatations, appréciations et recommandations ne soient définitivement adoptées* »[650]. Les rapports d'évaluation sont ensuite complétés par l'exposé des opinions des principales parties prenantes recueillies au cours des travaux[651].

Ainsi, le rapport public annuel de 2018, dans son tome III concernant l'organisation et les missions de la Cour illustre cette nouvelle méthodologie qui implique notamment la « *note de faisabilité* ». Cette dernière est inscrite au programme d'évaluation qui vise – au-delà de la confirmation du caractère évaluable de la politique publique – à l'identification des parties prenantes. La Cour explique alors que la

---

[646] Recueil des normes professionnelles des juridictions financières, 2017, 2e édition, p.30, IV.15.

[647] *Ibidem,* IV.17.

[648] *Bis in idem*, IV.24.

[649] Rapport public annuel 2018, Tome III, *Op. cit.*, p.115.

[650] *Ibidem.*

[651] *Bis in idem.*

consultation de ces parties prenantes est nécessaire, car « *toute politique n'est pas forcément évaluable par ses soins* ». En effet, nombreux sont les enjeux d'une politique publique, ce qui implique la consultation de plusieurs acteurs dont les parties prenantes, en plus des expertises pluridisciplinaires – en raison de la diversité des secteurs évalués – au sein de la Cour[652]. « *Les comités d'accompagnement* », à travers lesquels sont consultées les parties prenantes, commencent à ressembler aux comités mis en place au Mexique, mais la logique reste celle de l'échantillonnage. Enfin, les rapports étant accompagnés des observations des parties prenantes [653]cela permet une totale transparence sur l'évaluation. Et, comme la Cour assure un suivi des recommandations[654], cela permet de s'assurer de la prise en compte des avis issus de l'évaluation, comprenant les observations des parties prenantes.

Il s'agit finalement de mettre en place une véritable « *méthodologie s'appuyant sur les parties prenantes* », dans le cadre des normes professionnelles établies dès 2015.

Or, cette méthodologie visant l'association des parties prenantes est spécifique, car « *elle repose sur des méthodes des sciences sociales pour le choix des représentants, la transparence initiale vis-à-vis de leur rôle, et les outils utilisés : sondage, conférence de consensus, ''focus group '', diagnostics partagés* »[655]. Ainsi, l'association des parties prenantes *« permet d'analyser les sujets sous des angles différents, notamment en s'interrogeant sur les besoins et sur les externalités des politiques »*[656].

Mais il reste que la consultation des parties prenantes est ponctuelle en ce sens qu'elle s'inscrit dans le cadre d'un projet d'évaluation spécifique, qui doit être initié par la Cour, sur auto-saisine, saisie par le parlement, ou par le gouvernement. Cela s'oppose au système mexicain dans lequel, ce qui ressemble aux comités d'accompagnement sont des institutions en place de façon permanente, ce qui permet un contrôle direct par les bénéficiaires qui soit continu et non pas ponctuel.

C'est ainsi qu'en 2017, dans le cadre de l'évaluation de la politique en direction des personnes présentant des troubles du spectre de

---

652 Rapport public annuel 2018, Tome III, *Op. cit.*, p.111.
653 *Ibidem.*
654 *Bis in idem.*
655 Rapport public annuel 2018, tome III, *Op. cit.*, p.114.
656 Cour des Comptes, Rapport d'activité 2019, février 2020, p.17.

l'autisme[657], la Cour a eu pour la première fois recours à une consultation directe auprès des « *bénéficiaires* ». Il s'agissait d'évaluer, à travers deux questionnaires distincts, l'impact de la politique publique en direction des personnes autistes à la fois sur les personnes souffrant des troubles du spectre de l'autisme elles-mêmes, et sur leurs familles[658].

Réalisé à la demande du parlement[659], le rapport présente, dans son « avertissement », le détail de la méthode suivie par la Cour[660]. Notamment, il mentionne tous les acteurs et parties prenantes consultés. Dès lors, il est possible de qualifier l'approche de la Cour comme recherchant une transparence totale, la méthode d'évaluation pouvant avoir un impact sur son résultat. La transparence est d'ailleurs plus grande que dans le cadre des évaluations menées par le parlement, dont les rapports sont en général exposés sans que la méthode suivie, le plan d'évaluation soit précisément détaillée – ou de manière très sommaire. Par ailleurs, au-delà de la description détaillée de la méthode, et de la mention de chaque acteur ayant participé à l'évaluation, sont disponibles en annexes les résultats obtenus. La Cour ne se limite pas à présenter une synthèse impliquant, potentiellement, une interprétation ; ce qui témoigne d'un réel souci de transparence dans l'information.

La cour explique clairement que dans un souci d'exactitude – « *pour mieux asseoir ses constats* » – et donc de qualité de l'évaluation, elle s'est appuyée sur un comité d'accompagnement constitué des principales parties prenantes. Se trouvent parmi celles-ci, dans le cadre de l'évaluation de la politique publique relative à l'accompagnement des TSA, « *les représentants des associations dans leur diversité* », « *des représentants des professions de santé* », des représentants des MDPH et ARS. Tout de même, il convient de relever que, certes, de questionnaires ont été formulés à l'égard des personnes directement destinataires de ladite politique, mais au sein du comité d'accompagnement, il faut constater leur absence totale. Il peut, bien

---

657 Ci-après : « TSA ».

658 Rapport public annuel 2018, Tome III, *Op. cit.,* p.114.

659 Au sein du parlement, la demande est faite par Comité d'évaluation et de contrôle des politiques publiques de l'Assemblée nationale.

660 Cour des Comptes, Rapport enquête « Évaluation de la politique en direction des personnes présentant des troubles du spectre de l'artisme », fait à la demande du comité d'évaluation et de contrôle des politiques publiques de l'assemblée nationale, Décembre 2017, p.5&s.

sûre, être considéré que, compte tenu du contexte, une personne directement concernée par un TSA peut connaitre des difficultés à participer à un tel exercice ; mais il pourrait tout de même être imaginé une participation des membres d'une famille intégrant une personne souffrant de ces troubles, ou une personne aidante – au même titre qu'un questionnaire leur était adressé – ou encore la participation d'un représentant légal.

Il existe un exemple plus récent de cette mission d'évaluation, datant de 2020 : l'évaluation du système Parcoursup[661]. Dans cette évaluation, la composition du comité d'accompagnement ne semble pas être indiquée, ce qui peut être regrettable. En revanche tous les acteurs concernés ont été consultés : qu'il s'agisse des élèves, des professeurs ou des experts au sein des comités et les associations. Cette diversité d'acteurs concernés, impliquant les usagers ainsi que leurs représentants ou, dans une autre approche, les usagers ainsi que les experts compétents dans la matière concernée, et, extérieurs à la Cour, permet deux choses. Elle permet d'abord de certifier les résultats obtenus dans cet exercice d'évaluation. Elle permet ensuite de légitimer l'information que cet exercice permet de transmettre au parlement, et au citoyen par la publicité du rapport.

Ainsi, tel que le souligne le rapport d'activité de la Cour pour 2019, la multiplication des évaluations, liée à cette nouvelle compétence qu'elle s'approprie progressivement, conduit à développer certaines méthodes de contrôle, dont, les sondages et questionnaires et l'association des parties prenantes[662].

Cette évolution s'inscrit dans une évolution générale, au niveau mondial, car les ISC prennent de plus en plus conscience de l'importance d'une collaboration accrue avec les parties prenantes externes, qui peut se présenter sous plusieurs formes[663].

Tout de même, il ne faut pas oublier qu'en France, la démarche reste ponctuelle. Dès lors, ce développement arrivant en fin de

---

[661] Cour des Comptes, « Un premier bilan de l'accès à l'enseignement supérieur dans le cadre de la loi orientation et réussite des étudiants », fait à la demande du comité d'évaluation et de contrôle des politiques publiques, février 2020.

[662] *Ibidem.*

[663] Plateforme pour des instituions efficaces, « *Institutions supérieures de contrôle des finances publiques et participation citoyenne* », septembre 2014, accessible sur : https://www.effectiveinstitutions.org/media/Note_dorientation_sur_les_Institutions_sup%C3%A9rieures_de_contr%C3%B4le_des_finances_publiques_FRENCH.pdf

démonstration, il est possible de considérer que ce caractère ponctuel témoigne du fait qu'en France, l'article 15 DDHC ne créé pas réellement un droit subjectif[664], ou du moins pour l'heure. Au Mexique, en revanche, un réel droit à la reddition de comptes en finances publiques, au sens du droit subjectif, semble s'être établi.

Une approche optimiste, au vu des évolutions en cours, permettrait d'espérer la mise en place de nouveaux outils rendant la démarche continue.

---

[664] Griffaton Sonnet, L., « Quelle portée pour l'article 15 de la déclaration des droits de l'Homme et du citoyen ? », *RFDC*, 2017, n°112, p. 912

Conclusion

Il est donc intéressant de relever que dans la formation de leur histoire constitutionnelle, la France et le Mexique ont une philosophie constitutionnelle commune dans ce qui constitue le départ de cette formation, dont la notion de garantie sociale. Et, le choix du terme philosophie constitutionnelle a justement pour objet de marquer la différence entre la philosophie constitutionnelle et la base juridique constitutionnelle, soit la lettre du texte. En effet, il a été démontré qu'alors que la base philosophique est la même puisqu'elle s'est exportée de la France vers le Mexique, le résultat contemporain est différent : la France peine à se détacher d'une logique représentative dans le contrôle des comptes alors que le Mexique a su développer une approche différente faisant participer les citoyens à ce contrôle, mais pourquoi ?

Il est possible de considérer que c'est la lettre constitutionnelle originelle, soit la lettre de la Déclaration des Droits de l'Homme et du Citoyen qui serait potentiellement à l'origine du blocage. En effet, là où la déclaration française est courte, et se veut faite de principes abstraits, au Mexique, dès la première déclaration, le principe de garantie sociale se trouve plus précisément nommé et développé. La déclaration française demande parfois l'interprétation de ses dispositions, or l'exégèse peut quelques fois se révéler difficile en l'absence d'un volume important de débats sur certains articles tels l'article 13 DDHC ou l'article 15 DDHC justement. C'est d'ailleurs la raison pour laquelle il est nécessaire de revenir en arrière, sur les origines philosophiques et historiques du principe, et d'adopter un point de vue comparé. Le caractère abstrait et peu détaillé de la déclaration française présente l'avantage de la rendre souple, et permet l'interprétation. Mais cela présente également l'inconvénient de potentiellement occulter certaines obligations pourtant présentes dans la philosophie initiale du texte, dans sa genèse, telle la garantie sociale.

Mais au-delà de tous les principes communément appliqués aujourd'hui, le principe de garantie sociale ne ferait-il pas partie d'une théorie démocratique plus juste, dont le cas du contrôle des finances publiques en serait justement l'illustration parfaite, cette dernière étant une matière citoyenne[665] ? Il pourrait même être possible d'envisager l'hypothèse selon laquelle une application plus stricte et volontariste de ce principe, impliquant probablement un recul de la démocratie purement représentative, pourrait permettre d'éviter un certain nombre de crises démocratiques, telles que celles que connait la France actuellement, sur fond de crise de la représentation et de questions fiscales et financières.

Il peut par ailleurs être considéré qu'en ce sens la Déclaration des Droits de l'Homme et du Citoyen de 1793 présentait un caractère très moderne pour l'époque, notamment par son aspect montagnard, mais pourrait également être vue comme présentant un caractère très contemporain à l'époque actuelle. Or tel qu'il a été dit dès le début de cette démonstration, cette déclaration ne s'oppose en rien à celle de 1789 si ce n'est qu'elle a été voulue de façon à détailler les principes de son ancêtre afin d'assurer tout type de *risque de despotisme légal*. En tout état de cause, en 1814, le choix des constituants mexicains s'est tourné vers la déclaration de 1793, sur fond de pensée exportée des auteurs révolutionnaires français, et ce, malgré le symbole que représente la déclaration du 26 août 1789. Afin de confirmer cette hypothèse, il pourrait par ailleurs être intéressant de voir quels furent le choix et l'évolution d'autres pays d'Amérique latine, dont il est connu que leur genèse constitutionnelle prend appui sur les principes révolutionnaires français également. Cela pourrait par ailleurs confirmer l'origine du blocage français.

En ce sens, l'aspect comparé de l'étude trouve toute sa valeur. En effet, c'est par une approche historique et historique comparée que de telles pistes de réflexion pouvant mener à des propositions ont pu émerger. De ce point de vue, un autre sujet de réflexion pourrait être celui de la définition juridique de ce qu'est le bon emploi du denier public, qui semble être ce dont l'agent public a l'obligation de rendre compte. Une telle notion est très peu définie d'un point de vue juridique en France. Le seul moyen de comprendre ce qu'implique le bon emploi du denier public reste d'en déduire une sorte de définition des différentes procédures financières, impliquant les règles et principes budgétaires ; si non, les définitions restent essentiellement issues de la matière économique. En revanche au Mexique, l'article 25 de la

[665] Douat, E., « Tout ce que le citoyen doit savoir sur les finances publiques », dans *Finances Publiques Citoyennes*, Issy-les-moulinaux : LGDJ, 2017.

Constitution mexicaine en vigueur dispose des obligations à l'égard du gouvernement sur la façon dont il doit gérer les finances publiques : il doit, à ce titre, renforcer la compétitivité afin de favoriser la croissance économique, veiller à la stabilité des finances publiques ainsi que leur soutenabilité. En somme, il est textuellement inscrit au sein de la Constitution que l'État doit gérer les finances publiques dans une logique de développement et de soutenabilité économique. Ainsi, à l'image d'autres constitutions étrangères, la constitution mexicaine contient des dispositions économiques, et impose des obligations à l'égard de l'État ce qui tend à renforcer certaines notions des finances publiques. Dès lors, il existe un réel rapport entre Constitution et Finances Publiques au Mexique. Or, cela pourrait participer d'une possibilité de définir certaines notions dont les contours sont encore flous en France, tel le bon emploi du denier public, dont il est juste établi qu'il est issu de la notion de bonne administration, et a fini, grâce à la jurisprudence, par s'autonomiser[666]. Autrement dit, l'étude des rapports entre la Constitution et les Finances Publiques d'un point de vue comparé pourrait apporter à la définition de certaines notions en France, voir permettre de reconsidérer cette même relation d'un point de vue interne. Cela tend par ailleurs à démontrer que, bien que le rapport entre les Finances Publiques et la Constitution ait su évoluer et s'est vu renforcé, sous l'impulsion de la jurisprudence du Conseil Constitutionnel, par les réformes constitutionnelles de 1974 et 2008 renforçant la portée financière du texte constitutionnel[667], l'aspect financier de la Constitution mérite une réflexion approfondie.

Si l'approche historique et comparée présente l'avantage d'ouvrir des perspectives, la difficulté reste de celle de l'accès aux sources d'une part, et de l'étude d'un système juridique et institutionnel différent, dont il faut comprendre les rouages avant de pouvoir réellement comparer. Il est en effet parfois difficile d'avoir accès à toutes les sources étrangères, en l'absence de certains abonnements, et en l'absence également d'une connaissance approfondie du fonctionnement des bases de données du pays étudié. Cela s'applique à la doctrine, mais également à certains documents de l'ordre des archives auxquels il est parfois difficile d'accéder. Combiné à la situation exceptionnelle liée à la crise sanitaire, les ressources peuvent parfois être d'autant plus

[666] Voir en ce sens, l'introduction du développement.
[667] Cabannes, X., « Constitution et Finances Publiques : 1958-2018 Un état de lieux », *RFFP*, n°150, 2020, p.3.

limitées, et cette fois, y compris du côté français. Cela présente tout de même un avantage : se retrouver dans l'obligation de travailler essentiellement à partir de la « *matière brute* », c'est-à-dire, s'appuyer directement sur les textes, anciens et contemporains, et les archives parfois disponibles pour en faire l'exégèse. Le texte brut et le contexte de sa rédaction, ainsi que les débats parlementaires n'en trouvent qu'une place plus importante au sein des hypothèses de recherche. Par ailleurs, travailler à partir de cette « matière brute » permet de se départir de toute interprétation ou observation doctrinale qui aurait déjà été faite.

Bibliographie

I. Ouvrages et thèses

A) Ouvrages et thèses francophones

1- Manuels

Braud, P., *sociologie politique*, LGDJ, 11e édition, 2014, 720p.
Gandguillaume, N., « *Théorie générale du contrôle* », Paris, Economica, 149p.
Modracq, F., « *Les Finances Publiques* », Presses universitaires France, 2018, 128p.
Richer, L., *Droit des contrats administratifs,* LGDJ, 2012 (8e ed.), 768p.

2- Ouvrages thématiques

Aymes, J.-R., « *Le débat idéologico-historiographique autour des origines françaises du libéralisme espagnol : Cortes de Cadix et Constitution de 1812* », Allicante : Biblioteca Virtual Miguel de Cervantes, 2015, 58p.
Depper, A., « *Commentaire de la Déclaration des Droits de l'Homme et du citoyen de 1789 et de 1791* », Paris, Geldage, 1902, 168p.
Jaume, L., « *Les Déclarations Des Droits De L'homme, Débat 1789-1793 Au Préambule De 1946.* » Paris : Flammarion, 1989., 376p.
Leroy, M., « *L'impôt, l'État et la société. La sociologie fiscale de la démocratie interventionniste* », Paris : Economica, 2010, 376p.
Lock, J, « *Traité du gouvernement civil 1690* », chap. V De la propriété des choses, traduction française de D. Mazel, 1795 réalisée à partir de la 5e édition de Londres publiée en 1728, édition électronique du 9 mars 2002, institut des libertés, 141p.
Mavidal, L-Clavel, « *Archives parlementaires de 1787 à 1860* », Tome VIII (du 5 mai 1789 au 15 septembre 1789), Librairie administrative de Paul Dupont, 1875, Paris. Séance du 26 août 1789, 731p.

Mavidal, J., Laurent, E., « *Archives parlementaires, recueil complet des débats législatifs et politiques des Chambres françaises de 1800 à 1860, faisant suite à la réimpression de l'ancien "Moniteur" et comprenant un grand nombre de documents inédits.* », Tome IX, Paris, 2e ed., 1862-1912.

Mavidal, L -C, « *Archives parlementaires de 1787 à 1860* », Tome XXVI (du 12 mai 1791 au 5 juin 1791), Paris : Librairie administrative de Paul Dupont, 1875, Séance du 25 mai 1791, 799p.

Mavidal, L.-C, « *Archives parlementaires de 1787 à 1860* », Tome LXIII (du 20 avril 1793 au 1er mai 1793), Paris : Librairie administrative de Paul Dupont, 1875, Paris. Séance du 26 août 1789, 796p.

Mollien, F.-N., « *Mémoires d'un ministre du trésor Public, 1780-1815. Notice biographique* », Tome I, Paris : Guillaumin , 1898, 585p.

Mollien, F.-N., « *Mémoires d'un ministre du trésor Public, 1780-1815. Notice biographique* », Tome II, Paris : Guillaumin , 1898, pp. 585p.

Rabasa, E., « *L'évolution historique du Mexique* », Paris, Librairie Felix Alcan, 1924, 344p.

Reberioux, M, De Baecques, A., Godineau, D., « *Ils Ont Pensé Les Droits De L'homme Textes Et Débats (1789-1793)* », Paris : Ligue Des Droits De L'homme Études Et Documentations Internationales, 1989, 202p.

Rials, S., « *La déclaration des droits de l'Homme et du citoyen* », Hachette, 1988, 771p.

Rousseau, D., « *La démocratie continue : acte du colloque de Montpellier, 2-4 avril 1992* », LGDJ, Bruylant, 1995, 165p.

Weymuller, F. « *Histoire Du Mexique* ». 2e édition, Paris : Presses Universitaires De France, 1964. Que Sais-je ? 126p.

Wicker, G., « *Les fictions juridiques. Contribution à l'analyse de l'acte juridique* », Paris, LGDJ, 1997, 441p.

3- Contributions dans des ouvrages

Beauvironnet, E., « Le citoyen et le contrôle des comptes des agents publics », dans *Finances publiques citoyennes*, Issy-les-moulinaux : LGDJ, 2017, pp.72-73

Bottin, M., « Gestion publique et contrôle des Finances Publiques sous la restauration », dans *L'invention de la gestion des finances publiques : Elaborations et pratiques du droit budgétaire et comptable au XIXe siècle (1815-1914)*, coordonné par Bezes, P., Vincennes : Institut de la gestion publique et du développement économique, 2010, pp. 159-158.

Bottin, M., « Introduction historique au droit budgétaire et à la comptabilité publique de la période classique », in *Histoire du droit des finances publiques*, dir. H. Isaïa et J. Spindler, vol. 1, Economica, 1986, pp. 3-31.

Bottin, M., « Villèle et le contrôle des dépenses publiques. L'ordonnance du 14 septembre 1822 », dans *Actes du colloque La comptabilité publique, continuité et modernité*, Bercy, 1993, Comité pour l'histoire économique et financière de la France, Paris : imprimerie Nationale, 1995, pp.8-30.

De Cacqueray, S., « Article 15 de la déclaration des droits de l'Homme et du Citoyen : fondement constitutionnel de l'accountability à la française », dans *De l'esprit de réforme et de quelques fondamentaux, Mélanges en l'honneur de Gilbert Orsoni,* sous la direction de J -L. Albert, S. De Cacqueray, C. Viessant, PU Aix Marseille, 2018, pp. 129-150.

Douat, E., « Tout ce que le citoyen doit savoir sur les finances publiques », dans *Finances Publiques Citoyennes*, Issy-les-moulinaux : LGDJ, 2017.

Dufour, A -C. « Le citoyen et l'accès à l'information financière », dans *Finances Publiques citoyennes,* Issy-les-moulinaux *:* LGDJ, 2017, pp.185-197.

Ferry, L., Renaut, A., « Des droits de l'Homme à l'idée républicaine », dans *Philosophie politique* , Tome 3, PUF, 1985.

Flizot, S., « Aux origines de la loi du 16 septembre 1807 créant la Cour des comptes : le contrôle des comptes publics de 1790 à 1807 », dans *L'invention de la gestion des finances publiques : Élaborations et pratiques du droit budgétaire et comptable au XIXe siècle (1815-1914),* coordonné par Bezes P., Vincennes : Institut de la gestion publique et du développement économique, 2010, pp.129-158.

Hekg, A., « Chapitre 8 - Les guerres d'indépendance de l'Amérique ibérique : de nouvelles opportunités de libération », dans *Plus jamais esclaves : De l'insoumission à la révolte, le grand récit d'une émancipation (1492-1838),* coordonné par A. Helg, Paris : La Découverte, pp. 261-290.

Latournerie, M.-A, « Responsabilité publique et constitution », *Mélanges en l'honneur de René Chapus*, LGDJ, 2013, 2p.

Laquieze, A., « Chapitre IV. L'affirmation d'une collaboration des organes politiques dans l'exercice des fonctions étatiques », dans *Les origines*

du régime parlementaire en France, 1814-1848., Paris : Presses Universitaires de France, « Léviathan », 2002, p. 169-234.
Rey, J.-P. « L'Empire comme solution nationale », dans *Histoire du Consulat et du Premier Empire, coordonné par* Rey J.-P., Éditions Perrin, 2016, pp. 130-156.

4- Thèses

Busaall, J. -B., « *La réception du libéralisme français dans la formation du premier libéralisme espagnol (1808-1820)* », Thèse en Histoire du Droit Public, sous la direction de Michel Granzin et Gregorio Monreal Zia, Aix Marseille III, soutenue en 2006, 716p.
Pierron, L., « *La protection sociale des fonctionnaires : étude critique d'un régime spécial* », Thèse de Droit Privé, sous la direction de Patrick Morvan, Paris II, soutenue en 2016.
Testard, C., « *Pouvoir de décision unilatérale de l'administration et démocratie administrative* », Thèse de Droit Public, sous la direction de Sylvie Caudal, Lyon, Université Jean Moulin, soutenue en 2016, LGDJ, 2018, 765p.
Venegas Trejo, F., *L'Histoire Et Le Régime Politique Du Mexique*, Thèse de droit, Toulouse, 1971, 448p.
Vervin, M., *La question démotique dans le constitutionnalisme espagnol*, Thèse Droit Public, Nancy, 2006, microfiches.

B) Ouvrages et thèses hispanophones

1- Manuels

Melgarejo Vivanco, J-L., « *La Constitución de 1824* », Veracruz : Gobierno del Estado de Veracruz, 1975, p.90., 3p.

2- Ouvrages thématiques

Andrade Sánchez, E., « *Constitución Política De Los Estados Unidos Mexicanos, Comentada* », México : Rectoría, Instituto De Investigaciones Jurídicas. 1a Edición., 1985, 358p.
Casar, M.-A., Marvan, I., Puente, K., « *La rendicion de cuentas y el poder legislativo* », CIDE, 2010, 75p., pp. 331-401.

Fernández, I., « *Historia de Mexico, Un recorrido desde los tiempos prehistoricos hasta la epoca actual* », Mexico : Monclem Ediciones, 2002, 159p.

Gonzalez Avelar, M., « *La Constitución de Apatzingán y otros estudios* », México : Secretaría de Educación Pública, 1973, 190p.

López Presa, J- O., « *Corrupción y cambio* », Secodam-FCE, 1998, 479p.

Manjarrez Rivera, J., « *La Construcción Democrática de la Rendición de Cuentas y la Fiscalización en la Administración Pública de México : 1997-2001* », Veracruz : Instituto des Administración Pública del Estado de Veracruz, 2003, 328p.

Moyado Flores, S., « *El nuevo institucionalismo de la Contraloría Social en las políticas de desarrollo municipal* », México : UNAM, Instituto de Investigaciones Jurídicas, 2013, format pdf, 260p.

Peralta, R., « *Las Cortes Españolas De 1810, Democracia, Ciudadanía Y Nación* », Cizur Menor, Navarra : Aranzadi, 2013, 178p.

Restrepo Medina, M-A., Puron Cid, G., « *Diseño institutcional de las entidades de fiscalizacion superior de america latina* », Bogotá D.C : Editorial universidad del Rosario, 2014, 434p.

Romero Gudiño, A., « *Teoria, evidencia y prospectiva de la fiscalizacion, y rendicion de cuentas en México* », México D.F : INAP, 2019, 121p.

Sayeg Helú, J, « *El constitucionalismo social mexicano. La integracion constitucional de México (1808-1986)* », Tome I, 2e ed., México : UNAM Instituto de Investigaciones Juridicas, 1987, 658p.

Serrano Migallon, F., "*Historia minima de las constituciones en México*", México D.F : El collegio de México, 2012, kindle, version imprimée 448p.

Solares Mendiola, M., « *La Auditoría Superior de la Federación : antecendente y perpspectiva jurídica* », México : UNAM, instituto de investogaciones jurídicas, 2004, 235p.

3- Contributions dans des ouvrages

R. Castelazo, J., « La administracion pública en los informes presidenciales », dans *200 años de administración pública en México*, coordonné par Carrillo Castro A., México : INAP, Tome 5, Vol.1, 237p.

Figueroa Neri, A., « Reflexiones sobre la autonomía de la auditoría superior de la federación y de las entidades de fiscalización superior locales », dans *La autonomía constitucional auditoría superior de la*

federación, coordonné par Ackerman, J-M.,Astudillo Reyes, C-I, Mexico : UNAM, Bibliotéca Jurídica virtual, 2009, 309p.
Hevia, F. de la Jara, « El caso de la contraloria social », dans *Derecho a saber, balance y perspective cívicas*, México City : Fundar, 2014, 379p.
Serrano Migallon, F., « La Constitucion de 1824 y el nacimiento de la identidad politica en la historia constitucional de Mexico, la representatividad en la constitucion de 1824 », dans *Examen retrospectivo del sistema constitucional mexicano*, coordonné par Valadès D., Barceló Rojas D.-A., México : UNAM, Instituto de Investigaciones Jurídicas, 2016, 359p.
Ugalde, L-C., « Rendición de cuentas y democracia : el caso de Mexico », in *Cuadernos de Divulgación de la Cultura Democrática*, cuaderno 21, México, INE, 2020. 2p.

II. Articles (et conclusions)

A) Articles francophones

Alventosa, J.-R, Baldacchino, A., « La cour des comptes de la France en bref », *Revue internationale de vérification des comptes publics*, vol.40, n° 2, Avril 2013, pp.18-22.
Bergeron, L., « Problèmes économiques de la France Napoléonienne », *Revue d'histoire moderne et contemporaine*, numéro thématique : « La France à l'époque napoléonienne », 1970, pp. 469-505.
Blairon, K., « Démocratie directe et finances publiques, une tentative de réconciliation », *RFFP*, n° 132, 2015, p.163.
Boiteux, D., « Le bon usage des deniers publics », *RDP*, 2011, n° 5, p.1099
Bokdam-Tognetti, E., « QPC et Contentieux Fiscal : bientôt quatre années d'enrichissement mutuel et d'évolution sans révolution », *RJF*, chroniques, 2013, pp.979-988.
Bouvet. J, « La banqueroute des deux tiers », *Regards croisés sur l'économie,* n° 17, 2015, p.9-11.
Bouvier, J., « À propos de la crise dite de 1805 : les crises économiques sous l'empire », *Revue d'histoire moderne et contemporaine*, numéro thématique : « la France à l'époque napoléonienne », 1970, pp.506-513.
Cabannes, X., « Constitution et Finances Publiques : 1958-2018 Un état de lieux », *RFFP*, n° 150, 2020, p.3.

Colliard, J.-E., Montialoux, C., « Une brève histoire de l'impôt », *Regard croisés sur l'économie*, n° 200, pp.56-65.

Conan., M., « l'article 47-2 de la Constitution : un cadre suffisant pour la Cour des Comptes ? », *RFFP*, 2018, n° 144, p.165

Forster, M., « XXIe INCOSAI : établir un Consensus pour relever les défis », *Revue internationale des comptes publics*, n° 2, avril 2013.

Griffaton Sonnet, L., « Quelle portée pour l'article 15 de la déclaration des droits de l'Homme et du citoyen ? », *RFDC*, 2017, n° 112, 2p. p. 899.

Griffaton-Sonnet. L., « Invocabilité du droit de demander compte à tout agent public de son administration à l'appui d'une question prioritaire de constitutionnalité », *Revue française de droit constitutionnel*, 2016, n° 105.

Haulbert, M., « le référendum d'initiative « partagée » : représentants versus représentés ? », *RDP*, 2014, n° 6, p.1639.

Hertzog, R., « La loi organique relative aux lois de finances (LOLF) dans l'histoire des grands textes budgétaires : continuité et innovation », *RFAP*, n° 117, 2006, pp.15-30.

lventosa J.-R., « La Cour des comptes : une place constitutionnelle confortée (L'article 47-2 de la Constitution) », *LPA*, 2008, n° 254, p. 82 à 86.

Jan, P., « Parlement et cour des comptes », *Pouvoirs*, 2013/3 (n° 146), p. 107-116.

Le Pourrhiet, A.-M., « Le CESE s'habille en Prada », *LPA*, 2018, n° 136, p.74.

Menichetti, J., « L'écriture de la constitution de l'An VIII : quelques réflexions sur l'échec d'un mécanisme révolutionnaire », *Napoleonica. La Revue*, vol. 18, no. 3, 2013, pp. 68-83.

Migaud, D., « Le rôle d'assistance aux pouvoirs publics de la Cour des Comptes : bilan des évolutions successives, perspectives souhaitables », *RFFP*, n° 150, 2020, p. 143.

Mirkine-Guetzévitch, B., « La Constitution de Cadix », *Revue d'Histoire politique et constitutionnelle*, n° 1, 1939, p. 49.

Morin, D., « Bienvenue à la Cour… », *Revue internationale des sciences administratives,* vol.76, n° 1, 2010, pp.27-50.

Pantoja Moran, D., « Sieyès et la Constitution mexicaine de 1836 », *Revue française d'histoire des idées politiques,* n° 33, 2011, p.103-116.

Peyroux-Sissoko, M.-O., « L'évaluation des politiques publiques de l'article 47-2 de la Constitution. L'échec de la revalorisation du rôle du parlement », *RDP*, n° 5, 2019, p. 1239.

Pierre-Caps, S., « La constitution de Cadix et le droit constitutionnel européen », *Civitas Europa*, 2012, p.5-21.

Poirmeur, Y., « D. Rousseau, La démocratie continue », [note critique], *Revue des sciences sociales et du politique*, 1996, p.278.

Rambaud, R., « Référendum d'initiative partagée : une première historique ? », *AJDA*, 2019, p.1073.

Roblot-Troizier, A., « Question de cohérence juridique autour du RIP et de la privatisation d'ADP », *Chronique de jurisprudence -Droit administratif et droit constitutionnel RFDA*, 2019, p.763.

Roux, J., « Référendum d'initiative partagée sur ADP : une boite de pandore ? », *Recueil Dalloz*, 2019, p.1259.

Serfin Castro, A., « Représentation politique et usage du tirage au sort au Mexique 1808-1857. », *Participations*, Hors-série, 2019, pp.283-301.

Tyrsenko, A., « L'ordre politique chez Sieyès en l'an III », *Annales historiques de la révolution française,* n° 319, 2000, pp.27-45.

Wasermann, F., « Le citoyen et la prise de décision financière publique », *RFFP*, n° 135, 2016, p.79-87.

« Le cadre juridique des systèmes budgétaires, une comparaison internationale », *Revue de l'OCDE sur la gestion budgétaire*, numéro spécial, vol.4, n° 3, 2004.

B) Articles hispanophones

Blanco Escandón, C., « Notas sobre la Ley general de desarollo social », *Revista Juridica. Anuario del departamento de derecho de la Universidad Iberoamericana*, México D.F : UNAM, n°34, 2004, pp.461-470.

De la Madrid Hurtado, M., « Estudios de derecho constitucional », *Boletín Mexicano de Derecho comparado*, n° 28-29, 1980, pp. 186-203.

Garcia Perez, M.-A., « Los derechos humanos en la Constitución de Apatzingan », *Revista de la facultad de derecho de mexico*, UNAM, vol. 65, n°263, 2015, pp.439-471.

Hernandez Jaimes, J., « Sentimientos de la Nacion », *Relatos e historias en mexico*, n° 61, 2013.

Jaúregui, L., « Los ministros, las memorias de Hacienda y el presupuesto en México, 1825-1855. Una visión del gasto público », *Estudios de historia moderna y contemporanea*, n°48, 2014, pp.3-38.

Márquez F. et al., « Participación ciudadana en la gestion publica », *Revista de temas sociales*, Santiago de Chile, vol.41, 2001, p.46.

Restero Canal, C., « Causas de la independencia de los paises hispano americanos e ideas de sus libertadores », *Revista de las Indias*, Enero-Junio 1968, Madrid, p. 144.
Valverde Viesca K., Palma delgado E -A., « Ley general de desarollo social : un nuevo papel para las organizaciones sociales en México », *Estudios Políticos*, n°8 octava época, 2006
Villanueva E., « Tendencias en el reconocimiento del derecho de acceso a la información pública », *democracia, transparencia y constitución*, México : UNAM-IFAI, 2006, p.22.

III. Rapports et conférences

A) Rapports archives et conférences francophones

Cour des Comptes, Rapport d'activité 2019, février 2020, p.17.
Cour des Comptes, « Un premier bilan de l'accès à l'enseignement supérieur dans le cadre de la loi orientation et réussite des étudiants », fait à la demande du comité d'évaluation et de contrôle des politiques publiques, février 2020.
Colloque 28 juin 2018 organisé à l'initiative du groupe de travail sur les moyens de contrôle et d'évaluation de l'assemblée nationale, « Le printemps de l'évaluation ».
Rapport public annuel 2018, Tome III, L'organisation et les missions, pp.107-122.
Recueil des normes professionnelles des juridictions financières, 2017, 2e édition, p.30, IV.15.
Cour des comptes, Rapport au roi et déclaration générale de la Cour des comptes sur les comptes de l'année 1831, Paris Imprimerie Royale, 1833.

B) Rapports, archives et conférences hispanophones

Medellín, M. de la Rosa, « La contraloria social : un derecho de la sociedad civil en Mexico », 61p.
Secretaría de la Función Pública, «¿ Qué es la Contraloria Social y cuál es su marco legal ? », mai 2015.
« *La Constitución de Apatzingán : Carta Libertaria de las Américas* », Ensayos de Julio Moguel y David Cienfuegos, México : Centro de Estudios Sociales y de Opinión Pública-Cámara de Diputados/LXII Legislatura : Juan Pablos Editor, 2014.

Toledo Guitierrez, M.-A., Exposé des motifs de la Ley reglamentaria del articulo 8o de la Constitución Política de los Estados Unidos Mexicanos, *Gaceta Parlamentaria*, N° 3417-II, 21 décembre de 2011

Legajo 2881, Archivo Historico Nacional 28 julio 1805. (Espagne)

González Prieto, A., SHCP, Memorias de la Hacienda pública de México, 1821-1867, México, s.p. i., 1990, p. 69.

IV. Jurisprudences

- Cons. Const. Déc. n° 2019-781 DC, 16 mai 2019, loi relative à la croissance et la transformation des entreprises, disponible au le recueil du Conseil Constitutionnel.
- Cons. Const, Déc. n° 2015-471 QPC, 29 mai 2015, « *Mme Nathalie K-M* ».
- Cons. Const. Déc. n° 2013-681DC, 5 déc. 2013, Loi organique portant application de l'article 11 de la Constitution.
- Cons. Const, Déc. n° 2012-235, du 20 avril 2012, *Association Cercle de réflexion et de proposition d'actions sur la psychiatrie (Dispositions relatives aux soins psychiatriques sans consentement).*
- Cons. Const, Déc. n° 2011-641-DC, 8 décembre 2011, loi relative à la répartition des contentieux et à l'allègement de certaines procédures juridictionnelles.
- Conseil Constitutionnel, Déc. n° 2010-77, 10 Décembre 2010, dite « *Mme Barta Z* ».
- Cons. const. 18 juin 2010 n° 2010-5 QPC, *« SNC Kimberly Clark »*
- Cons. Const., Déc. n° 2008-567, du 24 juillet 2008, loi relative aux contrats de partenariat.
- Cons. Const., Déc. n° 2006-545 DC, du 28 décembre 2006 Loi pour le développement de la participation et de l'actionnariat salarié portant diverses dispositions d'ordre économique et social.
- Cons. Const., Décision n° 2001-448 DC, 25 juillet 2001, Loi Organique Relative aux Lois de Finances.
- Conseil d'État, n° 402259, 15 décembre 2017, publiée au recueil Lebon.
- Conseil d'État, n° 387322, 30 mars 2015.

V. Textes de loi et règlements

A) Textes de loi français

- Loi n° 2019-486 du 22 mai 2019 *relative à la croissance et la transformation des entreprises*, dite « loi PACTE »
- Loi constitutionnelle n° 2008-724, du 23 juillet 2008, *de modernisation des institutions de la Ve république*.
- Loi n° 2005-357, du 20 avril 2005, *relative aux aéroports*
- Loi n° 95-880, du 4 août 1995, *portant extension du champ d'application du référendum, instituant une session parlementaire ordinaire unique, modifiant le régime de l'inviolabilité parlementaire et abrogeant les dispositions relatives à la Communauté et les dispositions transitoires.*

B) Textes de loi mexicains

Indiqués selon la norme mexicaine – Nom, date de la dernière réforme, lieu de consultation ou site internet de consultation.

- *Ley de fiscalizacion y rendición de cuentas de la Federación,* DOF 18-07-2016, 18 juillet 2016, accessible sur www.diputados.gob.mx. Version originale : 29 mai 2009.
- *Ley General de Desarollo Social,* DOF 25-06-2018, 25 juin 2018, accessible sur www.diputados.gob.mx. Version originale : 20 janvier 2004.
- *Ley de fiscalizacion superior de la Federación,* DOF 20-06-2008, 20 juin 2008, abrogée par DOF 29-05-2009. Accessible sur www.diputados.gob.mx. Version originale : 29 décembre 2000.
- *Ley Orgánica del Congreso general de los Estados Unidos Mexicanos,* DOF 08-05-2019, 8 mai 2019, accessible sur www.diputados.gob.mx. Version originale : 3 septembre 1999.
- *Ley de planeación,* DOF 16-02-2018, 16 février 2018, accessible sur www.diputados.gob.mx. Version originale : 5 janvier 1983.
- *Ley Federal de Responsabilidades de los Funcionarios y Empleados Públicos*, DOF 18-07-2016, 18 juillet 2016, accessible sur www.diputados.gob.mx. Version originale : 31 décembre 1982.

VI. Ressources internet

A) Ressources francophones

http://printempsdelevaluation.fr/
https://www.effectiveinstitutions.org/media/Note_dorientation_sur_les_Institutions_sup%C3%A9rieures_de_contr%C3%B4le_des_finances_publiques_FRENCH.pdf
https://www.effectiveinstitutions.org/media/Note_dorientation_sur_les_Institutions_sup%C3%A9rieures_de_contr%C3%B4le_des_finances_publiques_FRENCH.pdf
https://www.ne.ch/autorites/CCFI/Documents/F_Lima_Mexico_2013.pdf
https://gallica.bnf.fr/accueil/fr/content/accueil-fr?mode=desktop

B) Ressources hispanophones

http://museodelasconstituciones.unam.mx/nuevaweb/
https://www.gob.mx/sedena/documentos/22-de-octubre-de-1814-promulgacion-de-la-constitucion-de-apatzingan
http://www.biblioteca.tv/artman2/publish/1824_121/Decreto_Arreglo_de_la_administraci_n_de_la_hacienda_p_blica.shtml
http://www.diputados.gob.mx/
https://www.juristasunam.com/salto-mortal-del-imperio-a-la-republica/13247
http://memoriapoliticademexico.org/Efemerides/10/23101835.html

Table des matières

Avertissement **5**

Remerciements **7**

Préface **11**

Liste des abréviations **13**

Sommaire **15**

Introduction **17**

Section 1ère. L'influence de l'histoire espagnole sur le modèle constitutionnel mexicain au début du XIXe siècle 28

§1. L'influence de la Constitution de Cadix, Constitution imposée au Mexique 28

1. L'influence française sur la Constitution espagnole de 1812 28

2. L'exportation du modèle de Cadix au Mexique 32

§2. L'importance de l'épisode de Bayonne 34

1. Invasion de Napoléon Bonaparte et soulèvement contre le pouvoir français 34

2. L'exercice direct de la souveraineté par le gouvernement de Mexico 36

Section 2. L'influence directe des idées révolutionnaires françaises au Mexique 40

§1. La circulation d'idées révolutionnaires sur le territoire mexicain dès la fin du XVIIIe 40

1. L'importance des « *Juntes* » dans la promotion des idées révolutionnaires 40

2. L'exportation directe des idées révolutionnaires pour fonder les mouvements insurrectionnels 42

§2. La Constitution du 22 octobre 1814, synthèse des influences 43

1. L'importance des textes pré constitutionnels 43

2. Une pénétration visible des idées révolutionnaires françaises 45

TITRE Ier
L'origine commune de la formation de l'obligation constitutionnelle de rendre compte en Finances Publiques et ses modalités

CHAPITRE 1er
La garantie sociale du droit de propriété, fondement de la responsabilité financière commun à la philosophie constitutionnelle française et mexicaine 51

Section 1ère. Le caractère fondamental de la responsabilité des agents publics pour la garantie sociale 54

§1. L'apparition concrète de la notion de garantie sociale en 1793 ...54

§2. L'existence de la garantie sociale dans la philosophie de la déclaration du 26 août 1789 60

Section 2. La protection du droit de propriété par l'application de la garantie sociale à l'emploi de la contribution publique 66

§1. La garantie de la sureté de la propriété 66

§2. La garantie de la sûreté de la propriété dans la Déclaration des droits d'Apatzingan 71

CHAPITRE 2.
Des modalités communes de traitement de la responsabilité des agents publics 77

Section 1ère. Une origine historique commune pour un choix de modèle organique divergeant 77

§1. La volonté originelle commune de responsabiliser les ordonnateurs 77

§2. La divergence dans le choix de l'auxiliaire du parlement 83

Section 2. La similarité historique de l'épisode mexicain de contrôle juridictionnel des comptes 92

§1. La justification de la mise en place de la Cour des Comptes par une logique de rétablissement de l'ordre 92

§2. La justification de l'épisode mexicain de juridiction financière par le contexte de rétablissement de l'ordre politique et économique....101

TITRE II
La pertinence des apports du droit Mexicain en matière de participation citoyenne au contrôle des comptes

CHAPITRE 1er
La concrétisation en France du risque de mise à l'écart du citoyen dans le contrôle des comptes impliquée par l'origine historique commune de contrôle parlementaire des comptes 113

Section 1ère. La logique commune de contrôle des comptes par la représentation 113

§1. L'application renforcée du principe de représentation au France 114

§2. Le difficile maintien en France d'un équilibre au profit d'un contrôle par la représentation 124

Section 2. Le constat en France d'une mise à l'écart du citoyen dans le contrôle des comptes 135

§1. La mise à l'écart du citoyen par le caractère initialement représentatif du terme « société » 135

§2. L'échec de la tentative récente d'une individualisation des acteurs de la société 140

CHAPITRE 2.
L'enseignement potentiel de la Contraloría Social mexicaine pour le modèle français 147

Section 1ère. Le développement avancé de la participation citoyenne en matière budgétaire au Mexique 147

§1. La construction progressive d'un mécanisme de participation citoyenne au contrôle des finances publiques 148

§2. Un mécanisme novateur aux fondements juridiques connus de la tradition constitutionnelle française 156

Section 2. Les approches modernes embryonnaires de consultations participatives en matière financière en France 162

§1. Les apparentes prémisses d'un « droit à » la participation à travers la procédure du référendum d'initiative partagée, sorte de version améliorée du droit de pétition 162

§2. La nouvelle méthode d'évaluation de la Cour des Comptes et la prise en compte des parties prenantes 171

Conclusion 181

Bibliographie **185**

I. Ouvrages et thèses 185

II. Articles (et conclusions) 190

III. Rapports et conférences 193

IV. Jurisprudences 194

V. Textes de loi et règlements 195

VI. Ressources internet 196

Table des matières **197**

Table des annexes **201**

Table des annexes

Les textes constitutionnels seront découpés afin de ne sélectionner que les dispositions intéressant la démonstration, dans un souci de volume et de lisibilité.

Annexe I. « *Decreto Constituctional para la Libertad de la América mexicana, sancionado en Apatzingan à 22 de Octubre 1814* » - Constitution du 22 octobre 1814. … p.167.

Annexe II. « *Decreto de 4 de octubre 1824 – Consitutcion federal de los Estados Unidos Mexicanos* » - Constitution du 4 octobre 1834. … p.172.

Annexe III. « *Las siete leyes Constitucionales – 30 de diciembre 1836* » - Constitution du 30 décembre 1836. … p.177

Annexe IV. « *Constitución Federal de los Estados Unidos Mexicanos – Sancionada y jurada por el Congreso general constituyente el día cinco de febrero 1857 en nombre de Dios* » - Constitution du 5 février 1857. … p.192.

Annexe V. « *Constitución Política de los estados Unidos Mexicanos, que reforma la de 5 de febrero 1857- DORF cinco de febrero 1917* » - Constitution du 5 février 1917 - Texte original, du journal officiel, sans les réformes. … p.199.

Annexe VI. « *Decreto por el que se delcara reformados los articulos 73, 74, 78 y 79 de la Constitución politica de los Estados Unidos Mexicanos – DORF 30 de julio 1999* » - Révision Constitutionnelle du 30 juillet 1999, réformant les articles 73, 74,78 et 79. … p.204.

Annexe VII. « *Ley de fiscalizacion y rendición de cuentas de la Federación* », Version originale 29 mai 2009. … p.207

Annexe VIII. « *Ley Orgánica del Congreso general de los Estados Unidos Mexicanos* » DOF 08-05-2019, 8 mai 2019. … p.252.

Annexe IX. Mail attestant l'impossibilité d'accéder aux archives parlementaires. … p.253.

Annexe X. « *Decreto que reforma y adiciona los articulos 6o, 41, 51,52, 52,54, 60, 61, 63, 70, 73, 74, 76,93, 97 y 115 de la Constitución politica de los Estados Unidos mexicanos – Martes 6 de diciembre 1977* » - Révision Constitutionnelle du 6 décembre 1977

impliquant notamment les articles 74 et 115 de la Constitution du 5 février 1917. … p.254.
Annexe XI. *Ley General de Desarollo Social,* DOF 25-06-2018, 25 juin 2018. Version originale : 20 janvier 2004. … p.257.
Annexe XII. « Decreto que reforma y adiciona los articulos 16, 25, 26, 27, fracciones XIX y XX ; 28, 73 fracciones XXIX-D ; XXIX-E y XXIX-F de la Constitucion politica de los estados Unidos Mexicanos – Jueves 3 de febrero 1983 » - révision constitutionnelle du 3 février 1983 impliquant notamment les articles 25 et 26 de la Constitution du 5 février 1917. … p.278

ANNEXE I. « *Decreto Constituctional para la Libertad de la América mexicana, sancionado en Apatzingan à 22 de Octubre 1814* » - Constitution du 22 octobre 1814

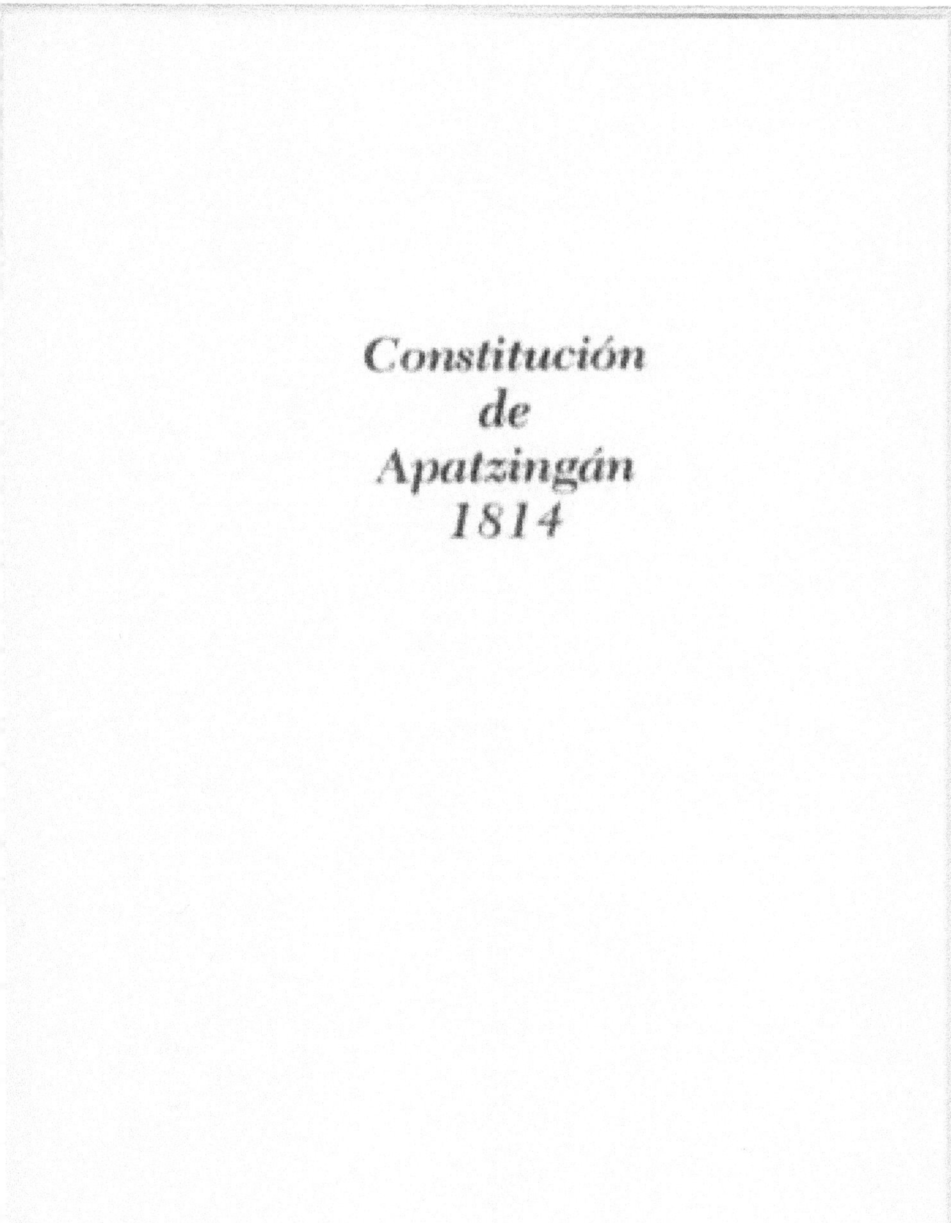
Constitución
de
Apatzingán
1814

Decreto constitucional para la libertad de la América mexicana, sancionado en Apatzingan á 22 de Octubre de 1814.

El supremo congreso mexicano, deseoso de llenar las heróicas miras de la nacion, elevadas nada ménos que al sublime objeto de sustraerse para siempre de la dominacion extranjera, y sustituir al despotismo de la monarquía española un sistema de administracion, que reintegrando á la nacion misma en el goce de sus augustos imprescriptibles derechos, la conduzca á la gloria de la independencia y afiance sólidamente la prosperidad de los ciudadanos, decreta la siguiente forma de gobierno, sancionando ante todas cosas los principios tan sencillos como luminosos en que puede solamente cimentarse una constitucion justa y saludable.

I.

PRINCIPIOS O ELEMENTOS CONSTITUCIONALES.

CAPITULO I.

De la religion.

Art. 1º La religion católica, apostólica, romana, es la única que se debe profesar en el Estado.

CAPITULO II.

De la soberanía.

Art. 2º La facultad de dictar leyes y establecer la forma de gobierno que mas convenga á los intereses de la sociedad, constituye la soberanía.

1 Es la ley 14, título 13, libro 9 de la Nov. Rec.— N. E.

Art. 3º Esta es por su naturaleza imprescriptible, inenajenable é indivisible.

Art. 4º Como el gobierno no se instituye por honra ó interes particular de ninguna familia, de ningun hombre ni clase de hombres, sino para la proteccion y seguridad general de todos los ciudadanos, unidos voluntariamente en sociedad, esta tiene derecho incontestable á establecer el gobierno que mas le convenga, alterarlo, modificarlo y abolirlo totalmente cuando su felicidad lo requiera.

Art. 5º Por consiguiente, la soberanía reside originariamente en el pueblo, y su ejercicio en la representacion nacional compuesta de diputados elegidos por los ciudadanos bajo la forma que prescriba la constitucion.

Art. 6º El derecho de sufragio para la eleccion de diputados pertenece, sin distincion de clases ni países, á todos los ciudadanos en quienes concurran los requisitos que prevenga la ley.

Art. 7º La base de la representacion nacional es la poblacion compuesta de los naturales del país, y de los extranjeros que se reputen por ciudadanos.

Art. 8º Cuando las circunstancias de un pueblo oprimido no permiten que se haga constitucionalmente la eleccion de sus diputados, es legítima la representacion supletoria que con tácita voluntad de los ciudadanos se establece para la salvacion y felicidad comun.

Art. 9º Ninguna nacion tiene derecho para impedir á otra el uso libre de su soberanía. El título de conquista no puede legitimar los actos de la fuerza: el pueblo que lo intente debe ser obligado por las armas á respetar el derecho convencional de las naciones.

Art. 10. Si el atentado contra la soberanía del pueblo se cometiese por algun individuo, corporacion ó ciudad, se castigará por la autoridad pública, como delito de lesa nacion.

Art. 11. Tres son las atribuciones de la soberanía: la facultad de dictar leyes, la facultad de hacerlas ejecutar, y la facultad de aplicarlas á los casos particulares.

Art. 12. Estos tres poderes, legislativo, ejecutivo y judicial, no deben ejercerse ni por una sola persona, ni por una sola corporacion.

CAPITULO III.

De los ciudadanos.

Art. 13. Se reputan ciudadanos de esta América todos los nacidos en ella.

Art. 14. Los extranjeros radicados en este suelo que profesaren la religion católica, apostólica, romana, y no se opongan á la libertad de la nacion, se reputarán tambien ciudadanos de ella, en virtud de *carta de naturaleza* que se les otorgará, y gozarán de los beneficios de la ley.

Art. 15. La calidad de ciudadano se pierde por crímen de heregía, apostasía y lesa nacion.

Art. 16. El ejercicio de los derechos anexos á esta misma calidad, se suspende en el caso de sospecha vehemente de infidencia, y en los demas determinados por la ley.

Art. 17. Los transeuntes serán protegidos por la sociedad; pero sin tener parte en la institucion de sus leyes. Sus personas y propiedades gozarán de la misma seguridad que los demas ciudadanos, con tal que reconozcan la soberanía é independencia de la nacion, y respeten la religion católica, apostólica, romana.

CAPITULO IV.

De la ley.

Art. 18. Ley es la expresion de la voluntad general en órden á la felicidad comun: esta expresion se enuncia por los actos emanados de la representacion nacional.

Art. 19. La ley debe ser igual para todos, pues su objeto no es otro que arreglar el modo con que los ciudadanos deben conducirse en las ocasiones en que la razon exija que se guien por esta regla comun.

Art. 20. La sumision de un ciudadano á una ley que no aprueba, no es un comprometimiento de su razon ni de su libertad; es un sacrificio de la inteligencia particular á la voluntad general.

Art. 21. Solo las leyes pueden determinar los casos en que debe ser acusado, preso ó detenido algun ciudadano.

Art. 22. Debe reprimir la ley todo rigor que no se contraiga precisamente á asegurar las personas de los acusados.

Art. 23. La ley solo debe decretar penas muy necesarias, proporcionadas á los delitos y útiles á la socieda

CAPITULO V.

De la igualdad, seguridad, propiedad y libertad de los ciudadanos.

Art. 24. La felicidad del pueblo y de cada uno de los ciudadanos, consiste en el goce de la igualdad, seguridad, propiedad y libertad. La íntegra conservacion de estos derechos es el objeto de la institucion de los gobiernos y el único fin de las asociaciones políticas.

Art. 25. Ningun ciudadano podrá obtener mas ventajas que las que haya merecido por servicios hechos al Estado. Estos no son títulos comunicables ni hereditarios; y así es contraria á la razon la idea de un hombre nacido legislador ó magistrado.

Art. 26. Los empleados públicos deben funcionar temporalmente, y el pueblo tiene derecho para hacer que vuelvan á la vida privada, proveyendo las vacantes por elecciones y nombramientos, conforme á la constitucion.

Art. 27. La seguridad de los ciudadanos consiste en la garantía social: esta no puede existir sin que fije la ley los límites de los poderes y la responsabilidad de los funcionarios públicos.

Art. 28. Son tiránicos y arbitrarios los actos ejercidos contra un ciudadano sin las formalidades de la ley.

Art. 29. El magistrado que incurriere en este delito, será depuesto y castigado con la severidad que mande la ley.

Art. 30. Todo ciudadano se reputa inocente, mientras no se declare culpado.

Art. 31. Ninguno debe ser juzgado ni sentenciado, sino despues de haber sido oido legalmente.

Art. 32. La casa de cualquier ciudadano es un asilo inviolable: solo se podrá entrar en ella cuando un incendio, una inundacion, ó la reclamacion de la misma casa haga necesario este acto. Para los objetos de procedimiento criminal deberán preceder los requisitos prevenidos por la ley.

Art. 33. Las ejecuciones civiles y visitas domiciliarias solo deberán hacerse durante el dia, y con respecto á la persona y objeto indicado en la acta que mande la visita y la ejecucion.

Art. 34. Todos los individuos de la sociedad tienen derecho á adquirir propiedades y disponer de ellas á su arbitrio con tal que no contravengan á la ley.

Art. 35. Ninguno debe ser privado de la menor porcion de las que posea, sino cuando lo exija la pública necesidad; pero en este caso tiene derecho á la justa compensacion.

Art. 36. Las contribuciones públicas no son extorciones de la sociedad, sino donaciones de los ciudadanos para seguridad y defensa.

Art. 37. A ningun ciudadano debe coartarse la libertad de reclamar sus derechos ante los funcionarios de la autoridad pública.

Art. 38. Ningun género de cultura, industria ó comercio puede ser prohibido á los ciudadanos, excepto los que forman la subsistencia pública.

Art. 39. La instruccion, como necesaria á todos los ciudadanos, debe ser favorecida por la sociedad con todo su poder.

Art. 40. En consecuencia, la libertad de hablar, de discurrir y de manifestar sus opiniones por medio de la imprenta, no debe prohibirse á ningun ciudadano, á ménos que en sus producciones ataque el dogma, turbe la tranquilidad pública ú ofenda el honor de los ciudadanos.

CAPITULO VI.

De las obligaciones de los ciudadanos.

Art. 41. Las obligaciones de los ciudadanos para con la patria son: una entera sumision á las leyes, un obedecimiento absoluto á las autoridades constituidas, una pronta disposicion á contribuir á los gastos públicos, un sacrificio voluntario de los bienes y de la vida cuando sus necesidades lo exijan. El ejercicio de estas virtudes forma el verdadero patriotismo.

II.

FORMA DE GOBIERNO.

CAPITULO I.

De las provincias que comprende la América mexicana.

Art. 42. Mientras se haga una demarcacion exacta de esta América mexicana y de cada una de las provincias que la componen, se reputarán bajo de este nombre y dentro de los mismos términos que hasta hoy se han reconocido las siguientes: México, Puebla, Tlaxcala, Veracruz, Yucatan, Oaxaca, Técpam, Michoacan, Querétaro, Guadalajara, Guanajuato, Potosí, Zacatecas, Durango, Sonora, Coahuila y Nuevo reino de Leon.

plente el que se aproxime mas á la pluralidad.

Art. 98. Si hubiere empate, se sorteará el nombramiento de diputado, así propietario como suplente, entre los votados que sacaren igual número de sufragios.

Art. 99. Hecha la eleccion se procederá á la solemnidad religiosa, á que se refiere el artículo 89.

Art. 100. Se extenderá la acta de eleccion y se sacarán dos copias con las formalidades que establece el artículo 90: una copia se entregará al diputado, y otra se remitirá al supremo congreso.

Art. 101. Los electores en nombre de la provincia otorgarán al diputado en forma legal la correspondiente comision.

CAPITULO VIII.

De las atribuciones del supremo congreso.

Al supremo congreso pertenece exclusivamente:

Art. 102. Reconocer y calificar los documentos que presenten los diputados elegidos por las provincias, y recibirles el juramento que deben otorgar para su incorporacion.

Art. 103. Elegir los individuos del supremo gobierno, los del supremo tribunal de justicia, los del de residencia, los secretarios de estas corporaciones y los fiscales de la segunda, bajo la forma que prescribe este decreto, y recibirles á todos el juramento correspondiente para la posesion de sus respectivos destinos.

Art. 104. Nombrar los ministros públicos, que con el carácter de embajadores plenipotenciarios, ú otra representacion diplomática hayan de enviarse á las demas naciones.

Art. 105. Elegir á los generales de division, á consulta del supremo gobierno, quien propondrá los tres oficiales que juzgue mas idóneos.

Art. 106. Examinar y discutir los proyectos de ley que se propongan. Sancionar las leyes, interpretarlas y derogarlas en caso necesario.

Art. 107. Resolver las dudas de hecho y de derecho que se ofrezcan en órden á las facultades de las supremas corporaciones.

Art. 108. Decretar la guerra y dictar las instrucciones bajo de las cuales haya de proponerse ó admitirse la paz: las que deben regir para ajustar los tratados de alianza y comercio con las demas naciones, y aprobar ántes de su ratificacion estos tratados.

Art. 109. Crear nuevos tribunales subalternos, suprimir los establecimientos, variar su forma, segun convenga para la mejor administracion: aumentar ó disminuir los oficios públicos, y formar los aranceles de derechos.

Art. 110. Conceder ó negar licencia para que se admitan tropas extranjeras en nuestro suelo.

Art. 111. Mandar que se aumente ó disminuyan las fuerzas militares, á propuesta del supremo gobierno.

Art. 112. Dictar ordenanzas para el ejército y milicias nacionales en todos los ramos que las constituyen.

Art. 113. Arreglar los gastos del gobierno. Establecer contribuciones é impuestos, y el modo de recaudarlos; como tambien el método conveniente para la administracion, conservacion y enajenacion de los bienes propios del Estado; y en los casos de necesidad tomar caudales á préstamo sobre los fondos y crédito de la nacion.

Art. 114. Examinar y aprobar las cuentas de recaudacion é inversion de la hacienda pública.

Art. 115. Declarar si ha de haber aduanas, y en qué lugares.

Art. 116. Batir moneda, determinando su materia, valor, peso, tipo y denominacion; y adoptar el sistema que estime justo de pesos y medidas.

Art. 117. Favorecer todos los ramos de industria, facilitando los medios de ade-

ANNEXE II. « *Decreto de 4 de octubre 1824 – Consitutcion federal de los Estados Unidos Mexicanos* » - Constitution du 4 octobre 1834.

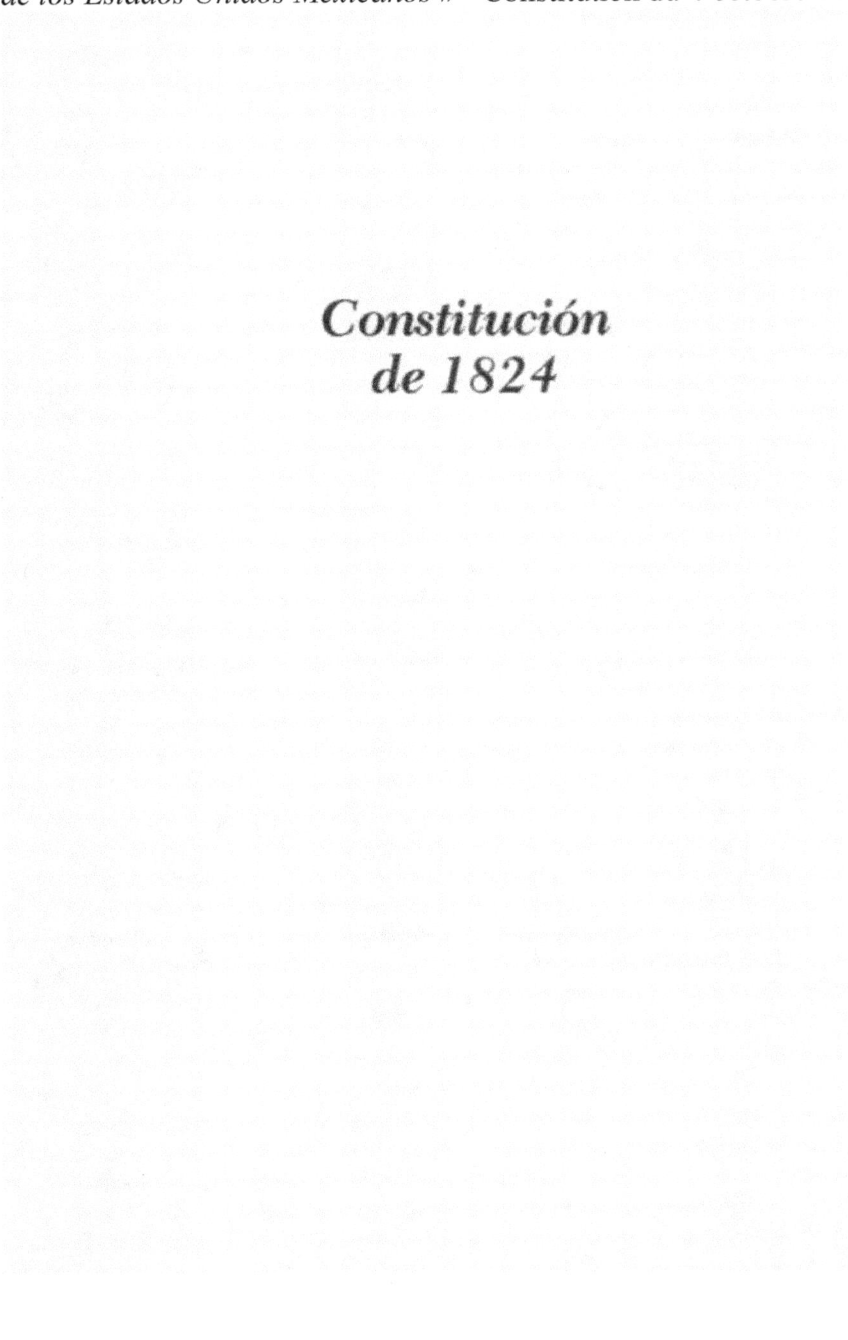

Constitución de 1824

Decreto de 4 de Octubre de 1824.—Constitucion federal de los Estados-Unidos Mexicanos.

En el nombre de Dios Todopoderoso, autor y supremo legislador de la sociedad. El congreso general constituyente de la nacion mexicana, en desempeño de los deberes que le han impuesto sus comitentes para fijar su independencia política, establecer y afirmar su libertad, y promover su prosperidad y gloria, decreta lo siguiente

CONSTITUCION

DE LOS ESTADOS-UNIDOS MEXICANOS.

TITULO I.

SECCION ÚNICA.

De la nacion mexicana su territorio y religion.

1. La nacion mexicana es para siempre libre é independiente del gobierno español y de cualquiera otra potencia.

2. Su territorio comprende el que fué del vireinato llamado ántes Nueva España, el que se decia capitanía general de Yucatan, el de las comandancias llamadas ántes de provincias internas de Oriente y Occidente, y el de la Baja y Alta California, con los terrenos anexos é islas adyacentes en ambos mares. Por una ley constitucional se hará una demarcacion de los límites de la federacion, luego que las circunstancias lo permitan.

3. La religion de la nacion mexicana es y será perpétuamente la católica, apostólica, romana. La nacion la proteje por leyes sábias y justas, y prohibe el ejercicio de cualquiera otra.

TITULO II.

SECCION UNICA.

De la forma de gobierno de la nacion, de sus partes integrantes, y division de su poder supremo.

4. La nacion mexicana adopta para su gobierno la forma de república representativa popular federal.

5. Las partes de esta federacion son los Estados y territorios siguientes: el Estado de las Chiapas, el de Chihuahua, el de Coahuila y Tejas, el de Durango, el de Guanajuato, el de México, el de Michoacan, el de Nuevo Leon, el de Oajaca, el de Puebla de los Angeles, el de Querétaro, el de San Luis Potosí, el de Sonora y Sinaloa, el de Tabasco, el de las Tamaulipas, el de Veracruz, el de Xalisco, el de Yucatan y el de los Zacatecas: el territorio de la Alta California, el de la Baja California, el de Colima y el de Santa Fé de Nuevo México. Una ley constitucional fijará el carácter de Tlaxcala.

6. Se divide el supremo poder de la federacion para su ejercicio, en legislativo, ejecutivo y judicial.

TITULO III.

DEL PODER LEGISLATIVO.

SECCION PRIMERA.

De su naturaleza y modo de ejercerlo.

7. Se deposita el poder legislativo de la federacion, en un congreso general. Es-

los 35, 36, 39, 40, 44, y 45; y el presidente de los Estados-Unidos las deberá hacer ejecutar, sin poder hacer observaciones sobre ellas.

SECCION QUINTA.

De las facultades del congreso general.

47. Ninguna resolucion del congreso general tendrá otro carácter que el de ley ó decreto.

48. Las resoluciones del congreso general para tener fuerza de ley ó decreto, deberán estar firmadas por el presidente, ménos en los casos exceptuados en esta constitucion.

49. Las leyes y decretos que emanen del congreso general tendrán por objeto:

—I. Sostener la independencia nacional, y proveer á la conservacion y seguridad de la nacion en sus relaciones exteriores.

—II. Conservar la union federal de los Estados, y la paz y el órden público en lo interior de la federacion.

—III. Mantener la independencia de los Estados entre sí en lo respectivo á su gobierno interior, segun la acta constitutiva y esta constitucion.

—IV. Sostener la igualdad proporcional de obligaciones y derechos que los Estados tienen ante la ley.

50. Las facultades exclusivas del congreso general, son las siguientes:

—I. Promover la ilustracion, asegurando por tiempo limitado derechos exclusivos á los autores por sus respectivas obras, estableciendo colegios de marina, artillería é ingenieros, erigiendo uno ó mas establecimientos en que se enseñen las ciencias naturales y exactas, políticas y morales, nobles artes y lenguas, sin perjudicar la libertad que tienen las legislaturas para el arreglo de la educacion pública en sus respectivos Estados.

—II. Fomentar la prosperidad general, decretando la apertura de caminos y canales ó su mejora, sin impedir á los Estados la apertura ó mejora de los suyos, estableciendo postas y correos, y asegurando por tiempo limitado á los inventores, perfeccionadores ó introductores de algun ramo de industria, derechos exclusivos por sus respectivos inventos, perfecciones ó nuevas introducciones.

—III. Proteger y arreglar la libertad política de imprenta, de modo que jamás se pueda suspender su ejercicio, y mucho ménos abolirse en ninguno de los Estados ni territorios de la federacion.

—IV. Admitir nuevos Estados á la union federal, ó territorios, incorporándolos en la nacion.

—V. Arreglar definitivamente los límites de los Estados, terminando sus diferencias cuando no hayan convenido entre sí sobre la demarcacion de sus respectivos distritos

—VI. Erigir los territorios en Estados, ó agregarlos á los existentes.

—VII. Unir dos ó mas Estados á peticion de sus legislaturas para que formen uno solo, ó erigir otro de nuevo dentro de los límites de los que ya existen, con aprobacion de las tres cuartas partes de los miembros presentes de ámbas cámaras, y ratificacion de igual número de las legislaturas de los demas Estados de la federacion.

—VIII. Fijar los gastos generales, establecer las contribuciones necesarias para cubrirlos, arreglar su recaudacion, determinar su inversion, y tomar anualmente cuentas al gobierno.

—IX. Contraer deudas sobre el crédito de la federacion, y designar garantías para cubrirlas.

—X. Reconocer la deuda nacional, y señalar medios para consolidarla y amortizarla.

—XI. Arreglar el comercio con las naciones extrangeras, y entre los diferentes Estados de la federacion y tribus de los indios.

—XII. Dar instrucciones para celebrar concordatos con la silla apostólica, aprobarlos para su ratificacion, y arreglar el ejercicio del patronato en toda la federacion.

—XIII. Aprobar los tratados de paz, de alianza, de amistad, de federacion, de neutralidad armada, y cualesquiera otros que celebre el presidente de los Estados Unidos con potencias extrangeras.

—XIV. Habilitar toda clase de puertos, establecer aduanas y designar su ubicacion.

—XV. Determinar y uniformar el peso, ley, valor, tipo y denominacion de las monedas en todos los Estados de la federacion, y adoptar un sistema general de pesos y medidas.

—XVI. Decretar la guerra en vista de los datos que le presente el presidente de los Estados Unidos.

—XVII. Dar reglas para conceder patentes de corso, y para declarar buenas ó malas las presas de mar y tierra.

—XVIII. Designar la fuerza armada de mar y tierra, fijar el contingente de hombres respectivo á cada Estado, y dar ordenanzas y reglamentos para su organizacion y servicio.

—XIX. Formar reglamentos para organizar, armar y disciplinar la milicia local de los Estados; reservando á cada uno el nombramiento respectivo de oficiales, y la facultad de instruirla conforme á la disciplina prescrita por dichos reglamentos.

—XX. Conceder ó negar la entrada de tropas extrangeras en el territorio de la federacion.

—XXI. Permitir ó nó la estacion de escuadras de otra potencia por mas de un mes en los puertos mexicanos.

—XXII. Permitir ó nó la salida de tropas nacionales fuera de los límites de la república.

—XXIII. Crear ó suprimir empleos públicos de la federacion, señalar, aumentar ó disminuir sus dotaciones, retiros y pensiones.

—XXIV. Conceder premios y recompensas á las corporaciones ó personas que hayan hecho grandes servicios á la república, y decretar honores públicos á la memoria póstuma de los grandes hombres.

—XXV. Conceder amnistías ó indultos por delitos cuyo conocimiento pertenezca á los tribunales de la Federacion, en los casos y prévios los requisitos que previenen las leyes.

—XXVI. Establecer una regla general de naturalizacion.

—XXVII. Dar leyes uniformes en todos los Estados sobre bancarrotas.

—XXVIII. Elegir un lugar que sirva de residencia á los supremos poderes de la Federacion, y ejercer en su distrito las atribuciones del poder legislativo de un Estado.

—XXIX. Variar esta residencia cuando lo juzgue necesario.

—XXX. Dar leyes y decretos para el arreglo de la administracion interior de los territorios.

—XXXI. Dictar todas las leyes y decretos que sean conducentes para llenar los objetos de que habla el art. 49, sin mezclarse en la administracion interior de los Estados.

SECCION SEXTA.

De la formacion de las leyes.

51. La formacion de las leyes y decretos puede comenzar indistintamente en cualquiera de las dos cámaras, á excepcion de las que versaren sobre contribuciones ó impuestos, las cuales no pueden tener su orígen sino en la cámara de diputados.

52. Se tendrán como iniciativas de ley ó decreto:

1° Las proposiciones que el Presidente de los Estados-Unidos Mexicanos tuviere por convenientes al bien de la sociedad, y como tales las recomendare precisamente á la cámara de diputados.

2° Las proposiciones ó proyectos de ley ó decreto que las legislaturas de los Estados dirijan á cualquiera de las cámaras.

TITULO VII.

SECCION UNICA.

De la observancia, interpretacion y reforma de la constitucion y acta constitutiva.

163. Todo funcionario público, sin excepcion de clase alguna, ántes de tomar posesion de su destino, deberá prestar juramento de guardar esta constitucion y la acta constitutiva.

164. El congreso dictará todas las leyes y decretos que crea conducentes, á fin de que se haga efectiva la responsabilidad de los que quebranten esta constitucion ó la acta constitutiva.

165. Solo el congreso general podrá resolver las dudas que ocurran sobre inteligencia de los artículos de esta constitucion y de la acta constitutiva.

166. Las legislaturas de los Estados podrán hacer observaciones, segun les parezca conveniente, sobre determinados artículos de esta constitucion y de la acta contitutiva; pero el congreso general no las tomará en consideracion sino precisamente el año de 1830.

167. El congreso en este año se limitará á calificar las observaciones que merezcan sujetarse á la deliberacion del congreso siguiente, y esta declaracion se comunicará al presidente, quien la publicará y circulará sin poder hacer observaciones.

168. El congreso siguiente, en el primer año de sus sesiones ordinarias, se ocupará de las observaciones sujetas á su deliberacion, para hacer las reformas que crea convenientes; pues nunca deberá ser uno mismo el congreso que haga la calificacion prevenida en el artículo anterior, y el que decrete las reformas.

169. Las reformas ó adiciones que se propongan en los años siguientes al de 30, se tomarán en consideracion por el congreso en el segundo año de cada bienio, y si se calificaren necesarias, segun lo prevenido en el artículo anterior, se publicará esta resolucion para que el congreso siguiente se ocupe de ellas.

170. Para reformar ó adicionar esta constitucion ó la acta constitutiva, se observarán ademas de las reglas prescritas en los artículos anteriores, todos los requisitos prevenidos para la formacion de las leyes, á excepcion del derecho de hacer observaciones concedido al presidente en el artículo 106.

171. Jamás se podrán reformar los artículos de esta constitucion y de la acta constitutiva que establecen la libertad é independencia de la nacion mexicana, su religion, forma de gobierno, libertad de imprenta, y division de los poderes supremos de la federacion y de los Estados.

Dada en México á 4 del mes de Octubre del año del Señor de 1824, 4º de la independencia, 3º de la libertad y 2º de la federacion.

ANNEXE III. « *Las siete leyes Constitucionales – 30 de diciembre 1836* » - Constitution du 30 décembre 1836.

PRIMERA SECRETARIA
DE ESTADO
DEPARTAMENTO DEL INTERIOR

El Excmo. Sr. Presidente interino de la República mexicana, se ha servido dirigirme el decreto que sigue.

„El Presidente interino de la República mexicana, á los habitantes de ella, sabed: Que el Soberano Congreso nacional ha decretado las siguientes

LEYES CONSTITUCIONALES.

En el nombre de Dios Todopoderoso, trino y uno, por quien los hombres están destinados á formar sociedades y se conservan las que forman; los Representantes de la Nacion Mexicana, delegados por ella para constituirla del modo que entiendan ser mas conducente á su felicidad, reunidos al efecto, en Congreso general han venido en decretar y decretan las siguientes

LEYES CONSTITUCIONALES.

PRIMERA.

Derechos y obligaciones de los mexicanos y habitantes de la Republica.

Art. 1. Son mexicanos:

1.° Los nacidos en el territorio de la República de padre mexicano por nacimiento ó por naturalizacion.
2.° Los nacidos en pais extrangero de padre mexicano por nacimiento, si al entrar en el derecho de disponer de sí, estuvieren ya radicados en la República, ó avisaren que resuelven hacerlo, y lo verificaren dentro del año, despues de haber dado el aviso.
3.° Los nacidos en territorio extrangero de padre mexicano por naturalizacion, que no haya perdido esta cualidad, si practican lo prevenido en el párrafo anterior.
4.° Los nacidos en el territorio de la República, de padre extrangero, que hayan permanecido en él hasta la época de disponer de sí, y dado al entrar en ella el referido aviso.
5.° Los no nacidos en él, que estaban fijados en la República cuando esta declaró su independencia, juraron la acta de ella, y han continuado residiendo aquí.
6.° Los nacidos en territorio extrangero, que introducidos legalmente despues de la independencia, hayan obtenido carta de naturalizacion con los requisitos que prescriben las leyes.

Art. 2. Son derechos del mexicano:

1.° No poder ser preso sino por mandamiento de Juez competente, dado por escrito y firmado, ni aprehendido, sino por disposicion de las autoridades á quienes corresponda segun ley. Exceptúase el caso de delito infraganti en el que cualquiera pueda ser aprehendido, y cualquiera pueda aprehenderle, presentándole desde luego á su juez ó á otra autoridad pública.

LEYES CONSTITUCIONALES.

Primera. Sobre los derechos y obligaciones de los mexicanos y los habitantes de la República

Segunda. Organizacion de un Supremo Poder Conservador

Tercera. Del Poder Legislativo, de sus miembros, y de cuanto dice relación á la formación de las leyes
Cámara de Diputados
Cámara de Senadores
De las sesiones
De la formación de las leyes
Facultades de las Cámaras y prerrogativas de sus miembros
De la Diputación permanente

Cuarta. Organizacion del Supremo Poder Ejecutivo
Del Consejo de Gobierno
Del Ministerio

Quinta. Del Poder Judicial de la República Mexicana
De los Tribunales superiores de los Departamentos
De los jueces subalternos de primera instancia

Sexta. Sobre la división y organización territorial
División del territorio de la República y gobierno interior de sus pueblos

Sétima. Variaciones de las Leyes Constitucionales

Artículos transitorios

2.° No poder ser detenido mas de tres dias por autoridad ninguna politica, sin ser entregados al fin de ellos, con los datos de su detencion, á la autoridad judicial, ni por esta mas de diez dias, sin proveer el auto motivado de prision. Ambas autoridades serán responsables del abuso que hagan de los referidos términos.
3.° No poder ser privado de su propiedad, ni del libre uso y aprovechamiento de ella en todo ni en parte. Cuando algun objeto de general y pública utilidad exija lo contrario, podrá verificarse la privacion, si la tal circunstancia fuere calificada por el Presidente y sus cuatro Ministros en la capital, por el Gobierno y Junta departamental en los Departamentos, y el dueño, sea corporacion eclesiástica ó secular, sea individuo particular, préviamente indemnizado á tasacion de dos peritos, nombrado el uno de ellos por él, y segun las leyes el tercero en discordia, caso de haberla.

La calificacion dicha podrá ser reclamada por el interesado ante la Suprema Corte de Justicia en la capital, y en los Departamentos ante el superior Tribunal respectivo. El reclamo suspenderá la ejecucion hasta el fallo.

4.° No poderse catear sus casas y sus papeles, si no es en los casos y con los requisitos literalmente prevenidos en las leyes.
5.° No poder ser juzgado ni sentenciado por comision ni por otros tribunales que los establecidos en virtud de la Constitucion, ni segun otras leyes que las dictadas con anterioridad al hecho que se juzga.
6.° No podérsele impedir la traslacion de su persona y bienes á otro pais, cuando le convenga, con tal de que no deje descubierta en la República responsabilidad de ningun género y satisfaga por la extraccion de los segundos, la cuota que establezcan las leyes.
7.° Poder imprimir y circular, sin necesidad de prévia censura sus ideas políticas. Por los abusos de este derecho, se castigará cualquiera que sea culpable en ellos, y asi en esto, como en todo lo demas, quedan estos abusos en la clase de delitos comunes; pero con respecto á las penas, los Jueces no podrán excederse de las que imponen las leyes de imprenta mientras tanto no se dicten otras en esta materia.

Art. 3. Son obligaciones del mexicano:

1.° Profesar la religion de su Pátria, observar la Constitucion y las leyes, obedecer las autoridades.
2.° Cooperar á los gastos del Estado con las contribuciones que establezcan las leyes y le comprendan.
3.° Defender la Pátria y cooperar al sostén ó restablecimiento del órden público, cuando la ley, y las autoridades á su nombre le llamen.

Art. 4. Los mexicanos gozarán de todos los otros derechos civiles y tendrán todas las demas obligaciones del mismo órden que establezcan las leyes.

Art. 5. La cualidad de mexicano se pierde:

1.° Por ausentarse del territorio mexicano mas de dos años sin ocurrir durante ellos por el pasaporte del Gobierno.
2.° Por permanecer en pais extrangero mas de dos años despues de fenecido el término de la licencia, sin haber ocurrido por la próroga.
3.° Por alistarse en banderas extranjeras.

4.° Por aceptar empleos de otro gobierno.
5.° Por aceptar condecoraciones de otro gobierno sin permiso del mexicano.
6.° Por los crímenes de alta traicion contra la independencia de la patria, de conspirar contra la vida del Supremo Magistrado de la Nacion, incendiario, envenenador, asesino, alevoso y cualesquiera otros delitos en que impongan las leyes esta pena.

Art. 6. El que pierda la cualidad de mexicano, puede obtener rehabilitacion del Congreso, en los casos y con los requisitos que establezcan las leyes.

Art. 7. Son ciudadanos de la República Mexicana:

1.° Todos los comprendidos en los cinco primeros párrafos del art. 1 que tengan una renta anual lo menos de cien pesos, procedentes de capital fijo ó moviliario ó de industria ó trabajo personal, honesto y útil á la sociedad.
2.° Los que hayan obtenido carta especial de ciudadanía del Congreso general, con los requisitos que establezca la ley.

Art. 8. Son derechos del ciudadano mexicano, á mas de los detallados en el art. 2 é indicados en el 4:

1.° Votar para todos los cargos de eleccion popular directa.
2.° Poder ser votado para los mismos, siempre que en su persona concurran las cualidades que las leyes exijan en cada caso.

Art. 9. Son obligaciones particulares del ciudadano mexicano:

1.° Ascribirse en el padron de su municipalidad.
2.° Concurrir á las elecciones populares, siempre que no se lo impida causa física ó moral.
3.° Desempeñar los cargos concejiles y populares para que fuese nombrado, si no es que tenga excepcion legal ó impedimento suficiente, calificado por la autoridad á quien corresponda segun la ley.

Art. 10. Los derechos particulares del ciudadano se suspenden:

1.° Durante la minoridad.
2.° Por el estado de sirviente doméstico.
3.° Por causa criminal desde la fecha del mandamiento de prision, hasta el pronunciamiento de la sentencia absolutoria. Si esta lo fuere en la totalidad, se considerará al interesado en el goce de los derechos, como si no hubiese habido tal mandamiento de prision; de suerte que no por ella le paren ninguna clase de perjuicio.
4.° Por no saber leer ni escribir desde el año de 846 en adelante.

Art. 11. Los derechos de ciudadano se pierden totalmente:

1.° En los casos en que se pierde la cualidad de mexicano.
2.° Por sentencia judicial que imponga pena infamante.
3.° Por quiebra fraudulenta calificada.

4.° Por ser deudor calificado en la administracion y manejo de cualquiera de los fondos públicos.
5.° Por ser vago, mal entretenido, ó no tener industria, ó modo honesto de vivir.
6.° Por imposibilitarse para el desempeño de las obligaciones de ciudadano por la profesion del estado religioso.

Art. 12. Los extrangeros introducidos legalmente en la República gozan de todos los derechos naturales, y además los que se estipulen en los tratados para los súbditos de sus respectivas naciones, y están obligados á respetar la religion y sujetarse á las leyes del pais, en los casos que puedan corresponderles.

Art. 13. El extrangero no puede adquirir en la República propiedad raíz, si no se ha avecindado en ella, casare con mexicana y se arreglare á lo demas que prescriba la ley relativa á estas adquisiciones. Tampoco podrá trasladar á otro pais su propiedad moviliaria, sino con los requisitos y pagando la cuota que establezcan las leyes.

Las adquisiciones de colonizadores, se sujetarán á las reglas especiales de colonizacion.

Art. 14. La vecindad se gana por residencia continuada de dos años en cualquiera poblacion, manifestando durante ellos á la Autoridad municipal la resolucion de fijarse, y estableciendo casa, trato ó industria provechosa.

Art. 15. La vecindad se pierde por trasladarse á otro punto, levantando la casa, trato ó giro, y fijándose allá con él.

[…]

TERCERA.

Del Poder Legislativo, de sus miembros y de cuanto dice relacion á la formacion de las Leyes.

Art. 1. El ejercicio del Poder Legislativo, se deposita en el Congreso general de la Nacion, el cual se compondrá de dos Cámaras.

Cámara de Diputados.

Art. 2. La base para la eleccion de Diputados es la poblacion. Se elegirá un Diputado por cada ciento cincuenta mil habitantes, y por cada fraccion de ochenta mil. Los Departamentos que no tengan este número, elegirán sin embargo un Diputado. Se elegirá un número de suplentes igual al de propietarios.

Art. 3. Esta Cámara se renovará por mitad cada dos años: el número total de Departamentos se dividirá en dos secciones proporcionalmente iguales en poblacion: el primer bienio nombrará sus Diputados, una seccion, y el siguiente la otra, y así alternativamente.

Art. 4. Las elecciones de Diputados se harán en los Departamentos el primer domingo de Octubre del año anterior á la renovacion, y los nuevos electos comenzarán á funcionar en enero del siguiente año.

Una ley particular establecerá los dias, modo y forma de estas elecciones, el número y las cualidades de los electores.

Art. 5. Las elecciones de los Diputados serán calificadas por el Senado, reduciendo esta Cámara su calificacion á si en el individuo concurren las cualidades que exije esta ley, y si en las juntas electorales hubo nulidad que vicie esencialmente la eleccion.

En caso de nulidad en el cuerpo electoral, se mandará subsanar el defecto: en el de nulidad de los electos, se repetirá la eleccion, y en el de nulidad en el propietario y no en el suplente, vendrá éste por aquél.

En todo caso de falta perpetua del propietario, se llamará al suplente.

Art. 6. Para ser diputado se requiere.

1.° Ser mexicano por nacimiento ó natural de cualquiera parte de la América que en 1810 dependia de la España, y sea independiente, si se hallaba en la República al tiempo de su emancipacion.

2.° Ser ciudadano mexicano en actual ejercicio de sus derechos, natural ó vecino del Departamento que lo elige.

3.° Tener treinta años cumplidos de edad el dia de la eleccion.

4.° Tener un capital (físico ó moral) que le produzca al individuo, lo menos mil quinientos pesos anuales.

Art. 7. No pueden ser electos Diputados: El Presidente de la República y los miembros del Supremo Poder Conservador, mientras lo sean y un año despues: los individuos de la Suprema Corte de Justicia y de la Marcial: los Secretarios del Despacho y oficiales de su secretaría: los empleados generales de Hacienda: los Gobernadores de los Departamentos, mientras lo sean y seis meses despues: los Muy Reverendos Arzobispos y Obispos, Gobernadores de mitras, Provisores y Vicarios generales, los Jueces, comisarios y comandantes generales, por los Departamentos á que se extienda su jurisdiccion, encargo ó ministerio.

Cámara de Senadores.

Art. 8. Esta se compondrá de veinticuatro Senadores nombrados en la manera siguiente.

En cada caso de eleccion, la Cámara de Diputados, el Gobierno en junta de Ministros y la Suprema Corte Justicia elegirán cada uno á pluralidad absoluta de votos un número de individuos igual al que debe ser de nuevos Senadores.

Las tres listas que resultarán, serán autorizadas por los respectivos Secretarios, y remitidas á las Juntas departamentales.

Cada una de éstas elegirá precisamente de los comprendidos en las listas, el número que se debe nombrar de Senadores, y remitirá la lista especificativa de su eleccion al Supremo Poder Conservador.

Este las examinará, calificará las elecciones, ciñéndose á lo que prescribe el art. 5, y declarará Senadores á los que hayan reunido la mayoría de votos de las Juntas, por el órden de esa mayoría, y decidiendo la suerte entre los de números iguales.

Art. 9. El Senado se renovará por terceras partes cada dos años, saliendo al fin del primer bienio los ocho últimos de la lista: al fin del segundo los ocho de en medio, y desde fin del tercero en adelante los ocho mas antiguos.

Art. 10. Las elecciones que deben verificar la Cámara de Diputados, el Gobierno y la Suprema Corte de Justicia, con arreglo al art. 8, se harán precisamente en 3 de Junio del año próximo anterior á la renovacion parcial. En 15 del inmediato Agosto verificarán las suyas las Juntas Departamentales, y la calificacion y declaracion del Supremo Poder Conservador, se verificará en 1.° de Octubre del mismo año, e inmediatamente participará el Ejecutivo el nombramiento á los electos.

Art. 11. La vacante de un Senador se reemplazará por eleccion hecha en el método que prescribe el art. 8 el electo entrará á ocupar el lugar vaco, y durará el tiempo que debía durar el que faltó.

Art. 12. Para ser Senador se requiere:

1.° Ser ciudadano en actual ejercicio de sus derechos.

2.° Ser mexicano por nacimiento.

3.° Tener de edad el dia de la eleccion treinta y cinco años cumplidos.

4.° Tener un capital (físico ó moral) que produzca al individuo, lo menos, dos mil quinientos pesos anuales.

Art. 13. No pueden ser Senadores el Presidente de la República, mientras lo sea, y un año despues: los miembros del Supremo Poder Conservador: los de la Suprema Corte de Justicia y de la Marcial: los Secretarios del despacho, y oficiales de sus Secretarias: los empleados generales de Hacienda: ni los Gobernadores de los Departamentos mientras lo sean y seis meses despues.

De las Sesiones.

Art. 14. Las sesiones del Congreso general se abrirán en 1.° de Enero y en 1.° de Julio de cada año. Las del primer período se podrán cerrar en 31 de Marzo, y las del segundo durarán hasta que se concluyan los asuntos á que exclusivamente se dedican. El objeto de dicho segundo periodo de sesiones, será el examen y aprobacion del presupuesto del año siguiente y de la cuenta del Ministerio de Hacienda respectiva al año penúltimo.

Art. 15. Las sesiones serán diarias exceptuándose sólo los dias de solemnidad eclesiástica y los de civil que señalare una ley secundaria.

Art. 16. El reglamento del Congreso especificará la hora á que deben comenzar cada dia las sesiones, el tiempo que debe durar cada una, como, y hasta por cuanto tiempo podrá suspender las suyas cada Cámara, y todos los demás requisitos preparatorios de cada sesion ordinaria ó extraordinaria, y de las discusiones y votaciones.

Art. 17. Para la votacion de cualquiera ley ó decreto, deberá estar presente mas de la mitad del número total de individuos que componen la Cámara y toda votacion se hará por la mayoría de sufragios de los que estuvieren presentes, excepto en los casos que la ley exija número mayor.

Art. 18. Para la clausura de las sesiones, así ordinarias como extraordinarias, se expedirá formal decreto, pasado en ambas Cámaras, sancionado y publicado por el Ejecutivo.

Art. 19. Si el Congreso resolviere no cerrar en 31 de Marzo el primer periodo de sesiones ordinarias, ó el Presidente de la República con acuerdo del Consejo pidiere esta próroga, se expedirá préviamente y públicará decreto de continuacion.

En dicho decreto se especificarán los asuntos de que únicamente ha de ocuparse el Congreso en aquella próroga; pero no el tiempo de la duracion de ella que será todo el necesario, dentro de los meses de Abril, Mayo y Junio, para la conclusion de dichos asuntos.

Art. 20. Puede el Presidente de la República, con acuerdo del Consejo, y cuando el Congreso esté en receso, resolver se le cite á sesiones extraordinarias por la diputacion permanente, señalándole los asuntos de que se ha de ocupar, sin que pueda, durante ellas, tratar otros.

Igual facultad tendrá la Diputacion permanente, con tal de que convenga en la citacion el Ejecutivo, quien no podrá negarse á ella, sino con acuerdo del Supremo Poder Conservador.

Art. 21. La fijacion de asuntos de que hablan los artículos 14, 19 y 20 no obstará para tratar alguno otro que pueda ocurrir improvisamente, con tal de que sea muy urgente, y de interés comun, á juicio del Ejecutivo y de la mayoría de ambas Cámaras. Tampoco obstará para poderse ocupar de las acusaciones que deben hacerse ante las Cámaras y demás asuntos económicos.

Art. 22. Aunque el Congreso general cierre sus sesiones, la Cámara de Senadores continuará las suyas particulares, mientras haya leyes pendientes de su revision.

Art. 23. Cuando se verifique la suspension de que habla el párrafo 6 art. 12 de las atribuciones del Poder Conservador, la Diputacion permanente deberá citar al Congreso á que continúe sus sesiones interrumpidas, concluidos los dos meses, y él se reunirá para este fin con la citacion ó sin ella.

Art. 24. Podrá también el Presidente en el mismo caso, y con los mismos requisitos del anterior artículo, aumentar con los suplentes el número de la Cámara de Diputados por sólo dos meses á lo mas.

De la formacion de las Leyes.

Art. 25. Toda ley se iniciará precisamente en la Cámara de Diputados: á la de Senadores sólo corresponderá la revision.

Art. 26. Corresponde la iniciativa de las leyes:

1.° Al Supremo Poder Ejecutivo y á los Diputados en todas materias.

2.° A la Suprema Corte de Justicia, en lo relativo á la administracion de su ramo.

3.° A las Juntas departamentales en las relativas á impuestos, educacion pública, industria, comercio, administracion municipal, y variaciones constitucionales.

Art. 27. El Supremo Poder Ejecutivo, y la alta corte de Justicia podrán, cada uno en su línea, iniciar leyes declaratorias de otras leyes, y los Diputados podrán hacer la misma iniciativa, si se reunen quince para proponerla.

Art. 28. Cuando el Supremo Poder Ejecutivo, ó los Diputados iniciaren leyes sobre materias en que concede iniciativa el art. 26 á la Suprema corte de Justicia y Juntas departamentales, se oirá el dictamen respectivo de aquella, y de la mayoría de estas, antes de tomar en consideracion la iniciativa.

Art. 29. No podrán dejarse de tomar en consideracion las iniciativas de los Poderes Ejecutivo y Judicial, ni aquellas en que convenga la mayor parte de las Juntas departamentales. Las demas se tomarán ó no en consideracion, segun lo calificare la Cámara, oido el dictamen de una comision de nueve Diputados que elegirá en su totalidad cada año, y se denominará de peticiones.

Art. 30. Cualquier ciudadano particular podrá dirigir sus proyectos, ó en derechura á algun Diputado para que los haga suyos si quiere, ó á los ayuntamientos de las capitales, quienes si los calificaren de útiles, los pasarán con su calificacion á la respectiva junta departamental, y si ésta aprueba, los elevará á iniciativa.

Art. 31. Aprobado un proyecto en la Cámara de Diputados en su totalidad y en cada uno de sus Artículos, se pasará á la revision del Senado con todo el expediente de la materia.

Art. 32. La Cámara de Senadores en la revision de un proyecto de ley ó decreto no podrá hacerle alteraciones, ni modificaciones, y se ceñirá á las fórmulas de aprobado; desaprobado; pero al devolverlo á la Cámara de Diputados, remitirá extracto circunstanciado de la discusion, para que dicha Cámara se haga cargo de las partes que han parecido mal, ó alteraciones que estime el Senado convenientes.

Art. 33. Si la Cámara de Diputados con dos terceras partes de los presentes insistiere en el proyecto de ley ó decreto devuelto por el Senado, ésta Cámara, á quien volverá á segunda revision, no lo podrá desaprobar sin el voto conforme de dos terceras partes de los Senadores presentes: no llegando á éste número los que desaprueben, por el mismo hecho quedará aprobado.

Art. 34. Todo proyecto de ley ó decreto aprobado en ambas Cámaras en primera ó segunda revision, pasará á la sancion del Presidente de la República; y si es variacion constitucional, á la del Supremo Poder Conservador.

Art. 35. Si la ley ó decreto solo hubiere tenido primera discusion en las Cámaras, y al Presidente de la República no pareciere bien, podrá dentro de quince dias útiles devolverla á la Cámara de Diputados, con observaciones acordadas en el Consejo: pasado dicho término sin hacerlo, la ley quedará sancionada y se publicará.

Art. 36. Si el proyecto de ley ó decreto hubiese sufrido en las Cámaras segunda revision, y estuviere en el caso del art. 33 puede el Presidente de la República (juzgándolo oportuno él y su consejo) negarle la sancion sin necesidad de hacer observaciones, y avisará de su resolucion al Congreso.

Art. 37. La ley ó decreto devuelto con observaciones por el Presidente de la República, deberá ser examinado de nuevo en ambas Cámaras, y si las dos terceras partes de una y otra insistieren, se pasará segunda vez al Presidente, quien ya no podrá negarle la sancion y publicación; pero si faltare en cualquiera de las Cámaras el dicho requisito, el proyecto se tendrá por desechado.

Art. 38. El proyecto de ley ó decreto desechado, ó no sancionado segun los artículos 33, 36 y 37, no podrá volverse á proponer en el Congreso, ni tratarse allí de él, hasta que se haya renovado la Cámara de Diputados en su mitad, como prescribe el art. 3.° Las variaciones de Constitucion que no sancionare el Supremo Poder Conservador, si renovada la Cámara de Diputados en su mitad insistiere en la iniciativa de ellas la mayor parte de las Juntas departamentales, y en la aprobacion las dos terceras partes de los miembros presentes de una y otra Cámara, no pasarán de nuevo á la sancion y se publicarán sin ella.

Art. 39. Sancionada la ley, la hará publicar el Presidente de la República en la capital de ella, del modo acostumbrado; en todas las capitales de los Departamentos, y en todas las Villas y lugares, circulándose al efecto, á los Gobernadores, y por su medio á las demás Autoridades subalternas. Todos estos funcionarios serán responsables si no publican la ley dentro del tercero dia de su recibo.

Art. 40. No se necesita esa publicacion en los decretos cuyo conocimiento sólo corresponda á determinadas personas ó corporaciones; pero siempre se hará en los periódicos del Gobierno.

Art. 41. La fórmula para publicar las leyes y decretos será la siguiente:

„El Presidente de la República mexicana á los habitantes de ella, sabed: que el Congreso general ha decretado lo siguiente (aquí el texto). Por tanto, mando se imprima, publique, circule y se le dé el debido cumplimiento."

Art. 42. Publicada la ley en cada paraje, obliga en él desde la fecha de su publicacion, á no ser que ella misma prefije plazo ulterior para la obligacion.

Ninguna ley preceptiva obligará antes del mencionado requisito.

Art. 43. Toda resolucion del Congreso general tendrá el caracter de ley ó decreto.

El primer nombre corresponde á las que se versen sobre materia de interes comun, dentro de la órbita de atribuciones del Poder Legislativo.

El segundo corresponde á las que dentro de la misma órbita, sean solo relativas á determinados tiempos, lugares, corporaciones, establecimientos ó personas.

Art. 44. Corresponde al Congreso general esclusivamente:

1.° Dictar las leyes á que debe arreglarse la administracion pública en todos y cada uno de sus ramos, derogarlas, interpretarlas y dispensar su observancia.

2.° Aprobar, reprobar ó reformar las disposiciones legislativas que dicten las Juntas departamentales.

3.° Decretar anualmente los gastos que se han de hacer en el siguiente año, y las contribuciones con que deben cubrirse.

Toda contribucion cesa con el año, en el hecho de no haber sido prorogada para el siguiente.

4.° Examinar y aprobar cada año la cuenta general de inversion de caudales respectiva al año penúltimo, que deberá haber presentado el Ministro de Hacienda en el año último, y sufrido la glosa y examen que detallará una ley secundaria.

5.° Decretar el número de tropa permanente de mar y tierra que debe haber en la República, y cada año el de la milicia activa que debe haber en el año siguiente; sin perjuicio de aumentar ó disminuir ésta, durante él, cuando el caso lo exija.

6.° Autorizar al Ejecutivo para contraer deudas sobre el crédito de la Nacion, y designar garantias para cubrirlas.

7.° Reconocer la deuda Nacional y decretar el modo y medio de amortizarla.

8.° Aprobar toda clsae de tratados que celebre el Ejecutivo con potencias extrageras, y los concordatos con la silla apostólica.

9.° Decretar la guerra, aprobar los convenios de paz y dar reglas para conceder las patentes de corso.

10.° Dar al Gobierno bases y reglas generales para la habilitacion de toda clase de puertos, establecimiento de aduanas, y formacion de los aranceles de comercio.

11.° Determinar el peso, ley, tipo y denominacion de las monedas, y adoptar el sistema general de pesos y medidas que le parezca.

12.° Conceder ó negar la entrada de tropas extranjeras en el territorio de la República y la salida fuera del pais de tropas nacionales.

13.° Conceder amnistias generales en los casos y del modo que prescriba la ley.

14.° Crear ó suprimir toda clase de empleos públicos, aumentar ó disminuir sus dotaciones, y fijar las reglas generales para la concesion de retiros, jubilaciones y pensiones.

15.° Dar reglas generales para la concesion de cartas de naturaleza y de ciudadanía, y conceder segun ellas estas últimas.

16.° Aumentar ó disminuir por agregacion ó division, los Departamentos que forman la República.

Art. 45. No puede el Congreso general:

1.° Dictar ley ó decreto sin las iniciativas, intervalos, revisiones, y demás requisitos que exije esta ley, y señale el reglamento del Congreso; siendo únicamente excepciones de esta regla las expresas en el referido reglamento.

2.° Proscribir á ningun mexicano, ni imponer pena de ninguna especie, directa, ni indirectamente.

A la ley solo corresponde designar con generalidad las penas para los delitos.

3.° Privar de su propiedad directa, ni indirectamente, á nadie, sea individuo, sea corporacion eclesiástica ó secular.

A la ley sólo corresponde en esta línea, establecer con generalidad contribuciones ó arbitrios.

4.° Dar á ninguna ley, que no sea puramente declaratoria, efecto retroactivo, ó que tenga lugar directa ni indirectamente en casos anteriores á su publicacion.

5.° Privar ni aun suspender á los mexicanos de sus derechos declarados en las leyes constitucionales.

6.° Reasumir en sí ó delegar en otros por via de facultades extraordinarias, dos ó los tres poderes, Legislativo, Ejecutivo y Judicial.

Art. 46. Es nula cualquiera ley ó decreto dictada con expresa contravencion al artículo anterior.

Facultades de las Cámaras y prerogativas de sus miembros.

Art. 47. En los delitos comunes no se podrá intentar acusacion criminal contra el Presidente de la República, desde el dia de su nombramiento hasta un año despues de terminada su presidencia, ni contra los Senadores, desde el dia de su eleccion, hasta que pasen dos meses de terminar su encargo, ni contra los Ministros de la Alta Corte de Justicia y la Marcial, Secretarios del Despacho, Consejeros, y Gobernadores de los Departamentos, sino ante la Cámara de Diputados. Si el acusado fuere Diputado, en el tiempo de su diputacion y dos meses despues, ó el Congreso estuviere en receso se hará la acusacion ante el Senado.

Art. 48. En los delitos oficiales del Presidente de la República en el mismo tiempo que fija el artículo anterior; de los Secretarios del Despacho; Magistrados de la Alta Corte de Justicia y de la Marcial, Consejeros, Gobernadores de los Departamentos y Juntas departamentales por infraccion del art. 3, parte quinta de la segunda ley constitucional, del 3 de la cuarta, y del 15 de la sexta en sus tres primeras partes, la Cámara de Diputados, ante quien debe hacerse la acusacion declarará si ha ó no lugar á ésta: en caso de ser la declaracion afirmativa, nombrará dos de sus miembros para sostener la acusacion en el Senado. Éste, instruido el proceso, y oídos los acusadores y defensores, fallará, sin que pueda imponer otra pena que la de destitucion del cargo ó empleo que obtiene el acusado, ó de inhabilitacion perpetua ó temporal para obtener otro alguno; pero si del proceso resulta ser, á juicio del mismo Senado, acreedor á mayores penas, pasará el proceso al tribunal respectivo para que obre segun las leyes.

Art. 49. En los delitos comunes hecha la acusacion, declarará la Cámara respectiva, si ha ó no lugar á la formacion de causa; en caso de ser la declaracion afirmativa, se pondrá el reo á disposicion del tribunal competente para ser juzgado.

La resolucion afirmativa, sólo necesitará la confirmacion de la otra Cámara, en el caso de ser acusado el Presidente de la República.

Art. 50. La declaracion afirmativa, así en los delitos oficiales como en los comunes, suspende al acusado en el ejercicio de sus funciones y derechos de ciudadano.

Todos los demas requisitos de estos jurados y prevenciones relativas al acusador, al acusado y al modo de proceder, las especificará el reglamento del Congreso.

Art. 51. Cada una de las Cámaras puede sin intervencion de la otra:

1.ª Tomar resoluciones que no pasen de económicas, relativas al local de sus sesiones, al mejor arreglo de su secretaría y demas oficinas anexas, al número, nombramiento y dotacion de sus empleados, y á todo su gobierno puramente interior.

2.ª Comunicarse entre sí, y con el Gobierno, por escrito ó por medio de comisiones de su seno.

Art. 52. Toca á la Cámara de Diputados exclusivamente, á mas de lo que ha especificado esta ley:

1.ª Vigilar por medio de una comision inspectora, compuesta de cinco individuos de su seno, el exacto desempeño de la Contaduría mayor, y de las oficinas generales de Hacienda. Una ley secundaria detallará el modo y términos en que la comision inspectora deba desempeñar su encargo, segun las atribuciones que en ella se le fijen.

2.ª Nombrar los gefes y demas empleados de la contaduría mayor.

3.ª Confirmar los nombramientos que haga el Gobierno para primeros gefes de las oficinas generales de Hacienda, establecidas ó que se establezcan.

Art. 53. Toca exclusivamente á la Cámara de Senadores:

1.ª Prestar su consentimiento para dar el pase, ó retener los decretos conciliares y bulas y rescriptos pontificios, que contengan disposiciones generales ó trascendentales á la Nacion.

2.ª En el receso del Congreso general, entender en las acusaciones de que habla el art. 47, y dar ó negar en caso urgente los permisos de que habla el párrafo 12 del art. 44, citándola al efecto la Diputacion permanente.

3.ª Aprobar los nombramientos que haga el Poder Ejecutivo para Enviados Diplomáticos, Cónsules, Coroneles y demas oficiales superiores del Ejército permanente, de la Armada y de la Milicia activa.

Art. 54. La indemnizacion de los Senadores será mayor que la de los Diputados, y las cuotas de ambas las designará una ley secundaria.

Art. 55. Los Diputados y Senadores serán inviolables por las opiniones manifestadas en el ejercicio de sus encargos, y en ningun tiempo y por ninguna autoridad podrán ser reconvenidos ni molestados por ellas.

Art. 56. Los Diputados y Senadores no pueden, á mas de lo que les prohíbe el reglamento del Congreso:

1.º Renunciar el encargo sin causa grave, justa y calificada de tal por su Cámara respectiva.

2.º Admitir para sí, ni solicitar para otros, durante el tiempo de su encargo y un año despues, comision ni empleo alguno de provision del Gobierno, ni aun ascenso que no les toque por rigurosa escala.

3.ª Obtener para sí, ni solicitar para otro en el mismo período del párrafo anterior, pension ni condecoracion alguna de provision del Gobierno.

De la Diputacion Permanente.

Art. 57. Esta se compondrá de cuatro Diputados y tres Senadores, que al fin de las primeras sesiones ordinarias de cada bienio nombrarán sus respectivas Cámaras.

Art. 58. Toca á esta Diputacion:

1.ª Citar al Congreso á sesiones extraordinarias cuando lo resuelva el Presidente de la República, ó ella lo crea necesario con arreglo al art. 21.

2.ª Citar al Congreso á la continuacion de sus sesiones ordinarias, interrumpidas segun el art. 23.

3.ª Citar al Senado á sesion particular en los casos y para los fines del art. 53, párrafo 2°.

4.ª Dar ó negar á los individuos del Congreso licencia para ausentarse de la capital, estando las Cámaras en recesos.

5.ª Velar durante él sobre las infracciones de la Constitucion.

ANNEXE IV. « *Constitución Federal de los Estados Unidos Mexicanos – Sancionada y jurada por el Congreso general constituyente el día cinco de febrero 1857 en nombre de Dios* » - Constitution du 5 février 1857.

CONSTITUCION

FEDERAL

de los

Estados Unidos

MEXICANOS

[…]

TITULO I°

SECCION I

De los derechos del hombre

SECCION II

De los mexicanos

SECCION III

De los estrangeros

SECCION IV

De los ciudadanos mexicanos

TITULO 2°

SECCION I

De la soberanía nacional y de la forma de gobierno

SECCION II

De las partes integrantes de la Federacion y del territorio nacional

TITULO 3°

De la division de poderes

SECCION I

Del poder legislativo

Párrafo 1°

De la eleccion é instalacion del Congreso

Párrafo 2°

De la iniciativa y formacion de las leyes

Párrafo 3°

De las facultades del Congreso

TITULO 3º

De la division de poderes.

ART. 50. El Supremo poder de la federacion se divide para su ejercicio, en legislativo, Ejecutivo y judicial. Nunca podrán reunirse dos ó mas de estos poderes en una persona ó corporacion, ni depositarse el legislativo en un individuo.

SECCION I.

Del poder legislativo.

ART. 51. Se deposita el ejercicio del supremo poder legislativo en una asamblea que se denominará Congreso de la Union.

Párrafo 1º.

De la eleccion é instalacion del Congreso.

ART. 52. El Congreso de la Union se compondrá de representantes, elegidos en su totalidad cada dos años por los ciudadanos mexicanos.

ART. 53. Se nombrará un diputado por cada cuarenta mil habitantes, ó por una fraccion que pase de veinte mil. El territorio en que la poblacion sea menor de la que se fija en este artículo, nombrará sin embargo un diputado.

ART. 54. Por cada diputado propietario se nombrará un suplente.

ART. 55. La eleccion para diputados será indirecta en primer grado, y en escrutinio secreto, en los términos que disponga la ley electoral.

ART. 56. Para ser diputado se requiere: ser ciudadano mexicano en ejercicio de sus derechos; tener veinte y cinco años cumplidos el día de la apertura de las sesiones; ser vecino del Estado ó Territorio que hace la eleccion, y no pertenecer al estado eclesiástico. La vecindad no se pierde por ausencia en desempeño de cargo público de eleccion popular.

ART. 57. El cargo de diputado es incompatible con cualquiera comision ó destino de la Union en que se disfrute sueldo.

ART. 58. Los diputados propietarios, desde el día de su eleccion hasta el día en que concluyan su encargo, no pueden aceptar ningun empleo de nombramiento del Ejecutivo de la Union por el que se disfrute sueldo, sin previa licencia del Congreso. El mismo requisito es necesario para los diputados suplentes que estén en ejercicio de sus funciones.

ART. 59. Los diputados son inviolables por sus opiniones manifestadas en el desempeño de su encargo, y jamas podrán ser reconvenidos por ellas.

ART. 60. El Congreso califica las elecciones de sus miembros y resuelve las dudas que ocurran sobre ellas.

ART. 61. El Congreso no puede abrir sus sesiones ni ejercer su encargo sin la concurrencia de mas de la mitad del número total de sus miembros; pero los presentes deberán reunirse el día señalado por la ley y compeler á los ausentes, bajo las penas que ella designe.

ART. 62. El Congreso tendrá cada año dos periodos de sesiones ordinarias: el primero comenzará el 16 de Setiembre y terminará el 15 de Diciembre, y el segundo, improrrogable, comenzará el 1° de Abril y terminará el último de Mayo.

ART. 63. A la apertura de sesiones del Congreso asistirá el presidente de la Union y pronunciará un discurso en que manifieste el estado que guarda el pais. El Presidente del Congreso contestará en términos generales.

ART. 64. Toda resolucion del Congreso no tendrá otro caracter que el de ley ó acuerdo económico. Las leyes se comunicarán al Ejecutivo firmadas por el presidente y dos secretarios, y los acuerdos económicos por solo dos secretarios.

Párrafo 2°

De la iniciativa y formacion de las leyes.

ART. 65. El derecho de iniciar leyes compete:

I. al presidente de la Union:

II. á los diputados al Congreso federal:

III. á las legislaturas de los Estados.

ART. 66. Las iniciativas presentadas por el presidente de la república, las legislaturas de los Estados ó las diputaciones de los mismos, pasarán desde luego á comision. Las que presentaren los diputados, se sugetarán á los trámites que designe el reglamento de debates.

ART. 67. Todo proyecto de ley que fuere desechado por el Congreso, no podrá volver á presentarse en las sesiones del año.

ART. 68. El segundo periodo de sesiones se destinará de toda preferencia al examen y votacion de los presupuestos del año fiscal siguiente, á decretar las contribuciones para cubrirlos y á la revision de la cuenta del año anterior, que presente el Ejecutivo.

ART. 69. El día penúltimo del primer periodo de sesiones presentará el Ejecutivo al Congreso el proyecto de presupuesto del año prócsimo venidero y la cuenta del año anterior. Uno y otra pasarán á una comision, compuesta de cinco representantes nombrados en el mismo día, la cual tendrá la obligacion de ecsaminar ambos documentos, y presentar dictamen sobre ellos en la segunda sesion del segundo periodo.

ART. 70. Las iniciativas ó proyectos de ley deberán sugetarse á los trámites siguientes:

I. dictamen de comision:

II. una ó dos discusiones en los términos que expresan las fracciones siguientes:

III. la primera discusion se verificará en el día que designe el presidente del Congreso conforme á reglamento:

IV: concluida esta discusion se pasará al Ejecutivo copia del espediente para que en el término de siete días manifieste su opinion, ó exprese que no usa de esa facultad:

V. si la opinion del Ejecutivo fuere conforme, se procederá sin mas discusion, á la votacion de la ley.

VI. si dicha opinion discrepare en todo ó en parte, volverá el espediente á la comision para que, con presencia de las observaciones del gobierno, ecsamine de nuevo el negocio:

VII. el nuevo dictamen sufrirá nueva discusion, y concluida ésta se procederá á la votacion:

VIII. aprobacion de la mayoría absoluta de los diputados presentes.

ART. 71. En el caso de urgencia notoria, calificada por el voto de dos tercios de los diputados presentes, el Congreso puede estrechar ó dispensar los trámites establecidos en el art. 70.

Párrafo 3°

De las facultades del Congreso.

ART. 72. El Congreso tiene facultad:

I. Para admitir nuevos Estados ó Territorios á la Union federal, incorporándolos á la nacion.

II. Para erigir los Territorios en Estados cuando tengan una poblacion de ochenta mil habitantes, y los elementos necesarios para proveer á su ecsistencia política.

III. Para formar nuevos Estados dentro de los límites de los existentes, siempre que lo pida una poblacion de ochenta mil habitantes, justificando tener los elementos necesarios para proveer á su ecsistencia política. Oirá en todo caso á las legislaturas de cuyo Territorio se trate, y su acuerdo solo tendrá efecto si lo ratifica la mayoría de las legislaturas de los Estados.

IV. Para arreglar definitivamente los límites de los Estados, terminando las diferencias que entre ellos se susciten sobre demarcacion de sus respectivos territorios, menos cuando esas diferencias tengan un caracter contencioso.

V. Para cambiar la residencia de los supremos poderes de la federacion.

VI. Para el arreglo interior del distrito federal y Territorios, teniendo por base el que los ciudadanos elijan popularmente las autoridades políticas, municipales y judiciales, designándoles rentas para cubrir sus atenciones locales.

VII. Para aprobar el presupuesto de los gastos de la federacion que anualmente debe presentarle el Ejecutivo, é imponer las contribuciones necesarias para cubrirlo.

VIII. Para dar bases bajo las cuales, el Ejecutivo pueda celebrar empréstitos sobre el crédito de la nacion; para aprobar esos mismos empréstitos, y para reconocer y mandar pagar la deuda nacional.

IX. Para espedir aranceles sobre el comercio estrangero, y para impedir por medio de bases generales, que en el comercio de estado á estado se establezcan restricciones onerosas.

X. Para establecer las bases generales de la legislacion mercantil.

XI. Para crear y suprimir empleos públicos de la federacion, señalar, aumentar ó disminuir sus dotaciones.

XII. Para ratificar los nombramientos que haga el Ejecutivo de los ministros, agentes diplomáticos y cónsules, de los empleados superiores de hacienda, de los coroneles, y demás oficiales superiores del ejército y armada nacional.

XIII. Para aprobar los tratados, convenios ó convenciones diplomáticas que celebre el Ejecutivo.

XIV. Para declarar la guerra en vista de los datos que le presente el Ejecutivo.

XV. Para reglamentar el modo en que deban espedirse las patentes de corso; para dictar leyes, segun las cuales deban declararse buenas ó malas las presas de mar y tierra, y para espedir las relativas al derecho marítimo de paz y guerra.

XVI. Para conceder ó negar la entrada de tropas estrangeras en el territorio de la federacion, y consentir la estacion de escuadras de otra potencia, por mas de un mes, en las aguas de la república.

XVII. Para permitir la salida de tropas nacionales fuera de los límites de la república.

XVIII. Para levantar y sostener el ejército y la armada de la Union, y para reglamentar su organizacion y servicio.

XIX. Para dar reglamentos con el objeto de organizar, armar y disciplinar la guardia nacional, reservando á los ciudadanos que la formen, el nombramiento respectivo de gefes y oficiales, y á los Estados la facultad de instruirla, conforme á la disciplina prescrita por dichos reglamentos.

XX. Para dar su consentimiento á fin de que el Ejecutivo pueda disponer de la guardia nacional fuera de sus respectivos Estados ó Territorios, fijando la fuerza necesaria.

XXI. Para dictar leyes sobre naturalizacion, colonizacion y ciudadanía.

XXII. Para dictar leyes sobre vías generales de comunicacion y sobre postas y correos.

XXIII. Para establecer casas de moneda, fijar las condiciones que esta deba tener, determinar el valor de la estrangera, y adoptar un sistema general de pesos y medidas.

XXIV. Para fijar las reglas á que debe sugetarse la ocupacion y enagenacion de terrenos baldíos y el precio de éstos.

XXV. Para conceder amnistías por delitos cuyo conocimiento pertenezca á los tribunales de la federacion.

XXVI. Para conceder premios ó recompensas por servicios eminentes prestados á la patria ó á la humanidad, y privilegios por tiempo limitado á los inventores ó perfeccionadores de alguna mejora.

XXVII. Para prorrogar por treinta días útiles el primer periodo de sus sesiones ordinarias.

XXVIII. Para formar su reglamento interior y tomar las providencias necesarias para hacer concurrir á los diputados ausentes, y corregir las faltas ú omisiones de los presentes.

XXIX. Para nombrar y remover libremente á los empleados de su secretaría y á los de la contaduría mayor, que se organizará segun lo disponga la ley.

XXX. Para espedir todas las leyes que sean necesarias y propias para hacer efectivas las facultades antecedentes y todas las otras concedidas por esta Constitucion á los poderes de la Union.

Párrafo 4°

De la diputacion permanente.

ART. 73. Durante los recesos del Congreso de la Union, habrá una diputacion permanente, compuesta de un diputado por cada Estado y Territorio, que nombrará el Congreso la víspera de la clausura de sus sesiones.

ART. 74. Las atribuciones de la diputacion permanente son las siguientes:

I. Prestar su consentimiento para el uso de la guardia nacional, en los casos de que habla el artículo 72, fraccion 20.

II. Acordar por sí sola, ó á peticion del Ejecutivo, la convocacion del Congreso á sesiones extraordinarias.

III. Aprobar en su caso los nombramientos á que se refiere el art. 85, fraccion 3ª.

IV. Recibir el juramento al presidente de la república y á los ministros de la Suprema Corte de justicia, en los casos prevenidos por esta Constitucion.

V. Dictaminar sobre todos los asuntos que queden sin resolucion en los espedientes, á fin de que la legislatura que sigue tenga desde luego de que ocuparse.

ANNEXE V. « *Constitución Política de los estados Unidos Mexicanos, que reforma la de 5 de febrero 1857- DORF cinco de febrero 1917* » - Constitution du 5 février 1917 - Texte original, du journal officiel, sans les réformes.

DIARIO OFICIAL

ORGANO DEL GOBIERNO PROVISIONAL DE LA REPUBLICA MEXICANA

TOMO V | 4ª EPOCA | MEXICO, LUNES 5 DE FEBRERO DE 1917 | 4ª EPOCA

Las leyes y demás disposiciones de carácter oficial son obligatorias por el solo hecho de publicarse en este periódico

DIRECTOR FRANCISCO PADILLA GONZALEZ

Poder Ejecutivo

SECRETARÍA DE GOBERNACIÓN

VENUSTIANO CARRANZA, Primer Jefe del Ejército Constitucionalista, Encargado del Poder Ejecutivo de los Estados Unidos Mexicanos

CONSTITUCION POLITICA DE LOS ESTADOS UNIDOS MEXICANOS, QUE REFORMA LA DE 5 DE FEBRERO DE 1857.

TITULO PRIMERO

CAPITULO I.

DE LAS GARANTIAS INDIVIDUALES

lo inmediatamente a disposición de la autoridad judicial. En toda orden de cateo, que sólo la autoridad judicial podrá expedir y que será escrita, se expresará el lugar que ha de inspeccionarse, la persona o personas que hayan de aprehenderse y los objetos que se buscan, a lo que únicamente debe limitarse la diligencia, levantándose al concluirla, una acta circunstanciada, en presencia de dos testigos propuestos por el ocupante del lugar cateado o en su ausencia o negativa, por la autoridad que practique la diligencia.

La autoridad administrativa podrá practicar visitas domiciliarias únicamente para cerciorarse de que se han cumplido los reglamentos sanitarios y de policía; y exigir la exhibición de los libros y papeles indispensables para comprobar que se han acatado las disposiciones fiscales, sujetándose en estos casos, a las leyes respectivas y a las formalidades prescriptas para los cateos.

Art. 17.—Nadie puede ser aprisionado por deudas de carácter puramente civil. Ninguna persona podrá hacerse justicia por sí misma, ni ejercer violencia para reclamar su derecho. Los tribunales estarán expeditos para administrar justicia en los plazos y términos que fije la ley; su servicio será gratuito, quedando, en consecuencia, prohibidas las costas judiciales.

Art. 18.—Sólo por delito que merezca pena corporal habrá lugar a prisión preventiva. El lugar de ésta será distinto y estará completamente separado del que se destinare para la extinción de las penas.

Los Gobiernos de la Federación y de los Estados organizarán, en sus respectivos territorios, el sistema penal—colonias penitenciarias o presidios—sobre la base del trabajo como medio de regeneración.

Art. 19.—Ninguna detención podrá exceder del término de tres días, sin que se justifique con un auto de formal prisión, en el que se expresarán: el delito que se impute al acusado, los elementos que constituyen aquél, lugar, tiempo y circunstancias de ejecución y los datos que arroje la averiguación previa, los que deben ser bastantes para comprobar el cuerpo del delito y hacer probable la responsabilidad del acusado. La infracción de esta disposición hace responsable a la autoridad que ordene la detención o la consienta, y a los agentes, ministros, alcaides o carceleros que la ejecuten.

Todo proceso se seguirá forzosamente por el delito o delitos señalados en el auto de formal prisión. Si en la secuela de un proceso apareciere que se ha cometido un delito distinto del que se persigue, deberá ser objeto de acusación separada, sin perjuicio de que después pueda decretarse la acumulación, si fuere conducente.

Todo mal tratamiento que en la aprehensión o en las prisiones, toda molestia que se infiera sin motivo legal; toda gabela o contribución, en las cárceles, son abusos que serán corregidos por las leyes y reprimidos por las autoridades.

Art. 20.—En todo juicio del orden criminal, tendrá el acusado las siguientes garantías:

I.—Inmediatamente que lo solicite será puesto en libertad, bajo de fianza hasta de diez mil pesos, según sus circunstancias personales y la gravedad del delito que se le impute, siempre que dicho delito no merezca ser castigado con una pena mayor de cinco años de prisión y sin más requisitos que poner la suma de dinero respectiva a disposición de la autoridad, u otorgar caución hipotecaria o personal bastante para asegurarla.

II.—No podrá ser compelido a declarar en su contra, por lo cual queda rigurosamente prohibida toda incomunicación o cualquier otro medio que tienda a aquel objeto.

III.—Se le hará saber en audiencia pública, y dentro de las cuarenta y ocho horas siguientes a su consignación a la justicia, el nombre de su acusador y la naturaleza y causa de la acusación, a fin de que conozca bien el hecho punible que se le atribuye y pueda contestar el cargo, rindiendo en este acto su declaración preparatoria.

IV.—Será careado con los testigos que depongan en su contra, los que declararán en su presencia si estuviesen en el lugar del juicio, para que pueda hacerles todas las preguntas conducentes a su defensa.

V.—Se le recibirán los testigos y demás pruebas que ofrezca, concediéndosele el tiempo que la ley estime necesario al efecto y auxiliándosele para obtener la comparecencia de las personas cuyo testimonio solicite, siempre que se encuentren en el lugar del proceso.

VI.—Será juzgado en audiencia pública por un juez o jurado de ciudadanos que sepan leer y escribir, vecinos del lugar y partido en que se cometiere el delito, siempre que éste pueda ser castigado con una pena mayor de un año de prisión. En todo caso serán juzgados por un jurado los delitos cometidos por medio de la prensa contra el orden público o la seguridad exterior o interior de la Nación.

VII.—Le serán facilitados todos los datos que solicite para su defensa y que consten en el proceso.

VIII.—Será juzgado antes de cuatro meses si se tratare de delitos cuya pena máxima no exceda de dos años de prisión; y antes de un año si la pena máxima excediera de ese tiempo.

IX.—Se le oirá en defensa por sí o por persona de su confianza, o por ambos, según su voluntad. En caso de no tener quien lo defienda, se le presentará lista de los defensores de oficio para que elija el que, o los que le convengan. Si el acusado no quiere nombrar defensores, después de ser requerido para hacerlo, al rendir su declaración preparatoria, el juez le nombrará uno de oficio. El acusado podrá nombrar defensor desde el momento en que sea aprehendido, y tendrá derecho a que éste se halle presente en todos los actos del juicio; pero tendrá obligación de hacerlo comparecer cuantas veces se necesite.

X.—En ningún caso podrá prolongarse la prisión o detención, por falta de pago de honorarios de defensores o por cualquiera otra prestación de dinero, por causa de responsabilidad civil o algún otro motivo análogo.

Tampoco podrá prolongarse la prisión preventiva por más tiempo del que como máximo fije la ley al delito que motivare el proceso.

En toda pena de prisión que imponga una sentencia, se computará el tiempo de la detención.

Art. 21.—La imposición de las penas es propia y exclusiva de la autoridad judicial. La persecución de los delitos incumbe al Ministerio Público y a la policía judicial, la cual estará bajo la autoridad y mando inmediato de aquél. Compete a la autoridad administrativa el castigo de las infracciones de los reglamentos gubernativos y de policía, el cual únicamente consistirá en multa o arresto hasta por treinta y seis horas; pero si el infractor no pagare la multa que se le hubiese impuesto, se permutará ésta por el arresto correspondiente, que no excederá en ningún caso de quince días.

Si el infractor fuese jornalero u obrero, no podrá ser castigado con multa mayor del importe de su jornal o sueldo en una semana.

Art. 22.—Quedan prohibidas las penas de mutilación y de infamia, la marca, los azotes, los palos, el tormento de cualquiera especie, la multa excesiva, la confiscación de bienes y cualesquiera otras penas inusitadas y trascendentales.

No se considerará como confiscación de bienes, la aplicación total o parcial de los bienes de una persona, hecha por la autoridad judicial, para el pago de la responsabilidad civil resultante de la comisión de un delito, o para el pago de impuestos o multas.

Queda también prohibida la pena de muerte por delitos políticos, y en cuanto a los demás, sólo podrá imponerse al traidor a la Patria en guerra extranjera, al parricida, al homicida con alevosía, premeditación y ventaja, al incendiario, al plagiario, al salteador de caminos, al pirata y a los reos de delitos graves del orden militar.

Art. 23.—Ningún juicio criminal deberá tener más de tres instancias. Nadie puede ser juzgado dos veces por el mismo delito, ya sea que en el juicio se le absuelva o se le condene. Queda prohibida la práctica de absolver de la instancia.

Art. 24.—Todo hombre es libre para profesar la creencia religiosa que más le agrade y para practicar las ceremonias, devociones o actos del culto respectivo, en los templos o en su domicilio particular, siempre que no constituyan un delito o falta penados por la ley.

Todo acto religioso de culto público, deberá celebrarse precisamente dentro de los templos, los cuales estarán siempre bajo la vigilancia de la autoridad.

Art. 25.—La correspondencia que bajo cubierta circule por las estafetas, estará libre de todo registro, y su violación será penada por la ley.

Art. 26.—En tiempo de paz, ningún miembro del Ejército podrá alojarse en casa particular, contra la voluntad del dueño, ni imponer prestación alguna. En tiempo de guerra, los militares podrán exigir alojamiento, bagajes, alimentos y otras prestaciones, en los términos que establezca la ley marcial correspondiente.

Art. 27.—La propiedad de las tierras y aguas comprendidas dentro de los límites del territorio nacional, corresponde originariamente a la Nación, la cual, ha tenido y tiene el derecho de transmitir el dominio de ellas a los particulares, constituyendo la propiedad privada.

Esta no podrá ser expropiada sino por causa de utilidad pública y mediante indemnización.

La Nación tendrá en todo tiempo el derecho de imponer a la propiedad privada las modalidades que dicte el interés público, así como el de regular el aprovechamiento de los elementos naturales susceptibles de apropiación, para hacer una distribución equitativa de la riqueza pública y para cuidar de su conservación. Con este objeto se dictarán las medidas necesarias para el fraccionamiento de los latifundios; para el desarrollo de la pequeña propiedad; para la creación de nuevos centros de población agrícola con las tierras y aguas que les sean indispensables; para el fomento de la agricultura y para evitar la destrucción de los elementos naturales y los daños que la propiedad pueda sufrir en perjuicio de la sociedad. Los pueblos, rancherías y comunidades que carezcan de tierras y aguas, o no las tengan en cantidad suficiente para las necesidades de su población, tendrán derecho a que se les dote de ellas, tomándolas de las propiedades inmediatas, respetando siempre la pequeña propiedad. Por tanto, se confirman las dotaciones de terrenos que se hayan hecho hasta ahora de conformidad con el Decreto de 6 de enero de 1915. La adquisición de las propiedades particulares necesarias para conseguir los objetos antes expresados, se considerará de utilidad pública.

Corresponde a la Nación el dominio directo de todos los minerales o substancias que en vetas, mantos, masas o yacimientos, constituyan depósitos cuya naturaleza sea distinta de los componentes de los terrenos, tales como los minerales de los que se extraigan metales y metaloides utilizados en la industria; los yacimientos de piedras preciosas, de sal de gema y las salinas formadas directamente por las aguas marinas. Los productos derivados de la descomposición de las rocas, cuando su explotación necesite trabajos subterráneos; los fosfatos susceptibles de ser utilizados como fertilizantes; los combustibles minerales sólidos; el petróleo y todos los carburos de hidrógeno sólidos, líquidos o gaseosos.

Son también propiedad de la Nación las aguas de los mares territoriales en la extensión y términos que fija el Derecho Internacional; las de las lagunas y esteros de las playas; las de los lagos interiores de formación natural, que estén ligados directamente a corrientes constantes; las de los ríos principales o arroyos afluentes desde el punto en que brota la primera agua permanente hasta su desembocadura, ya sea que corran al mar o que crucen dos o más Estados; las de las corrientes intermitentes que atraviesen dos o más Estados en su rama principal; las aguas de los ríos, arroyos o barrancos, cuando sirvan de límite al territorio nacional o al de los Estados; las aguas que se extraigan de las minas; y los cauces, lechos o riberas de los lagos y corrientes anteriores en la extensión que fije la ley. Cualquiera otra corriente de agua no incluída en la enumeración anterior, se considerará como parte integrante de la propiedad privada que atraviese; pero el aprovechamiento de las aguas, cuando su curso pase de una finca a otra, se considerará como de utilidad pública y quedará sujeto a las disposiciones que dicten los Estados.

En los casos a que se refieren los dos párrafos anteriores, el dominio de la Nación es inalienable e imprescriptible, y sólo podrán hacerse concesiones por el Gobierno Federal a los particulares o sociedades civiles o comerciales constituídas conforme a las leyes mexicanas, con la condición de que se establezcan trabajos regulares para la explotación de los elementos de que se trata y se cumpla con los requisitos que prevengan las leyes.

La capacidad para adquirir el dominio de las tierras y aguas de la Nación, se regirá por las siguientes prescripciones:

I.—Sólo los mexicanos por nacimiento o por naturalización y las sociedades mexicanas, tienen derecho para adquirir el dominio de las tierras, aguas y sus accesiones, o para obtener concesiones de explotación de minas, aguas o combustibles minerales en la República Mexicana. El Estado podrá conceder el mismo derecho a los extranjeros siempre que hayan residido en el país los últimos seis años anteriores a dicha manifestación.

II.—Son mexicanos por naturalización:

A.—Los hijos que de padres extranjeros nazcan en el país, si optan por la nacionalidad mexicana en los términos que indica el inciso anterior, sin haber tenido la residencia que se expresa en el mismo.

B.—Los que hubiesen residido en el país cinco años consecutivos, tengan modo honesto de vivir y obtengan carta de naturalización de la citada Secretaría de Relaciones.

C.—Los indolatinos que se avecinen en la República y manifiesten su deseo de adquirir la nacionalidad mexicana.

En los casos de estos incisos, la ley determinará la manera de comprobar los requisitos que en ellos se exigen.

Art. 31.—Son obligaciones de los mexicanos:

I.—Hacer que sus hijos o pupilos, menores de quince años, concurran a las escuelas públicas o privadas, para obtener la educación primaria elemental y militar, durante el tiempo que marque la ley de Instrucción Pública en cada Estado.

II.—Asistir en los días y horas designados por el Ayuntamiento del lugar en que residan, para recibir instrucción cívica y militar que los mantenga aptos en el ejercicio de los derechos de ciudadano, diestros en el manejo de las armas, y conocedores de la disciplina militar.

III.—Alistarse y servir en la Guardia Nacional, conforme a la ley orgánica respectiva, para asegurar y defender la independencia, el territorio, el honor, los derechos e intereses de la Patria, así como la tranquilidad y el orden interior; y

IV.—Contribuir para los gastos públicos, así de la Federación como del Estado y Municipio en que residan, de la manera proporcional y equitativa que dispongan las leyes.

Art. 32.—Los mexicanos serán preferidos a los extranjeros, en igualdad de circunstancias, para toda clase de concesiones y para todos los empleos, cargos o comisiones del Gobierno en que no sea indispensable la calidad de ciudadano. En tiempo de paz, ningún extranjero podrá servir en el Ejército, ni en las fuerzas de policía o seguridad pública.

Para pertenecer a la marina nacional de guerra y desempeñar cualquier cargo o comisión en ella, se requiere ser mexicano por nacimiento. Esta misma calidad será indispensable en capitanes, pilotos, patrones y primeros maquinistas de los buques mercantes mexicanos, debiendo tenerla, además, los que compongan las dos terceras partes de la tripulación.

CAPITULO III.

DE LOS EXTRANJEROS.

Art. 33.—Son extranjeros los que no posean las calidades determinadas en el artículo 30. Tienen derecho a las garantías que otorga el Capítulo I, Título Primero, de la presente Constitución; pero el Ejecutivo de la Unión tendrá la facultad exclusiva de hacer abandonar el territorio nacional, inmediatamente y sin necesidad de juicio previo, a todo extranjero cuya permanencia juzgue inconveniente.

Los extranjeros no podrán de ninguna manera inmiscuirse en los asuntos políticos del país.

CAPITULO IV.

DE LOS CIUDADANOS MEXICANOS

Art. 34.—Son ciudadanos de la República todos los que, teniendo la calidad de mexicanos, reúnan, además, los siguientes requisitos:

I.—Haber cumplido dieciocho años, siendo casados, o veintiuno si no lo son, y

II.—Tener un modo honesto de vivir.

Art. 35.—Son prerrogativas del ciudadano:

I.—Votar en las elecciones populares;

II.—Poder ser votado para todos los cargos de elección popular, y nombrado para cualquier otro empleo o comisión, teniendo las calidades que establezca la ley;

III.—Asociarse para tratar los asuntos políticos del país;

IV.—Tomar las armas en el Ejército o Guardia Nacional, para la defensa de la República y de sus instituciones, en los términos que prescriben las leyes, y

V.—Ejercer en toda clase de negocios el derecho de petición.

Art. 36.—Son obligaciones del ciudadano de la República:

I.—Inscribirse en el catastro de la municipalidad, manifestando la propiedad que el mismo ciudadano tenga, la industria, profesión o trabajo de que subsista; así como también inscribirse en los padrones electorales, en los términos que determinen las leyes;

II.—Alistarse en la Guardia Nacional;

III.—Votar en las elecciones populares en el distrito electoral que le corresponda;

IV.—Desempeñar los cargos de elección popular de la Federación o de los Estados, que en ningún caso serán gratuitos; y

V.—Desempeñar los cargos concejiles del municipio donde resida, las funciones electorales y las de jurado.

Art. 37.—La calidad de ciudadano mexicano se pierde:

I.—Por naturalización en país extranjero; y

II.—Por servir oficialmente al gobierno de otro país o admitir de él condecoraciones, títulos o funciones, sin previa licencia del Congreso Federal, exceptuando los títulos literarios, científicos y humanitarios, que pueden aceptarse libremente.

III.—Por comprometerse en cualquiera forma ante ministros de algún culto o ante cualquiera otra persona, a no observar la presente Constitución o las leyes que de ella emanen.

Art. 38.—Los derechos o prerrogativas de los ciudadanos se suspenden:

I.—Por falta de cumplimiento, sin causa justificada, de cualquiera de las obligaciones que impone el artículo 36. Esta suspensión durará un año y se impondrá además de las otras penas que por el mismo hecho señalare la ley;

II.—Por estar sujeto a un proceso criminal por delito que merezca pena corporal, a contar desde la fecha del auto de formal prisión;

III.—Durante la extinción de una pena corporal;

IV.—Por vagancia o ebriedad consuetudinaria, declarada en los términos que prevengan las leyes;

V.—Por estar prófugo de la justicia, desde que se dicte la orden de aprehensión hasta que prescriba la acción penal; y

VI.—Por sentencia ejecutoria que imponga como pena esa suspensión.

La ley fijará los casos en que se pierden, y los demás en que se suspenden los derechos de ciudadano, y la manera de hacer la rehabilitación.

TITULO SEGUNDO

CAPITULO I

DE LA SOBERANIA NACIONAL Y DE LA FORMA DE GOBIERNO.

Art. 39.—La soberanía nacional reside esencial y originariamente en el pueblo. Todo poder público dimana del pueblo y se instituye para beneficio de éste. El pueblo tiene en todo tiempo el inalienable derecho de alterar o modificar la forma de su gobierno.

Art. 40.—Es voluntad del pueblo mexicano constituirse en una República representativa, democrática, federal, compuesta de Estados libres y soberanos en todo lo concerniente a su régimen interior; pero unidos en una federación establecida según los principios de esta ley fundamental.

Art. 41.—El pueblo ejerce su soberanía por medio de los Poderes de la Unión, en los casos de la competencia de éstos, y por los de los Estados, en lo que toca a sus regímenes interiores, en los términos respectivamente establecidos por la presente Constitución Federal y las particulares de los Estados, las que en ningún caso podrán contravenir las estipulaciones del Pacto Federal.

CAPITULO II.

DE LAS PARTES INTEGRANTES DE LA FEDERACION Y DEL TERRITORIO NACIONAL.

Art. 42.—El territorio nacional comprende el de las partes integrantes de la Federación, y además el de las islas adyacentes en ambos mares. Comprende asimismo, la isla de Guadalupe, las de Revillagigedo y la de la Pasión, situadas en el Océano Pacífico.

Art. 43.—Las partes integrantes de la Federación son los Estados de Aguascalientes, Campeche, Coahuila, Colima, Chiapas, Chihuahua, Durango, Guanajuato, Guerrero, Hidalgo, Jalisco, México, Michoacán, Morelos, Nayarit, Nuevo León, Oaxaca, Puebla, Querétaro, San Luis Potosí, Sinaloa, Sonora, Tabasco, Tamaulipas, Tlaxcala, Veracruz, Yucatán, Zacatecas, Distrito Federal, Territorio de la Baja California y Territorio de Quintana Roo.

Art. 44.—El Distrito Federal se compondrá del territorio que actualmente tiene, y en el caso de que los Poderes Federales se trasladen a otro lugar, se erigirá en Estado del Valle de México, con los límites y extensión que le asigne el Congreso General.

Art. 45.—Los Estados y Territorios de la Federación conservan la extensión y límites que hasta hoy han tenido, siempre que no haya dificultad en cuanto a éstos.

Art. 46.—Los Estados que tuvieren pendientes cuestiones de límites, las arreglarán o solucionarán en los términos que establece esta Constitución.

Art. 47.—El Estado del Nayarit tendrá la extensión territorial y límites que comprende actualmente el Territorio de Tepic.

Art. 48.—Las islas de ambos mares que pertenezcan al Territorio Nacional, dependerán directamente del Gobierno de la Federación, con excepción de aquellas sobre las que hasta la fecha hayan ejercido jurisdicción los Estados.

TITULO TERCERO.

CAPITULO I.

DE LA DIVISION DE PODERES.

Art. 49.—El Supremo Poder de la Federación se divide, para su ejercicio, en Legislativo, Ejecutivo y Judicial.

No podrán reunirse dos o más de estos Poderes en una sola persona o corporación, ni depositarse el Legislativo en un individuo, salvo el caso de facultades extraordinarias al Ejecutivo de la Unión, conforme a lo dispuesto en el artículo 29.

CAPITULO II.

DEL PODER LEGISLATIVO.

Art. 50.—El poder legislativo de los Estados Unidos Mexicanos se deposita en un Congreso general, que se dividirá en dos Cámaras, una de diputados y otra de senadores.

SECCION I

DE LA ELECCION E INSTALACION DEL CONGRESO.

Art. 51.—La Cámara de Diputados se compondrá de representantes de la Nación, electos en su totalidad cada dos años, por los ciudadanos mexicanos.

Art. 52.—Se elegirá un diputado propietario por cada sesenta mil habitantes o por una fracción que pase de veinte mil, teniendo en cuenta el censo general del Distrito Federal y el de cada Estado y Territorio. La población del Estado o Territorio que fuese menor que la fijada en este artículo, elegirá sin embargo, un diputado propietario.

Art. 53.—Por cada diputado propietario, se elegirá un suplente.

Art. 54.—La elección de diputados será directa y en los términos que disponga la ley electoral.

Art. 55.—Para ser diputado se requieren los siguientes requisitos:

I.—Ser ciudadano mexicano, por nacimiento, en el ejercicio de sus derechos.

II.—Tener veinticinco años cumplidos el día de la elección.

III.—Ser originario del Estado o Territorio en que se haga la elección, o vecino de él con residencia efectiva de más de seis meses anteriores a la fecha de ella. La vecindad no se pierde por ausencia en el desempeño de cargos públicos de elección popular.

IV.—No estar en servicio activo en el Ejército federal ni tener mando en la policía o gendarmería rural en el Distrito donde se haga la elección, cuando menos noventa días antes de ella.

V.—No ser secretario o subsecretario de Estado, ni magistrado de la Suprema Corte de Justicia de la Nación, a menos que se separe de sus funciones noventa días antes de la elección.

Los gobernadores de los Estados, sus secretarios, los magistrados y jueces federales o del Estado, no podrán ser electos en los distritos de sus respectivas jurisdicciones, si no se separan de sus cargos noventa días antes del de la elección.

VI.—No ser ministro de algún culto religioso.

Art. 56.—La Cámara de Senadores se compondrá de dos miembros por cada Estado y dos por el Distrito Federal, nombrados en elección directa.

La Legislatura de cada Estado declarará electo al que hubiese obtenido la mayoría de los votos emitidos.

Art. 57.—Por cada senador propietario se elegirá un suplente.

Art. 58.—Cada senador durará en su encargo cuatro años. La Cámara de Senadores se renovará por mitad cada dos años.

Art. 59.—Para ser Senador se requieren los mismos requisitos que para ser Diputado, excepto el de la edad, que será la de treinta y cinco años cumplidos el día de la elección.

Art. 60.—Cada Cámara calificará las elecciones de sus miembros y resolverá las dudas que hubiese sobre ellas.

Su resolución será definitiva e inatacable.

Art. 61.—Los diputados y senadores son inviolables por las opiniones que manifiesten en el desempeño de sus cargos, y jamás podrán ser reconvenidos por ellas.

Art. 62.—Los diputados y senadores propietarios durante el período de su encargo, no podrán desempeñar ninguna otra comisión o empleo de la Federación o de los Estados por los cuales se disfrute sueldo, sin licencia previa de la Cámara respectiva; pero entonces cesarán en sus funciones representativas, mientras dure la nueva ocupación. La misma regla se observará con los diputados y senadores suplentes, cuando estuviesen en ejercicio. La infracción de esta disposición será castigada con la pérdida del carácter de diputado o senador.

Art. 63.—Las Cámaras no pueden abrir sus sesiones ni ejercer su cargo sin la concurrencia, en la de senadores, de las dos terceras partes, y en la de diputados, de más de la mitad del número total de sus miembros; pero los presentes de una y otra deberán reunirse el día señalado por la ley, y compeler a los ausentes a que concurran dentro de los treinta días siguientes, con la advertencia de que si no lo hiciesen, se entenderá por ese solo hecho que no aceptan su encargo, llamándose luego a los suplentes, los que deberán presentarse en un plazo igual, y si tampoco lo hiciesen, se declarará vacante el puesto y se convocará a nuevas elecciones.

Se entiende también que los diputados o senadores que falten diez días consecutivos, sin causa justificada o sin previa licencia del presidente de su respectiva Cámara, con la cual se dará conocimiento a ésta, renuncian a concurrir hasta el período inmediato, llamándose desde luego a los suplentes.

Si no hubiese quórum para instalar cualquiera de las Cámaras o para que ejerzan sus funciones una vez instaladas, se convocará inmediatamente a los suplentes para que se presenten a la mayor brevedad a desempeñar su cargo, entre tanto transcurren los treinta días de que antes se habla.

Art. 64.—Los diputados y senadores que no concurran a una sesión, sin causa justificada o sin permiso de la Cámara respectiva, no tendrán derecho a la dieta correspondiente al día en que falten.

Art. 65.—El Congreso se reunirá el día 1o. de septiembre de cada año para celebrar sesiones ordinarias en las cuales se ocupará de los asuntos siguientes:

I.—Revisar la cuenta pública del año anterior, que será presentada a la Cámara de Diputados, dentro de los 10 primeros días de la apertura de sesiones. La revisión no se limitará a investigar si las cantidades gastadas están o no de acuerdo con las partidas respectivas del Presupuesto, sino que se extenderá al examen de la exactitud y justificación de los gastos hechos y a las responsabilidades a que hubiere lugar.

No podrá haber otras partidas secretas, fuera de las que se consideren necesarias con ese carácter, en el mismo Presupuesto; las que emplearán los Secretarios, por acuerdo escrito del Presidente de la República.

II.—Examinar, discutir y aprobar el Presupuesto del año fiscal siguiente, y decretar los impuestos necesarios para cubrirlo; y

III.—Estudiar, discutir y votar las iniciativas de ley que se presenten, y resolver los demás asuntos que le correspondan, conforme a esta Constitución.

Art. 66.—El período de sesiones ordinarias durará el tiempo necesario para tratar de todos los asuntos mencionados en el artículo anterior; pero no podrá prolongarse más que hasta el treinta y uno de diciembre del mismo año. Si las dos Cámaras no estuvieren de acuerdo para poner término a las sesiones antes de la fecha indicada, resolverá el Presidente de la República.

Art. 67.—El Congreso tendrá sesiones extraordinarias cada vez que el Presidente de la República lo convoque para ese objeto; pero en tal caso no podrá ocuparse más que del asunto o asuntos que el mismo Presidente sometiere a su conocimiento, los cuales se expresarán en la convocatoria respectiva. El Ejecutivo puede convocar a una sola Cámara a sesiones extraordinarias, cuando se trate de asunto exclusivo de ella.

Art. 68.—Las dos Cámaras residirán en un mismo lugar y no podrán trasladarse a otro sin que antes convengan en la traslación y en el tiempo y modo de verificarla, designando un mismo punto para la reunión de ambas. Pero si conviniendo las dos en la traslación, difieren en cuanto al tiempo, modo y lugar, el Ejecutivo terminará la diferencia, eligiendo uno de los dos extremos en cuestión. Ninguna Cámara podrá suspender sus sesiones por más de tres días, sin consentimiento de la otra.

Art. 69.—A la apertura de sesiones del Congreso, sean ordinarias o extraordinarias, asistirá el Presidente de la República y presentará un informe por escrito; en el primer caso, sobre el estado general que guarde la administración pública del País; y en el segundo, para exponer al Congreso o a la Cámara de que se trate, las razones o causas que hicieron necesaria su convocación, y el asunto o asuntos que ameriten una resolución perentoria.

Art. 70.—Toda resolución del Congreso tendrá el carácter de ley o decreto. Las leyes o decretos se comunicarán al Ejecutivo firmados por los presidentes de ambas Cámaras y por un secretario de cada una de ellas, y se promulgarán en esta forma: "El Congreso de los Estados Unidos Mexicanos decreta: (texto de la ley o decreto)".

SECCION II.

DE LA INICIATIVA Y FORMACION DE LAS LEYES.

Art. 71.—El derecho de iniciar leyes o decretos compete:

I.—Al Presidente de la República;

II.—A los Diputados y Senadores al Congreso de la Unión; y

III.—A las Legislaturas de los Estados.

Las iniciativas presentadas por el Presidente de la República, por las Legislaturas de los Estados o por las Diputaciones de los mismos, pasarán desde luego a comisión. Las que presentaren los diputados o los senadores, se sujetarán a los trámites que designe el Reglamento de Debates.

Art. 72.—Todo proyecto de ley o decreto, cuya resolución no sea exclusiva de alguna de las Cámaras, se discutirá sucesivamente en ambas, observándose el Reglamento de Debates sobre la forma, intervalos y modo de proceder en las discusiones y votaciones.

A.—Aprobado un proyecto en la Cámara de su origen, pasará para su discusión a la otra. Si ésta lo aprobare, se remitirá al Ejecutivo, quien, si no tuviere observaciones que hacer, lo publicará inmediatamente.

B.—Se reputará aprobado por el Poder Ejecutivo, todo proyecto no devuelto con observaciones a la Cámara de su origen, dentro de diez días útiles; a no ser que, corriendo este término hubiere el Congreso cerrado o suspendido sus sesiones, en cuyo caso la devolución deberá hacerse el primer día útil en que el Congreso esté reunido.

C.—El proyecto de ley o decreto desechado en todo o en parte por el Ejecutivo, será devuelto, con sus observaciones, a la Cámara de su origen. Deberá ser discutido de nuevo por ésta, y si fuese confirmado por las dos terceras partes del número total de votos, pasará otra vez a la Cámara revisora. Si por ésta fuese sancionado por la misma mayoría, el proyecto será ley o decreto y volverá al Ejecutivo para su promulgación.

Las votaciones de ley o decreto, serán nominales.

D.—Si algún proyecto de ley o decreto, fuese desechado en su totalidad por la Cámara de revisión, volverá a la de su origen con las observaciones que aquélla le hubiese hecho. Si examinado de nuevo fuese aprobado por la mayoría absoluta de los miembros presentes, volverá a la Cámara que lo desechó, la cual lo tomará otra vez en consideración, y si lo aprobare por la misma mayoría, pasará al Ejecutivo para los efectos de la fracción A; pero si lo reprobase, no podrá volver a presentarse en el mismo período de sesiones.

E.—Si un proyecto de ley o decreto fuese desechado en parte, o modificado, o adicionado por la Cámara revisora, la nueva discusión de la Cámara de su origen versará únicamente sobre lo desechado o sobre las reformas o adiciones, sin poder alterarse en manera alguna los artículos aprobados. Si las adiciones o reformas hechas por la Cámara revisora fuesen aprobadas por la mayoría absoluta de los votos presentes en la Cámara de su origen, se pasará todo el proyecto al Ejecutivo, para los efectos de la fracción A. Si las adiciones o reformas hechas por la Cámara revisora fueren reprobadas por la mayoría de votos en la Cámara de su origen, volverán a aquélla para que tome en consideración las razones de ésta, y si por mayoría absoluta de votos presentes se desecharen en esta segunda revisión dichas adiciones o reformas, el proyecto, en lo que haya sido aprobado por ambas Cámaras, se pasará al Ejecutivo para los efectos de la fracción A. Si la Cámara revisora insistiere, por la mayoría absoluta de votos presentes, en dichas adiciones o reformas, todo el proyecto no volverá a presentarse sino hasta el siguiente período de sesiones, a no ser que ambas Cámaras acuerden, por la mayoría absoluta de sus miembros presentes, que se expida la ley o decreto sólo con los artículos aprobados, y que se reserven los adicionados o reformados para su examen y votación en las sesiones siguientes.

F.—En la interpretación, reforma o derogación de las leyes o decretos, se observarán los mismos trámites establecidos para su formación.

G.—Todo proyecto de ley o decreto que fuere desechado en la Cámara de su origen, no podrá volver a presentarse en las sesiones del año.

H.—La formación de las leyes o decretos puede comenzar indistintamente en cualquiera de las dos Cámaras, con excepción de los proyectos que versaren sobre empréstitos, contribuciones o impuestos, o sobre reclutamiento de tropas, todos los cuales deberán discutirse primero en la Cámara de Diputados.

I.—Las iniciativas de leyes o decretos se discutirán preferentemente en la Cámara en que se presenten, a menos que transcurra un mes desde que se pasen a la Comisión dictaminadora sin que ésta rinda dictamen, pues en tal caso el mismo proyecto de ley o decreto puede presentarse y discutirse en la otra Cámara.

J.—El Ejecutivo de la Unión no puede hacer observaciones a las resoluciones del Congreso o de alguna de las Cámaras, cuando ejerzan funciones de cuerpo electoral o de jurado, lo mismo que cuando la Cámara de Diputados declare que debe

ANNEXE VI. « *Decreto por el que se delcara reformados los articulos 73, 74, 78 y 79 de la Constitución politica de los Estados Unidos Mexicanos – DORF 30 de julio 1999* » - Révision Constitutionnelle du 30 juillet 1999, réformant les articles 73, 74,78 et 79.

2 (Primera Sección) DIARIO OFICIAL Viernes 30 de julio de 1999

PODER EJECUTIVO

SECRETARIA DE GOBERNACION

DECRETO por el que se declaran reformados los artículos 73, 74, 78 y 79 de la Constitución Política de los Estados Unidos Mexicanos.

Al margen un sello con el Escudo Nacional, que dice: Estados Unidos Mexicanos.- Presidencia de la República.

ERNESTO ZEDILLO PONCE DE LEON, Presidente de los Estados Unidos Mexicanos, a sus habitantes sabed:

Que la Comisión Permanente del Honorable Congreso de la Unión, se ha servido dirigirme el siguiente

DECRETO

"LA COMISION PERMANENTE DEL CONGRESO DE LA UNION, EN USO DE LA FACULTAD QUE LE CONFIERE EL ARTICULO 135 CONSTITUCIONAL Y PREVIA LA APROBACION DE LAS CAMARAS DE DIPUTADOS Y DE SENADORES DEL CONGRESO GENERAL DE LOS ESTADOS UNIDOS MEXICANOS, ASI COMO LA MAYORIA DE LAS LEGISLATURAS DE LOS ESTADOS,

DECLARA:

SE REFORMAN LOS ARTICULOS 73, 74, 78 Y 79 DE LA CONSTITUCION POLITICA DE LOS ESTADOS UNIDOS MEXICANOS.

ARTICULO UNICO.- Se adicionan con un segundo párrafo y ocho fracciones el artículo 78, con una Sección V el Capítulo II del Título Tercero, así como el artículo 74 fracción IV, párrafo quinto; se reforman los artículos 73, fracción XXIV, 74, fracción II y 79; y se deroga la fracción III del artículo 74 de la Constitución Política de los Estados Unidos Mexicanos, para quedar como sigue:

"ARTÍCULO 73.- El Congreso tiene facultad:

I a XXIII. ....

XXIV. Para expedir la Ley que regule la organización de la entidad de fiscalización superior de la Federación y las demás que normen la gestión, control y evaluación de los Poderes de la Unión y de los entes públicos federales;

XXV a XXX. .....

ARTÍCULO 74.- Son facultades exclusivas de la Cámara de Diputados:

I. ....

II. Coordinar y evaluar, sin perjuicio de su autonomía técnica y de gestión, el desempeño de las funciones de la entidad de fiscalización superior de la Federación, en los términos que disponga la ley;

III. Derogada

IV. ....

....

....

....

Para la revisión de la Cuenta Pública, la Cámara de Diputados se apoyará en la entidad de fiscalización superior de la Federación. Si del examen que ésta realice aparecieran discrepancias entre las cantidades correspondientes a los ingresos o a los egresos, con relación a los conceptos y las partidas respectivas o no existiera exactitud o justificación en los ingresos obtenidos o en los gastos realizados, se determinarán las responsabilidades de acuerdo con la Ley.

....

....

V a VIII. ....

ARTÍCULO 78.- ....

La Comisión Permanente, además de las atribuciones que expresamente le confiere esta Constitución, tendrá las siguientes:

I. Prestar su consentimiento para el uso de la Guardia Nacional en los casos de que habla el artículo 76 fracción IV;

II. Recibir, en su caso, la protesta del Presidente de la República;

III. Resolver los asuntos de su competencia; recibir durante el receso del Congreso de la Unión las iniciativas de ley y proposiciones dirigidas a las Cámaras y turnarlas para dictamen a las Comisiones de la Cámara a la que vayan dirigidas, a fin de que se despachen en el inmediato periodo de sesiones;

IV. Acordar por sí o a propuesta del Ejecutivo, la convocatoria del Congreso o de una sola Cámara a sesiones extraordinarias, siendo necesario en ambos casos el voto de las dos terceras partes de los individuos presentes. La convocatoria señalará el objeto u objetos de las sesiones extraordinarias;

V. Otorgar o negar su ratificación a la designación del Procurador General de la República, que le someta el titular del Ejecutivo Federal;

VI. Conceder licencia hasta por treinta días al Presidente de la República y nombrar el interino que supla esa falta;

VII. Ratificar los nombramientos que el Presidente haga de ministros, agentes diplomáticos, cónsules generales, empleados superiores de Hacienda, coroneles y demás jefes superiores del Ejército, Armada y Fuerza Aérea Nacionales, en los términos que la ley disponga, y

VIII. Conocer y resolver sobre las solicitudes de licencia que le sean presentadas por los legisladores.

Sección V

De la Fiscalización Superior de la Federación

ARTÍCULO 79.- La entidad de fiscalización superior de la Federación, de la Cámara de Diputados, tendrá autonomía técnica y de gestión en el ejercicio de sus atribuciones y para decidir sobre su organización interna, funcionamiento y resoluciones, en los términos que disponga la ley.

Esta entidad de fiscalización superior de la Federación tendrá a su cargo:

I. Fiscalizar en forma posterior los ingresos y egresos; el manejo, la custodia y la aplicación de fondos y recursos de los Poderes de la Unión y de los entes públicos federales, así como el cumplimiento de los objetivos contenidos en los programas federales, a través de los informes que se rendirán en los términos que disponga la ley.

También fiscalizará los recursos federales que ejerzan las entidades federativas, los municipios y los particulares.

Sin perjuicio de los informes a que se refiere el primer párrafo de esta fracción, en las situaciones excepcionales que determine la ley, podrá requerir a los sujetos de fiscalización que procedan a la revisión de los conceptos que estime pertinentes y le rindan un informe. Si estos requerimientos no fueren atendidos en los plazos y formas señalados por la ley, se podrá dar lugar al fincamiento de las responsabilidades que corresponda.

II. Entregar el informe del resultado de la revisión de la Cuenta Pública a la Cámara de Diputados a más tardar el 31 de marzo del año siguiente al de su presentación. Dentro de dicho informe se incluirán los dictámenes de su revisión y el apartado correspondiente a la fiscalización y verificación del cumplimiento de los programas, que comprenderá los comentarios y observaciones de los auditados, mismo que tendrá carácter público.

La entidad de fiscalización superior de la Federación deberá guardar reserva de sus actuaciones y observaciones hasta que rinda los informes a que se refiere este artículo; la ley establecerá las sanciones aplicables a quienes infrinjan esta disposición.

III. Investigar los actos u omisiones que impliquen alguna irregularidad o conducta ilícita en el ingreso, egreso, manejo, custodia y aplicación de fondos y recursos federales, y efectuar visitas domiciliarias, únicamente para exigir la exhibición de libros, papeles o archivos indispensables para la realización de sus investigaciones, sujetándose a las leyes y a las formalidades establecidas para los cateos, y

IV. Determinar los daños y perjuicios que afecten a la Hacienda Pública Federal o al patrimonio de los entes públicos federales y fincar directamente a los responsables las indemnizaciones y sanciones pecuniarias correspondientes, así como promover ante las autoridades competentes el fincamiento de otras responsabilidades; promover las acciones de responsabilidad a que se refiere el Título Cuarto de esta Constitución, y presentar las denuncias y querellas penales, en cuyos procedimientos tendrá la intervención que señale la ley.

La Cámara de Diputados designará al titular de la entidad de fiscalización por el voto de las dos terceras partes de sus miembros presentes. La ley determinará el procedimiento para su designación. Dicho titular durará en su encargo ocho años y podrá ser nombrado nuevamente por una sola vez. Podrá ser removido, exclusivamente, por las causas graves que la ley señale, con la misma votación requerida para su nombramiento, o por las causas y conforme a los procedimientos previstos en el Título Cuarto de esta Constitución.

Para ser titular de la entidad de fiscalización superior de la Federación se requiere cumplir, además de los requisitos establecidos en las fracciones I, II, IV, V y VI del artículo 95 de esta Constitución, los que señale la ley. Durante el ejercicio de su encargo no podrá formar parte de ningún partido político, ni desempeñar otro empleo, cargo o comisión, salvo los no remunerados en asociaciones científicas, docentes, artísticas o de beneficencia.

Los Poderes de la Unión y los sujetos de fiscalización facilitarán los auxilios que requiera la entidad de fiscalización superior de la Federación para el ejercicio de sus funciones.

El Poder Ejecutivo Federal aplicará el procedimiento administrativo de ejecución para el cobro de las indemnizaciones y sanciones pecuniarias a que se refiere la fracción IV del presente artículo.

TRANSITORIOS

PRIMERO.- El presente Decreto entrará en vigor al día siguiente de su publicación en el **Diario Oficial de la Federación**, salvo lo dispuesto en los siguientes transitorios.

SEGUNDO.- La entidad de fiscalización superior de la Federación iniciará sus funciones el 1 de enero del año 2000. La revisión de la Cuenta Pública y las funciones de fiscalización a que se refieren las fracciones I a IV del artículo 79 reformado por este Decreto, se llevarán a cabo, en los términos del propio Decreto, a partir de la revisión de la Cuenta Pública correspondiente al año 2001.

La entidad de fiscalización superior de la Federación revisará la Cuenta Pública de los años 1998, 1999 y 2000 conforme a las disposiciones vigentes antes de la entrada en vigor de este Decreto.

Las referencias que se hacen en dichas disposiciones a la Contaduría Mayor de Hacienda de la Cámara de Diputados, se entenderán hechas a la entidad de fiscalización superior de la Federación.

TERCERO.- En tanto la entidad de fiscalización superior de la Federación no empiece a ejercer las atribuciones a que se refiere este Decreto, la Contaduría Mayor de Hacienda continuará ejerciendo las atribuciones que actualmente tiene conforme al artículo 74, fracción IV, de la Constitución, su Ley Orgánica y demás disposiciones jurídicas aplicables vigentes hasta antes de la entrada en vigor del presente Decreto.

Los servidores públicos de la Contaduría Mayor de Hacienda no serán afectados en forma alguna en sus derechos laborales con motivo de la entrada en vigor de este Decreto y de las leyes que en consecuencia se emitan.

Una vez creada la entidad de fiscalización superior de la Federación, todos los recursos humanos, materiales y patrimoniales en general de la Contaduría Mayor de Hacienda, pasarán a formar parte de dicha entidad.

CUARTO.- El Contador Mayor de Hacienda será titular de la entidad de fiscalización superior de la Federación hasta el 31 de diciembre de 2001; podrá ser ratificado para continuar en dicho encargo hasta completar el periodo de ocho años a que se refiere el artículo 79 de esta Constitución."

SALON DE SESIONES DE LA COMISION PERMANENTE DEL HONORABLE CONGRESO DE LA UNION.- México, D.F., a 14 de julio de 1999.- Sen. **María de los Angeles Moreno Uriegas**, Presidenta.- Sen. **Porfirio Camarena Castro**, Secretario.- Sen. **Francisco Xavier Salazar Sáenz**, Secretario.- Rúbricas."

En cumplimiento de lo dispuesto por la fracción I del Artículo 89 de la Constitución Política de los Estados Unidos Mexicanos, y para su debida publicación y observancia, expido el presente Decreto en la residencia del Poder Ejecutivo Federal, en la Ciudad de México, Distrito Federal, a los veintisiete días del mes de julio de mil novecientos noventa y nueve.- **Ernesto Zedillo Ponce de León**.- Rúbrica.- El Secretario de Gobernación, **Diódoro Carrasco Altamirano**.- Rúbrica.

SECRETARIA DE HACIENDA Y CREDITO PUBLICO

ACUERDO mediante el cual se modifica la parte inicial, así como los artículos primero, segundo y tercero, primer párrafo y base III, de la autorización otorgada a Liberty México Seguros, S.A., en virtud de su conversión a filial y por cambio de su domicilio social.

Al margen un sello con el Escudo Nacional, que dice: Estados Unidos Mexicanos.- Secretaría de Hacienda y Crédito Público.- Subsecretaría de Hacienda y Crédito Público.- Dirección General de Seguros y Valores.- Dirección de Seguros y Fianzas.- Subdirección de Seguros.- Departamento de Autorizaciones y Operación de Seguros.- 366-IV-3305.- 731.1/33694.

INSTITUCIONES DE SEGUROS FILIALES DE INSTITUCIONES FINANCIERAS DEL EXTERIOR.- Se modifica la autorización otorgada a esa sociedad en virtud de su conversión a filial y por cambio de su domicilio social.

Liberty México Seguros, S.A.
Av. Anillo Periférico No. 4261
Frac. Jardines en la Montaña, C.P. 14210.
Ciudad.

En virtud de que esta Secretaría con oficio 366-IV-3304 de esta misma fecha, otorgó aprobación a las reformas acordadas a sus estatutos sociales, entre las que destaca la conversión de esa institución de seguros en filial de Liberty Mutual Insurance Company, institución financiera del exterior, a través de su subsidiaria Liberty Mexico Holdings, Inc., sociedad relacionada, ambas constituidas en Massachusetts, Estados Unidos de América; además de incluir en la operación de accidentes y enfermedades, los ramos de accidentes personales, gastos médicos y salud, en la operación de daños, se adiciona el ramo de terremoto y otros riesgos catastróficos; y el cambio de su domicilio social de Veracruz, Ver., a la Ciudad de México, Distrito Federal, contenidas en el testimonio de la escritura número 22,268 del 16 de marzo último, otorgada ante la fe del licenciado José María Morera González, Notario Público número 102, con ejercicio en el Distrito

ANNEXE VII.. « *Ley de fiscalizacion y rendición de cuentas de la Federación* », Version originale 29 mai 2009.

LEY DE FISCALIZACIÓN Y RENDICIÓN DE CUENTAS DE LA FEDERACIÓN

TEXTO VIGENTE Nueva Ley publicada en el Diario Oficial de la Federación el 18 de julio de 2016

Al margen un sello con el Escudo Nacional, que dice : Estados Unidos Mexicanos.- Presidencia de la República.

ENRIQUE PEÑA NIETO, Presidente de los Estados Unidos Mexicanos, a sus habitantes sabed :

Que el Honorable Congreso de la Unión, se ha servido dirigirme el siguiente

DECRETO

"EL CONGRESO GENERAL DE LOS ESTADOS UNIDOS MEXICANOS, DECRETA :

SE EXPIDE LA LEY DE FISCALIZACIÓN Y RENDICIÓN DE CUENTAS DE LA FEDERACIÓN ; Y SE REFORMAN EL ARTÍCULO 49 DE LA LEY DE COORDINACIÓN FISCAL, Y EL ARTÍCULO 70 DE LA LEY GENERAL DE CONTABILIDAD GUBERNAMENTAL.

ARTÍCULO PRIMERO. Se expide la Ley de Fiscalización y Rendición de Cuentas de la Federación.

LEY DE FISCALIZACIÓN Y RENDICIÓN DE CUENTAS DE LA FEDERACIÓN

TÍTULO PRIMERO
Disposiciones Generales

Capitulo Unico

Artículo 1.- La presente Ley es de orden público y tiene por objeto reglamentar los artículos 73 fracción XXIV, 74, fracciones II y VI, y 79 de la Constitución Política de los Estados Unidos Mexicanos en materia de revisión y fiscalización de :

I. La Cuenta Pública ;

II. Las situaciones irregulares que se denuncien en términos de esta Ley, respecto al ejercicio fiscal en curso o a ejercicios anteriores distintos al de la Cuenta Pública en revisión ;

III. La aplicación de las fórmulas de distribución, ministración y ejercicio de las participaciones federales, y

IV. El destino y ejercicio de los recursos provenientes de financiamientos contratados por los estados y municipios, que cuenten con la garantía de la Federación.

Para efectos de este artículo, la Auditoría Superior de la Federación podrá fiscalizar las operaciones que involucren recursos públicos federales o participaciones federales a través de contrataciones, subsidios, transferencias, donativos, fideicomisos, fondos, mandatos, asociaciones público privadas o cualquier otra figura jurídica y el otorgamiento de garantías sobre empréstitos de Estados y Municipios, entre otras operaciones.

Adicionalmente, la presente Ley establece la organización de la Auditoría Superior de la Federación, sus atribuciones, incluyendo aquéllas para conocer, investigar y substanciar la comisión de faltas administrativas que detecte en sus funciones de fiscalización, en términos de esta Ley y la Ley General de Responsabilidades Administrativas ; así como su evaluación, control y vigilancia por parte de la Cámara de Diputados.

Artículo 2.- La fiscalización de la Cuenta Pública comprende :

I. La fiscalización de la gestión financiera de las entidades fiscalizadas para comprobar el cumplimiento de lo dispuesto en la Ley de Ingresos y el Presupuesto de Egresos, y demás disposiciones legales aplicables, en cuanto a los ingresos y gastos públicos, así como la deuda pública, incluyendo la revisión del manejo, la custodia y la aplicación de recursos públicos federales, así como de la demás información financiera, contable, patrimonial, presupuestaria y programática que las entidades fiscalizadas deban incluir en dicho documento, conforme a las disposiciones aplicables, y

II. La práctica de auditorías sobre el desempeño para verificar el grado de cumplimiento de los objetivos de los programas federales.

Artículo 3.- La fiscalización de la Cuenta Pública tiene el objeto establecido en esta Ley y se llevará a cabo conforme a los principios de legalidad, definitividad, imparcialidad y confiabilidad.

Artículo 4.- Para efectos de esta Ley, se entenderá por :

I. Auditoría Superior de la Federación : el órgano técnico de fiscalización de la Cámara de Diputados del Congreso de la Unión a que se refieren los artículos 74, fracciones II y VI y 79 y 109 de la Constitución Política de los Estados Unidos Mexicanos ;

II. Auditorías : proceso sistemático en el que de manera objetiva se obtiene y se evalúa evidencia para determinar si las acciones llevadas a cabo por los entes sujetos a revisión se realizaron de conformidad con la normatividad establecida o con base en principios que aseguren una gestión pública adecuada ;

III. Autonomía de gestión : la facultad de la Auditoría Superior de la Federación para decidir sobre su organización interna, estructura y funcionamiento, así como la administración de sus recursos humanos, materiales y financieros que utilice para la ejecución de sus atribuciones, en los términos contenidos en la Constitución y esta Ley ;

IV. Autonomía técnica : la facultad de la Auditoría Superior de la Federación para decidir sobre la planeación, programación, ejecución, informe y seguimiento en el proceso de la fiscalización superior ;

V. Cámara : la Cámara de Diputados del Congreso de la Unión ;

VI. Comisión : la Comisión de Vigilancia de la Auditoría Superior de la Federación de la Cámara ;

VII. Comisión de Presupuesto : la Comisión de Presupuesto y Cuenta Pública de la Cámara ;

VIII. Cuenta Pública : la Cuenta Pública Federal a que se refiere el artículo 74, fracción VI de la Constitución Política de los Estados Unidos Mexicanos y cuyo contenido se establece en el artículo 53 de la Ley General de Contabilidad Gubernamental ;

IX. Entes Públicos : Los Poderes Legislativo y Judicial, los órganos constitucionales autónomos, los órganos jurisdiccionales que no formen parte del Poder Judicial, las dependencias, entidades de la Administración Pública Federal, y sus homólogos de las entidades federativas, los municipios y alcaldías de la Ciudad de México y sus dependencias y entidades, la Procuraduría General de la República y las fiscalías o procuradurías locales, las empresas productivas del Estado y sus subsidiarias, así como cualquier otro ente sobre el que tenga control sobre sus decisiones o acciones cualquiera de los poderes y órganos públicos citados ;

X. Entidades Federativas : los Estados de la República Mexicana y la Ciudad de México ;

XI. Entidades fiscalizadas : los entes públicos ; las entidades de interés público distintas a los partidos políticos ; los mandantes, mandatarios, fideicomitentes, fiduciarios, fideicomisarios o cualquier otra figura jurídica análoga, así como los mandatos, fondos o fideicomisos, públicos o privados, cuando hayan recibido por cualquier título, recursos públicos federales o las participaciones federales, no obstante que sean o no considerados entidades paraestatales por la Ley Federal de las Entidades Paraestatales y aun cuando pertenezcan al sector privado o social y, en general, cualquier entidad, persona física o moral, pública o privada, que haya captado, recaudado, administrado, manejado, ejercido, cobrado o recibido en pago directo o indirectamente recursos públicos federales o participaciones federales, incluidas aquellas personas morales de derecho privado que tengan autorización para expedir recibos deducibles de impuestos por donaciones destinadas para el cumplimiento de sus fines ;

XII. Entidades fiscalizadoras locales : las que están previstas en el artículo 116, fracción II, párrafo sexto, de la Constitución Política de los Estados Unidos Mexicanos ;

XIII. Faltas administrativas graves : las así señaladas en la Ley General de Responsabilidades Administrativas ;

XIV. Financiamiento y otras obligaciones: toda operación constitutiva de un pasivo, directo o contingente, de corto, mediano o largo plazo, derivada de un crédito, empréstito o préstamo, incluyendo arrendamientos y factorajes financieros o cadenas productivas, independientemente de la forma mediante la que se instrumente, u obligación de pago, en los términos de la Ley Federal de Deuda Pública y de la Ley de Disciplina Financiera de las Entidades Federativas y los Municipios ;

XV. Fiscalía Especializada : Fiscalía Especializada en Materia de Combate a la Corrupción ;

XVI. Fiscalización superior : la revisión que realiza la Auditoría Superior de la Federación, en los términos constitucionales y de esta ley ;

XVII. Gestión Financiera : las acciones, tareas y procesos que, en la ejecución de los programas, realizan las entidades fiscalizadas para captar, recaudar u obtener recursos públicos conforme a la Ley de Ingresos y el presupuesto de egresos, así como las demás disposiciones aplicables, para administrar, manejar, custodiar, ejercer y aplicar los mismos y demás fondos, patrimonio y recursos, en términos del Presupuesto de Egresos y las demás disposiciones aplicables ;

XVIII. Hacienda Pública Federal : conjunto de bienes y derechos de titularidad de la Federación ;

XIX. Informe de Avance de Gestión Financiera : el informe que rinden los poderes de la unión y los entes públicos federales de manera consolidada a través del Ejecutivo Federal, a la Cámara sobre los avances físicos y financieros de los programas federales aprobados para el análisis correspondiente de dicha Cámara, presentado como un apartado específico del segundo informe trimestral del ejercicio correspondiente al que se refiere el artículo 107 de la Ley Federal de Presupuesto y Responsabilidad Hacendaria ;

XX. Informe General : el Informe General Ejecutivo del Resultado de la Fiscalización Superior de la Cuenta Pública ;

XXI. Informe específico : el informe derivado de denuncias a que se refiere el último párrafo de la fracción I del artículo 79 de la Constitución Política de los Estados Unidos Mexicanos ;

XXII. Informes Individuales : los informes de cada una de las auditorías practicadas a las entidades fiscalizadas ;

XXIII. Ley de Ingresos : la Ley de Ingresos de la Federación del ejercicio fiscal en revisión ;

XXIV. Órgano constitucional autónomo : son los órganos creados inmediata y fundamentalmente en la Constitución Política de los Estados Unidos Mexicanos o en las constituciones de las entidades federativas y que no se adscriben a los poderes del Estado, y que cuentan con autonomía e independencia funcional y financiera ;

XXV. Órgano interno de control : las unidades administrativas a cargo de promover, evaluar y fortalecer el buen funcionamiento del control interno en los entes públicos, así como de la investigación, substanciación y, en su caso, de sancionar las faltas administrativas que le competan en los términos previstos en la Ley General de Responsabilidades Administrativas ;

XXVI. Presupuesto de Egresos : el Presupuesto de Egresos de la Federación del ejercicio fiscal correspondiente ;

XXVII. Procesos concluidos : cualquier acción que se haya realizado durante el año fiscal en curso que deba registrarse como pagado conforme a la Ley General de Contabilidad Gubernamental ;

XXVIII. Programas : los señalados en la Ley de Planeación, en la Ley Federal de Presupuesto y Responsabilidad Hacendaria y los contenidos en el Presupuesto de Egresos, con base en los cuales las entidades fiscalizadas realizan sus actividades en cumplimiento de sus atribuciones y se presupuesta el gasto público federal ;

XXIX. Secretaría : la Secretaría de Hacienda y Crédito Público ;

XXX. Servidores públicos : los señalados en la Constitución Política de los Estados Unidos Mexicanos y en la Ley General de Responsabilidades Administrativas ;

XXXI. Tribunal : el Tribunal Federal de Justicia Administrativa ;

XXXII. Unidad : la Unidad de Evaluación y Control de la Comisión, y

XXXIII. Unidad de Medida y Actualización : el valor establecido por el Instituto Nacional de Estadística y Geografía, en términos del artículo 26, apartado B, de la Constitución Política de los Estados Unidos Mexicanos y la ley federal en la materia, para determinar la cuantía del pago de las obligaciones y supuestos previstos en las leyes.

Las definiciones previstas en los artículos 2 de la Ley Federal de Presupuesto y Responsabilidad Hacendaria ; 2 de la Ley de Disciplina Financiera de las

Entidades Federativas y los Municipios y 4 de la Ley General de Contabilidad Gubernamental, serán aplicables a la presente Ley.

Artículo 5.- Tratándose de los informes a que se refieren las fracciones XX, XXI y XXII del artículo anterior, la información contenida en los mismos será publicada en la página de Internet de la Auditoría Superior de la Federación, en Formatos Abiertos conforme a lo establecido en la Ley General de Transparencia y Acceso a la Información Pública, siempre y cuando no se revele información que se considere temporalmente reservada o que forme parte de un proceso de investigación, en los términos previstos en la legislación aplicable. La información reservada se incluirá una vez que deje de serlo.

Artículo 6.- La fiscalización de la Cuenta Pública que realiza la Auditoría Superior de la Federación se lleva a cabo de manera posterior al término de cada ejercicio fiscal, una vez que el programa anual de auditoría esté aprobado y publicado en su página de internet ; tiene carácter externo y por lo tanto se efectúa de manera independiente y autónoma de cualquier otra forma de control o fiscalización que realicen los órganos internos de control.

Artículo 7.- A falta de disposición expresa en esta Ley, se aplicarán en forma supletoria y en lo conducente, la Ley Federal de Presupuesto y Responsabilidad Hacendaria ; la Ley General de Contabilidad Gubernamental ; la Ley de Disciplina Financiera de las Entidades Federativas y los Municipios; la Ley de Coordinación Fiscal ; la Ley de Ingresos ; el Código Fiscal de la Federación ; la Ley Federal de Procedimiento Administrativo ; la Ley General de Responsabilidades Administrativas ; Ley General del Sistema Nacional Anticorrupción, y el Presupuesto de Egresos, así como las disposiciones relativas del derecho común federal, sustantivo y procesal, en ese orden.

Artículo 8.- La Auditoría Superior de la Federación deberá emitir los criterios relativos a la ejecución de auditorías, mismos que deberán sujetarse a las disposiciones establecidas en la presente Ley y publicarse en el Diario Oficial de la Federación.

Artículo 9.- Los entes públicos facilitarán los auxilios que requiera la Auditoría Superior de la Federación para el ejercicio de sus funciones.

Los servidores públicos, así como cualquier entidad, persona física o moral, pública o privada, fideicomiso, mandato o fondo, o cualquier otra figura jurídica, que reciban o ejerzan recursos públicos federales o participaciones federales, deberán proporcionar la información y documentación que solicite la Auditoría Superior de la Federación para efectos de sus auditorías e investigaciones, de conformidad con los procedimientos establecidos en las leyes y sin perjuicio de la competencia de otras autoridades y de los derechos de los usuarios del sistema financiero.

De no proporcionar la información, los responsables serán sancionados en los términos de la Ley General de Responsabilidades Administrativas y, en su caso, en términos de la legislación penal aplicable.

Cuando esta Ley no prevea plazo, la Auditoría Superior de la Federación podrá fijarlo y no será inferior a diez días hábiles ni mayor a quince días hábiles contados a partir del día siguiente a que haya surtido efectos la notificación correspondiente.

Cuando derivado de la complejidad de los requerimientos de información formulados por la Auditoría Superior de la Federación, las entidades fiscalizadas podrán solicitar por escrito fundado, un plazo mayor para atenderlo ; la Auditoría Superior de la Federación determinará si lo concede sin que pueda prorrogarse de modo alguno.

Las personas a que se refiere este artículo deberán acompañar a la información solicitada, los anexos, estudios soporte, memorias de cálculo y demás documentación soporte relacionada con la solicitud.

Artículo 10.- La Auditoría Superior de la Federación podrá imponer multas, conforme a lo siguiente :

I. Cuando los servidores públicos y las personas físicas no atiendan los requerimientos a que refiere el artículo precedente, salvo que exista disposición legal o mandato judicial que se los impida, o por causas ajenas a su responsabilidad, la Auditoría Superior de la Federación podrán imponerles una multa mínima de ciento cincuenta a una máxima de dos mil veces el valor diario de la Unidad de Medida y Actualización ;

II. En el caso de personas morales, públicas o privadas, la multa consistirá en un mínimo de seiscientas cincuenta a diez mil veces el valor diario de la Unidad de Medida y Actualización ;

III. Se aplicarán las multas previstas en este artículo a los terceros que hubieran firmado contratos para explotación de bienes públicos o recibido en concesión o subcontratado obra pública, administración de bienes o prestación de servicios mediante cualquier título legal con las entidades fiscalizadas, cuando no entreguen la documentación e información que les requiera la Auditoría Superior de la Federación ;

IV. La reincidencia se sancionará con una multa hasta del doble de la impuesta anteriormente, sin perjuicio de que persista la obligación de atender el requerimiento respectivo ;

V. Las multas establecidas en esta Ley tendrán el carácter de créditos fiscales y se fijarán en cantidad líquida. El Servicio de Administración Tributaria se encargará de hacer efectivo su cobro en términos del Código Fiscal de la Federación y de las demás disposiciones aplicables ;

VI. Para imponer la multa que corresponda, la Auditoría Superior de la Federación debe oír previamente al presunto infractor y tener en cuenta sus condiciones económicas, así como la gravedad de la infracción cometida y en su caso, elementos atenuantes, su nivel jerárquico y la necesidad de evitar prácticas tendientes a contravenir las disposiciones contenidas en esta Ley, y

VII. Las multas que se impongan en términos de este artículo son independientes de las sanciones administrativas y penales que, en términos de las leyes en dichas materias, resulten aplicables por la negativa a entregar información a la Auditoría Superior de la Federación, así como por los actos de simulación que se presenten para entorpecer y obstaculizar la actividad fiscalizadora o la entrega de información falsa.

Artículo 11.- La negativa a entregar información a la Auditoría Superior de la Federación, así como los actos de simulación que se presenten para entorpecer y obstaculizar la actividad fiscalizadora será sancionada conforme a la Ley General de Responsabilidades Administrativas y las leyes penales aplicables.

Cuando los servidores públicos y las personas físicas y morales, públicas o privadas aporten información falsa, serán sancionados penalmente conforme a lo previsto por el Código Penal Federal.

Artículo 12.- El contenido del Informe de Avance de Gestión Financiera se referirá a los programas a cargo de los poderes de la Unión y los entes públicos federales, para conocer el grado de cumplimiento de los objetivos, metas y satisfacción de necesidades en ellos proyectados y contendrá :

I. El flujo contable de ingresos y egresos al 30 de junio del año en que se ejerza el Presupuesto de Egresos, y

II. El avance del cumplimiento de los programas con base en los indicadores aprobados en el Presupuesto de Egresos.

Lo anterior, sin perjuicio de lo previsto en la Ley Federal de Presupuesto y Responsabilidad Hacendaria.

La Auditoría Superior de la Federación realizará un análisis del Informe de Avance de Gestión Financiera 30 días posteriores a la fecha de su presentación y lo entregará a la Comisión.

TÍTULO SEGUNDO
De la Fiscalización de la Cuenta Pública

Capitulo I
De la Fisaclización de la Cuenta Pública

Artículo 13.- La Cuenta Pública será presentada en el plazo previsto en el artículo 74, fracción VI, de la Constitución Política de los Estados Unidos Mexicanos y, conforme a lo que establece el artículo 53 de la Ley General de Contabilidad Gubernamental.

Artículo 14.- La fiscalización de la Cuenta Pública tiene por objeto :

I. Evaluar los resultados de la gestión financiera :

a) La ejecución de la Ley de Ingresos y el ejercicio del Presupuesto de Egresos para verificar la forma y términos en que los ingresos fueron recaudados, obtenidos, captados y administrados ; constatar que los recursos provenientes de financiamientos y otras obligaciones y empréstitos se contrataron, recibieron y aplicaron de conformidad con lo aprobado ; y revisar que los egresos se ejercieron en los conceptos y partidas autorizados, incluidos, entre otros aspectos, la contratación de servicios y obra pública, las adquisiciones, arrendamientos, subsidios, aportaciones, donativos, transferencias, aportaciones a fondos, fideicomisos y demás instrumentos financieros, así como cualquier esquema o instrumento de pago a largo plazo ;

b) Si se cumplió con las disposiciones jurídicas aplicables en materia de sistemas de registro y
contabilidad gubernamental ; contratación de servicios, obra pública, adquisiciones, arrendamientos, conservación, uso, destino, afectación, enajenación y baja de bienes muebles e inmuebles ; almacenes y demás activos ; recursos materiales, y demás normatividad aplicable al ejercicio del gasto público ;

c) Si la captación, recaudación, administración, custodia, manejo, ejercicio y aplicación de recursos
federales, incluyendo subsidios, transferencias y donativos, y si los actos, contratos, convenios, mandatos, fondos, fideicomisos, prestación de servicios públicos, operaciones o cualquier acto que las entidades fiscalizadas, celebren o realicen, relacionados con el ejercicio del gasto público federal, se ajustaron a la legalidad, y si no han causado daños o perjuicios, o ambos, en contra de

la Hacienda Pública Federal o, en su caso, del patrimonio de los entes públicos de la Federación ;

d) Comprobar si el ejercicio de la Ley de Ingresos y el Presupuesto de Egresos se ha ajustado a los
criterios señalados en los mismos :

i. Si las cantidades correspondientes a los ingresos y a los egresos, se ajustaron o corresponden a los conceptos y a las partidas respectivas ;

ii. Si los programas y su ejecución se ajustaron a los términos y montos aprobados en el Presupuesto de Egresos, y

iii. Si los recursos provenientes de financiamientos y otras obligaciones se obtuvieron en los términos autorizados y se aplicaron con la periodicidad y forma establecidas por las leyes y demás disposiciones aplicables, y si se cumplieron los compromisos adquiridos en los actos respectivos ;

II. Verificar el cumplimiento de los objetivos contenidos en los programas :

a) Realizar auditorías del desempeño de los programas, verificando la eficiencia, la eficacia y la
economía en el cumplimiento de los objetivos de los mismos ;

b) Si se cumplieron las metas de los indicadores aprobados en el Presupuesto de Egresos y si dicho cumplimiento tiene relación con el Plan Nacional de Desarrollo y los programas sectoriales, y

c) Si se cumplieron los objetivos de los programas y las metas de gasto que promuevan la igualdad entre mujeres y hombres ;

III. Promover las acciones o denuncias correspondientes para la imposición de las sanciones administrativas y penales por las faltas graves que se adviertan derivado de sus auditorías e investigaciones, así como dar vista a las autoridades competentes cuando detecte la comisión de faltas administrativas no graves para que continúen la investigación respectiva y promuevan la imposición de las sanciones que procedan, y

IV. Las demás que formen parte de la fiscalización de la Cuenta Pública o de la revisión del cumplimiento de los objetivos de los programas federales.

Artículo 15.- Las observaciones que, en su caso, emita la Auditoría Superior de la Federación derivado de la fiscalización superior, podrán derivar en :

I. Acciones y previsiones, incluyendo solicitudes de aclaración, pliegos de observaciones, informes de presunta responsabilidad administrativa, promociones del ejercicio de la facultad de comprobación fiscal, promociones de responsabilidad administrativa sancionatoria, denuncias de hechos ante la Fiscalía Especializada y denuncias de juicio político, y

II. Recomendaciones.

Artículo 16.- La Mesa Directiva de la Cámara de Diputados turnará, a más tardar en dos días, contados a partir de su recepción, la Cuenta Pública a la Comisión. Esta Comisión tendrá el mismo plazo para turnarla a la Auditoría Superior de la Federación.

Artículo 17.- Para la fiscalización de la Cuenta Pública, la Auditoría Superior de la Federación tendrá las atribuciones siguientes :

I. Realizar, conforme al programa anual de auditorías aprobado, las auditorías e investigaciones. Para la práctica de Auditorías, la Auditoría Superior de la Federación podrá solicitar información y documentación durante el desarrollo de las mismas.

La Auditoría Superior de la Federación podrá iniciar el proceso de fiscalización a partir del primer día hábil del ejercicio fiscal siguiente, sin perjuicio de que las observaciones o recomendaciones que, en su caso realice, deberán referirse a la información definitiva presentada en la Cuenta Pública. Una vez que le sea entregada la Cuenta Pública, podrá realizar las modificaciones al programa anual de las auditorías que se requieran y lo hará del conocimiento de la Comisión ;

II. Establecer los lineamientos técnicos y criterios para las auditorías y su seguimiento, procedimientos, investigaciones, encuestas, métodos y sistemas necesarios para la fiscalización superior ;

III. Proponer, en los términos de la Ley General de Contabilidad Gubernamental y la Ley Federal de Archivos las modificaciones a los principios, normas, procedimientos, métodos y sistemas de registro y contabilidad; las disposiciones para el archivo, guarda y custodia de los libros y documentos justificativos y comprobatorios del ingreso, gasto y deuda pública; así como todos aquellos elementos que posibiliten la adecuada rendición de cuentas y la práctica idónea de las auditorías ;

IV. Proponer al Consejo Nacional de Armonización Contable, en los términos de la Ley General de

Contabilidad Gubernamental, modificaciones a la forma y contenido de la información de la Cuenta Pública y a los formatos de integración correspondientes ;

V. Practicar auditorías sobre el desempeño en el cumplimiento de los objetivos contenidos en los programas federales, conforme a los indicadores establecidos en el Presupuesto de Egresos y tomando en cuenta el Plan Nacional de Desarrollo, los programas sectoriales, regionales, operativos anuales, y demás programas de las entidades fiscalizadas, entre otros, a efecto de verificar el desempeño de los mismos y, en su caso, el uso de recursos públicos federales ;

VI. Verificar que las entidades fiscalizadas que hubieren captado, recaudado, custodiado, manejado, administrado, aplicado o ejercido recursos públicos, lo hayan realizado conforme a los programas aprobados y montos autorizados, así como en el caso de los egresos, con cargo a las partidas correspondientes ; además, con apego a las disposiciones legales, reglamentarias y administrativas aplicables ;

VII. Verificar que las operaciones que realicen las entidades fiscalizadas sean acordes con la Ley de Ingresos y el Presupuesto de Egresos y se efectúen con apego a las disposiciones respectivas del Código Fiscal de la Federación y leyes fiscales sustantivas ; las leyes Federal de Deuda Pública, General de Partidos Políticos ; Federal de Presupuesto y Responsabilidad Hacendaria, orgánicas del Congreso General de los Estados Unidos Mexicanos, de la Administración Pública Federal, del Poder Judicial de la Federación ; de Asociaciones Público Privadas, de Petróleos Mexicanos y de la Comisión Federal de Electricidad y de Disciplina Financiera de las Entidades Federativas y los Municipios, las correspondientes a obras públicas y adquisiciones de las entidades federativas, y demás disposiciones legales, reglamentarias y administrativas aplicables a estas materias ;

VIII. Verificar obras, bienes adquiridos y servicios contratados por las entidades fiscalizadas para comprobar si los recursos de las inversiones y los gastos autorizados a las entidades fiscalizadas se ejercieron en los términos de las disposiciones aplicables ;

IX. Requerir a los auditores externos copia de todos los informes y dictámenes de las auditorías y revisiones por ellos practicadas a las entidades fiscalizadas y de ser requerido, el soporte documental ;

X. Requerir a terceros que hubieran contratado con las entidades fiscalizadas obra pública, bienes o servicios mediante cualquier título legal y a cualquier entidad o persona física o moral, pública o privada, o aquellas que hayan sido subcontratados por terceros, la información relacionada con la documentación justificativa y comprobatoria del ejercicio de recursos públicos a efecto de realizar las compulsas correspondientes ;

XI. Solicitar, obtener y tener acceso a toda la información y documentación, que a juicio de la Auditoría Superior de la Federación sea necesaria para llevar a cabo la auditoría correspondiente, sin importar el carácter de confidencial o reservado de la misma, que obren en poder de :

a) Las entidades fiscalizadas ;

b) Los órganos internos de control ;

c) Las entidades de fiscalización superior locales ;

d) Los auditores externos de las entidades fiscalizadas ;

e) Instituciones de crédito, fideicomisos u otras figuras del sector financiero, y

f) Autoridades hacendarias federales y locales.

La Auditoría Superior de la Federación tendrá acceso a la información que las disposiciones legales consideren como de carácter reservado o confidencial cuando esté relacionada directamente con la captación, recaudación, administración, manejo, custodia, ejercicio, aplicación de los ingresos y egresos federales y la deuda pública, estando obligada a mantener la misma reserva, en términos de las disposiciones aplicables. Dicha información solamente podrá ser solicitada en los términos de las disposiciones aplicables, de manera indelegable por el Titular de la Auditoría y los auditores especiales a que se refiere esta Ley.

Cuando derivado de la práctica de auditorías se entregue a la Auditoría Superior de la Federación información de carácter reservado o confidencial, ésta deberá garantizar que no se incorpore en los resultados, observaciones, recomendaciones y acciones de los informes de auditoría respectivos, información o datos que tengan esta característica en términos de la legislación aplicable. Dicha información será conservada por la Auditoría Superior de la Federación en sus documentos de trabajo y sólo podrá ser revelada a la autoridad competente, en términos de las disposiciones aplicables.

El incumplimiento a lo dispuesto en esta fracción será motivo del fincamiento de las responsabilidades administrativas y penales establecidas en las leyes correspondientes;

XII. Fiscalizar los recursos públicos federales que la Federación haya otorgado a entidades federativas, municipios y alcaldías de la Ciudad de México, fideicomisos, fondos, mandatos o, cualquier otra figura análoga, personas físicas o morales, públicas o privadas, cualesquiera que sean sus fines y destino, así como verificar su aplicación al objeto autorizado ;

XIII. Investigar, en el ámbito de su competencia, los actos u omisiones que impliquen alguna irregularidad o presunta conducta ilícita, o comisión de faltas administrativas, en los términos establecidos en esta Ley y en la Ley General de Responsabilidades Administrativas ;

XIV. Efectuar visitas domiciliarias, únicamente para exigir la exhibición de los libros, papeles, contratos, convenios, nombramientos, dispositivos magnéticos o electrónicos de almacenamiento de información, documentos y archivos indispensables para la realización de sus investigaciones, sujetándose a las leyes respectivas y a las formalidades prescritas para los cateos, así como realizar entrevistas y reuniones con particulares o con los servidores públicos de las entidades fiscalizadas, necesarias para conocer directamente el ejercicio de sus funciones ;

XV. Formular recomendaciones, solicitudes de aclaración, pliegos de observaciones, promociones del ejercicio de la facultad de comprobación fiscal, promociones de responsabilidad administrativa sancionatoria, informes de presunta responsabilidad administrativa, denuncias de hechos y denuncias de juicio político.

XVI. Promover las responsabilidades administrativas, para lo cual la Unidad Administrativa a cargo de las investigaciones de la Auditoría Superior de la Federación presentará el informe de presunta responsabilidad administrativa correspondiente, ante la autoridad substanciadora de la misma Auditoría Superior de la Federación, para que ésta, de considerarlo procedente, turne y presente el expediente, ante el Tribunal o, en el caso de las no graves, ante el órgano interno de control.

Cuando detecte posibles responsabilidades no graves dará vista a los órganos internos de control competentes, para que continúen la investigación respectiva y, en su caso, promuevan la imposición de las sanciones que procedan ;

XVII. Promover y dar seguimiento ante las autoridades competentes para la imposición que las sanciones que correspondan a los servidores públicos federales, de las entidades federativas, de los municipios y de las alcaldías de la Ciudad de México; y los particulares, a las que se refiere el Título Cuarto de la Constitución Política de los Estados Unidos Mexicanos y presentará denuncias y querellas penales ;

XVIII. Recurrir, a través de la unidad administrativa a cargo de las investigaciones de la Auditoría Superior de la Federación, las determinaciones del Tribunal y de la Fiscalía Especializada, en términos de las disposiciones legales aplicables ;

XIX. Conocer y resolver sobre el recurso de reconsideración que se interponga en contra de las multas que imponga ;

XX. Participar en el Sistema Nacional Anticorrupción así como en su Comité Coordinador, en los términos de lo dispuesto por el artículo 113 fracción III de la Constitución Política de los Estados Unidos Mexicanos y de la ley general en la materia, así como celebrar convenios con organismos cuyas funciones sean acordes o guarden relación con sus atribuciones y participar en foros nacionales e internacionales ;

XXI. Podrá solicitar a las entidades fiscalizadas información del ejercicio en curso, respecto de procesos concluidos, para la planeación de la fiscalización de la Cuenta Pública. Lo anterior sin perjuicio de la revisión y fiscalización que la Auditoría Superior de la Federación lleve a cabo conforme a lo contenido en la fracción II del artículo 1 de esta Ley ;

XXII. Obtener durante el desarrollo de las auditorías e investigaciones copia de los documentos originales que se tengan a la vista, y certificarlas mediante cotejo con sus originales así como también poder solicitar la documentación en copias certificadas ;

XXIII. Expedir certificaciones de los documentos que obren en los archivos de la Auditoría Superior de la Federación ;

XXIV. Solicitar la comparecencia de las personas que se considere, en los casos concretos que así se determine en esta Ley ;

XXV. Comprobar la existencia, procedencia y registro de los activos y pasivos de las entidades fiscalizadas, de los fideicomisos, fondos y mandatos o cualquier otra figura análoga, para verificar la razonabilidad de las cifras mostradas en los estados financieros consolidados y particulares de la Cuenta Pública ;

XXVI. Fiscalizar el financiamiento público en los términos establecidos en esta Ley así como en las demás disposiciones aplicables ;

XXVII. Solicitar la información financiera, incluyendo los registros contables, presupuestarios, programáticos y económicos, así como los reportes institucionales y de los sistemas de contabilidad gubernamental que los entes públicos están obligados a operar con el propósito de consultar la información contenida en los mismos, y

XXVIII. Las demás que le sean conferidas por esta Ley o cualquier otro ordenamiento para la fiscalización de la Cuenta Pública.

Artículo 18.- Durante la práctica de auditorías, la Auditoría Superior de la Federación podrá convocar a las entidades fiscalizadas a las reuniones de trabajo, para la revisión de los resultados preliminares.

Artículo 19.- La Auditoría Superior de la Federación podrá grabar en audio o video, cualquiera de las reuniones de trabajo y audiencias previstas en esta Ley, previo consentimiento por escrito de la o las personas que participen o a solicitud de la entidad fiscalizada, para integrar el archivo electrónico correspondiente.

Artículo 20.- La Auditoría Superior de la Federación, de manera previa a la fecha de presentación de los Informes individuales, dará a conocer a las entidades fiscalizadas la parte que les corresponda de los resultados finales de las auditorías y las observaciones preliminares que se deriven de la revisión de la Cuenta Pública, a efecto de que dichas entidades presenten las justificaciones y aclaraciones que correspondan.

A las reuniones en las que se dé a conocer a las entidades fiscalizadas la parte que les corresponda de los resultados y observaciones preliminares que se deriven de la revisión de la Cuenta Pública, se les citará por lo menos con 10 días hábiles de anticipación remitiendo con la misma anticipación a las entidades fiscalizadas los resultados y las observaciones preliminares de las auditorías practicadas, en las reuniones si la entidad fiscalizada estima necesario presentar información adicional, podrá solicitar a la Auditoría Superior de la Federación un plazo de hasta 7 días hábiles más para su exhibición. En dichas reuniones las entidades fiscalizadas podrán presentar las justificaciones y aclaraciones que estimen pertinentes. Adicionalmente, la Auditoría Superior de la Federación les concederá un plazo de 5 días hábiles para que presenten argumentaciones adicionales y documentación soporte, misma que deberán ser valoradas por esta última para la elaboración de los Informes individuales.

Una vez que la Auditoría Superior de la Federación valore las justificaciones, aclaraciones y demás información a que hacen referencia los párrafos anteriores, podrá determinar la procedencia de eliminar, rectificar o ratificar los resultados y las observaciones preliminares que les dio a conocer a las entidades fiscalizadas, para efectos de la elaboración definitiva de los Informes individuales.

En caso de que la Auditoría Superior de la Federación considere que las entidades fiscalizadas no aportaron elementos suficientes para atender las observaciones preliminares correspondientes, deberá incluir en el apartado específico de los informes individuales, una síntesis de las justificaciones, aclaraciones y demás información presentada por dichas entidades.

Artículo 21.- Lo previsto en los artículos anteriores, se realizará sin perjuicio de que la Auditoría Superior de la Federación convoque a las reuniones de trabajo que estime necesarias durante las auditorías correspondientes, para la revisión de los resultados preliminares.

Artículo 22.- La Auditoría Superior de la Federación podrá solicitar y revisar, de manera casuística y concreta, información y documentación de ejercicios anteriores al de la Cuenta Pública en revisión, sin que por este motivo se entienda, para todos los efectos legales, abierta nuevamente la Cuenta Pública del ejercicio al que pertenece la información solicitada, exclusivamente cuando el programa, proyecto o la erogación, contenidos en el Presupuesto de Egresos en revisión abarque para su ejecución y pago diversos ejercicios fiscales o se trate de auditorías sobre el desempeño. Las observaciones, incluyendo las acciones y recomendaciones que la Auditoría Superior de la Federación emita, sólo podrán referirse al ejercicio de los recursos públicos de la Cuenta Pública en revisión. Lo anterior, sin perjuicio de que, de encontrar en la revisión que se practique presuntas responsabilidades a cargo de servidores públicos o particulares, correspondientes a otros ejercicios fiscales, se dará vista a la unidad administrativa a cargo de las investigaciones de la Auditoría Superior de la Federación para que proceda a formular las promociones de responsabilidades administrativas o las denuncias correspondientes en términos del Título Quinto de la presente Ley.

Artículo 23.- La Auditoría Superior de la Federación tendrá acceso a contratos, convenios, documentos, datos, libros, archivos y documentación justificativa y comprobatoria relativa al ingreso, gasto público y cumplimiento de los objetivos de los programas de los entes públicos, así como a la demás información que resulte necesaria para la revisión y fiscalización de la Cuenta Pública siempre que al solicitarla se expresen los fines a que se destine dicha información.

Artículo 24.- Cuando conforme a esta Ley, los órganos internos de control o las entidades fiscalizadoras locales deban colaborar con la Auditoría Superior de la Federación en lo que concierne a la revisión de la Cuenta Pública, deberá establecerse una coordinación entre ambos a fin de garantizar el debido intercambio de información que al efecto se requiera, y otorgar las facilidades que permitan a los auditores llevar a cabo el ejercicio de sus funciones. Asimismo, deberán proporcionar la documentación que les solicite la Auditoría Superior de la Federación sobre los resultados de la fiscalización que realicen o cualquier otra que se les requiera, para realizar la auditoría correspondiente.

Artículo 25.- La información y datos que para el cumplimiento de lo previsto en los dos artículos anteriores se proporcionen, estarán afectos exclusivamente al objeto de esta Ley.

Artículo 26.- Las auditorías que se efectúen en los términos de esta Ley, se practicarán por el personal expresamente comisionado para el efecto por la Auditoría Superior de la Federación o mediante la contratación de despachos o profesionales independientes, habilitados por la misma. Lo anterior, con excepción de aquellas auditorías en las que se maneje información en materia de seguridad nacional, seguridad pública o defensa nacional, así como tratándose de investigaciones relacionadas con responsabilidades administrativas, las cuales serán realizadas directamente por la Auditoría Superior de la Federación.

En el caso de despachos o profesionales independientes, previamente a su contratación, la Auditoría Superior de la Federación deberá cerciorarse y recabar la manifestación por escrito de éstos de no encontrarse en conflicto de intereses con las entidades fiscalizadas ni con la propia Auditoría.

Asimismo, los servidores públicos de la Auditoría Superior de la Federación y los despachos o profesionales independientes tendrán la obligación de abstenerse de conocer asuntos referidos a las entidades fiscalizadas en las que hubiesen prestado servicios, de cualquier índole o naturaleza, o con los que hubieran mantenido cualquier clase de relación contractual durante el periodo que abarque la revisión de que se trate, o en los casos en que tengan conflicto de interés en los términos previstos en la Ley General de Responsabilidades Administrativas.

No se podrán contratar trabajos de auditoría externos o cualquier otro servicio relacionado con actividades de fiscalización de manera externa, cuando exista parentesco por consanguinidad o afinidad hasta el cuarto grado, o parientes civiles, entre el titular de la Auditoría Superior de la Federación o cualquier mando superior de la Auditoría y los prestadores de servicios externos.

Artículo 27.- Las personas a que se refiere el artículo anterior tendrán el carácter de representantes de la Auditoría Superior de la Federación en lo concerniente a la comisión conferida. Para tal efecto, deberán presentar previamente el oficio de comisión respectivo e identificarse plenamente como personal actuante de dicha Auditoría.

Artículo 28.- Las entidades fiscalizadas deberán proporcionar a la Auditoría Superior de la Federación los medios y facilidades necesarios para el cumplimiento de sus atribuciones, tales como espacios físicos adecuados de trabajo y en general cualquier otro apoyo que posibilite la realización de sus actividades.

Artículo 29.- Durante sus actuaciones los comisionados o habilitados que hubieren intervenido en las revisiones, deberán levantar actas circunstanciadas en presencia de dos testigos, en las que harán constar hechos y omisiones que hubieren encontrado. Las actas, declaraciones, manifestaciones o hechos en ellas contenidos, harán prueba en términos de ley.

Artículo 30.- Los servidores públicos de la Auditoría Superior de la Federación y, en su caso, los despachos o profesionales independientes contratados para la práctica de auditorías, deberán guardar estricta reserva sobre la información y documentos que con motivo del objeto de esta Ley conozcan, así como de sus actuaciones y observaciones.

Artículo 31.- Los prestadores de servicios profesionales externos que contrate, cualquiera que sea su categoría, serán responsables en los términos de las leyes aplicables por violación a la reserva sobre la información y documentos que con motivo del objeto de esta Ley conozcan.

Artículo 32.- La Auditoría Superior de la Federación será responsable subsidiaria de los daños y perjuicios que en términos de este capítulo, causen los servidores públicos de la misma y los despachos o profesionales independientes, contratados para la práctica de auditorías, sin perjuicio de que la Auditoría Superior de la Federación promueva las acciones legales que correspondan en contra de los responsables.

Capitulo II
Del contenido del informe General y su análisis

Artículo 33.- La Auditoría Superior de la Federación tendrá un plazo que vence el 20 de febrero del año siguiente al de la presentación de la Cuenta Pública, para rendir el Informe General correspondiente a la Cámara, por conducto de la Comisión, mismo que tendrá carácter público.

La Cámara remitirá copia del Informe General al Comité Coordinador del Sistema Nacional Anticorrupción y al Comité de Participación Ciudadana.

A solicitud de la Comisión o de su junta directiva, el Auditor Superior de la Federación y los funcionarios que éste designe presentarán, ampliarán o aclararán el contenido del Informe General, en sesiones de la Comisión cuantas veces sea necesario a fin de tener un mejor entendimiento del mismo, siempre y cuando no se revele información reservada o que forme parte de un proceso de investigación. Lo anterior, sin que se entienda para todos los efectos legales como una modificación al Informe General.

Artículo 34.- El Informe General contendrá como mínimo :

I. Un resumen de las auditorías realizadas y las observaciones realizadas ;

II. Las áreas claves con riesgo identificadas en la fiscalización ;

III. Un resumen de los resultados de la fiscalización del gasto federalizado, participaciones federales y la evaluación de la deuda fiscalizable ;

IV. La descripción de la muestra del gasto público auditado, señalando la proporción respecto del ejercicio de los poderes de la Unión, la Administración Pública Federal, el gasto federalizado y el ejercido por órganos constitucionales autónomos ;

V. Derivado de las Auditorías, en su caso y dependiendo de la relevancia de las observaciones, un apartado donde se incluyan sugerencias a la Cámara para modificar disposiciones legales a fin de mejorar la gestión financiera y el desempeño de las entidades fiscalizadas ;

VI. Un apartado que contenga un análisis sobre las proyecciones de las finanzas públicas contenidas en los Criterios Generales de Política Económica para el ejercicio fiscal correspondiente y los datos observados al final del mismo, y

VII. La demás información que se considere necesaria.

Capítulo III
De los Informes Individuales

Artículo 35.- Los informes individuales de auditoría que concluyan durante el periodo respectivo deberán ser entregados a la Cámara, por conducto de la Comisión, el último día hábil de los meses de junio y octubre, así como el 20 de febrero del año siguiente al de la presentación de la Cuenta Pública.

Artículo 36.- Los Informes Individuales de auditoría contendrán como mínimo lo siguiente :

I. Los criterios de selección, el objetivo, el alcance, los procedimientos de auditoría aplicados y el dictamen de la revisión ;

II. Los nombres de los servidores públicos de la Auditoría Superior de la Federación a cargo de realizar la auditoría o, en su caso, de los despachos o profesionales independientes contratados para llevarla a cabo ;

III. El cumplimiento, en su caso, de la Ley de Ingresos, el Presupuesto de Egresos, de la Ley Federal de Deuda Pública, la Ley de Coordinación Fiscal, de la Ley General de Contabilidad Gubernamental, y demás disposiciones jurídicas ;

IV. Los resultados de la fiscalización efectuada ;

V. Las observaciones, recomendaciones, acciones, con excepción de los informes de presunta responsabilidad administrativa, y en su caso denuncias de hechos, y

VI. Un apartado específico en cada una de las auditorías realizadas donde se incluyan una síntesis de las justificaciones y aclaraciones que, en su caso, las entidades fiscalizadas hayan presentado en relación con los resultados y las observaciones que se les hayan hecho durante las revisiones.

Asimismo, considerará, en su caso, el cumplimiento de los objetivos de aquellos programas que promuevan la igualdad entre mujeres y hombres, así como la erradicación de la violencia y cualquier forma de discriminación de género.

Los informes individuales a que hace referencia el presente capítulo tendrán el carácter de públicos, y se mantendrán en la página de Internet de la Auditoría Superior de la Federación, en Formatos Abiertos conforme a lo establecido en la Ley General de Transparencia y Acceso a la Información Pública.

Artículo 37.- La Auditoría Superior de la Federación dará cuenta a la Cámara en los informes individuales de las observaciones, recomendaciones y acciones y, en su caso, de la imposición de las multas respectivas, y demás acciones que deriven de los resultados de las auditorías practicadas.

Artículo 38.- La Auditoría Superior de la Federación informará a la Cámara, por conducto de la Comisión, del estado que guarda la solventación de observaciones a las entidades fiscalizadas, respecto a cada uno de los Informes individuales que se deriven de las funciones de fiscalización.

Para tal efecto, el reporte a que se refiere este artículo será semestral y deberá ser presentado a más tardar los días primero de los meses de mayo y noviembre de cada año, con los datos disponibles al cierre del primer y tercer trimestres del año, respectivamente.

El informe semestral se elaborará con base en los formatos que al efecto establezca la Comisión e incluirá invariablemente los montos efectivamente resarcidos a la Hacienda Pública Federal o al patrimonio de los entes públicos federales, derivados de la fiscalización de la Cuenta Pública y en un apartado especial, la atención a las recomendaciones, así como el estado que guarden las denuncias penales presentadas y los procedimientos de responsabilidad administrativa promovidos en términos de la Ley General de Responsabilidades Administrativas y esta Ley. Asimismo deberá publicarse en la página de Internet de la Auditoría Superior de la Federación en la misma fecha en que sea presentado en formato de datos abiertos conforme a lo establecido en la Ley General de Transparencia y Acceso a la Información Pública y se mantendrá de manera permanente en la página en Internet.

En dicho informe, la Auditoría Superior de la Federación dará a conocer el seguimiento específico de las promociones de los informes de presunta responsabilidad administrativa, a fin de identificar a la fecha del informe las estadísticas sobre dichas promociones identificando también las sanciones que al efecto hayan procedido.

Respecto de los pliegos de observaciones, en dicho informe se dará a conocer el número de pliegos emitidos, su estatus procesal y las causas que los motivaron.

En cuanto a las denuncias penales formuladas ante la Fiscalía Especializada o las autoridades competentes, en dicho informe la Auditoría Superior de la Federación dará a conocer la información actualizada sobre la situación que guardan las denuncias penales, el número de denuncias presentadas, las causas que las motivaron, las razones sobre su procedencia o improcedencia así como, en su caso, la pena impuesta.

Capítulo IV
Des las Acciones y Recomendaciones derivadas de la Fiscalización

Artículo 39.- El Titular de la Auditoría Superior de la Federación enviará a las entidades fiscalizadas, dentro de un plazo de 10 días hábiles siguientes a que haya sido entregado a la Cámara, el informe individual que contenga las acciones y las recomendaciones que les correspondan, para que, en un plazo de 30 días hábiles, presenten la información y realicen las consideraciones pertinentes.

Con la notificación del informe individual a las entidades fiscalizadas quedarán formalmente promovidas y notificadas las acciones y recomendaciones contenidas en dicho informe, salvo en los casos del informe de presunta responsabilidad administrativa y de las denuncias penales y de juicio político, los cuales se notificarán a los presuntos responsables en los términos de las leyes que rigen los procedimientos respectivos.

Artículo 40.- La Auditoría Superior de la Federación al promover o emitir las acciones a que se refiere esta Ley, observará lo siguiente :

I. A través de las solicitudes de aclaración, requerirá a las entidades fiscalizadas que presenten información adicional para atender las observaciones que se hayan realizado ;

II. Tratándose de los pliegos de observaciones, determinará en cantidad líquida los daños o perjuicios, o ambos a la Hacienda Pública Federal o, en su caso, al patrimonio de los entes públicos ;

III. Mediante las promociones del ejercicio de la facultad de comprobación fiscal, informará a la autoridad competente sobre un posible incumplimiento de carácter fiscal detectado en el ejercicio de sus facultades de fiscalización ;

IV. A través del informe de presunta responsabilidad administrativa, la Auditoría Superior de la Federación promoverá ante el Tribunal, en los términos de la Ley General de Responsabilidades
Administrativas, la imposición de sanciones a los servidores públicos por las faltas administrativas graves que conozca derivado de sus auditorías, así como sanciones a los particulares vinculados con dichas faltas.

En caso de que la Auditoría Superior de la Federación determine la existencia de daños o perjuicios, o ambos a la Hacienda Pública Federal o al patrimonio de los entes públicos, que deriven de faltas administrativas no graves, procederá en los términos de la Ley General de Responsabilidades Administrativas ;

V. Por medio de las promociones de responsabilidad administrativa, dará vista a los órganos internos de control cuando detecte posibles responsabilidades administrativas no graves, para que continúen la investigación respectiva y, en su caso, inicien el procedimiento sancionador correspondiente en los términos de la Ley General de Responsabilidades Administrativas ;

VI. Mediante las denuncias de hechos, hará del conocimiento de la Fiscalía Especializada, la posible comisión de hechos delictivos, y

VII. Por medio de la denuncia de juicio político, hará del conocimiento de la Cámara la presunción de actos u omisiones de los servidores públicos a que se refiere el artículo 110 de la Constitución Política de los Estados Unidos Mexicanos, que redunden en perjuicio de los intereses públicos fundamentales o de su buen despacho, a efecto de que se substancie el procedimiento y resuelva sobre la responsabilidad política correspondiente.

Artículo 41.- La Auditoría Superior de la Federación deberá pronunciarse en un plazo de 120 días hábiles, contados a partir de su recepción, sobre las respuestas emitidas por las entidades fiscalizadas, en caso de no hacerlo, se tendrán por atendidas las acciones y recomendaciones.

Artículo 42.- Antes de emitir sus recomendaciones, la Auditoría Superior de la Federación analizará con las entidades fiscalizadas las observaciones que dan motivo a las mismas. En las reuniones de resultados preliminares y finales las entidades fiscalizadas a través de sus representantes o enlaces suscribirán conjuntamente con el personal de las áreas auditoras correspondientes de la Auditoría Superior de la Federación, las Actas en las que consten los términos de las recomendaciones que, en su caso, sean acordadas y los mecanismos para su atención. Lo anterior, sin perjuicio de que la Auditoría Superior de la Federación podrá emitir recomendaciones en los casos en que no logre acuerdos con las entidades fiscalizadas.

La información, documentación o consideraciones aportadas por las entidades fiscalizadas para atender las recomendaciones en los plazos convenidos, deberán precisar las mejoras realizadas y las acciones emprendidas. En caso contrario, deberán justificar la improcedencia de lo recomendado o las razones por los cuales no resulta factible su implementación.

Dentro de los 30 días posteriores a la conclusión del plazo a que se refiere el artículo que antecede, la Auditoría Superior de la Federación enviará a la Cámara un reporte final sobre las recomendaciones correspondientes a la

Cuenta Pública en revisión, detallando la información a que se refiere el párrafo anterior.

Artículo 43.- La Auditoría Superior de la Federación, podrá promover, en cualquier momento en que cuente con los elementos necesarios, el informe de presunta responsabilidad administrativa ante el Tribunal; así como la denuncia de hechos ante la Fiscalía Especializada, la denuncia de juicio político ante la Cámara, o los informes de presunta responsabilidad administrativa ante el órgano interno de control competente, en los términos del Título Quinto de esta Ley.

Capítulo V
De la conclusión de la revisión de la Cuenta Pública

Artículo 44.- La Comisión realizará un análisis de los informes individuales, en su caso, de los informes específicos, y del Informe General y lo enviará a la Comisión de Presupuesto. A este efecto y a juicio de la Comisión, se podrá solicitar a las comisiones ordinarias de la Cámara una opinión sobre aspectos o contenidos específicos de dichos informes, en términos de la Ley Orgánica del Congreso General de los Estados Unidos Mexicanos y el Reglamento Interior de la Cámara de Diputados.

El análisis de la Comisión podrá incorporar aquellas sugerencias que juzgue conveniente y que haya hecho la Auditoría Superior de la Federación, para modificar disposiciones legales que pretendan mejorar la gestión financiera y el desempeño de las entidades fiscalizadas.

Artículo 45.- En aquellos casos en que la Comisión detecte errores en el Informe General o bien, considere necesario aclarar o profundizar el contenido del mismo, podrá solicitar a la Auditoría Superior de la Federación la entrega por escrito de las explicaciones pertinentes, así como la comparecencia del Titular de la Auditoría Superior de la Federación o de otros servidores públicos de la misma, las ocasiones que considere necesarias, a fin de realizar las aclaraciones correspondientes, sin que ello implique la reapertura del Informe General.

La Comisión podrá formular recomendaciones a la Auditoría Superior de la Federación, las cuales serán incluidas en las conclusiones sobre el Informe General.

Artículo 46.- La Comisión de Presupuesto estudiará el Informe General, el análisis de la Comisión a que se refiere esta Ley y el contenido de la Cuenta Pública. Asimismo, la Comisión de Presupuesto someterá a votación del Pleno el dictamen correspondiente a más tardar el 31 de octubre del año siguiente al de la presentación de la Cuenta Pública.

El dictamen deberá contar con el análisis pormenorizado de su contenido y estar sustentado en conclusiones técnicas del Informe General y recuperando las discusiones técnicas realizadas en la Comisión, para ello acompañará a su Dictamen, en un apartado de antecedentes, el análisis realizado por la Comisión.

La aprobación del dictamen no suspende el trámite de las acciones promovidas por la Auditoría Superior de la Federación, mismas que seguirán el procedimiento previsto en esta Ley.

TÍTULO TERCERO
De la fiscalización de recursos federales administrados o ejercidos por órdenes de gobierno locales y por particulares, así como de las participaciones federales

Capitulo I
De la Fisaclización del Gasto Federalizado

Artículo 47.- La Auditoría Superior de la Federación fiscalizará, conforme al programa anual de auditoría que deberá aprobar y publicar en el Diario Oficial de la Federación, directamente los recursos federales que administren o ejerzan las entidades federativas, los municipios y las alcaldías de la Ciudad de México ; asimismo, fiscalizará directamente los recursos federales que se destinen y se ejerzan por cualquier entidad, persona física o moral, pública o privada, y los transferidos a fideicomisos, mandatos, fondos o cualquier otra figura jurídica, sin perjuicio de la competencia de otras autoridades y de los derechos de los usuarios del sistema financiero.

La Auditoría Superior de la Federación revisará el origen de los recursos con los que se pagan los sueldos y salarios del personal que preste o desempeñe un servicio personal subordinado en dichos órdenes de gobierno, para determinar si fueron cubiertos con recursos federales o locales, en términos de lo dispuesto en el artículo 3-B de la Ley de Coordinación Fiscal y las disposiciones aplicables. Para tal efecto la Auditoría Superior de la Federación determinará en su programa anual de auditorías la muestra a fiscalizar para el año correspondiente.

Artículo 48.- La Auditoría Superior de la Federación llevará a cabo las auditorías a que se refiere este Capítulo como parte de la revisión de la Cuenta Pública, con base en lo establecido en el Título Segundo de esta Ley. Asimismo, podrá fiscalizar los recursos federales a que se refiere el artículo anterior, correspondientes al ejercicio fiscal en curso o a años anteriores al de la Cuenta Pública en revisión, en los términos previstos en el Título Cuarto de esta Ley.

Artículo 49.- Cuando se acrediten afectaciones a la Hacienda Pública Federal o al patrimonio de los entes públicos federales de las entidades federativas, municipios o alcaldías de la Ciudad de México, la Auditoría Superior de la Federación procederá a formularles el pliego de observaciones correspondiente.

Asimismo, en los casos en que sea procedente en términos del Título Quinto de esta Ley, la unidad administrativa a cargo de las investigaciones de la Auditoría Superior de la Federación promoverá el informe de presunta responsabilidad administrativa para la imposición de las sanciones correspondientes.

Capítulo II
De la Fiscalización de las Participaciones Federales

Artículo 50.- La Auditoría Superior de la Federación fiscalizará las participaciones federales conforme a la facultad establecida en el artículo 79, fracción I, párrafo segundo, de la Constitución Política de los Estados Unidos Mexicanos.

La Auditoría Superior de la Federación fiscalizará de manera directa las participaciones federales.

En la fiscalización superior de las participaciones federales se revisarán los procesos realizados por el Gobierno Federal, las entidades federativas, los municipios y las alcaldías de la Ciudad de México, e incluirá :

I. La aplicación de las fórmulas de distribución de las participaciones federales ;

II. La oportunidad en la ministración de los recursos ;

III. El ejercicio de los recursos conforme a las disposiciones locales aplicables, y el financiamiento y otras obligaciones e instrumentos financieros garantizados con participaciones federales, y

IV. En su caso, el cumplimiento de los objetivos de los programas financiados con estos recursos, conforme a lo previsto en los presupuestos locales.

V. La deuda de las entidades federativas garantizada con participaciones federales.

Artículo 51. La Auditoría Superior de la Federación podrá llevar a cabo las auditorías sobre las participaciones federales a través de los mecanismos de coordinación que implemente, en términos del artículo 79, fracción I, párrafo segundo, de la Constitución Política de los Estados Unidos Mexicanos.

En el mismo marco de la coordinación, la Auditoría Superior de la Federación emitirá los lineamientos técnicos que deberán estar contenidos en los mecanismos de colaboración correspondientes y que tendrán por objeto homologar y hacer eficiente y eficaz la fiscalización de las participaciones que ejerzan las entidades federativas, los municipios y las alcaldías de la Ciudad de México, incluyendo a todas las entidades fiscalizadas de dichos órdenes de gobierno. Asimismo deberán velar por una rendición de cuentas oportuna, clara, imparcial y transparente y con perspectiva. Dichos lineamientos contendrán como mínimo :

I. Los criterios normativos y metodológicos para las auditorías, así como indicadores que permitan evaluar el desempeño de las autoridades fiscalizadoras locales con las que se hayan implementado los mecanismos de coordinación, exclusivamente respecto al cumplimiento de los mismos ;

II. Los procedimientos y métodos necesarios para la revisión y fiscalización de las participaciones federales ;

III. La cobertura por entidad federativa de las auditorías realizadas dentro de los programas, y

IV. En su caso, las acciones de capacitación a desarrollar.

La Auditoría Superior de la Federación llevará a cabo de manera directa las auditorías que correspondan, independientemente de los convenios que hubiere celebrado con las entidades fiscalizadoras locales cuando la entidad local de fiscalización haya solventado sin sustento, o en contravención a los lineamientos mencionados, observaciones realizadas con motivo de auditorías al ejercicio de las participaciones federales durante dos años consecutivos.

Lo anterior sin perjuicio de que la Auditoría Superior de la Federación podrá llevar a cabo directamente la fiscalización de participaciones federales independientemente del mecanismo de coordinación que hubiere celebrado o implementado. Asimismo, la Auditoría Superior de la Federación informará de manera semestral a la Comisión, respecto de los mecanismos de coordinación celebrados, así como de los resultados del desempeño de las autoridades fiscalizadoras locales correspondientes con las que se coordinó.

Sin perjuicio de lo establecido en el presente Capítulo, la Auditoría Superior de la Federación podrá, en los términos previstos en el Título Cuarto de esta

Ley, fiscalizar la gestión financiera correspondiente al ejercicio fiscal en curso o respecto a años anteriores.

Capítulo III
De la Fiscalización Superior de la Deuda Pública de las Entidades Federativas y Municipios que cuenten con Garantía del Gobierno Federal

Artículo 52.- La Auditoría Superior de la Federación, respecto de las garantías que, en términos de la Ley de Disciplina Financiera de las Entidades Federativas y los Municipios, otorgue el Gobierno Federal sobre los financiamientos y otras obligaciones contratados por los Estados y Municipios, deberá fiscalizar :

I. Las garantías que, en su caso, otorgue el Gobierno Federal, y

II. El destino y ejercicio de los recursos correspondientes a la deuda pública contratada que hayan realizado dichos gobiernos estatales y municipales.

Artículo 53. La fiscalización de todos los instrumentos de crédito público y de los financiamientos y otras obligaciones contratados por las entidades federativas y municipios que cuenten con la garantía de la Federación, tiene por objeto verificar si dichos ámbitos de gobierno :

I. Se formalizaron conforme a las bases generales que establece la Ley de Disciplina Financiera de las Entidades Federativas y los Municipios :

a) Cumplieron con los principios, criterios y condiciones que justifican asumir, modificar o garantizar compromisos y obligaciones financieras que restringen las finanzas públicas e incrementan las responsabilidades para sufragar los pasivos directos e indirectos, explícitos e implícitos al financiamiento y otras obligaciones respectivas ;

b) Observaron los límites y modalidades para afectar sus respectivas participaciones, en los términos previstos en la Ley de Disciplina Financiera de las Entidades Federativas y los Municipios, para garantizar o cubrir los financiamientos y otras obligaciones, y

c) Acreditaron la observancia a la disciplina financiera y responsabilidad hacendaria convenida con la Federación, a fin de mantener la garantía respectiva ;

II. Se formalizaron conforme a las bases que establezcan las legislaturas de las entidades en la Ley correspondiente :

a) Destinaron y ejercieron los financiamientos y otras obligaciones contratadas, a inversiones públicas productivas, a su refinanciamiento o reestructura, y

b) Contrataron los financiamientos y otras obligaciones por los conceptos y hasta por el monto y límite aprobados por las legislaturas de las entidades.

Artículo 54.- En la fiscalización de las garantías que otorgue el Gobierno Federal la Auditoría Superior de la Federación revisará que el mecanismo jurídico empleado como fuente de pago de las obligaciones no genere gastos administrativos superiores a los costos promedio en el mercado ; asimismo que la contratación de los empréstitos se dé bajo las mejores condiciones de mercado, así como que se hayan destinado los recursos a una inversión pública productiva, reestructura o refinanciamiento.

Artículo 55.- Si del ejercicio de las facultades de fiscalización se encontrara alguna irregularidad será aplicable el régimen de responsabilidades administrativas, debiéndose accionar los procesos sancionatorios correspondientes.

Artículo 56.- Para efecto de lo dispuesto en este Capítulo, son financiamientos o empréstitos contratados por las entidades federativas y municipios que cuentan con garantía de la Federación, los que, conforme a la Ley de Disciplina Financiera de las Entidades Federativas y los Municipios, tengan ese carácter.

Artículo 57.- La Auditoría Superior de la Federación, verificará y fiscalizará la instrumentación, ejecución y resultados de las estrategias de ajuste convenidas para fortalecer las finanzas públicas de las Entidades Federativas y los municipios, con base en la Ley de la materia y en los convenios que para ese efecto se suscriban con las Entidades Federativas y los municipios, para la obtención de la garantía del Gobierno Federal.

Capítulo IV
De la Fisaclización del Cumplimiento de la Ley de Disciplina Financiera de las Entidades Federativas y los municipios

Artículo 58.- La Auditoría Superior de la Federación, respecto de las reglas presupuestarias y de ejercicio, y de la contratación de deuda pública y obligaciones previstas en la Ley de Disciplina Financiera de las Entidades Federativas y los Municipios, deberá fiscalizar :

I. La observancia de las reglas de disciplina financiera, de acuerdo a los términos establecidos en la Ley de Disciplina Financiera de las Entidades Federativas y los Municipios ;

II. La contratación de los financiamientos y otras obligaciones de acuerdo a las disposiciones previstas en la Ley de Disciplina Financiera de las Entidades Federativas y los Municipios y dentro de los límites establecidos por el sistema de alertas de dicha Ley, y

III. El cumplimiento de inscribir y publicar la totalidad de sus financiamientos y otras obligaciones en el registro público único establecido en la Ley de Disciplina Financiera de las Entidades Federativas y los Municipios.

TITULO CUARTO
De la Fisaclización durante el Ejercito Fiscal en Curso o de Ejercicios Anteriores

Artículo 59.- Para los efectos de lo previsto en el párrafo quinto de la fracción I, del artículo 79 de la Constitución Política de los Estados Unidos Mexicanos, cualquier persona podrá presentar denuncias fundadas cuando se presuma el manejo, aplicación o custodia irregular de recursos públicos federales, o de su desvío, en los supuestos previstos en esta Ley, la Auditoría Superior de la Federación, previa autorización de su Titular, podrá revisar la gestión financiera de las entidades fiscalizadas, durante el ejercicio fiscal en curso, así como respecto a ejercicios fiscales distintos al de la Cuenta Pública en revisión.

Las denuncias podrán presentarse a la Cámara, a la Comisión o directamente a la Auditoría Superior de la Federación.

Artículo 60.- Las denuncias que se presenten deberán estar fundadas con documentos y evidencias mediante los cuales se presuma el manejo, aplicación o custodia irregular de recursos públicos o de su desvío, en los supuestos establecidos en esta Ley.

El escrito de denuncia deberá contar, como mínimo, con los siguientes elementos :

I. El ejercicio en que se presentan los presuntos hechos irregulares, y

II. Descripción de los presuntos hechos irregulares.

Al escrito de denuncia deberán acompañarse los elementos de prueba, cuando sea posible, que se relacionen directamente con los hechos denunciados. La Auditoría Superior de la Federación deberá proteger en todo momento la identidad del denunciante.

Artículo 61.- Las denuncias deberán referirse a presuntos daños o perjuicios a la Hacienda Pública Federal o al patrimonio de los entes públicos, en algunos de los siguientes supuestos para su procedencia :

I. Desvío de recursos hacia fines distintos a los autorizados ;

II. Irregularidades en la captación o en el manejo y utilización de los recursos públicos ;

III. Actos presuntamente irregulares en la contratación y ejecución de obras, contratación y prestación de servicios públicos, adquisición de bienes, y otorgamiento de permisos, licencias y concesiones entre otros ;

IV. La comisión recurrente de irregularidades en el ejercicio de los recursos públicos, y

V. Inconsistencia en la información financiera o programática de cualquier entidad fiscalizada que oculte o pueda originar daños o perjuicios a su patrimonio.

La Auditoría Superior de la Federación informará al denunciante la resolución que tome sobre la procedencia de iniciar la revisión correspondiente.

Artículo 62.- El Titular de la Auditoría Superior de la Federación, con base en el dictamen técnico jurídico que al efecto emitan las áreas competentes de la Auditoría Superior de la Federación autorizará, en su caso, la revisión de la gestión financiera correspondiente, ya sea del ejercicio fiscal en curso o de ejercicios anteriores a la Cuenta Pública en revisión.

Artículo 63.- Las entidades fiscalizadas estarán obligadas a proporcionar la información que les solicite la Auditoría Superior de la Federación.

Artículo 64.- La Auditoría Superior de la Federación tendrá las atribuciones señaladas en esta Ley para la realización de las auditorías a que se refiere este Capítulo.

La Auditoría Superior de la Federación, deberá reportar en los informes correspondientes en los términos del artículo 38 de esta Ley, el estado que guarden las observaciones, detallando las acciones relativas a dichas auditorías, así como la relación que contenga la totalidad de denuncias recibidas.

Artículo 65.- De la revisión efectuada al ejercicio fiscal en curso o a los ejercicios anteriores, la Auditoría Superior de la Federación rendirá un informe a la Cámara, a más tardar a los 10 días hábiles posteriores a la conclusión de la auditoría. Asimismo, promoverá las acciones que, en su caso, correspondan para el fincamiento de las responsabilidades administrativas, penales y políticas a que haya lugar, conforme lo establecido en esta Ley y demás legislación aplicable.

Artículo 66.- Lo dispuesto en el presente Capítulo, no excluye la imposición de las sanciones que conforme a la Ley General de Responsabilidades Administrativas procedan ni de otras que se deriven de la revisión de la Cuenta Pública.

TÍTULO QUINTO
De la Determinación de Daños y Perjuicios y del Fincamiento de Responsabilidades

Capítulo I
De la determinación de daños y perjuicios contra la Hacienda Pública Federal o al patrimonio de los entes públicos

Artículo 67.- Si de la fiscalización que realice la Auditoría Superior de la Federación se detectaran irregularidades que permitan presumir la existencia de responsabilidades a cargo de servidores públicos o particulares, la Auditoría Superior de la Federación procederá a :

I. Promover ante el Tribunal, en los términos de la Ley General de Responsabilidades Administrativas, la imposición de sanciones a los servidores públicos por las faltas administrativas graves que detecte durante sus auditorías e investigaciones, en que incurran los servidores públicos, así como sanciones a los particulares vinculados con dichas faltas ;

II. Dar vista a los órganos internos de control competentes de conformidad con la Ley General de Responsabilidades Administrativas, cuando detecte posibles responsabilidades administrativas distintas a las mencionadas en la fracción anterior.

En caso de que la Auditoría Superior de la Federación determine la existencia de daños o perjuicios, o ambos a la Hacienda Pública Federal o al patrimonio de los entes públicos, que deriven de faltas administrativas no graves, procederá en los términos del artículo 50 de la Ley General de Responsabilidades Administrativas ;

III. Presentar las denuncias y querellas penales, que correspondan ante la Fiscalía Especializada, por los probables delitos que se detecten derivado de sus auditorías ;

IV. Coadyuvar con la Fiscalía Especializada en los procesos penales correspondientes, tanto en la etapa de investigación, como en la judicial. En estos casos, la Fiscalía Especializada recabará previamente la opinión de la Auditoría Superior de la Federación, respecto de las resoluciones que dicte sobre el no ejercicio o el desistimiento de la acción penal.

Previamente a que la Fiscalía Especializada determine declinar su competencia, abstenerse de investigar los hechos denunciados, archivar temporalmente las investigaciones o decretar el no ejercicio de la acción penal, deberá hacerlo del conocimiento de la Auditoría Superior de la Federación para que exponga las consideraciones que estime convenientes.

La Auditoría Superior de la Federación podrá impugnar ante la autoridad competente las omisiones de la Fiscalía Especializada en la investigación de los delitos, así como las resoluciones que emita en materia de declinación de competencia, reserva, no ejercicio o desistimiento de la acción penal, o suspensión del procedimiento, y

V. Presentar las denuncias de juicio político ante la Cámara que, en su caso, correspondan en términos de las disposiciones aplicables.

Las denuncias penales de hechos presuntamente ilícitos y las denuncias de juicio político, deberán presentarse por parte de la Auditoría Superior de la Federación cuando se cuente con los elementos que establezcan las leyes en dichas materias.

Las resoluciones del Tribunal podrán ser recurridas por la Auditoría Superior de la Federación, cuando lo considere pertinente, en términos de lo dispuesto en el artículo 104, fracción III de la Constitución Política de los Estados Unidos Mexicanos y a la legislación aplicable.

Artículo 68.- La promoción del procedimiento a que se refiere la fracción I del artículo anterior, tienen por objeto resarcir el monto de los daños y perjuicios estimables en dinero que se hayan causado a la Hacienda Pública Federal o, en su caso, al patrimonio de los entes públicos.

Lo anterior, sin perjuicio de las demás sanciones administrativas que, en su caso, el Tribunal imponga a los responsables.

Las sanciones que imponga el Tribunal se fincarán independientemente de las demás sanciones a que se refiere el artículo anterior que, en su caso, impongan las autoridades competentes.

Artículo 69.- La unidad administrativa de la Auditoría Superior de la Federación a cargo de las investigaciones promoverá el informe de presunta responsabilidad administrativa y, en su caso, penales a los servidores públicos de la Auditoría Superior de la Federación, cuando derivado de las auditorías a cargo de ésta, no formulen las observaciones sobre las situaciones irregulares que detecten o violen la reserva de información en los casos previstos en esta Ley.

Artículo 70.- Las responsabilidades que se finquen a los servidores públicos de los entes públicos y de la Auditoría Superior de la Federación, no eximen a éstos ni a los particulares, personas físicas o morales, de sus obligaciones, cuyo cumplimiento se les exigirá aun cuando la responsabilidad se hubiere hecho efectiva total o parcialmente.

Artículo 71.- La unidad administrativa a cargo de las investigaciones de la Auditoría Superior de la Federación promoverá el informe de presunta responsabilidad administrativa ante la unidad de la propia Auditoría encargada de fungir como autoridad substanciadora, cuando los pliegos de observaciones no sean solventados por las entidades fiscalizadas.

Lo anterior, sin perjuicio de que la unidad administrativa a cargo de las investigaciones podrá promover el informe de presunta responsabilidad administrativa, en cualquier momento en que cuente con los elementos necesarios.

El procedimiento para promover el informe de presunta responsabilidad administrativa y la imposición de sanciones por parte del Tribunal, se regirá por lo dispuesto en la Ley General de Responsabilidades Administrativas.

Artículo 72.- De conformidad con lo dispuesto en la Ley General de Responsabilidades Administrativas, la unidad administrativa de la Auditoría Superior de la Federación a la que se le encomiende la substanciación ante el Tribunal, deberá ser distinta de la que se encargue de las labores de investigación.

Para efectos de lo previsto en el párrafo anterior, el Reglamento Interior de la Auditoría Superior de la Federación, deberá contener una unidad administrativa a cargo de las investigaciones que será la encargada de ejercer las facultades que la Ley General de Responsabilidades Administrativas le confiere a las autoridades investigadoras ; así como una unidad que ejercerá las atribuciones que la citada Ley otorga a las autoridades substanciadoras. Los titulares de las unidades referidas deberán cumplir para su designación con los requisitos que se prevén en el artículo 91 de esta Ley.

Artículo 73.- Los órganos internos de control deberán informar a la Auditoría Superior de la Federación, dentro de los treinta días hábiles siguientes de recibido el informe de presunta responsabilidad administrativa, el número de expediente con el que se inició la investigación o procedimiento respectivo.

Asimismo, los órganos internos de control deberán informar a la Auditoría Superior de la Federación de la resolución definitiva que se determine o recaiga a sus promociones, dentro de los diez días hábiles posteriores a que se emita dicha resolución.

Artículo 74.- La Auditoría Superior de la Federación, en los términos de la Ley General del Sistema Nacional Anticorrupción, incluirá en la plataforma nacional digital establecida en dicha ley, la información relativa a los servidores públicos y particulares sancionados por resolución definitiva firme, por la comisión de faltas administrativas graves o actos vinculados a éstas a que hace referencia el presente Capítulo.

Capítulo II
Del Recuros de Reconsideración

Artículo 75.- La tramitación del recurso de reconsideración, en contra de las multas impuestas por la Auditoría Superior de la Federación, se sujetará a las disposiciones siguientes :

I. Se iniciará mediante escrito que deberá presentarse dentro del término de quince días contados a partir de que surta efectos la notificación de la multa, que contendrá : la mención de la autoridad administrativa que impuso la multa, el nombre y firma autógrafa del recurrente, el domicilio que señala para oír y recibir notificaciones, la multa que se recurre y la fecha en que se le notificó, los agravios que a juicio de la entidad fiscalizada y, en su caso, de los servidores públicos, o del particular, persona física o moral, les cause la sanción impugnada, asimismo se acompañará copia de ésta y de la constancia de notificación respectiva, así como las pruebas documentales o de cualquier otro tipo supervenientes que ofrezca y que tengan relación inmediata y directa con la sanción recurrida ;

II. Cuando no se cumpla con alguno de los requisitos establecidos en este artículo para la presentación del recurso de reconsideración, la Auditoría Superior de la Federación prevendrá por una sola vez al inconforme para que, en un plazo de cinco días naturales, subsane la irregularidad en que hubiere incurrido en su presentación ;

III. La Auditoría Superior de la Federación al acordar sobre la admisión de las pruebas documentales y supervenientes ofrecidas, desechará de plano las que no fueren ofrecidas conforme a derecho y las que sean contrarias a la moral o al derecho, y

IV. Desahogadas las pruebas, si las hubiere, la Auditoría Superior de la Federación examinará todos y cada uno de los agravios hechos valer por el recurrente y emitirá resolución dentro de los sesenta días naturales siguientes, a partir de que declare cerrada la instrucción, notificando dicha resolución al recurrente dentro de los veinte días naturales siguientes a su emisión.

El recurrente podrá desistirse expresamente del recurso antes de que se emita la resolución respectiva, en este caso, la Auditoría Superior de la Federación lo sobreseerá sin mayor trámite.

Una vez desahogada la prevención, la Auditoría Superior de la Federación, en un plazo que no excederá de quince días naturales, acordará sobre la admisión o el desechamiento del recurso. En este último caso, cuando se ubique en los siguientes supuestos : se presente fuera del plazo señalado ; el escrito de impugnación no se encuentre firmado por el recurrente ; no acompañe cualquiera de los documentos a que se refiere la fracción anterior ; los actos impugnados no afecten los intereses jurídicos del promovente; no se exprese agravio alguno ; o si se encuentra en trámite ante el Tribunal algún recurso o defensa legal o cualquier otro medio de defensa interpuesto por el promovente, en contra de la sanción recurrida.

Artículo 76.- La resolución que ponga fin al recurso tendrá por efecto confirmar, modificar o revocar la multa impugnada.

Artículo 77.- La interposición del recurso suspenderá la ejecución de la multa recurrida, siempre y cuando el recurrente garantice en cualesquiera de las formas establecidas por el Código Fiscal de la Federación el pago de la multa.

Capítulo III
De la Prescripción de Responsabilidades

Artículo 78.- La acción para fincar responsabilidades e imponer las sanciones por faltas administrativas graves prescribirá en siete años.

El plazo de prescripción se contará a partir del día siguiente a aquél en que se hubiere incurrido en la responsabilidad o a partir del momento en que hubiese cesado, si fue de carácter continuo.

En todos los casos, la prescripción a que alude este precepto se interrumpirá en los términos establecidos en la Ley General de Responsabilidades Administrativas.

Artículo 79.- Las responsabilidades distintas a las mencionadas en el artículo anterior, que resulten por actos u omisiones, prescribirán en la forma y tiempo que fijen las leyes aplicables.

TÍTULO SEXTO
De las Funciones de la Cámara de Diputados en la Fiscalización de la Cuenta Pública

Capítulo Unico De la comisión

Artículo 80.- Para los efectos de lo dispuesto en la fracción II y en el último párrafo de la fracción VI, del artículo 74 constitucional, la Cámara contará con la Comisión que tendrá las atribuciones de coordinar las relaciones entre aquélla y la Auditoría Superior de la Federación ; evaluar el desempeño de esta última ; constituir el enlace que permita garantizar la debida coordinación entre ambos órganos, y solicitarle que le informe sobre la evolución de sus trabajos de fiscalización.

Artículo 81.- Son atribuciones de la Comisión :

I. Ser el conducto de comunicación entre la Cámara y la Auditoría Superior de la Federación ;

II. Recibir de la Mesa Directiva de la Cámara o de la Comisión Permanente del Congreso de la Unión, la Cuenta Pública y turnarla a la Auditoría Superior de la Federación ;

III. Presentar a la Comisión de Presupuesto, los informes individuales, los informes específicos y el Informe General, su análisis respectivo y conclusiones tomando en cuenta las opiniones que en su caso hagan las comisiones ordinarias de la Cámara ;

IV. Analizar el programa anual de fiscalización de la Cuenta Pública y conocer los programas estratégico y anual de actividades que para el debido cumplimiento de sus funciones y atribuciones, elabore la Auditoría Superior de la Federación, así como sus modificaciones, y evaluar su cumplimiento.

Con respeto a los procedimientos, alcances, métodos, lineamientos y resoluciones de procedimientos de fiscalización podrá formular observaciones cuando dichos programas omitan áreas relevantes de la Cuenta Pública;

V. Citar, por conducto de su Junta Directiva, al Titular de la Auditoría Superior de la Federación para conocer en lo específico de los informes individuales y del Informe General ;

VI. Conocer y opinar sobre el proyecto de presupuesto anual de la Auditoría Superior de la Federación y turnarlo a la Junta de Coordinación Política de la Cámara para su inclusión en el Proyecto de Presupuesto de Egresos de la Federación para el siguiente ejercicio fiscal, así como analizar el informe anual de su ejercicio ;

VII. Evaluar el desempeño de la Auditoría Superior de la Federación respecto al cumplimiento de su mandato, atribuciones y ejecución de las auditorías ; proveer lo necesario para garantizar su autonomía técnica y de gestión y requerir informes sobre la evolución de los trabajos de fiscalización.

La evaluación del desempeño tendrá por objeto conocer si la Auditoría Superior de la Federación cumple con las atribuciones que conforme a la Constitución Política de los Estados Unidos Mexicanos y esta Ley le corresponden ; el efecto o la consecuencia de la acción fiscalizadora en la gestión financiera y el desempeño de los entes públicos, en los resultados de los programas y proyectos autorizados en el Presupuesto de Egresos, y en la administración de los recursos públicos federales que ejerzan. De dicha evaluación podrá hacer recomendaciones para la modificación de los lineamientos a que se refiere el segundo párrafo del artículo 51 de esta Ley ;

VIII. Presentar a la Cámara la propuesta de los candidatos a ocupar el cargo de Titular de la Auditoría Superior de la Federación, así como la solicitud de su remoción, en términos de lo dispuesto por el sexto párrafo del artículo 79 constitucional ; para lo cual podrá consultar a las organizaciones civiles y asociaciones que estime pertinente ;

IX. Proponer al Pleno de la Cámara al Titular de la Unidad y los recursos materiales, humanos y presupuestarios con los que debe contar la propia unidad ;

X. Proponer al Pleno de la Cámara el Reglamento Interior de la Unidad ;

XI. Aprobar el programa de actividades de la Unidad y requerirle todo tipo de información relativa a sus funciones ; de igual forma, aprobar políticas, lineamientos y manuales que la Unidad requiera para el ejercicio de sus funciones ;

XII. Ordenar a la Unidad la práctica de auditorías a la Auditoría Superior de la Federación ;

XIII. Aprobar los indicadores que utilizará la Unidad para la evaluación del desempeño de la Auditoría Superior de la Federación y, en su caso, los elementos metodológicos que sean necesarios para dicho efecto y los indicadores de la Unidad ;

XIV. Conocer el Reglamento Interior de la Auditoría Superior de la Federación ;

XV. Analizar la información, en materia de fiscalización superior de la federación, de contabilidad y auditoría gubernamentales y de rendición de cuentas, y podrá solicitar la comparecencia de servidores públicos vinculados con los resultados de la fiscalización ;

XVI. Invitar a la sociedad civil organizada a que participe como observadores o testigos sociales en las sesiones ordinarias de la Comisión ; así como, en la realización de ejercicios de contraloría social en los que se articule a la población con los entes fiscalizados, y

XVII. Las demás que establezcan esta Ley y demás disposiciones legales aplicables.

Artículo 82.- La Comisión presentará directamente a la Auditoría Superior de la Federación un informe que contenga las observaciones y las recomendaciones que se deriven del ejercicio de las atribuciones que esta Ley le confiere en materia de evaluación de su desempeño a más tardar el 30 de mayo del año en que presente el Informe General. La Auditoría Superior de la Federación dará cuenta de su atención al presentar el Informe General del ejercicio siguiente.

TÍTULO SÉPTIMO
Organización de la Auditoría Superior de la Federación

Capítulo I
Integració y Organización

Artículo 83.- Al frente de la Auditoría Superior de la Federación habrá un Titular de la Auditoría Superior de la Federación designado conforme a lo previsto por el párrafo sexto del artículo 79 de la Constitución Política de los Estados Unidos Mexicanos, por el voto de las dos terceras partes de los miembros presentes de la Cámara.

Artículo 84.- La designación del Titular de la Auditoría Superior de la Federación se sujetará al procedimiento siguiente :

I. La Comisión formulará la convocatoria pública correspondiente, a efecto de recibir durante un período de diez días naturales contados a partir de la fecha de publicación de la convocatoria, las solicitudes para ocupar el puesto de Titular de la Auditoría Superior de la Federación. La Comisión podrá consultar a las organizaciones de la sociedad civil y académicas que estime pertinente, para postular los candidatos idóneos para ocupar el cargo ;

II. Concluido el plazo anterior, y recibidas las solicitudes con los requisitos y documentos que señale la convocatoria, la Comisión, dentro de los cinco días naturales siguientes, procederá a la revisión y análisis de las mismas ;

III. Del análisis de las solicitudes los integrantes de la Comisión entrevistarán por separado para la evaluación respectiva y dentro de los cinco días naturales siguientes, a los candidatos que, a su juicio, considere idóneos para la conformación de una terna ;

IV. Conformada la terna, en un plazo que no deberá exceder de tres días naturales, la Comisión formulará su dictamen, a fin de proponer al Pleno los tres candidatos, para que éste proceda, en los términos del artículo anterior, a la designación del Titular de la Auditoría Superior de la Federación, y

V. La persona designada para ocupar el cargo, protestará ante el Pleno de la Cámara.

Artículo 85.- En caso de que ningún candidato de la terna propuesta en el dictamen para ocupar el cargo de Titular de la Auditoría Superior de la

Federación, haya obtenido la votación de las dos terceras partes de los miembros presentes de la Cámara, se volverá a someter una nueva propuesta en los términos del artículo anterior. Ningún candidato propuesto en el dictamen rechazado por el Pleno podrá participar de nueva cuenta en el proceso de selección.

Artículo 86.- El Titular de la Auditoría Superior de la Federación durará en el encargo ocho años y podrá ser nombrado nuevamente por una sola vez. Podrá ser removido por la Cámara por las causas graves a que se refiere esta Ley, con la misma votación requerida para su nombramiento, así como por las causas y conforme a los procedimientos previstos en el Título Cuarto de la Constitución Política de los Estados Unidos Mexicanos. Si esta situación se presenta estando en receso la Cámara, la Comisión Permanente podrá convocar a un periodo extraordinario para que resuelva en torno a dicha remoción.

Artículo 87.- Durante el receso de la Cámara, el Auditor Especial que corresponda conforme al Reglamento Interior de la Auditoría Superior de la Federación, ejercerá el cargo hasta en tanto dicha Cámara designe al Titular de la Auditoría Superior de la Federación en el siguiente periodo de sesiones.

El Titular de la Auditoría Superior de la Federación será suplido en sus ausencias temporales por los auditores especiales, en el orden que señale el Reglamento Interior de la Auditoría Superior de la Federación. En caso de falta definitiva, la Comisión dará cuenta a la Cámara para que designe, en términos de esta Ley, al Auditor que concluirá el encargo.

Artículo 88.- Para ser Titular de la Auditoría Superior de la Federación se requiere satisfacer los siguientes requisitos :

I. Ser ciudadano mexicano por nacimiento y no adquirir otra nacionalidad, en pleno ejercicio de sus derechos civiles y políticos ;

II. Tener por lo menos treinta y cinco años cumplidos el día de la designación ;

III. Gozar de buena reputación y no haber sido condenado por delito intencional que amerite pena corporal de más de un año de prisión. Sin perjuicio de lo anterior, si se tratara de robo, fraude, falsificación, abuso de confianza u otro que afecte seriamente la buena fama, inhabilitará para el cargo cualquiera que haya sido la pena ;

IV. Haber residido en el país durante los dos años anteriores al día de la designación ;

V. No haber sido Secretario de Estado, Fiscal o Procurador General de la República, de la Ciudad de México ; Senador, Diputado Federal ; Titular del Ejecutivo de alguna entidad federativa ; titular o en su caso comisionado de algún órgano constitucionalmente autónomo ; dirigente de algún partido político, no haber sido tesorero, titular de las finanzas o de la administración de algún partido político, ni haber sido postulado para cargo de elección popular durante el año previo al día de su nombramiento ;

VI. Contar al momento de su designación con una experiencia efectiva de diez años en actividades o funciones relacionadas con el control y fiscalización del gasto público, política presupuestaria ; evaluación del gasto público, del desempeño y de políticas públicas ; administración financiera, o manejo de recursos ;

VII. Contar el día de su designación, con título de antigüedad mínima de diez años, y cédula profesional de contador público, licenciado en derecho o abogado, licenciado en economía, licenciado en administración o cualquier otro título profesional relacionado con las actividades de fiscalización expedidos por autoridad o institución legalmente facultada para ello, y

VIII. No haber sido inhabilitado para desempeñar un empleo, cargo o comisión en el servicio público, ni removido por causa grave de algún cargo del sector público o privado.

Artículo 89.- El Titular de la Auditoría Superior de la Federación tendrá las siguientes atribuciones :

I. Representar a la Auditoría Superior de la Federación ante las entidades fiscalizadas, autoridades federales y locales, entidades federativas, municipios, y alcaldías de la Ciudad de México ; y demás personas físicas y morales, públicas o privadas ;

II. Elaborar el proyecto de presupuesto anual de la Auditoría Superior de la Federación atendiendo a las previsiones del ingreso y del gasto público federal y las disposiciones aplicables ;

III. Administrar los bienes y recursos a cargo de la Auditoría Superior de la Federación y resolver sobre la adquisición y enajenación de bienes muebles y la prestación de servicios de la misma, sujetándose a lo dispuesto en el artículo 134 Constitucional, sus leyes reglamentarias y a lo previsto en la Ley General de Bienes Nacionales, así como gestionar la incorporación, destino y desincorporación de bienes inmuebles del dominio público de la Federación, afectos a su servicio ;

IV. Aprobar el programa anual de actividades, el programa anual de auditorías y el plan estratégico, que abarcará un plazo mínimo de 3 años. Una vez aprobados serán enviados a la Comisión para su conocimiento ;

V. Expedir de conformidad con lo establecido en esta Ley y hacerlo del conocimiento de la Comisión, el Reglamento Interior de la Auditoría Superior de la Federación, en el que se distribuirán las atribuciones a sus unidades administrativas y sus titulares, además de establecer la forma en que deberán ser suplidos estos últimos en sus ausencias, su organización interna y funcionamiento, debiendo publicarlo en el Diario Oficial de la Federación ;

VI. Expedir los manuales de organización y procedimientos que se requieran para la debida organización y funcionamiento de la Auditoría Superior de la Federación, los que deberán ser conocidos previamente por la Comisión y publicados en el Diario Oficial de la Federación.

Asimismo, expedir las normas para el ejercicio, manejo y aplicación del presupuesto de la Auditoría Superior de la Federación, ajustándose a las disposiciones aplicables del Presupuesto de Egresos y de la Ley Federal de Presupuesto y Responsabilidad Hacendaria, así como informando a la Comisión sobre el ejercicio de su presupuesto, y cuando la Comisión le requiera información adicional ;

VII. Nombrar al personal de mando superior de la Auditoría Superior de la Federación, quienes no deberán haber sido sancionados con la inhabilitación para el ejercicio de un puesto o cargo público ;

VIII. Expedir aquellas normas y disposiciones que esta Ley le confiere a la Auditoría Superior de la Federación; así como establecer los elementos que posibiliten la adecuada rendición de cuentas y la práctica idónea de las auditorías, tomando en consideración las propuestas que formulen las entidades fiscalizadas y las características propias de su operación;

IX. Presidir de forma dual con el Secretario de la Función Pública el Comité Rector del Sistema
Nacional de Fiscalización ;

X. Ser el enlace entre la Auditoría Superior de la Federación y la Comisión ;

XI. Solicitar a las entidades fiscalizadas, servidores públicos, y a los particulares, sean éstos personas físicas o morales, la información que con motivo de la fiscalización de la Cuenta Pública se requiera ;

XII. Solicitar a las entidades fiscalizadas el auxilio que necesite para el ejercicio expedito de las funciones de revisión y fiscalización superior ;

XIII. Ejercer las atribuciones que corresponden a la Auditoría Superior de la Federación en los términos de la Constitución Política de los Estados Unidos Mexicanos, la presente Ley y del Reglamento Interior de la propia Auditoría Superior de la Federación ;

XIV. Tramitar, instruir y resolver el recurso de reconsideración interpuesto en contra de las multas que se impongan conforme a esta Ley ;

XV. Recibir de la Comisión la Cuenta Pública para su revisión y fiscalización superior ;

XVI. Formular y entregar a la Cámara, por conducto de la Comisión, el Informe General a más tardar el 20 de febrero del año siguiente de la presentación de la Cuenta Pública ;

XVII. Formular y entregar a la Cámara, por conducto de la Comisión, los Informes Individuales los últimos días hábiles de junio, octubre y el 20 de febrero siguientes a la presentación de la Cuenta Pública Federal ;

XVIII. Autorizar, previa denuncia, la revisión durante el ejercicio fiscal en curso a las entidades fiscalizadas, así como respecto de ejercicios anteriores conforme lo establecido en la presente Ley ;

XIX. Concertar y celebrar, en los casos que estime necesario, convenios con las entidades fiscalizadas y las entidades de fiscalización superior de las entidades federativas, municipios y las alcaldías en la Ciudad de México, con el propósito de apoyar y hacer más eficiente la fiscalización, sin detrimento de su facultad fiscalizadora, la que podrá ejercer de manera directa ; así como convenios de colaboración con los organismos nacionales e internacionales que agrupen a entidades de fiscalización superior homólogas o con éstas directamente, con el sector privado y con colegios de profesionales, instituciones académicas e instituciones de reconocido prestigio de carácter multinacional ;

XX. Celebrar convenios interinstitucionales con entidades homólogas extranjeras para la mejor realización de sus atribuciones ;

XXI. Dar cuenta comprobada a la Cámara, a través de la Comisión, de la aplicación de su presupuesto aprobado, dentro de los treinta primeros días del mes siguiente al que corresponda su ejercicio ;

XXII. Solicitar al Servicio de Administración Tributaria el cobro de las multas que se impongan en los términos de esta Ley ;

XXIII. Instruir la presentación de las denuncias penales o de juicio político que procedan, como resultado de las irregularidades detectadas con motivo de la fiscalización, con apoyo en los dictámenes técnicos respectivos. Preferentemente lo hará cuando concluya el procedimiento administrativo ;

XXIV. Expedir la política de remuneraciones, prestaciones y estímulos del personal de confianza de la Auditoría Superior de la Federación, observando lo aprobado en el Presupuesto de Egresos correspondiente y a las disposiciones de la Ley Federal de Presupuesto y Responsabilidad Hacendaria ;

XXV. Elaborar para su envío a la Comisión el plan estratégico de la Auditoría Superior de la
Federación;

XXVI. Presentar el recurso de revisión administrativa respecto de las resoluciones que emita el Tribunal ;

XXVII. Recurrir las determinaciones de la Fiscalía Especializada y del Tribunal, de conformidad con lo previsto en los artículos 20, Apartado C, fracción VII, y 104, fracción III constitucionales respectivamente ;

XXVIII. Transparentar y dar seguimiento a todas las denuncias, quejas, solicitudes, y opiniones realizadas por los particulares o la sociedad civil organizada, salvaguardando en todo momento los datos personales ;

XXIX. Establecer los mecanismos necesarios para fortalecer la participación ciudadana en la rendición de cuentas de las entidades sujetas a fiscalización ;

XXX. Formar parte del Comité Coordinador del Sistema Nacional Anticorrupción en términos de lo dispuesto por el artículo 113 fracción III de la Constitución Política de los Estados Unidos Mexicanos y la Ley General del Sistema ;

XXXI. Rendir un informe anual basado en indicadores en materia de fiscalización, debidamente sistematizados y actualizados, mismo que será público y se compartirá con los integrantes del Comité Coordinador a que se refiere la Ley General del Sistema Nacional Anticorrupción y al Comité de Participación Ciudadana. Con base en el informe señalado podrá presentar desde su competencia proyectos de recomendaciones integrales en materia de fiscalización y control de recursos públicos, de prevención, control y disuasión de faltas administrativas y hechos de corrupción, por lo que hace a las causas que los generan ;

XXXII. Elaborar en cualquier momento estudios y análisis, así como publicarlos, y

XXXIII. Las demás que señale esta Ley y demás disposiciones legales aplicables.

De las atribuciones previstas a favor del Titular de la Auditoría Superior de la Federación en esta Ley, sólo las mencionadas en las fracciones II, IV, V, VI, VII, VIII, XIII, XIV, XV, XVIII, XIX, XX, XXI, XXIV y XXVII de este artículo son de ejercicio exclusivo del Titular de la Auditoría Superior de la Federación y, por tanto, no podrán ser delegadas.

Artículo 90.- El Titular de la Auditoría Superior de la Federación será auxiliado en sus funciones por los auditores especiales, así como por los titulares de unidades, directores generales, auditores y demás servidores públicos que al efecto señale el Reglamento Interior de la Auditoría Superior de la Federación, de conformidad con el presupuesto autorizado. En dicho Reglamento se asignarán las facultades y atribuciones previstas en esta Ley.

Artículo 91.- Para ejercer el cargo de Auditor Especial se deberán cumplir los siguientes requisitos :

I. Ser ciudadano mexicano, en pleno ejercicio de sus derechos civiles y políticos ;

II. Tener por lo menos treinta y dos años cumplidos al día de su designación ;

III. Cumplir los requisitos señalados en las fracciones III a V y VIII para el Titular de la Auditoría
Superior de la Federación ;

IV. Contar, el día de su designación, con antigüedad mínima de siete años, con título y cédula profesional de contador público, licenciado en derecho, abogado, licenciado en economía, licenciado en administración o cualquier otro título y cédula profesional relacionado con las actividades de fiscalización, expedido por autoridad o institución legalmente facultada para ello ;

V. Contar al momento de su designación con una experiencia de siete años en actividades o funciones relacionadas con el control y fiscalización del gasto público, política presupuestaria ; evaluación del gasto público, del desempeño y de políticas públicas ; administración financiera, o manejo de recursos, y

VI. Gozar de buena reputación, no haber sido condenado por algún delito doloso o sancionado administrativamente por faltas graves.

Artículo 92.- El Titular de la Auditoría Superior de la Federación y los auditores especiales durante el ejercicio de su cargo, tendrán prohibido :

I. Formar parte de partido político alguno, participar en actos políticos partidistas y hacer cualquier tipo de propaganda o promoción partidista ;

II. Desempeñar otro empleo, cargo o comisión en los sectores público, privado o social, salvo los no remunerados en asociaciones científicas, docentes, artísticas, de beneficencia, o Colegios de Profesionales en representación de la Auditoría Superior de la Federación, y

III. Hacer del conocimiento de terceros o difundir de cualquier forma, la información confidencial o reservada que tenga bajo su custodia la Auditoría Superior de la Federación para el ejercicio de sus atribuciones, la cual deberá utilizarse sólo para los fines a que se encuentra afecta.

Artículo 93.- El Titular de la Auditoría Superior de la Federación podrá ser removido de su cargo por las siguientes causas :

I. Ubicarse en los supuestos de prohibición establecidos en el artículo anterior ;

II. Ausentarse de sus labores por más de un mes sin mediar autorización de la Cámara ;

III. Abstenerse de presentar en el año correspondiente y en los términos de la presente Ley, sin causa justificada, los informes individuales y el Informe General ;

IV. Aceptar la injerencia de los partidos políticos en el ejercicio de sus funciones y de esta circunstancia, conducirse con parcialidad en el proceso de revisión de la Cuenta Pública y en los procedimientos de fiscalización e imposición de sanciones a que se refiere esta Ley ;

V. Obtener una evaluación del desempeño poco satisfactoria sin justificación, a juicio de la Comisión, durante dos ejercicios consecutivos, y

VI. Incurrir en cualquiera de las conductas consideradas faltas administrativas graves, en los términos de la Ley General de Responsabilidades Administrativas, así como la inobservancia de lo previsto en el artículo 3 de la presente Ley.

Artículo 94.- La Cámara dictaminará sobre la existencia de los motivos de la remoción del Titular de la Auditoría Superior de la Federación por causas graves de responsabilidad, y deberá dar derecho de audiencia al afectado. La remoción requerirá del voto de las dos terceras partes de los miembros presentes.

Los auditores especiales podrán ser removidos por las causas graves a que se refiere el artículo anterior, por el Titular de la Auditoría Superior de la Federación.

Artículo 95.- El Titular de la Auditoría Superior de la Federación y los auditores especiales sólo estarán obligados a absolver posiciones o rendir declaración en juicio, en representación de la Auditoría Superior de la Federación o en virtud de sus funciones, cuando las posiciones y preguntas se formulen por medio de oficio expedido por autoridad competente, misma que contestarán por escrito dentro del término establecido por dicha autoridad.

Artículo 96.- El Titular de la Auditoría Superior de la Federación podrá adscribir orgánicamente las unidades administrativas establecidas en el Reglamento Interior de la Auditoría Superior de la Federación. Los acuerdos en los cuales se deleguen facultades o se adscriban unidades administrativas se publicarán en el Diario Oficial de la Federación.

Artículo 97.- La Auditoría Superior de la Federación contará con un servicio fiscalizador de carrera, debiendo emitir para ese efecto un estatuto que deberá publicarse en el Diario Oficial de la Federación.

Artículo 98.- La Auditoría Superior de la Federación elaborará su proyecto de presupuesto anual que contenga, de conformidad con las previsiones de gasto, los recursos necesarios para cumplir con su encargo, el cual será remitido por el Titular de la Auditoría Superior de la Federación a la Comisión a más tardar el 15 de agosto, para su inclusión en el proyecto de Presupuesto de Egresos para el siguiente ejercicio fiscal. La Auditoría Superior de la Federación ejercerá autónomamente su presupuesto aprobado con sujeción a las disposiciones de la Ley Federal de Presupuesto y Responsabilidad Hacendaria, el Presupuesto de Egresos de la Federación correspondiente y las demás disposiciones que resulten aplicables.

La Auditoría Superior de la Federación publicará en el Diario Oficial de la Federación su normatividad interna conforme a las disposiciones legales aplicables.

Artículo 99.- Los servidores públicos de la Auditoría Superior de la Federación se clasifican en trabajadores de confianza y trabajadores de base, y se regirán por el Apartado B del artículo 123 de la Constitución Política de los Estados Unidos Mexicanos y la Ley Federal de los Trabajadores al Servicio del Estado, Reglamentaria del Apartado B) del Artículo 123 Constitucional.

Artículo 100.- Son trabajadores de confianza, el Titular de la Auditoría Superior de la Federación, los auditores especiales, los titulares de las unidades previstas en esta Ley, los directores generales, los auditores, los mandos medios y los demás trabajadores que tengan tal carácter conforme a lo previsto en la Ley Federal de los Trabajadores al Servicio del Estado, Reglamentaria del Apartado B) del Artículo 123 Constitucional y el Reglamento Interior de la Auditoría Superior de la Federación.

Son trabajadores de base los que desempeñan labores en puestos no incluidos en el párrafo anterior y que estén previstos con tal carácter en la Ley Federal de los Trabajadores al Servicio del Estado, Reglamentaria del Apartado B) del Artículo 123 Constitucional.

Artículo 101.- La relación jurídica de trabajo se entiende establecida entre la Auditoría Superior de la Federación, a través de su Titular y los trabajadores a su servicio para todos los efectos.

Capítulo II
de la vigilancia de la Auditoria Superior de la Federación

Artículo 102.- La Comisión, a través de la Unidad, vigilará que el Titular de la Auditoría Superior de la Federación, los auditores especiales y los demás servidores públicos de la Auditoría Superior de la Federación en el desempeño de sus funciones, se sujetarán a lo establecido en la Ley General de Responsabilidades Administrativas y a las demás disposiciones legales aplicables.

Artículo 103.- Para el efecto de apoyar a la Comisión en el cumplimiento de sus atribuciones existirá la Unidad, encargada de vigilar el estricto cumplimiento de las funciones a cargo de los servidores públicos de la Auditoría Superior de la Federación, la cual formará parte de la estructura de la Comisión.

La Unidad, en el caso de los servidores públicos de la Auditoría Superior de la Federación, podrá imponer las sanciones administrativas no graves previstas en la Ley General de Responsabilidades Administrativas o, tratándose de faltas graves en términos de dicha ley, promover la imposición de sanciones ante el Tribunal, por lo que contará con todas las facultades que dicha Ley otorga a las autoridades investigadoras y substanciadoras. Se deberá garantizar la estricta separación de las unidades administrativas adscritas a la Unidad, encargadas de investigar y substanciar los procedimientos administrativos sancionadores en términos de la Ley General de Responsabilidades Administrativas. Asimismo, podrá proporcionar apoyo técnico a la Comisión en la evaluación del desempeño de la Auditoría Superior de la Federación.

Artículo 104.- La Unidad tendrá las siguientes atribuciones :

I. Vigilar que los servidores públicos de la Auditoría Superior de la Federación se conduzcan en términos de lo dispuesto por esta Ley y demás disposiciones legales aplicables ;

II. Practicar, por sí o a través de auditores externos, auditorías para verificar el desempeño y el cumplimiento de metas e indicadores de la Auditoría Superior de la Federación, así como la debida aplicación de los recursos a cargo de ésta con base en el programa anual de trabajo que aprueba la Comisión ;

III. Recibir denuncias de faltas administrativas derivadas del incumplimiento de las obligaciones por parte del Titular de la Auditoría Superior de la Federación, auditores especiales y demás servidores públicos de la Auditoría Superior de la Federación, iniciar investigaciones y, en el caso de faltas administrativas no graves, imponer las sanciones que correspondan, en los términos de la Ley General de Responsabilidades Administrativas ;

IV. Conocer y resolver el recurso que interpongan los servidores públicos sancionados por faltas no graves conforme a lo dispuesto por la Ley General de Responsabilidades Administrativas ;

V. Realizar la defensa jurídica de las resoluciones que se emitan ante las diversas instancias jurisdiccionales e interponer los medios de defensa que procedan en contra de las resoluciones emitidas por el Tribunal, cuando la Unidad sea parte en esos procedimientos ;

VI. Participar en los actos de entrega recepción de los servidores públicos de mando superior de la

Auditoría Superior de la Federación ;

VII. A instancia de la Comisión, presentar denuncias o querellas ante la autoridad competente, en caso de detectar conductas presumiblemente constitutivas de delito, imputables a los servidores públicos de la Auditoría Superior de la Federación ;

VIII. Llevar el registro y análisis de la situación patrimonial de los servidores públicos adscritos a la Auditoría Superior de la Federación ;

IX. Conocer y resolver de las inconformidades que presenten los proveedores o contratistas, por el incumplimiento de las disposiciones aplicables para la Auditoría Superior de la Federación en materia de adquisiciones, arrendamientos y servicios del sector público, así como de obras públicas y servicios relacionados con las mismas.

Igualmente participará con voz, pero sin voto, en los comités de obras y de adquisiciones de la Auditoría Superior de la Federación, establecidos en las disposiciones aplicables para la Auditoría Superior de la Federación en materia de adquisiciones, arrendamientos y servicios del sector público, así como de obras públicas y servicios relacionados con las mismas ;

X. Auxiliar a la Comisión en la elaboración de los análisis y las conclusiones del Informe General, los informes individuales y demás documentos que le envíe la Auditoría Superior de la Federación ;

XI. Proponer a la Comisión los indicadores y sistemas de evaluación del desempeño de la propia Unidad y los que utilice para evaluar a la Auditoría Superior de la Federación, así como los sistemas de seguimiento a las observaciones y acciones que promuevan tanto la Unidad como la Comisión ;

XII. En general, coadyuvar y asistir a la Comisión en el cumplimiento de sus atribuciones ;

XIII. Atender prioritariamente las denuncias ;

XIV. Participar en las sesiones de la Comisión para brindar apoyo técnico y especializado ;

XV. Emitir opinión a la Comisión respecto del proyecto de lineamientos y directrices que deberán observar las entidades locales para la fiscalización de las participaciones federales propuesto por el Auditor, y

XVI. Las demás que le atribuyan expresamente las disposiciones legales y reglamentarias aplicables.

Las entidades fiscalizadas tendrán la facultad de formular queja ante la Unidad sobre los actos del Titular de la Auditoría Superior de la Federación que contravengan las disposiciones de esta Ley, en cuyo caso la Unidad sustanciará la investigación preliminar por vía especial, para dictaminar si ha lugar a iniciar el procedimiento de remoción a que se refiere este ordenamiento, o bien el previsto en la Ley General de Responsabilidades Administrativas, notificando al quejoso el dictamen correspondiente, previa aprobación de la Comisión.

Artículo 105.- El titular de la Unidad será designado por la Cámara, mediante el voto mayoritario de sus miembros presentes en la sesión respectiva, a propuesta de la Comisión, que presentará una terna de candidatos que deberán cumplir con los requisitos que esta Ley establece para el Titular de la Auditoría Superior de la Federación. Lo anterior se llevará a cabo a través de los procedimientos y plazos que fije la misma Comisión.

La Comisión abrirá registro público para que las organizaciones de la sociedad civil o académicas se inscriban para participar como observadores del proceso para la integración de la terna referida en el párrafo anterior, para lo cual se procederá mediante el método de insaculación para elegir cinco observadores.

El titular de la Unidad durará en su encargo cuatro años y podrá desempeñar nuevamente ese cargo por otro periodo de cuatro años.

Artículo 106.- El titular de la Unidad será responsable administrativamente ante la Comisión y la propia Cámara, a la cual deberá rendir un informe anual de su gestión, con independencia de que pueda ser citado extraordinariamente por ésta, cuando así se requiera, para dar cuenta del ejercicio de sus funciones.

Artículo 107.- Son atribuciones del Titular de la Unidad :

I. Planear y programar auditorías a las diversas áreas que integran la Auditoría Superior de la Federación ;

II. Requerir a las unidades administrativas de la Auditoría Superior de la Federación la información necesaria para cumplir con sus atribuciones ;

III. Expedir certificaciones de los documentos que obren en los archivos de la Unidad, así como representar a la misma, y

IV. Las demás que le atribuyan expresamente las disposiciones legales y reglamentarias aplicables.

Artículo 108.- Para el ejercicio de las atribuciones que tiene conferidas la Unidad, contará con los servidores públicos, las unidades administrativas y los recursos económicos que a propuesta de la Comisión apruebe la Cámara y se determinen en el presupuesto de la misma.

El reglamento de la Unidad que expida la Cámara establecerá la competencia de las áreas a que alude el párrafo anterior y aquellas otras unidades administrativas que sean indispensables para el debido funcionamiento de la misma.

Artículo 109.- Los servidores públicos de la Unidad serán personal de confianza y deberán cumplir los perfiles académicos de especialidad que se determinen en su Reglamento, preferentemente en materias de fiscalización, evaluación del desempeño y control.

El ingreso a la Unidad será mediante concurso público.

TÍTULO OCTAVO De la Contraloría Social

Capítulo Unico

Artículo 110.- La Comisión recibirá peticiones, propuestas, solicitudes y denuncias fundadas y motivadas por la sociedad civil, las cuales podrán ser consideradas por la Auditoría Superior de la Federación en el programa anual de auditorías y cuyos resultados deberán ser considerados en los informes individuales y, en su caso, en el Informe General. Dichas propuestas también podrán ser presentadas por conducto del Comité de Participación Ciudadana a que se refiere la Ley General del Sistema Nacional Anticorrupción, debiendo el Auditor Superior de la Federación informar a la Comisión, así como a dicho Comité sobre las determinaciones que se tomen en relación con las propuestas relacionadas con el programa anual de auditorías.

Artículo 111.- La Unidad recibirá de parte de la sociedad opiniones, solicitudes y denuncias sobre el funcionamiento de la fiscalización que ejerce la Auditoría Superior de la Federación a efecto de participar, aportar y contribuir a mejorar el funcionamiento de sus funciones de fiscalización.

Dichas opiniones, solicitudes o denuncias podrán presentarse por medios electrónicos o por escrito libre dirigido ante la Unidad. La Unidad pondrá a disposición de los particulares los formatos correspondientes.

[...]

ANNEXE VIII. « *Ley Orgánica del Congreso general de los Estados Unidos Mexicanos* » DOF 08-05-2019, 8 mai 2019.

LEY ORGÁNICA DEL CONGRESO GENERAL DE LOS ESTADOS UNIDOS MEXICANOS

CÁMARA DE DIPUTADOS DEL H. CONGRESO DE LA UNIÓN
Secretaría General
Secretaría de Servicios Parlamentarios

Última Reforma DOF 08-05-2019

LEY ORGÁNICA DEL CONGRESO GENERAL DE LOS ESTADOS UNIDOS MEXICANOS

Nueva Ley publicada en el Diario Oficial de la Federación el 3 de septiembre de 1999

TEXTO VIGENTE
Última reforma publicada DOF 08-05-2019

Al margen un sello con el Escudo Nacional, que dice: Estados Unidos Mexicanos.- Congreso de la Unión.

EL CONGRESO GENERAL DE LOS ESTADOS UNIDOS MEXICANOS, D E C R E T A:

LEY ORGANICA DEL CONGRESO GENERAL DE LOS ESTADOS UNIDOS MEXICANOS

[…]

ARTICULO 40.

1. Las comisiones ordinarias que se establecen en este artículo desarrollan las tareas específicas que en cada caso se señalan.

2. La Comisión de Régimen, Reglamentos y Prácticas Parlamentarias se integra con veinte miembros de entre los diputados de mayor experiencia legislativa y todos los Grupos Parlamentarios estarán representados en la misma. Se encargará de:

Párrafo reformado DOF 31-03-2006

a) Preparar proyectos de ley o de decreto para adecuar las normas que rigen las actividades camarales;

b) Dictaminar las propuestas que se presenten en esta materia y en lo referente a las distinciones que se otorguen en nombre de la Cámara de Diputados, así como de resolver las consultas que en el mismo ámbito decidan plantearle los órganos de legisladores constituidos en virtud de este ordenamiento; y

Inciso reformado DOF 31-03-2006

c) Impulsar y realizar los estudios que versen sobre disposiciones normativas, regímenes y prácticas parlamentarias.

3. Se deroga.

Numeral derogado DOF 04-10-2016

4. La Comisión de Vigilancia de la Auditoría Superior de la Federación realiza las tareas que le marca la Constitución y la correspondiente ley reglamentaria.

Numeral reformado DOF 07-12-2001

5. La Comisión Jurisdiccional se integrará por un mínimo de 12 diputados y un máximo de 16, a efecto de que entre ellos se designen a los que habrán de conformar, cuando así se requiera, la sección instructora encargada de las funciones a que se refiere la ley reglamentaria del Título Cuarto de la Constitución en materia de responsabilidades de los servidores públicos.

ANNEXE IX. Mail attestant l'impossibilité d'accéder aux archives parlementaires.

À : Vous
Cc : PATRICIA ELIZABETH NARES SOTELO

Estimada Magdalena Marín:

Le agradecemos de antemano su interés por consultar nuestro acervo; sin embargo, debemos informarle que desafortunadamente no contamos con el Diario de los Debates ni con la exposición de motivos de los congresos constituyentes de las fechas que usted solicita.

Nuestra colección incluye solamente ejemplares del Diario de los Debates de la Cámara de Senadores a partir del año 1875, y está disponible en la página electrónica del Senado de la República, en su parte histórica, de 1875 a 1984. Si es de su interés consultarlo, puede ingresar a este link: https://www.senado.gob.mx/64/diario_de_los_debates/historico/

Asimismo, le informo que el motivo de esta falta de información obedece a que la Cámara de Senadores fue disuelta en la Constitución de 1857 y no fue sino hasta el año de 1875 que se restauró nuevamente, después de que se reformara la Constitución Política. Con ello reiniciaron las actividades legislativas de este órgano, y se dio paso al Diario de los Debates del Senado de la República como el documento de difusión oficial de las discusiones parlamentarias.

Le reitero que el Archivo Histórico y Memoria Legislativa del Senado de la República pone a su disposición, como parte de sus servicios, su acervo documental, apoyo, asesoría y orientación, además de ofrecerle soporte informático para la búsqueda de cualquier otra información, de lunes a viernes, de 9:00 a 22:00 horas, en este correo electrónico, en el teléfono: 55.53.45.30.00 ext. 4264 y en nuestras redes sociales.

ARCHIVO
HISTÓRICO
Y MEMORIA
LEGISLATIVA

Ignacio Allende, núm. 23, Centro Histórico,
Alcaldía Cuauhtémoc, CDMX, C. P. 06010,
teléfono: 5130 22 00 exts. 4264 y 4835.

@ArchivoSenadoMx

ANNEXE X. « *Decreto que reforma y adiciona los articulos 6o, 41, 51,52, 52,54, 60, 61, 63, 70, 73, 74, 76,93, 97 y 115 de la Constitución politica de los Estados Unidos mexicanos – Martes 6 de diciembre 1977* » - Révision Constitutionnelle du 6 décembre 1977 impliquant notamment les articles 74 et 115 de la Constitution du 5 février 1917.

2 **DIARIO OFICIAL** Martes 6 de diciembre de 1977

PODER EJECUTIVO

SECRETARIA DE GOBERNACION

DECRETO que reforma y adiciona los artículos 6o., 41, 51, 52, 53, 54, 55, 60, 61, 65, 70, 73, 74, 76, 93, 97 y 115 de la Constitución Política de los Estados Unidos Mexicanos.

Al margen un sello con el Escudo Nacional, que dice: Estados Unidos Mexicanos.—Presidencia de la República.

JOSE LOPEZ PORTILLO, Presidente Constitucional de los Estados Unidos Mexicanos, a sus habitantes, sabed:

Que el H. Congreso de la Unión se ha servido dirigirme el siguiente

DECRETO:

"EL CONGRESO DE LOS ESTADOS UNIDOS MEXICANOS, EN USO DE LA FACULTAD QUE LE CONFIERE EL ARTICULO 135 DE LA CONSTITUCION GENERAL DE LA REPUBLICA Y PREVIA LA APROBACION DE LA TOTALIDAD DE LAS HH. LEGISLATURAS DE LOS ESTADOS, DECLARA REFORMADOS Y ADICIONADOS LOS ARTICULOS 6o., 41, 51, 52, 53, 54, 55, 60, 61, 65, 70, 73, 74, 76, 93, 97 y 115 DE LA CONSTITUCION POLITICA DE LOS ESTADOS UNIDOS MEXICANOS.

ARTICULO PRIMERO.—Se reforman y adicionan los artículos 6o., 41, 51, 52, 53, 54, 55, 60, 61, 65, 70, 73, 74, 76, 93, 97 y 115 de la Constitución Política de los Estados Unidos Mexicanos, en los siguientes términos:

ARTICULO SEGUNDO.—Se modifica el artículo 6o., en la forma que a continuación se indica:

"ARTICULO 6o.—La manifestación de las ideas no será objeto de ninguna inquisición judicial o administrativa, sino en el caso de que ataque a la moral, los derechos de tercero, provoque algún delito, o perturbe el orden público; el derecho a la información será garantizado por el Estado".

ARTICULO TERCERO.—Se adiciona el artículo 41, para quedar en los términos siguientes:

ARTICULO 41.—.......

"Los partidos políticos son entidades de interés público; la ley determinará las formas específicas de su intervención en el proceso electoral.

Los partidos políticos tienen como fin promover la participación del pueblo en la vida democrática, contribuir a la integración de la representación nacional y como organizaciones de ciudadanos, hacer posible el acceso de éstos al ejercicio del poder público, de acuerdo con los programas, principios e ideas que postulan y mediante el sufragio universal, libre, secreto y directo.

Los partidos políticos tendrán derecho al uso en forma permanente de los medios de comunicación social, de acuerdo con las formas y procedimientos que establezca la ley.

En los procesos electorales federales los partidos políticos nacionales deberán contar, en forma equitativa, con un mínimo de elementos para sus actividades tendientes a la obtención del sufragio popular.

Los partidos políticos nacionales tendrán derecho a participar en las elecciones estatales y municipales".

ARTICULO CUARTO.—Se reforman los artículos 51, 52, 53 y 54, para quedar como sigue:

"ARTICULO 51.—La Cámara de Diputados se compondrá de representantes de la Nación, electos en su totalidad cada tres años. Por cada diputado propietario, se elegirá un suplente".

"ARTICULO 52.—La Cámara de Diputados estará integrada por 300 diputados electos según el principio de votación mayoritaria relativa, mediante el sistema de distritos electorales uninominales y hasta 100 diputados que serán electos según el principio de representación proporcional, mediante el sistema de listas regionales, votadas en circunscripciones plurinominales".

"ARTICULO 53.—La demarcación territorial de los 300 distritos electorales uninominales será la que resulte de dividir la población total del país entre los distritos señalados. La distribución de los distritos electorales uninominales entre las entidades federativas se hará teniendo en cuenta el último censo general de población, sin que en ningún caso la representación de un Estado pueda ser menor de dos diputados de mayoría.

Para la elección de los 100 diputados según el principio de representación proporcional y el sistema de listas regionales, se constituirán hasta cinco circunscripciones electorales plurinominales en el país. La ley determinará la forma de establecer la demarcación territorial de estas circunscripciones".

"ARTICULO 54.—La elección de los 100 diputados, según el principio de la representación proporcional y el sistema de listas regionales, se sujetará a las bases generales siguientes y a lo que en lo particular disponga la ley:

I.—Para obtener el registro de sus listas regionales, el partido político nacional que lo solicite, deberá acreditar que participa con candidatos a diputados por mayoría relativa en por lo menos la tercera parte de los 300 distritos uninominales.

II.—Tendrá derecho a que le sean atribuidos diputados electos según el principio de representación proporcional, todo aquel partido que: A) no haya obtenido 60 o más constancias de mayoría, y B) que alcance por lo menos el 1.5% del total de la votación emitida para todas las listas regionales en las circunscripciones plurinominales.

III.—Al partido que cumpla con los supuestos señalados en las fracciones I y II de este artículo, le serán asignados por el principio de representación proporcional el número de diputados de su lista regional que corresponda al porcentaje de votos obtenidos en la circunscripción plurinominal correspondiente. La ley determinará las fórmulas electorales y los procedimientos que se observarán en dicha asignación; en todo caso, en la asignación se seguirá el orden que tuviesen los candidatos en las listas correspondientes.

IV.—En el caso de que dos o más partidos con derecho a participar en la distribución de las listas regionales obtengan en su conjunto 90 o más constancias de mayoría, sólo serán objeto de reparto el 50% de las curules que deben asignarse por el principio de representación proporcional".

ARTICULO QUINTO.—Se adiciona con un segundo párrafo la fracción III del artículo 55, en los siguientes términos:

ARTICULO 55.—Para ser diputado se requieren los siguientes requisitos:

I y II.—......

III.—Ser originario del Estado en que se haga la elección o vecino de él con residencia efectiva de más de seis meses anteriores a la fecha de ella.

Para poder figurar en las listas de las circunscripciones electorales plurinominales como candidato a diputado, se requiere ser originario de alguna de las entidades federativas que comprenda la circunscripción en la que se realice la elección, o vecino de ella con residencia efectiva de más de seis meses anteriores a la fecha en que la misma se celebre.

La vecindad no se pierde por ausencia en el desempeño de cargos públicos de elección popular.

IV a VII.—......

ARTICULO SEXTO.—Se reforma el artículo 60 para quedar como sigue:

"ARTICULO 60.—La Cámara de Diputados calificará la elección de sus miembros a través de un colegio electoral que se integrará por los 60 presuntos diputados que de acuerdo con las constancias de mayoría que registre la Comisión Federal Electoral hubieran obtenido mayor número de votos y por 40 presuntos diputados que resultaren electos en la o las circunscripciones plurinominales que obtuviesen la votación más alta.

En la Cámara de Senadores el Colegio Electoral se integrará con los presuntos senadores que obtuvieren declaratoria de senador electo de la Legislatura de la entidad federativa correspondiente y de la Comisión Permanente del Congreso de la Unión en el caso del Distrito Federal.

Procede el recurso de reclamación ante la Suprema Corte de Justicia de la Nación contra las resoluciones del Colegio Electoral de la Cámara de Diputados.

Si la Suprema Corte de Justicia considerara que se cometieron violaciones sustanciales en el desarrollo del proceso electoral o en la calificación misma, lo hará del conocimiento de dicha Cámara para que emita nueva resolución, misma que tendrá el carácter de definitiva e inatacable.

La ley fijará los requisitos de procedencia y el trámite a que se sujetará este recurso".

ARTICULO SEPTIMO.—Se adiciona con un segundo párrafo el artículo 61 en los siguientes términos:

ARTICULO 61.—......

"El Presidente de cada Cámara velará por el respeto al fuero constitucional de los miembros de la misma y por la inviolabilidad del recinto donde se reúnan a sesionar".

ARTICULO OCTAVO.—Se reforma el artículo 65, para quedar como sigue:

"ARTICULO 65.—El Congreso se reunirá a partir del día 1o. de septiembre de cada año para celebrar sesiones ordinarias, en las cuales se ocupará del estudio, discusión y votación de las iniciativas de ley que se le presenten y de la resolución de los demás asuntos que le correspondan conforme a esta Constitución."

ARTICULO NOVENO.—Se adicionan tres párrafos al artículo 70 en los siguientes términos:

ARTICULO 70.—......

El Congreso expedirá la Ley que regulará su estructura y funcionamiento internos.

La ley determinará las formas y procedimientos para la agrupación de los diputados, según su afiliación de partido, a efecto de garantizar la libre expresión de las corrientes ideológicas representadas en la Cámara de Diputados.

Esta ley no podrá ser vetada ni necesitará de promulgación del Ejecutivo Federal para tener vigencia.

ARTICULO DECIMO.—El artículo 73 se adiciona con una base segunda en su fracción VI; se derogan las fracciones XXIII y XXVIII, para quedar como sigue:

ARTICULO 73.—El Congreso tiene facultad:

I a V.—......

VI.—Para legislar en todo lo relativo al Distrito Federal, sometiéndose a las bases siguientes:

1a.—......

"2a.—Los ordenamientos legales y los reglamentos que en la Ley de la materia se determinen, serán sometidos al referéndum y podrán ser objeto de iniciativa popular, conforme al procedimiento que la misma señale".

3a.—......

4a.—......

5a.—......

VII a XXII.—......

"XXIII.—Derogada".

XXIV a XXVII.—......

"XXVIII.—Derogada".

XXIX a XXX.—......

ARTICULO DECIMOPRIMERO.—Se reforma y adiciona la fracción IV del artículo 74 para quedar en la forma siguiente:

ARTICULO 74.—Son facultades exclusivas de la Cámara de Diputados:

I a III.—......

IV.—Examinar, discutir y aprobar anualmente el Presupuesto de Egresos de la Federación y el del Departamento del Distrito Federal, discutiendo primero las contribuciones que, a su juicio, deben decretarse para cubrirlos; así como revisar la Cuenta Pública del año anterior.

El Ejecutivo Federal hará llegar a la Cámara las correspondientes iniciativas de leyes de ingresos y los proyectos de presupuesto a más tardar el día último del mes de noviembre, debiendo comparecer el Secretario del Despacho correspondiente a dar cuenta de los mismos.

No podrá haber otras partidas secretas, fuera de las que se consideren necesarias, con ese carácter, en el mismo presupuesto; las que emplearán los secretarios por acuerdo escrito del Presidente de la República.

La revisión de la Cuenta Pública tendrá por objeto conocer los resultados de la gestión financiera, comprobar si se ha ajustado a los criterios señalados por el Presupuesto y el cumplimiento de los objetivos contenidos en los programas.

Si del examen que realice la Contaduría Mayor de Hacienda aparecieran discrepancias entre las cantidades gastadas y las partidas respectivas del Presupuesto o no existiera exactitud o justificación en los gastos hechos, se determinarán las responsabilidades de acuerdo con la Ley.

La Cuenta Pública del año anterior deberá ser presentada a la Comisión Permanente del Congreso dentro de los diez primeros días del mes de junio

Sólo se podrá ampliar el plazo de presentación de las iniciativas de leyes de ingresos y de los proyectos de presupuesto de egresos, así como de la Cuenta Pública cuando medie solicitud del Ejecutivo suficientemente justificada a juicio de la Cámara o de la Comisión Permanente, debiendo comparecer en todo caso el Secretario del Despacho correspondiente a informar de las razones que lo motiven.

V a VIII.—....

ARTICULO DECIMOSEGUNDO.—Se reforma la fracción I del artículo 76, para quedar como sigue:

ARTICULO 76.—Son facultades exclusivas del Senado:

"I.—Analizar la política exterior desarrollada por el Ejecutivo Federal con base en los informes anuales que el Presidente de la República y el Secretario del Despacho correspondiente rindan al Congreso; además, aprobar los tratados internacionales y convenciones diplomáticas que celebre el Ejecutivo de la Unión",

II a X.—.....

ARTICULO DECIMOTERCERO.—Se adiciona un tercer párrafo al artículo 93 en los siguientes términos:

ARTICULO 93.—..

....

"Las Cámaras, a pedido de una cuarta parte de sus miembros, tratándose de los diputados, y de la mitad, si se trata de los Senadores, tienen la facultad de integrar comisiones para investigar el funcionamiento de dichos organismos descentralizados y empresas de participación estatal mayoritaria. Los resultados de las investigaciones se harán del conocimiento del Ejecutivo Federal."

ARTICULO DECIMOCUARTO.—Se reforma el tercer párrafo del artículo 97 y se subdivide en dos párrafos y se corre el orden de los subsecuentes párrafos, para quedar como sigue:

ARTICULO 97.—..

....

"Podrá también la Suprema Corte de Justicia de la Nación nombrar Magistrados de Circuito y Jueces de Distrito Supernumerarios, que auxilien las labores de los Tribunales o Juzgados donde hubiere recargo de negocios, a fin de obtener que la Administración de Justicia sea pronta y expedita; y nombrará alguno o algunos de sus miembros, o algún Juez de Distrito o Magistrado de Circuito, o designará uno o varios comisionados especiales, cuando así lo juzgue conveniente o lo pidiere el Ejecutivo Federal, o alguna de las Cámaras de la Unión, o el Gobernador de algún Estado, únicamente para que averigüe la conducta de algún Juez o Magistrado Federal; o algún hecho o hechos que constituyan la violación de alguna garantía individual.

La Suprema Corte de Justicia está facultada para practicar de oficio la averiguación de algún hecho o hechos que constituyan la violación del voto público, pero sólo en los casos en que a su juicio pudiera ponerse en duda la legalidad de todo el proceso de elección de alguno de los Poderes de la Unión. Los resultados de la investigación se harán llegar oportunamente a los órganos competentes".

ARTICULO DECIMOQUINTO.—El artículo 115 se adiciona en la fracción III, con un último párrafo, en los siguientes términos:

ARTICULO 115.—Los Estados adoptarán, para su régimen interior, la forma de gobierno republicano, representativo, popular, teniendo como base de su división territorial y de su organización política y administrativa, el Municipio Libre conforme a las bases siguientes:

I y II.—..

III.—..

a).—..

b).—..

"De acuerdo con la legislación que se expida en cada una de las entidades federativas se introducirá el sistema de diputados de minoría en la elección de las legislaturas locales y el principio de representación proporcional en la elección de los ayuntamientos de los municipios cuya población sea de 300 mil o más habitantes".

TRANSITORIOS

ARTICULO PRIMERO.—Dentro de los seis meses posteriores a la entrada en vigor del presente Decreto, los Estados de la Federación iniciarán las reformas constitucionales necesarias para adoptar lo establecido en el artículo 115, fracción III último párrafo, de la Constitución General de la República.

ARTICULO SEGUNDO.—Las presentes adiciones y reformas entrarán en vigor al día siguiente de su publicación en el "Diario Oficial" de la Federación.

México, D. F., a 1o. de diciembre de 1977.—José Guadalupe Cervantes C., S. P.—Guillermo Cosío Vidaurri, D. P.—Rafael Minor Franco, S. S.—Miguel López Riveroll, D. S.— AGUASCALIENTES: Roberto Díaz Rodríguez, Sen.—Héctor Hugo Olivares Ventura, Sen.—Jesús Martínez Gortari, Dip.—Camilo López Gómez, Dip.— BAJA CALIFORNIA: Rafael García Vázquez, Sen.—Oscar Baylón Chacón, Sen.—Ricardo Eguía Valderrama, Dip.—Alfonso Ballesteros Pelayo, Dip.—Alfonso Garzón Santibáñez, Dip.— BAJA CALIFORNIA SUR: Alberto A. Alvarado Arámburo, Sen.—Víctor Manuel Liceaga Ruibal, Sen.—Víctor Manuel Peralta Osuna, Dip.—Agapito Duarte Hernández, Dip.—CAMPECHE: Rosa María Martínez Denegri, Sen.—Joaquín E. Repetto Ocam-

ANNEXE XI. *Ley General de Desarollo Social,* DOF 25-06-2018, 25 juin 2018. Version originale : 20 janvier 2004.

LEY GENERAL DE DESAROLLO SOCIAL

Nueva Ley publicada en el Diario Oficial de la Federación el 20 de enero de 2004

TEXTO VIGENTE
Últimas reformas publicadas DOF 25-06-2018

Al margen un sello con el Escudo Nacional, que dice : Estados Unidos Mexicanos.- Presidencia de la República.

VICENTE FOX QUESADA, Presidente de los Estados Unidos Mexicanos, a sus habitantes sabed :

Que el Honorable Congreso de la Unión, se ha servido dirigirme el siguiente

DECRETO

"EL CONGRESO DE LOS ESTADOS UNIDOS MEXICANOS, DECRETA :

ARTÍCULO ÚNICO. Se crea la Ley General de Desarrollo Social.

LEY GENERAL DE DESARROLLO SOCIAL

TÍTULO PRIMERO DE LAS DISPOSICIONES GENERALES

Capítulo I Del Objeto

Artículo 1. La presente Ley es de orden público e interés social y de observancia general en todo el territorio nacional, y tiene por objeto :

I. Garantizar el pleno ejercicio de los derechos sociales consagrados en la Constitución Política de los Estados Unidos Mexicanos, asegurando el acceso de toda la población al desarrollo social ;

II. Señalar las obligaciones del Gobierno, establecer las instituciones responsables del desarrollo social y definir los principios y lineamientos generales a los que debe sujetarse la Política Nacional de Desarrollo Social;

III. Establecer un Sistema Nacional de Desarrollo Social en el que participen los gobiernos municipales, de las entidades federativas y el federal ;

IV. Determinar la competencia de los gobiernos municipales, de las entidades federativas y del Gobierno Federal en materia de desarrollo social, así como las bases para la concertación de acciones con los sectores social y privado ;

V. Fomentar el sector social de la economía ;

VI. Regular y garantizar la prestación de los bienes y servicios contenidos en los programas sociales ;

VII. Determinar las bases y fomentar la participación social y privada en la materia ;

VIII. Establecer mecanismos de evaluación y seguimiento de los programas y acciones de la Política
Nacional de Desarrollo Social, y

IX. Promover el establecimiento de instrumentos de acceso a la justicia, a través de la denuncia popular, en materia de desarrollo social.

Artículo 2. Queda prohibida cualquier práctica discriminatoria en la prestación de los bienes y servicios contenidos en los programas para el desarrollo social.

Artículo 3. La Política de Desarrollo Social se sujetará a los siguientes principios :

I. Libertad : Capacidad de las personas para elegir los medios para su desarrollo personal así como para participar en el desarrollo social ;

II. Justicia distributiva : Garantiza que toda persona reciba de manera equitativa los beneficios del desarrollo conforme a sus méritos, sus necesidades, sus posibilidades y las de las demás personas ;

III. Solidaridad : Colaboración entre personas, grupos sociales y órdenes de gobierno, de manera corresponsable para el mejoramiento de la calidad de vida de la sociedad ;

IV. Integralidad : Articulación y complementariedad de programas y acciones que conjunten los diferentes beneficios sociales, en el marco de la Política Nacional de Desarrollo Social ;

V. Participación social : Derecho de las personas y organizaciones a intervenir e integrarse, individual o colectivamente en la formulación, ejecución y evaluación de las políticas, programas y acciones del desarrollo social ;

VI. Sustentabilidad : Preservación del equilibrio ecológico, protección del ambiente y aprovechamiento de recursos naturales, para mejorar la calidad de vida y la productividad de las personas, sin comprometer la satisfacción de las necesidades de las generaciones futuras ;

VII. Respeto a la diversidad : Reconocimiento en términos de origen étnico, género, edad, discapacidad, condición social, condiciones de salud, religión, las opiniones, preferencias, estado civil o cualquier otra, para superar toda condición de discriminación y promover un desarrollo con equidad y respeto a las diferencias ;
Fracción reformada DOF 01-06-2016

VIII. Libre determinación y autonomía de los pueblos indígenas y sus comunidades : Reconocimiento en el marco constitucional a las formas internas de convivencia y de organización ; ámbito de aplicación de sus propios sistemas normativos ; elección de sus autoridades o representantes ; medios para preservar y enriquecer sus lenguas y cultura ; medios para conservar y mejorar su hábitat ; acceso preferente a sus recursos naturales ; elección de representantes ante los ayuntamientos y acceso pleno a la jurisdicción del Estado ;
Fracción reformada DOF 01-06-2012

IX. Transparencia : La información relativa al desarrollo social es pública en los términos de las leyes en la materia. Las autoridades del país garantizarán que la información gubernamental sea objetiva, oportuna, sistemática y veraz ;
Fracción reformada DOF 01-06-2012, 22-06-2018

X. Perspectiva de género : Una visión científica, analítica y política sobre las mujeres y los hombres que se propone eliminar las causas de la opresión de género, como la desigualdad, la injusticia y la jerarquización de las personas

basada en el género ; que se plantea la equidad de género en el diseño y ejecución de las políticas públicas de desarrollo social, y
Fracción adicionada DOF 01-06-2012. Reformada DOF 22-06-2018

XI. Interés superior de la niñez : De conformidad con lo establecido en la Constitución Política de los Estados Unidos Mexicanos, la Ley General de los Derechos de Niñas, Niños y Adolescentes y en los tratados internacionales aplicables de los que el Estado Mexicano sea parte. *Fracción adicionada DOF 22-06-2018*

Artículo 4. La aplicación de la presente Ley corresponde al Ejecutivo Federal por conducto de sus dependencias y organismos, a los poderes ejecutivos de las entidades federativas y a los municipios en el ámbito de sus respectivas competencias ; así como las que les competen, de acuerdo a sus atribuciones, al Poder Legislativo.

Artículo 5. Para los efectos de esta Ley se entiende por :

I. Beneficiarios : Aquellas personas que forman parte de la población atendida por los programas de desarrollo social que cumplen los requisitos de la normatividad correspondiente ;

II. Consejo Consultivo : Consejo Consultivo de Desarrollo Social ;

III. Consejo Nacional de Evaluación : Consejo Nacional de Evaluación de la Política de Desarrollo Social ;

IV. Comisión Intersecretarial : Comisión Intersecretarial de Desarrollo Social ;

V. Comisión Nacional : Comisión Nacional de Desarrollo Social ;

VI. Grupos sociales en situación de vulnerabilidad : Aquellos núcleos de población y personas que por diferentes factores o la combinación de ellos, enfrentan situaciones de riesgo o discriminación que les impiden alcanzar mejores niveles de vida y, por lo tanto, requieren de la atención e inversión del Gobierno para lograr su bienestar ;

VII. Secretaría : Secretaría de Desarrollo Social del Gobierno Federal ;

VIII. Sistema Nacional : Sistema Nacional de Desarrollo Social ;

IX. Organizaciones : Agrupaciones civiles y sociales, legalmente constituidas, en las que participan personas o grupos sociales con el propósito de realizar actividades relacionadas con el desarrollo social, y

X. Padrón : Relación oficial de beneficiarios que incluye a las personas atendidas por los programas federales de Desarrollo Social cuyo perfil socioeconómico se establece en la normatividad correspondiente.

TÍTULO SEGUNDO DE LOS DERECHOS Y LAS OBLIGACIONES DE LOS SUJETOS DEL DESARROLLO SOCIAL

Capítulo Unico

Artículo 6.- Son derechos para el desarrollo social la educación, la salud, la alimentación nutritiva y de calidad, la vivienda digna y decorosa, el disfrute de un medio ambiente sano, el trabajo y la seguridad social y los relativos a la no discriminación en los términos de la Constitución Política de los Estados Unidos Mexicanos.
Artículo reformado DOF 01-06-2016, 22-06-2018

Artículo 7. Toda persona tiene derecho a participar y a beneficiarse de los programas de desarrollo social, de acuerdo con los principios rectores de la Política de Desarrollo Social, en los términos que establezca la normatividad de cada programa.

Artículo 8. Toda persona o grupo social en situación de vulnerabilidad tiene derecho a recibir acciones y apoyos tendientes a disminuir su desventaja.

Artículo 9. Los municipios, los gobiernos de las entidades federativas y el Poder Ejecutivo Federal, en sus respectivos ámbitos, formularán y aplicarán políticas compensatorias y asistenciales, así como oportunidades de desarrollo productivo e ingreso en beneficio de las personas, familias y grupos sociales en situación de vulnerabilidad, destinando los recursos presupuestales necesarios y estableciendo metas cuantificables.

Artículo 10. Los beneficiarios de los programas de desarrollo social tienen los siguientes derechos y obligaciones :

I. Recibir un trato respetuoso, oportuno y con calidad ;

II. Acceder a la información necesaria de dichos programas, sus reglas de operación, recursos y cobertura ;

III. Tener la reserva y privacidad de la información personal ;

IV. Presentar denuncias y quejas ante las instancias correspondientes por el incumplimiento de esta Ley ;

V. Recibir los servicios y prestaciones de los programas conforme a sus reglas de operación, salvo que les sean suspendidos por resolución administrativa o judicial debidamente fundada y motivada ;

VI. Presentar su solicitud de inclusión en el padrón ;

VII. Participar de manera corresponsable en los programas de desarrollo social ;

VIII. Proporcionar la información socioeconómica que les sea requerida por las autoridades, en los términos que establezca la normatividad correspondiente, y

IX. Cumplir la normatividad de los programas de desarrollo social.

TÍTULO TERCERO DE LA POLÍTICA NACIONAL DE DESARROLLO SOCIAL

Capítulo I
De los Objetivos

Artículo 11. La Política Nacional de Desarrollo Social tiene los siguientes objetivos :

I. Propiciar las condiciones que aseguren el disfrute de los derechos sociales, individuales o colectivos, garantizando el acceso a los programas de desarrollo social y la igualdad de oportunidades, así como la superación de la discriminación y la exclusión social ;

II. Promover un desarrollo económico con sentido social que propicie y conserve el empleo, eleve el nivel de ingreso y mejore su distribución ;

III. Fortalecer el desarrollo regional equilibrado ;
Fracción reformada DOF 26-01-2018

IV. Garantizar formas de participación social en la formulación, ejecución, instrumentación, evaluación y control de los programas de desarrollo social, y
Fracción reformada DOF 26-01-2018

V. Promover el desarrollo sostenible y sustentable en el ejercicio de los derechos sociales. *Fracción adicionada DOF 26-01-2018*

Capítulo II
De la Planeación y la Programación

Artículo 12. En la planeación del desarrollo se deberá incorporar la Política Nacional de Desarrollo Social de conformidad con esta Ley y las demás disposiciones en la materia.

Artículo 13. La planeación del desarrollo social incluirá los programas municipales ; planes y programas estatales ; programas institucionales, regionales y especiales ; el Programa Nacional de Desarrollo Social ; y el Plan Nacional de Desarrollo.

Artículo 14. La Política Nacional de Desarrollo Social debe incluir, cuando menos, las siguientes vertientes :

I. Superación de la pobreza a través de la educación, la salud, de la alimentación nutritiva y de calidad, la generación de empleo e ingreso, autoempleo y capacitación ;
Fracción reformada DOF 01-06-2016

II. Seguridad social y programas asistenciales ;

III. Desarrollo Regional ;

IV. Infraestructura social básica, y

V. Fomento del sector social de la economía.

Artículo 15. La Elaboración del Programa Nacional de Desarrollo Social estará a cargo del Ejecutivo Federal en los términos y condiciones de la Ley de Planeación.

Artículo 16. Los municipios, los gobiernos de las entidades federativas y el Gobierno Federal harán del conocimiento público cada año sus programas operativos de desarrollo social, a través de los medios más accesibles a la población, en un plazo máximo de 90 días a partir de la aprobación de sus presupuestos de egresos anuales respectivos.

Artículo 17. Los municipios serán los principales ejecutores de los programas, recursos y acciones federales de desarrollo social, de acuerdo a las reglas de operación que para el efecto emita el Ejecutivo Federal, excepto en los casos expresamente asignados, legal o administrativamente, a una dependencia, entidad u organismo federal, estatal o del Distrito Federal.

Capítulo III
Del Financiamiento y el Gasto

Artículo 18. Los programas, fondos y recursos destinados al desarrollo social son prioritarios y de interés público, por lo cual serán objeto de seguimiento y evaluación de acuerdo con esta Ley ; y no podrán sufrir disminuciones en sus montos presupuestales, excepto en los casos y términos que establezca la Cámara de Diputados al aprobar el Presupuesto de Egresos de la Federación.

Artículo 19. Son prioritarios y de interés público :

I. Los programas de educación obligatoria ;

II. Las campañas de prevención y control de enfermedades transmisibles y los programas de atención médica ;

III. Los programas dirigidos a las personas en condiciones de pobreza, marginación o en situación de vulnerabilidad ;

IV. Los programas dirigidos a zonas de atención prioritaria ;

V. Los programas y acciones públicas para asegurar la alimentación nutritiva y de calidad y nutrición materno-infantil ;
Fracción reformada DOF 01-06-2016

VI. Los programas de abasto social de productos básicos ;

VII. Los programas de vivienda, los instrumentos y apoyos para que toda familia pueda disfrutar de una vivienda digna y decorosa ;
Fracción reformada DOF 22-06-2018

VIII. Los programas y fondos públicos destinados a la generación y conservación del empleo, a las actividades productivas sociales y a las empresas del sector social de la economía, y

IX. Los programas y obras de infraestructura para agua potable, drenaje, electrificación, caminos y otras vías de comunicación, saneamiento ambiental y equipamiento urbano.

Artículo 20. El presupuesto federal destinado al gasto social no podrá ser inferior, en términos reales, al del año fiscal anterior. Este gasto se deberá incrementar cuando menos en la misma proporción en que se prevea el crecimiento del producto interno bruto en los Criterios Generales de Política Económica y en congruencia con la disponibilidad de recursos a partir de los ingresos que autorice el Congreso al Gobierno Federal.

Artículo 21. La distribución de los fondos de aportaciones federales y de los ramos generales relativos a los programas sociales de educación, salud, alimentación, infraestructura social y generación de empleos productivos y mejoramiento del ingreso se hará con criterios de equidad y transparencia, conforme a la normatividad aplicable.

Artículo 22. En el Presupuesto Anual de Egresos de la Federación, se establecerán las partidas presupuestales específicas para los programas de desarrollo social y no podrán destinarse a fines distintos.

Artículo 23. La distribución del gasto social con el que se financiará el desarrollo social, se sujetará a los siguientes criterios :

I. El gasto social per cápita no será menor en términos reales al asignado el año inmediato anterior ;

II. Estará orientado a la promoción de un desarrollo regional equilibrado ;

III. Se basará en indicadores y lineamientos generales de eficacia y de cantidad y calidad en la prestación de los servicios sociales, y

IV. En el caso de los presupuestos federales descentralizados, las entidades federativas y municipios acordarán con la Administración Pública Federal el destino y los criterios del gasto, a través de los convenios de coordinación.

Artículo 24. Los recursos presupuestales federales asignados a los programas de desarrollo social podrán ser complementados con recursos provenientes de los gobiernos estatales y municipales, así como con aportaciones de organismos internacionales y de los sectores social y privado.

Artículo 25. El Ejecutivo Federal podrá establecer y administrar un Fondo de Contingencia Social como respuesta a fenómenos económicos y presupuestales imprevistos. En el Presupuesto de Egresos de la Federación se determinará el monto y las reglas mínimas a las que quedará sujeta su distribución y aplicación, incluyendo las previsiones correspondientes para garantizar que los recursos del fondo sean utilizados en el ejercicio fiscal.

Artículo 26. El Gobierno Federal deberá elaborar y publicar en el **Diario Oficial de la Federación** las reglas de operación de los programas de desarrollo social incluidos en el Presupuesto de Egresos de la Federación, así como la metodología, normatividad, calendarización y las asignaciones correspondientes a las entidades federativas. Por su parte, los gobiernos de las entidades federativas publicarán en sus respectivos periódicos oficiales, la distribución a los municipios de los recursos federales.

Artículo 27. Con el propósito de asegurar la equidad y eficacia de los programas de desarrollo social, el Gobierno Federal, por conducto de la Secretaría y los gobiernos de las entidades federativas y de los municipios, en el ámbito de sus respectivas competencias, integrarán el Padrón.

Artículo 28. La publicidad y la información relativa a los programas de desarrollo social deberán identificarse con el Escudo Nacional en los términos que establece la ley correspondiente e incluir la siguiente leyenda : "Este programa es público, ajeno a cualquier partido político. Queda prohibido el uso para fines distintos al desarrollo social".

Capítulo IV
De las Zonas de Atención Prioritaria

Artículo 29. Se consideran zonas de atención prioritaria las áreas o regiones, sean de carácter predominantemente rural o urbano, cuya población registra índices de pobreza, marginación indicativos de la existencia de marcadas insuficiencias y rezagos en el ejercicio de los derechos para el desarrollo social establecidos en esta Ley. Su determinación se orientará por los criterios de resultados que para el efecto defina el Consejo Nacional de Evaluación de la Política de Desarrollo Social que esta Ley señala y deberá, en todo tiempo, promover la eficacia cuantitativa y cualitativa de los ejecutores de la Política Social.

Artículo 30. El Ejecutivo Federal revisará anualmente las zonas de atención prioritaria, teniendo como referente las evaluaciones de resultados de los estudios de medición de la pobreza, que emita el Consejo Nacional de Evaluación de la Política de Desarrollo Social e informará a la Cámara de Diputados sobre su modificación, desagregado a nivel de localidades en las zonas rurales y a nivel de manzanas en las zonas urbanas, para los efectos de asignaciones del Presupuesto de Egresos de la Federación. La Cámara de Diputados, al aprobar el presupuesto, hará la declaratoria de zonas de atención prioritaria, la cual deberá publicarse en el Diario Oficial de la Federación, junto con el decreto del Presupuesto de Egresos de la Federación.
Artículo reformado DOF 08-04-2013

Artículo 31. La Declaratoria tendrá los efectos siguientes :

1. Asignar recursos para elevar los índices de bienestar de la población en los rubros deficitarios ;

2. Establecer estímulos fiscales para promover actividades productivas generadoras de empleo ;

3. Generar programas de apoyo, financiamiento y diversificación a las actividades productivas regionales, y

4. Desarrollar obras de infraestructura social necesarias para asegurar el disfrute y ejercicio de los derechos para el desarrollo social.

Artículo 32. Los municipios, los gobiernos de las entidades federativas y el Gobierno Federal podrán convenir acciones y destinarán recursos para la ejecución de programas especiales en estas zonas.

Capítulo V
Del Fomento del Sector Social de la Economía

Artículo 33. Los municipios, los gobiernos de las entidades federativas y el Gobierno Federal fomentarán las actividades productivas para promover la generación de empleos e ingresos de personas, familias, grupos y organizaciones productivas.

Artículo 34. Los municipios, los gobiernos de las entidades federativas y el Gobierno Federal estimularán la organización de personas, familias y grupos sociales, destinando recursos públicos para promover proyectos productivos; identificar oportunidades de inversión, y brindar capacitación, asistencia técnica y asesoría para la organización y el diseño de proyectos y apoyo legal para la realización de estas actividades.

Artículo 35. El Gobierno Federal y los gobiernos de las entidades federativas podrán aportar recursos como capital de riesgo para dar viabilidad a las empresas sociales y destinar recursos para apoyar a personas, familias y organizaciones sociales cuyo objeto sea el financiamiento de proyectos de desarrollo social.

Capítulo VI
De la Definición y Medición de la Pobreza

Artículo 36. Los lineamientos y criterios que establezca el Consejo Nacional de Evaluación de la Política de Desarrollo Social para la definición, identificación y medición de la pobreza son de aplicación obligatoria para las entidades y dependencias públicas que participen en la ejecución de los programas de desarrollo social, y deberá utilizar la información que genere el Instituto Nacional de Estadística, Geografía e Informática, independientemente de otros datos que se estime conveniente, al menos sobre los siguientes indicadores :

I. Ingreso corriente per cápita ;

II. Rezago educativo promedio en el hogar ;

III. Acceso a los servicios de salud ;

IV. Acceso a la seguridad social ;

V. Calidad y espacios de la vivienda digna y decorosa ; *Fracción reformada DOF 22-06-2018*

VI. Acceso a los servicios básicos en la vivienda digna y decorosa ;
Fracción reformada DOF 22-06-2018

VII. Acceso a la alimentación nutritiva y de calidad ;
Fracción reformada DOF 07-11-2013, 01-06-2016

VIII. Grado de cohesión social, y
Fracción reformada DOF 07-11-2013

IX. Grado de Accesibilidad a carretera pavimentada.
Fracción adicionada DOF 07-11-2013

Artículo 37. Los estudios del Consejo Nacional de Evaluación de la Política de Desarrollo Social deberán hacerse con una periodicidad mínima de cada dos años para cada entidad federativa y con información desagregada a nivel municipal cada cinco años, para lo cual deberán hacerse las previsiones presupuestarias correspondientes en el Presupuesto de Egresos de la Federación, para que el Instituto Nacional de Estadística, Geografía e Informática pueda llevar a cabo los censos, conteos y encuestas correspondientes.

TÍTULO CUARTO DEL SISTEMA NACIONAL DE DESARROLLO SOCIAL

Capítulo I
Del Objeto e Integración

Artículo 38. El Sistema Nacional es un mecanismo permanente de concurrencia, colaboración, coordinación y concertación de los gobiernos ; federal, los de las entidades federativas y los municipales, así como los sectores social y privado, que tiene por objeto :

I. Integrar la participación de los sectores público, social y privado en el cumplimiento de los objetivos, estrategias y prioridades de la Política Nacional de Desarrollo Social ;

II. Establecer la colaboración entre las dependencias y entidades federales en la formulación, ejecución e instrumentación de programas, acciones e inversiones en materia de desarrollo social ;

III. Promover la concurrencia, vinculación y congruencia de los programas, acciones e inversiones de los gobiernos de las entidades federativas y de los municipios, con los objetivos, estrategias y prioridades de la Política Nacional de Desarrollo Social ;

IV. Fomentar la participación de las personas, familias y organizaciones y, en general, de los sectores social y privado en el desarrollo social ;

V. Coordinar las acciones orientadas a la consecución de los objetivos, estrategias y prioridades de la Política Nacional de Desarrollo Social, e

VI. Impulsar la desconcentración y descentralización de los recursos y acciones para el desarrollo social, la rendición de cuentas y el fortalecimiento del pacto federal.

Capítulo II
De las Competencias

Artículo 39. La coordinación del Sistema Nacional compete a la Secretaría, con la concurrencia de las dependencias, entidades y organismos federales, de los gobiernos municipales y de las entidades federativas, así como de las organizaciones. La Secretaría diseñará y ejecutará las políticas generales de desarrollo social. Al efecto, coordinará y promoverá la celebración de convenios y acuerdos de desarrollo social.

La Secretaría coordinará la correspondencia entre el Programa Nacional de Desarrollo Social, los programas sectoriales y los de las entidades federativas, promoviendo que la planeación sea congruente, objetiva y participativa.

Artículo 40. En el ámbito de sus atribuciones y en congruencia con las disposiciones de esta Ley las legislaturas de las entidades federativas y los municipios emitirán normas en materia de desarrollo social, tomando en cuenta sus particularidades.
Artículo reformado DOF 26-01-2018

Artículo 41. Los gobiernos de las entidades federativas instituirán un sistema de planeación del desarrollo social ; formularán, aprobarán y aplicarán los programas de desarrollo social respectivos, en los términos de la Ley de Planeación y de esta Ley, y, de manera coordinada con el Gobierno Federal, vigilarán que los recursos públicos aprobados se ejerzan con honradez, oportunidad, transparencia y equidad.

Artículo 42. Los municipios formularán, aprobarán y aplicarán sus propios programas de desarrollo social, los cuales deberán estar en concordancia con los de las entidades federativas y el del Gobierno Federal.

Artículo 43. Corresponde al Gobierno Federal, por conducto de la Secretaría, las siguientes atribuciones :

I. Proyectar y coordinar la planeación nacional y regional del desarrollo social con la participación que, de acuerdo con la Constitución y demás leyes aplicables, corresponda a los gobiernos de las entidades federativas y los municipales ;

II. Formular el Programa Nacional de Desarrollo Social y los otros programas en la materia que le señale el Ejecutivo Federal, en coordinación con las dependencias y entidades de la Administración Pública Federal relacionadas con la materia, de conformidad con lo establecido en la Ley de Planeación ;

III. Determinar anualmente las zonas de atención prioritaria y proponer a la Cámara de Diputados la declaratoria correspondiente ;

IV. Diseñar y coordinar los programas y apoyos federales en las Zonas de Atención Prioritaria ;

V. Promover la celebración de convenios con dependencias del Ejecutivo Federal, entidades federativas, municipios y organizaciones civiles y privadas, para la instrumentación de los programas relacionados con el desarrollo social ;

VI. Diseñar los criterios de ejecución anual del Programa en el ámbito de su competencia ;

VII. Promover y fomentar la participación de la sociedad, en la elaboración, ejecución y evaluación de las Políticas Públicas de Desarrollo Social ;

VIII. Promover y apoyar instrumentos de financiamiento en materia de desarrollo social ;

IX. Realizar evaluaciones de la Política Nacional de Desarrollo Social e informar a la sociedad sobre las acciones en torno al desarrollo social;

X. Promover, con la intervención de los gobiernos de los estados respectivos, la participación de los municipios en el diseño y ejecución de los programas de desarrollo social, y

XI. Las demás que le señale esta Ley, su reglamento y otras disposiciones aplicables.

Artículo 44. Corresponde a los gobiernos de las entidades federativas en el ámbito de su competencia, las siguientes atribuciones :

I. Formular y ejecutar el programa estatal de desarrollo social ;

II. Convenir acciones y programas sociales con el Gobierno Federal ;

III. Convenir acciones y programas sociales con los gobiernos de sus municipios ;

IV. Concertar acciones con organizaciones en materia de desarrollo social ;

V. Fomentar la organización y participación ciudadana en los programas de desarrollo social ;

VI. Ejercer los fondos y recursos federales descentralizados o convenidos en materia social, en los términos de las leyes respectivas; así como informar a la Secretaría sobre el avance y resultados generados con los mismos ;

VII. Informar a la sociedad sobre las acciones en torno al desarrollo social, y

VIII. Las demás que le señala la Ley, su reglamento y demás disposiciones aplicables.

Artículo 45. Corresponde a los ayuntamientos, en el ámbito de su competencia, las siguientes atribuciones :

I. Formular y ejecutar el programa municipal de desarrollo social ;

II. Coordinar, con el gobierno de su entidad, la ejecución de los programas de desarrollo social ;

III. Coordinar acciones con municipios de su propia entidad, en materia de desarrollo social ;

IV. Coordinar acciones de desarrollo social con municipios de otras entidades federativas, con la aprobación de las legislaturas correspondientes ;

V. Ejercer los fondos y recursos federales descentralizados o convenidos en materia social en los términos de las leyes respectivas ; así como informar a la Secretaría, a través de los gobiernos estatales, sobre el avance y resultados de esas acciones ;

VI. Concertar acciones con los sectores social y privado en materia de desarrollo social ;

VII. Establecer mecanismos para incluir la participación social organizada en los programas y acciones de desarrollo social ;

VIII. Informar a la sociedad sobre las acciones en torno al desarrollo social, y

IX. Las demás que le señala la Ley, su reglamento y demás disposiciones aplicables.

Artículo 46. En caso de duda sobre la interpretación de las disposiciones de esta Ley para efectos administrativos, se estará a lo que resuelva el Ejecutivo Federal, por conducto de la Secretaría.

Capítulo III
De la Comisión Nacional de Desarrollo Social

Artículo 47. La Comisión Nacional es un instrumento de coordinación de los programas, acciones e inversiones que para el cumplimiento de los objetivos, estrategias y prioridades de la Política Nacional de Desarrollo Social lleven a cabo, en el ámbito de sus competencias, las dependencias y entidades federales, ya sea de manera directa o en concurrencia con gobiernos de las entidades federativas y de los municipios o en concertación con los sectores social y privado.

Artículo 48. La Comisión Nacional tiene por objeto consolidar la integralidad y el federalismo sobre bases de coordinación, colaboración y concertación de estrategias y programas de desarrollo social.

Artículo 49. La Comisión Nacional será presidida por el titular de la Secretaría y además estará integrada por:

I. Los titulares de las Secretarías de Educación Pública ; Salud ; Trabajo y Previsión Social ; Agricultura, Ganadería, Desarrollo Rural, Pesca y Alimentación ; así como Medio Ambiente y Recursos Naturales. Además de los titulares de los organismos sectorizados de la Secretaría podrán ser invitados a participar en reuniones específicas los titulares de otras dependencias y entidades de la Administración Pública Federal.

II. El titular de la dependencia responsable del desarrollo social en cada gobierno de las entidades federativas. Podrán ser invitados a participar en reuniones específicas, los titulares de otras dependencias de dichos gobiernos ;

III. Un representante de cada una de las asociaciones nacionales de autoridades municipales, legalmente reconocidas, y

IV. Los presidentes de las comisiones de Desarrollo Social de las Cámaras de Diputados y de Senadores.

Artículo 50. La Comisión Nacional estará facultada para atender la solicitud de colaboración de los sectores social y privado cuando se traten asuntos de su interés o competencia, y sus funciones son las siguientes :

I. Proponer Políticas Públicas de Desarrollo Social bajo los criterios de integralidad y transversalidad ;

II. Proponer criterios para la planeación y ejecución de las políticas y programas de desarrollo social en los ámbitos regional, estatal y municipal;

III. Proponer programas estatales y regionales, así como acciones e inversiones en el marco del Plan Nacional de Desarrollo, el Programa Nacional de Desarrollo Social y las políticas públicas a que se refiere la fracción anterior ;

IV. Proponer mecanismos de financiamiento y distribución de recursos federales para el desarrollo social de las entidades federativas ;

V. Opinar sobre los presupuestos de las dependencias y entidades de la Administración Pública
Federal involucradas en los programas de desarrollo social ;

VI. Analizar y proponer esquemas alternativos de financiamiento para los programas de desarrollo social y de superación de la pobreza ;

VII. Promover el intercambio de experiencias en materia de desarrollo social y de superación de la pobreza ;

VIII. Revisar el marco normativo del desarrollo social y, en su caso, proponer y promover modificaciones ante las instancias competentes ;

IX. Aprobar la propuesta de reglas que deban regir la participación social que haga la Secretaría ;

X. Proponer acciones de capacitación para servidores públicos de los tres órdenes de gobierno en aspectos relacionados con el desarrollo social ;

XI. Proponer la creación de grupos de trabajo temáticos y regionales para la atención de asuntos específicos ;

XII. Sugerir las actividades que estime necesarias y convenientes para el funcionamiento adecuado del Sistema Nacional, y

XIII. Las demás que le señale esta Ley.

Capítulo IV
De la Comisión Intersecretarial de Desarrollo Social

Artículo 51. La Comisión Intersecretarial será el instrumento de coordinación de las acciones del Ejecutivo Federal para garantizar la integralidad en el diseño y ejecución de la Política Nacional de Desarrollo Social. Estará integrada por los titulares de las secretarías de Desarrollo Social, quien lo presidirá ; Gobernación ; Hacienda y Crédito Público; Educación Pública ; Salud ; Medio Ambiente y Recursos Naturales ; Energía ; Economía ; Agricultura, Ganadería, Desarrollo Rural, Pesca y Alimentación ; Comunicaciones y Transportes ; la Función Pública ; Trabajo y Previsión Social ; Desarrollo Agrario, Territorial y Urbano, y Turismo. Podrán ser invitados a participar, con derecho a voz los titulares de otras dependencias y entidades de la Administración Pública Federal. El subsecretario

que designe el Titular de la Secretaría será el Secretario Técnico. La Comisión Intersecretarial sesionará cuando menos una vez por bimestre.
Artículo reformado DOF 25-06-2018

Artículo 52. La Comisión Intersecretarial tendrá las siguientes funciones :

I. Recomendar medidas orientadas a hacer compatibles las decisiones vinculadas con las Políticas de Desarrollo Social y Económica ;

II. Proponer las partidas y montos del gasto social que se deban integrar en el Anteproyecto de
Presupuesto de Egresos de la Federación ;

III. Acordar y dar seguimiento a la ejecución del Plan Nacional de Desarrollo, de los Programas
Nacional de Desarrollo Social, sectoriales, regionales, institucionales y especiales ;

IV. Recomendar mecanismos para garantizar la correspondencia entre la Política Nacional de
Desarrollo Social, con la de los estados y municipios, y

V. Revisar los términos de los convenios de coordinación entre el Gobierno Federal y las entidades federativas en materia de desarrollo social y proponer, en su caso, modificaciones.

Artículo 53. Los acuerdos de la Comisión Intersecretarial serán obligatorios para las dependencias del Ejecutivo Federal. Las secretarías de Hacienda y Crédito Público y de la Función Pública vigilarán su cumplimiento.

Artículo 54. Los acuerdos de la Comisión Intersecretarial serán publicados en el **Diario Oficial de la Federación**.

Capítulo V
Consejo Consultivo de Desarrollo Social

Artículo 55. El Consejo es el órgano consultivo de la Secretaría, de participación ciudadana y conformación plural, que tendrá por objeto analizar y proponer programas y acciones que inciden en el cumplimiento de la Política Nacional de Desarrollo Social.

Artículo 56. El Consejo tendrá las funciones siguientes :

I. Emitir opiniones y formular propuestas sobre la aplicación y orientación de la Política Nacional de Desarrollo Social ;

II. Impulsar la participación ciudadana y de las organizaciones en el seguimiento, operación y evaluación de la Política Nacional de Desarrollo Social ;

III. Apoyar a la Secretaría en la promoción ante los gobiernos estatales y municipales y para el cumplimiento de la Política Nacional de Desarrollo Social ;

IV. Proponer a la Secretaría los temas que por su importancia ameriten ser sometidos a consulta pública ;

V. Proponer y propiciar la colaboración de organismos públicos y privados, nacionales y extranjeros, en el desarrollo social ;

VI. Proponer la realización de estudios e investigaciones en la materia ;

VII. Solicitar a las dependencias responsables de la Política de Desarrollo Social información sobre los programas y acciones que éstas realizan ;

VIII. Recomendar la realización de auditorías a programas prioritarios cuando existan causas que lo ameriten ;

IX. Promover la celebración de convenios con dependencias del Ejecutivo Federal, entidades federativas, municipios y organizaciones, para la instrumentación de los programas relacionados con el desarrollo social ;

X. Informar a la opinión pública sobre los aspectos de interés general relativos a la Política Nacional de Desarrollo Social ;

XI. Integrar las comisiones y grupos de trabajo que sean necesarios para el ejercicio de sus funciones ;

XII. Expedir su reglamento interno, y

XIII. Las demás que sean necesarias para el cumplimiento de su objeto.

Artículo 57. El Consejo estará integrado por un Presidente que será el titular de la Secretaría ; un Secretario Ejecutivo que designará éste, así como por los consejeros invitados por la Secretaría. El Presidente del Consejo será suplido en sus ausencias por el Secretario Ejecutivo.

Artículo 58. Los consejeros deberán ser ciudadanos mexicanos de reconocido prestigio en los sectores privado y social, así como de los ámbitos académico, profesional, científico y cultural vinculados con el desarrollo social.

Artículo 59. La Secretaría prestará al Consejo la colaboración necesaria para el ejercicio de sus funciones.

Artículo 60. El Consejo podrá recibir la colaboración de otras dependencias y entidades de la Administración Pública Federal, de los gobiernos estatales y municipales, de organizaciones civiles y de particulares.

Capítulo VI
Participación Social

Artículo 61. El Gobierno Federal, los de las entidades federativas y los municipios garantizarán el derecho de los beneficiarios y de la sociedad a participar de manera activa y corresponsable en la planeación, ejecución, evaluación y supervisión de la política social.

Artículo 62. Las organizaciones que tengan como objetivo impulsar el desarrollo social de los mexicanos podrán participar en las acciones relacionadas con el diseño, ejecución y evaluación de las políticas, programas y acciones públicas en esta materia.

Artículo 63. El Gobierno Federal deberá invitar a las organizaciones, mediante convocatorias públicas que deberán contener los requisitos, objetivos y modalidades de participación.

Artículo 64. Las organizaciones podrán recibir fondos públicos para operar programas sociales propios, a excepción de aquéllas en las que formen parte de sus órganos directivos servidores públicos, sus cónyuges o parientes consanguíneos hasta el cuarto grado, por afinidad o civiles.

Artículo 65. Para efectos del artículo anterior, las organizaciones deberán estar formalmente constituidas ante autoridad competente o fedatario público, además de cumplir con lo que establezca el reglamento respectivo.

Artículo 66. Las organizaciones estarán sometidas al escrutinio de la Secretaría, sin perjuicio de lo que establezcan las leyes respectivas para el uso de fondos públicos.

Capítulo VII De la Denuncia Popular

Artículo 67. Toda persona u organización podrá presentar denuncia ante la autoridad competente sobre cualquier hecho, acto u omisión, que produzca o pueda producir daños al ejercicio de los derechos establecidos en esta Ley o contravengan sus disposiciones y de los demás ordenamientos que regulen materias relacionadas con el desarrollo social.

Artículo 68. La denuncia popular podrá ejercitarse por cualquier persona, bastando que se presente por escrito y contenga :

I. El nombre o razón social, domicilio y demás datos que permitan la identificación del denunciante y, en su caso, de su representante legal ;

II. Los actos, hechos u omisiones denunciados ;

III. Los datos que permitan identificar a la presunta autoridad infractora, y

IV. Las pruebas que en su caso ofrezca el denunciante.

La denuncia popular podrá ser anónima, y se sujetará únicamente a lo dispuesto en la legislación aplicable en materia de responsabilidades administrativas.
Párrafo adicionado DOF 25-06-2018

Capítulo VIII De la Contraloría Social

Artículo 69. Se reconoce a la Contraloría Social como el mecanismo de los beneficiarios, de manera organizada, para verificar el cumplimiento de las metas y la correcta aplicación de los recursos públicos asignados a los programas de desarrollo social.

Artículo 70. El Gobierno Federal impulsará la Contraloría Social y le facilitará el acceso a la información necesaria para el cumplimiento de sus funciones.

Artículo 71. Son funciones de la Contraloría Social :

I. Solicitar la información a las autoridades federales, estatales y municipales responsables de los programas de desarrollo social que considere necesaria para el desempeño de sus funciones ;

II. Vigilar el ejercicio de los recursos públicos y la aplicación de los programas de desarrollo social conforme a la Ley y a las reglas de operación;

III. Emitir informes sobre el desempeño de los programas y ejecución de los recursos públicos ;

IV. Atender e investigar las quejas y denuncias presentadas sobre la aplicación y ejecución de los programas, y

V. Presentar ante la autoridad competente las quejas y denuncias que puedan dar lugar al fincamiento de responsabilidades administrativas, civiles o penales relacionadas con los programas sociales.

TÍTULO QUINTO DE LA EVALUACIÓN DE LA POLÍTICA DE DESARROLLO SOCIAL

Capítulo I De la Evaluación

Artículo 72. La evaluación de la Política de Desarrollo Social estará a cargo del Consejo Nacional de Evaluación de la Política de Desarrollo Social, que podrá realizarla por sí mismo o a través de uno o varios organismos independientes del ejecutor del programa, y tiene por objeto, revisar periódicamente el cumplimiento del objetivo social de los programas, metas y acciones de la Política de Desarrollo Social, para corregirlos, modificarlos, adicionarlos, reorientarlos o suspenderlos total o parcialmente.

Artículo 73. Los organismos evaluadores independientes que podrán participar serán instituciones de educación superior, de investigación científica u organizaciones no lucrativas. Cuando las evaluaciones se lleven a cabo por un organismo distinto del Consejo, éste emitirá la convocatoria correspondiente y designará al adjudicado.

Artículo 74. Para la evaluación de resultados, los programas sociales de manera invariable deberán incluir los indicadores de resultados, gestión y servicios para medir su cobertura, calidad e impacto. Las dependencias del Ejecutivo Federal, estatales o municipales, ejecutoras de los programas a evaluar, proporcionarán toda la información y las facilidades necesarias para la realización de la evaluación.

Artículo 75. Los indicadores de resultados que se establezcan deberán reflejar el cumplimiento de los objetivos sociales de los programas, metas y acciones de la Política Nacional de Desarrollo Social.

Artículo 76. Los indicadores de gestión y servicios que se establezcan deberán reflejar los procedimientos y la calidad de los servicios de los programas, metas y acciones de la Política Nacional de Desarrollo Social.

Artículo 77. El Consejo Nacional de Evaluación, antes de aprobar los indicadores a que se refiere este artículo, los someterá a la consideración de la Secretaría de Hacienda y Crédito Público y a la Cámara de Diputados por conducto de la Auditoría Superior de la Federación, para que emitan las recomendaciones que en su caso estime pertinentes.

Artículo 78. La evaluación será anual, definiendo como periodo del primero de mayo al treinta de abril y podrá también ser multianual en los casos que así se determine.

Artículo 79. Los resultados de las evaluaciones serán publicados en el **Diario Oficial de la Federación** y deberán ser entregados a las Comisiones de Desarrollo Social de las Cámaras de Diputados y de Senadores del Congreso de la Unión, y a la Secretaría.

Artículo 80. De acuerdo con los resultados de las evaluaciones, el Consejo Nacional de Evaluación de la Política de Desarrollo Social podrá emitir las sugerencias y recomendaciones que considere pertinentes al Ejecutivo Federal y hacerlas del conocimiento público.

Capítulo II De Consejo Nacional de Evaluación de la Política de Desarrollo Social

Artículo 81. El Consejo Nacional de Evaluación de la Política de Desarrollo Social es un organismo público descentralizado, con personalidad jurídica, patrimonio propio, autonomía técnica y de gestión de conformidad con la Ley Federal de las Entidades Paraestatales. Tiene por objeto normar y coordinar la evaluación de las Políticas y Programas de Desarrollo Social, que ejecuten las dependencias públicas, y establecer los lineamientos y criterios para la definición, identificación y medición de la pobreza, garantizando la transparencia, objetividad y rigor técnico en dicha actividad.

Artículo 82. El Consejo estará integrado de la siguiente forma :

I. El titular de la Secretaría de Desarrollo Social, o la persona que éste designe ;

II. Seis investigadores académicos, que sean o hayan sido miembros del Sistema Nacional de Investigadores, con amplia experiencia en la materia y que colaboren en instituciones de educación superior y de investigación inscritas en el Padrón de Excelencia del Consejo Nacional de Ciencia y Tecnología, y

III. Un Secretario Ejecutivo designado por el Ejecutivo Federal.

Artículo 83. Los investigadores académicos a que se refiere el artículo anterior durarán cuatro años en el cargo y podrán ser reelectos la mitad de ellos. Serán designados por la Comisión Nacional de Desarrollo Social a través de una convocatoria pública cuya responsabilidad será del Secretario Ejecutivo.

Artículo 84. El Consejo tendrá su sede en la ciudad de México y su patrimonio se integrará con los recursos que le sean asignados en el Presupuesto de Egresos de la Federación, a través de la Secretaría, y con los bienes muebles e inmuebles que adquiera por cualquier título.

Artículo 85. La administración del Consejo estará a cargo de un Comité Directivo, que presidirá el titular de la Secretaría, o la persona que éste designe ; además estará integrado por las personas a que se refiere la fracción II, del artículo 82 de esta Ley. Sus decisiones se tomarán por mayoría.

ANNEXE XII. « Decreto que reforma y adiciona los articulos 16, 25, 26, 27, fracciones XIX y XX ; 28, 73 fracciones XXIX - D ; XXIX - E y XXIX - F de la Constitucion politica de los estados Unidos Mexicanos – Jueves 3 de febrero 1983 » - révision constitutionnelle du 3 février 1983 impliquant notamment les articles 25 et 26 de la Constitution du 5 février 1917

Jueves 3 de febrero de 1983 **DIARIO OFICIAL** 3

2 de febrero de 1983.—**Sen. Miguel González Avelar**, Presidente.—Rúbrica.—**Sen. Silvia Hernández de Galindo**, Secretario.—Rúbrica.—**Dip. Eulalio Ramos Valladolid**, Secretario.—Rúbrica".

En cumplimiento de lo dispuesto por la fracción I del artículo 89 de la Constitución Política de los Estados Unidos Mexicanos y para su debida publicación y observancia, expido el presente Decreto, en la residencia del Poder Ejecutivo Federal, en la ciudad de México, Distrito Federal, a los dos días del mes de febrero de mil novecientos ochenta y tres.—**Miguel de la Madrid Hurtado**.—Rúbrica.—El Secretario de Gobernación, **Manuel Bartlett Díaz**.—Rúbrica.—El Secretario de Salubridad y Asistencia, **Guillermo Soberón Acevedo**.—Rúbrica.

—oOo—

Decreto por el que se reforma el Artículo 21 de la Constitución Política de los Estados Unidos Mexicanos.

Al margen un sello con el Escudo Nacional que dice: Estados Unidos Mexicanos.—Presidencia de la República.

MIGUEL DE LA MADRID HURTADO, Presidente Constitucional de los Estados Unidos Mexicanos, a sus habitantes, sabed:

Que la Comisión Permanente del H. Congreso de la Unión se ha servido dirigirme el siguiente

DECRETO:

"La Comisión Permanente del Honorable Congreso de los Estados Unidos Mexicanos, en uso de la facultad que le confiere el Artículo 135 de la Constitución General de la República y previa la aprobación de la mayoría de las honorables legislaturas de los Estados, declara reformado el Artículo 21 de la Constitución Política de los Estados Unidos Mexicanos.

ARTICULO UNICO.—Se reforma el Artículo 21 de la Constitución Política de los Estados Unidos Mexicanos para quedar como sigue:

"La imposición de las penas es propia y exclusiva de la autoridad judicial. La persecución de los delitos incumbe al Ministerio Público y a la Policía Judicial, la cual estará bajo la autoridad y mando inmediato de aquél. Compete a la autoridad administrativa la aplicación de sanciones por las infracciones de los reglamentos gubernativos y de policía, las que únicamente consistirán en multa o arresto hasta por treinta y seis horas; pero si el infractor no pagare la multa que se le hubiese impuesto, se permutará ésta por el arresto correspondiente, que no excederá en ningún caso de treinta y seis horas.

Si el infractor fuese jornalero, obrero o trabajador, no podrá ser sancionado con multa mayor del importe de su jornal o salario de un día.

Tratándose de trabajadores no asalariados, la multa no excederá del equivalente a un día de su ingreso."

TRANSITORIO

ARTICULO UNICO.—La presente reforma entrará en vigor al día siguiente de su publicación en el **Diario Oficial de la Federación**.

SALON DE SESIONES DE LA COMISION PERMANENTE DEL H. CONGRESO DE LA UNION.—México, D. F., a 2 de febrero de 1983.—**Sen. Miguel González Avelar**, Presidente.—**Sen. Silvia Hernández de Galindo**, Secretario.—**Dip. Eulalio Ramos Valladolid**, Secretario.—Rúbricas."

En cumplimiento de lo dispuesto por la fracción I del Artículo 89 de la Constitución Política de los Estados Unidos Mexicanos y para su debida publicación y observancia, expido el presente Decreto, en la residencia del Poder Ejecutivo Federal, en la ciudad de México, Distrito Federal, a los dos días del mes de febrero de mil novecientos ochenta y tres.—**Miguel de la Madrid Hurtado**.—Rúbrica.—El secretario de Gobernación, **Manuel Bartlett Díaz**.—Rúbrica.

—oOo—

Decreto que reforma y adiciona los artículos 16, 25, 26, 27, fracciones XIX y XX; 28, 73, fracciones XXIX—D; XXIX—E, y XXIX—F de la Constitución Política de los Estados Unidos Mexicanos.

Al margen, un sello con el Escudo Nacional que dice: Estados Unidos Mexicanos.—Presidencia de la República.

Miguel de la Madrid Hurtado, Presidente Constitucional de los Estados Unidos Mexicanos, a sus habitantes, sabed:

Que la Comisión Permanente del H. Congreso de la Unión se ha servido dirigirme el siguiente:

DECRETO

"La Comisión Permanente del Honorable Congreso de los Estados Unidos Mexicanos, en uso de la facultad que le confiere el Artículo 135 de la Constitución General de la República y previa la aprobación de la mayoría de las honorables legislaturas de los Estados, declara reformados y adicionados los Artículos 16, 25, 26, 27 fracciones XIX y XX; 28, 73, fracciones XXIX—D; XXIX—E; y XXIX—F de la Constitución Política de los Estados Unidos Mexicanos.

ARTICULO PRIMERO.—Se adicionan dos párrafos al Artículo 16 de la Constitución Política de los Estados Unidos Mexicanos, como sigue:

ARTICULO 16. ....

....

....

....

La correspondencia que bajo cubierta circule por las estafetas estará libre de todo registro, y su violación será penada por la ley.

En tiempo de paz ningún miembro del Ejército podrá alojarse en casa particular contra la voluntad del dueño, ni imponer prestación alguna. En tiempo de guerra los militares podrán exigir alojamiento, bagajes, alimentos y otras prestaciones, en los términos que establezca la ley marcial correspondiente.

ARTICULO SEGUNDO.—Se modifica el Artículo 25 de la Constitución Política de los Estados Unidos Mexicanos para quedar como sigue:

Artículo 25.—Corresponde al Estado la rectoría del desarrollo nacional para garantizar que éste sea integral, que fortalezca la Soberanía de la Nación y su régimen democrático y que, mediante el fomento del crecimiento económico y el empleo y una más justa distribución del ingreso y la riqueza, permita el pleno ejercicio de la libertad y la dignidad de los individuos, grupos y clases sociales, cuya seguridad protege esta Constitución.

El Estado planeará, conducirá, coordinará y orientará la actividad económica nacional, y llevará al cabo la regulación y fomento de las actividades que demande el interés general en el marco de libertades que otorga esta Constitución.

Al desarrollo económico nacional concurrirán, con responsabilidad social, el sector público, el sector social y el sector privado, sin menoscabo de otras formas de actividad económica que contribuyan al desarrollo de la Nación.

El sector público tendrá a su cargo, de manera exclusiva, las áreas estratégicas que se señalan en el Artículo 28, párrafo cuarto de la Constitución, manteniendo siempre el Gobierno Federal la propiedad y el control sobre los organismos que en su caso se establezcan.

Asimismo podrá participar por sí o con los sectores social y privado, de acuerdo con la ley, para impulsar y organizar las áreas prioritarias del desarrollo.

Bajo criterios de equidad social y productividad se apoyará e impulsará a las empresas de los sectores social y privado de la economía, sujetándolos a las modalidades que dicte el interés público y al uso, en beneficio general, de los recursos productivos, cuidando su conservación y el medio ambiente.

La ley establecerá los mecanismos que faciliten la organización y la expansión de la actividad económica del sector social: de los ejidos, organizaciones de trabajadores, cooperativas, comunidades, empresas que pertenezcan mayoritaria o exclusivamente a los trabajadores y, en general, de todas las formas de organización social para la producción, distribución y consumo de bienes y servicios socialmente necesarios.

La ley alentará y protegerá la actividad económica que realicen los particulares y proveerá las condiciones para que el desenvolvimiento del sector privado contribuya al desarrollo económico nacional, en los términos que establece esta Constitución.

ARTICULO TERCERO.—Se modifica el Artículo 26 de la Constitución Política de los Estados Unidos Mexicanos para quedar como sigue:

Artículo 26.—El Estado organizará un sistema de planeación democrática del desarrollo nacional que imprima solidez, dinamismo, permanencia y equidad al crecimiento de la economía para la independencia y la democratización política, social y cultural de la Nación.

Los fines del proyecto nacional contenidos en esta Constitución determinarán los objetivos de la planeación. La planeación será democrática. Mediante la participación de los diversos sectores sociales recogerá las aspiraciones y demandas de la sociedad para incorporarlas al plan y los programas de desarrollo. Habrá un plan nacional de desarrollo al que se sujetarán obligatoriamente los programas de la Administración Pública Federal.

La ley facultará al Ejecutivo para que establezca los procedimientos de participación y consulta popular en el sistema nacional de planeación democrática, y los criterios para la formulación, instrumentación, control y evaluación del plan y los programas de desarrollo. Asimismo determinará los órganos responsables del proceso de planeación y las bases para que el Ejecutivo Federal coordine mediante convenios con los gobiernos de las entidades federativas e induzca y concierte con los particulares las acciones a realizar para su elaboración y ejecución.

En el sistema de planeación democrática, el Congreso de la Unión tendrá la intervención que señale la ley.

ARTICULO CUARTO.—Se adiciona el Artículo 27 de la Constitución Política de los Estados Unidos Mexicanos, con las fracciones XIX y XX, como sigue:

I a XVIII.— ....

....

XIX.—Con base en esta Constitución, el Estado dispondrá las medidas para la expedita y honesta impartición de la justicia agraria, con objeto de garantizar la seguridad jurídica en la tenencia de le tierra ejidal, comunal y de la pequeña propiedad, y apoyará la asesoría legal de los campesinos.

XX.—El Estado promoverá las condiciones para el desarrollo rural integral, con el propósito de generar empleo y garantizar a la población campesina el bienestar y su participación e incorporación en el desarrollo nacional, y fomentará la actividad agropecuaria y forestal para el óptimo uso de la tierra, con obras de infraestructura, insumos, créditos, servicios de capacitación y asistencia técnica. Asimismo expedirá la legislación reglamentaria para planear y organi- la producción agropecuaria, su industrializa- y comercialización, considerándolas de interés público.

ARTICULO QUINTO.—Se modifica el Artículo 28 de la Constitución Política de los Estados Unidos Mexicanos para quedar como sigue:

Artículo 28.—En los Estados Unidos Mexicanos quedan prohibidos los monopolios, la prácticas monopólicas, los estancos y las exenciones de impuestos en los términos y condiciones que fijan las leyes. El mismo tratamiento se dará a ls prohibiciones a título de protección a la industria.

En consecuencia, la ley castigará severamente, y las autoridades perseguirán con eficacia, toda concentración o acaparamiento en una o pocas manos de artículos de consumo necesario y que tenga por objeto obtener el alza de los precios; todo acuerdo, procedimiento o combinación de los productores, industriales, comerciantes o empresarios de servicios, que de cualquier manera hagan, para evitar la libre concurrencia o la competencia entre sí y obligar a los consumidores a pagar precios exagerados y, en general, todo lo que constituya una ventaja exclusiva indebida a favor de una o varias personas determinadas y con perjuicio del público en general o de alguna clase social.

Las leyes fijarán bases para que se señalen precios máximos a los artículos, materias o productos que se consideren necesarios para la economía nacional o el consumo popular, así como para imponer modalidades a la oganización de la distribución de esos artículos, materias o productos, a fin de evitar que intermediaciones innecesarias o excesivas provoquen insuficiencia en el abasto, así como el alza de precios. La ley protegerá a los consumidores y propiciará su organización para el mejor cuidado de sus intereses.

No constituirán monopolios las funciones que el Estado ejerza de manera exclusiva en las áreas estratégicas a las que se refiere este precepto: Acuñación de moneda; correos, telégrafos, radiotelegrafía y la comunicación vía satélite; emisión de billetes por medio de un solo banco, organismo descentralizado del Gobierno Federal; petróleo y los demás hidrocarburos; petroquímica básica; minerales radiactivos y generación de energía nuclear; electricidad; ferrocarriles y las actividades que expresamente señalen las leyes que expida el Congreso de la Unión.

Se exceptúa también de lo previsto en la primera parte del primer párrafo de este artículo la prestación del servicio público de banca y de crédito. Este servicio será prestado exclusivamente por el Estado a través de instituciones, en los términos que establezca la correspondiente ley reglamentaria, la que también determinará las garantías que protejan los intereses del público y el funcionamiento de aquellas en apoyo de las políticas de desarrollo nacional. El servicio público de banda y crédito no será objeto de concesión a particulares.

El Estado contará con los organismos y empresas que requiera para el eficaz manejo de las áreas estratégicas a su cargo y en las actividades de carácter prioritario donde, de acuerdo con las leyes, participe por sí o con los sectores social y privado.

No constituyen monopolios las asociaciones de trabajadores formadas para proteger sus propios intereses y las asociaciones o sociedades cooperativas de productores para que, en defensa de sus intereses o del interés general, vendan directamente en los mercados extranjeros los productos nacionales o industriales que sean la principal fuente de riqueza de la región en que se produzcan o que no sean artículos de primera necesidad, siempre que dichas asociaciones estén bajo vigilancia o amparo del Gobierno Federal o de los Estados, y previa autorización que al efecto se obtenga de las legislaturas respectivas en cada caso. Las mismas Legislaturas, por sí o a propuesta del Ejecutivo podrán derogar, cuando así lo exijan las necesidades públicas, las autorizaciones concedidas para la formación de las asociaciones de que se trata.

Tampoco constituyen monopolios los privilegios que por determinado tiempo se concedan a los autores y artistas para la producción de sus obras y los que para el uso exclusivo de sus inventos, se otorguen a los inventores y perfeccionadores de alguna mejora.

El Estado, sujetándose a las leyes, podrá en casos de interés general, concesionar la prestación de servicios públicos o la explotación, uso y aprovechamiento de bienes de dominio de la Federación, salvo las excepciones que las mismas prevengan. Las leyes fijarán las modalidades y condiciones que aseguren la eficacia de la prestación de los servicios y la utilización social de los bienes, y evitarán fenómenos de concentración que contraríen el interés público.

La sujeción a regímenes de servicio públic

se apegará a lo dispuesto por la Constitución y sólo podrá llevarse a cabo mediante ley.

Se podrán otorgar subsidios a actividades prioritarias, cuando sean generales, de carácter temporal y no afecten sustancialmente las finanzas de la Nación. El Estado vigilará su aplicación y evaluará los resultados de ésta.

ARTICULO SEXTO.—Se adiciona el Artículo 73 de la Constitución Política de los Estados Unidos Mexicanos, con las fracciones XXIX.—D; XXIX.—E y XXIX.—F, como sigue:

I a XXIX.—C..

....

XXIX.—D.—Para expedir leyes sobre planeación nacional del desarrollo económico y social.

XXIX.—E.—Para expedir leyes para la programación, promoción, concertación y ejecución de acciones de orden económico, especialmente las referentes al abasto y otras que tengan como fin la producción suficiente y oportuna de bienes y servicios, social y nacionalmente necesarios.

XXIX.—F.—Para expedir leyes tendientes a la promoción de la inversión mexicana, la regulación de la inversión extranjera, la transferencia de tecnología y la generación, difusión y aplicación de los conocimientos científicos y tecnológicos que requiere el desarrollo nacional.

TRANSITORIO

ARTICULO UNICO.—Las presentes reformas y adiciones a la Constitución Política de los Estados Unidos Mexicanos entrarán en vigor al día siguiente de su publicación en el **Diario Oficial** de la Federación.

Salón de Sesiones de la Comisión Permanente del H. Congreso de la Unión.—México, D. F., a 2 de febrero de 1983.—Sen. **Miguel González Avelar**, Presidente.—Sen. **Silvia Hernández de Galindo**, Secretario.—Dip. **Eulalio Ramos Valladolid**, Secretario.—Rúbricas".

En cumplimiento de lo dispuesto por la fracción I del Artículo 89 de la Constitución Política de los Estados Unidos Mexicanos y para su debida publicación y observancia, expido el presente Decreto en la residencia del Poder Ejecutivo Federal, en la ciudad de México, Distrito Federal, a los dos días del mes de febrero de mil novecientos ochenta y tres.—**Miguel de la Madrid Hurtado**.—Rúbrica.—El Secretario de Gobernación, **Manuel Bartlett Díaz**.—Rúbrica.—El Secretario de Hacienda y Crédito Público, **Jesús Silva Herzog Flores**.—Rúbrica.—El Secretario de Comercio y Fomento Industrial, **Héctor Hernández Cervantes**.—Rúbrica.—El Secretario de Comunicaciones y Transportes, **Rodolfo Félix Valdés**.—Rúbrica.—El Secretario de Energía, Minas e Industria Paraestatal, **Francisco Labastida Ochoa**.—Rúbrica.

Decreto por el que se reforma y adiciona el artículo 115 de la Constitución Política de los Estados Unidos Mexicanos

Al margen un sello con el Escudo Nacional, que dice: Estados Unidos Mexicanos.—Presidencia de la República.

MIGUEL DE LA MADRID HURTADO, Presidente Constitucional de los Estados Unidos Mexicanos, a sus habitantes, sabed:

Que la Comisión Permanente del H. Congreso de la Unión se ha servido dirigirme el siguiente

DECRETO:

"La Comisión Permanente del Honorable Congreso de los Estados Unidos Mexicanos, en uso de la facultad que le confiere el artículo 135 de la Constitución General de la República y previa la aprobación de la mayoría de las honorables legislaturas de los estados, declara reformado y adicionado el artículo 115 de la Constitución Política de los Estados Unidos Mexicanos.

ARTICULO UNICO.—Se reforma y adiciona el artículo 115 de la Constitución Política de los Estados Unidos Mexicanos para quedar como sigue:

Artículo 115.—Los Estados adoptarán, para su régimen interior, la forma de gobierno republicano, representativo, popular, teniendo como base de su división territorial y de su organización política y administrativa el Municipio Libre, conforme a las bases siguientes:

I.—Cada Municipio será administrado por un Ayuntamiento de elección popular directa y no habrá ninguna autoridad intermedia entre éste y el Gobierno del Estado.

Los presidentes municipales, regidores y síndicos de los ayuntamientos, electos popularmente por elección directa, no podrán ser reelectos para el periodo inmediato. Las personas que por elección indirecta, o por nombramiento o designación de alguna autoridad desempeñen las funciones propias de esos cargos, cualquiera que sea la denominación que se les dé, no podrán ser electas para el periodo inmediato. Todos los funcionarios antes mencionados, cuando tengan el carácter de propietarios, no podrán ser electos para el periodo inmediato con el carácter de suplentes, pero los que tengan el carácter de suplentes sí podrán ser electos para el periodo inmediato como propietarios a menos que hayan estado en ejercicio.

Las Legislaturas locales, por acuerdo de las dos terceras partes de sus integrantes, podrán suspender ayuntamientos, declarar que éstos han desaparecido y suspender o revocar el mandato a alguno de sus miembros, por alguna de las

Resúmen

El artículo 15 de la Declaración Francesa de los derechos del Hombre y del Ciudadano parece ser el « *olvidado* » de la dicha Declaración. Pues, este artículo, que dispone « *la sociedad tiene derecho de pedirle cuenta a todo agente público de su administración* » sigue poco mencionado por el juez constitucional, siendo solo doce las decisiones consitucionales que lo apuntan, y la doctrina lamenta el carácter extenso de los terminos del artículo. Por lo tanto, este artículo 15 que puede ser considerado como concirniendo directamente las finanzas públicas por estar colocado justo después del artículo 14 que dispone el consentimiento al impuesto, sí esta explotado a través de todos los procédimientos de fiscalización financiera, ó de evaluación dispuestos en la Constitución, y la LOLF principalmente. Para convencerse de ello, basta con ver cuál es la divisa de la corte de las cuentas francesa, que justamente es el artículo 15.

Sin embargo, resulta difícil definir cuales son las obligaciones y los derechos que dispone el dicho artículo, aunque la Corte Constucional Francesa lo haya hecho un derecho invocable ante la corte constitucional en lo que equivale al amparo mexicano : la pregunta prioritaria de constitucionalidad.

El método comparado parece ser el más apropriado para definir cuales son las logicas, los derechos y obligaciones dispuestos por el artículo 15 de la Declaración Francesa de los derechos del Hombre y del Ciudadano. En el contexto comparativo, México parece ser un buen ejemplo por su historia constitucional que conoció una gran influencia de las ideas de la ilustración, las ideas revolucionarias francesas.

Gracias a este estudio comparado, cabe destacar que detrás del dicho artículo 15 se encuentra el mecanismo de garantía social, que hoy no se encuentra directamente nominada en ninguna de las dos constituciones, francesa y mexicana. Si embargo, el mecanismo parece haberse quedado impregnado en la historia constitucional mexicana, contrariamente a Francia. Pues bien, es posible considerar que esa sea la razón por la cual, mientras que Francia tiene dificultades para hacer que sus ciudadanos particpen directamente à la fisaclizacion de la cuenta pública, México parece tener un avance considerable en materia de participacion directa de los ciudadanos a la materia financiera pública.

Structures éditoriales du groupe L'Harmattan

L'Harmattan Italie
Via degli Artisti, 15
10124 Torino
harmattan.italia@gmail.com

L'Harmattan Hongrie
Kossuth l. u. 14-16.
1053 Budapest
harmattan@harmattan.hu

L'Harmattan Sénégal
10 VDN en face Mermoz
BP 45034 Dakar-Fann
senharmattan@gmail.com

L'Harmattan Cameroun
TSINGA/FECAFOOT
BP 11486 Yaoundé
inkoukam@gmail.com

L'Harmattan Burkina Faso
Achille Somé – tengnule@hotmail.fr

L'Harmattan Guinée
Almamya, rue KA 028 OKB Agency
BP 3470 Conakry
harmattanguinee@yahoo.fr

L'Harmattan RDC
185, avenue Nyangwe
Commune de Lingwala – Kinshasa
matangilamusadila@yahoo.fr

L'Harmattan Congo
67, boulevard Denis-Sassou-N'Guesso
BP 2874 Brazzaville
harmattan.congo@yahoo.fr

L'Harmattan Mali
Sirakoro-Meguetana V31
Bamako
syllaka@yahoo.fr

L'Harmattan Togo
Djidjole – Lomé
Maison Amela
face EPP BATOME
ddamela@aol.com

L'Harmattan Côte d'Ivoire
Résidence Karl – Cité des Arts
Abidjan-Cocody
03 BP 1588 Abidjan
espace_harmattan.ci@hotmail.fr

L'Harmattan Algérie
22, rue Moulay-Mohamed
31000 Oran
info2@harmattan-algerie.com

L'Harmattan Maroc
5, rue Ferrane-Kouicha, Talaâ-Elkbira
Chrableyine, Fès-Médine
30000 Fès
harmattan.maroc@gmail.com

Nos librairies en France

Librairie internationale
16, rue des Écoles – 75005 Paris
librairie.internationale@harmattan.fr
01 40 46 79 11
www.librairieharmattan.com

Lib. sciences humaines & histoire
21, rue des Écoles – 75005 Paris
librairie.sh@harmattan.fr
01 46 34 13 71
www.librairieharmattansh.com

Librairie l'Espace Harmattan
21 bis, rue des Écoles – 75005 Paris
librairie.espace@harmattan.fr
01 43 29 49 42

Lib. Méditerranée & Moyen-Orient
7, rue des Carmes – 75005 Paris
librairie.mediterranee@harmattan.fr
01 43 29 71 15

Librairie Le Lucernaire
53, rue Notre-Dame-des-Champs – 75006 Paris
librairie@lucernaire.fr
01 42 22 67 13

www.ingramcontent.com/pod-product-compliance
Lightning Source LLC
LaVergne TN
LVHW011438061026
849535LV00004BA/855